위대한 설교자란 복음을 '증언'하는 하나님의 종이다. 설교자는 청중과 다를 것 없는 현실, 삶이라는 공통의 조건 속에서 복음에 대한 증인으로 서 있다. 설교자의 위대함은 남다른 능력을 갖추는 데서 오지 않는다. 그 위대함은 복음의 능력, 곧 하나님의 은혜로운 손길을 청중과 마찬가지의 자리에서 맛보고 증언하는 일에서 발견된다. 스펄전의 모습을 보며 우리가 주목할 것은 그의 특별한 면모가 아니라, 청중과 함께 겪으며 걸어간 그의 삶 속에서 역사한 복음의 권세다. 성실하신 하나님께서 우리 삶에서도 동일한 은혜를 주시고 계신다. 그 은혜 위에서 누리는 담대함과 믿음을 스펄전을 통해 다시금 확인하게 되기를 바란다.

박영선 목사 남포교회 담임목사

설교를 잘 배우는 길은 좋은 설교자에게서 배우는 것이다. 설교 신학자나 설교 비평가에게서 설교는 이렇게 해서는 안 된다는 것을 배울 수 있어도, 설교를 이렇게 해야 한다는 것을 배우기는 어렵다. 가장 확실한 설교 학습의 길은 좋은 설교를 듣고 익히는 것이다. 기독교 역사상 가장 위대한 설교자인 스펄전의 설교를 자신이 또한 탁월한 설교자였던 헬무트 틸리케의 소개를 통해서 배운다는 것은 정말이지 독특한 경험이 아닐 수 없다. 스펄전의 설교는 철저하게 성경적이고 복음적이면서도, 풍부한 감성과 가슴 벅찬 호소력을 담고 있다. 이런 스펄전의 설교와 강의의 진수를 분석하고 소개하는 틸리케의 공헌으로, 21세기에도 스펄전이 필요한 이유를 알게 될 것이다. 한국 교회의 진지한 회복은 설교 회복에서 시작되어야 한다. 이런 성경적 설교에 대한 갈망을 느끼는 모든 동역자들과 후학들에게 이 한 권의 책을 온 맘을 다해 추천한다.

이동원 목사 지구촌교회 원로목사

오직 하나님의 말씀의 능력을 알고 성령님께만 의지했던 위대한 설교자가 서 있던 시대는 언제나 풍성한 하늘의 능력과 은혜를 맛보았다. 19세기 영국과 그 시대를 뒤흔들어 놓았던 찰스 스펄전, 그에게 하나님의 말씀으로 세상을 밝히는 능력이 있었기에 헬무트 틸리케는 "가지고 있는 모든 것을 팔아서라도 스펄전의 책을 사라"는 말을 했다. 스펄전의 설교학과 설교에 대한 열정을 대할 수 있게 해주는 이 책은 어두운 시대와 영혼들을 말씀으로 밝히려는 설교자라면 다시 한 번 읽어야 할 설교학의 고전이다. 이 책에서 만나는 위대한 설교자는 식어버린 가슴과 설교에 대한 열정에 다시 불을 지펴줄 것이다.

김운용 교수 장로회신학대학교

설교와 관련된 국내외의 책들이 넘쳐나고 있다. 그러나 우리는 청중에 대한 현대 설교학의 배려를 잊지 않으면서도, 설교의 기초에 대해 다시 생각하면서 그 기초에 굳건한 뿌리를 내려야 하나님이 인정하시는 설교자가 될 수 있다. 독자들은 설교에서 드러나야 하는 가장 중요한 것은 하나님 자신이며, 설교 행위 속에 성령 하나님의 역사하심이 있어야 한다는 것, 그리고 성경의 본문에 충실한 기본 진리와 교리들이 설교를 통해 분명하게 선포되어야 한다는 것을 19세기의 스펄전을 통해서 놀랄 만큼 동시대적으로 느끼고 배우게 될 것이다. 이 책이 한국 교회 강단에 유익이 되기를 기대한다.

김창훈 교수 총신대학교

설교를 새의 두 날개로 비유한다면, 한 날개는 본문을 통해 이 시대에 여전히 계시하시는 하나님의 말씀을 밝혀내는 신학적인 영역에 속하며, 다른 날개는 이렇게 밝혀진 메시지를 청중에게 효과적으로 전달하는 수사적인 영역에 속한다. 이 두 날개가 균형을 이룰 때 설교는 비로소 하나님의 말씀의 선포로서 그 기능을 다한다. 이 책은 스펄전이 그의 학생들에게 가르쳤던 설교학의 핵심들을 틸리케가 엮은 것으로, 독자들은 스펄전을 통하여 설교의 두 특성, 즉 설교는 십자가의 구속의 복음을 전하는 것임과 동시에 설교자를 통하여 가장 효율적인 방법으로 전달되어야 하는 것임을 배우게 된다. 특히 감성의 시대로 불리는 21세기에 스펄전의 "센스어필"의 전달 방식은 현대 설교자들의 주목을 끌기에 충분하다. 이는 왜 설교학의 고전인 스펄전의 책이 이 시대에도 여전히 설교자들에게 큰 가치가 있는지를 설명해준다. 독자들은 "가지고 있는 모든 것을 팔아서라도 스펄전의 책을 사라"는 틸리케의 말을 귀담아들을 필요가 있다.

문상기 교수 침례신학대학교

오늘날 한국교회는 하나님께서 우리 시대 우리 민족의 영적 각성과 영적 부흥을 위해 '위대한 설교자'를 세워주시기를 간절히 소망하고 있고, 설교학을 가르치는 교수인 나도 '위대한 설교자'가 나타나 교회를 깨우고 백성의 마음을 하나님께로 돌아오게 하기를 기대하며 기도해왔다. 나는 『스펄전의 설교학교』가 이러한 기대와 기도에 대한 응답이라고 생각한다. 이 책은 19세기 영국 교회와 백성을 영적으로 깨어나도록 하는 데 쓰임 받았던 스펄전의 설교와 그의 성경적이며 영적인 설교 방법론을 잘 정리해주고 있다. 이 책을 읽는 신학생, 목회자, 평신도 사역자들은 시대를 깨우칠 성경적이며 영성적인 설교의 실체가 무엇인지 알게 될 것이다.

이성민 교수 감리교신학대학교

이 책을 읽고 누군가는 스펄전의 스펄전보다 틸리케의 스펄전이 더 위대하다고 말한바 있다. 그만큼 틸리케가 스펄전의 설교 세계를 정확히 파악하고 그의 설교적 가치를 현대인에게 제대로 전달하고 있다는 뜻일 것이다. 스펄전은 하나님이 우리에게 내려주신 존귀한 선물이다. 스펄전의 설교는 한마디로 보물 창고와도 같다. 이 책은 스펄전과 그의 설교가 우리에게 허락된 자산으로서 얼마나 소중한지 유감없이 보여주고 있다. 틸리케는 예리한 안목으로 우리가 스펄전의 진수를 맛보게 하는 일에 공헌했다. 본서를 통해 박물관에 박제된 스펄전이 아니라, 지금 여기에 살아 움직이는 스펄전을 만나게 될 것이다. 이 땅의 모든 설교자들이여, 스펄전에게 와서 배우라!

이우제 교수 백석대학교

설교자는 모방에서 창조로 나아가는 과정을 통해 만들어진다. 설교의 황태자 스펄전은 시대를 초월해 모든 설교자들이 본받아야 할 설교의 사표다. 『스펄전의 설교학교』는 "가지고 있는 모든 것을 팔아서라도 스펄전의 책을 사라!"는 헬무트 틸리케의 추천을 가감 없이 적용할 수 있는, 모든 설교자들의 필독서다!

정인교 교수 서울신학대학교

현대 설교는 청중 편에 서느라 말씀을 잃어버리거나, 말씀 편에 서느라 청중을 잃어버리는 편향성의 몸살을 앓고 있다. 그러므로 현대 설교자들에게 가장 시급한 일은 말씀을 설교하는 것과, 그 말씀을 청중이 알아듣도록 설교하는 것이다. 스펄전은 설교자의 열정을 품고 말씀의 해석과 청중을 향한 전달을 가장 균형 있고 효과 있게 수행한 대표적 설교자다. 이 점에서 그는 19세기 설교의 황태자일 뿐 아니라, 21세기에도 여전히 설교자들의 선생이다. 이 책의 저자 헬무트 틸리케는 "스펄전의 스펄전보다 틸리케의 스펄전이 더욱 뛰어나다"는 평가를 받을 만큼 스펄전에 대해 탁월한 식견을 갖고 소개한 사람이다. 틸리케가 소개하고 발췌한 스펄전과 그의 설교를 이 시대의 설교자라면 누구나 반드시 만나고 배워야 할 것이다.

정창균 교수 합동신학대학원대학교, 한국설교학회 회장

스펄전의 설교학교

Copyright ⓒ Lutterworth Press 1964, 1978
Originally published in English under the title *Encounter with Spurgeon*
by Lutterworth Press, P.O. Box 60, Cambridge, CB1 2NT, U.K.
All rights reserved.

This Korean Edition Copyright ⓒ 2013 by Holy Wave Plus, Seoul, Republic of Korea
This Korean edition is translated and used by arrangement of Lutterworth Press
through rMaeng2, Seoul, Republic of Korea.

이 저작물의 한국어판 저작권은 알맹2 에이전시를 통하여 Lutterworth Press와 독점 계약한 새물결플러스에 있습니다. 신저작권법에 의하여 한국 내에서 보호받는 저작물이므로 무단 전재와 복제를 금합니다.

스펄전의 설교학교

찰스 스펄전 지음 | 헬무트 틸리케 해설·엮음 | 김지혁 옮김

/ 차례 /

1부 스펄전을 만나다 _헬무트 틸리케

스펄전을 만나다 13

2부 스펄전의 설교론

1. 회심: 설교의 목표 85
2. 설교자의 사역과 성령 109
3. 목회자의 진지함 137
4. 전진, 전진하십시오! 151
5. 진리를 위해 결단하십시오 171
6. 영적인 해석을 하려면 185
7. 설교자와 개인적인 기도 199
8. 설교자와 공적인 기도 215
9. 목소리 233
10. 몸으로 하는 표현 251
11. 야외 설교 277

12. 즉흥적인 설교	303
13. 설교의 주제	323
14. 빈약한 도구를 가진 사역자들에게	335
15. 감은 눈과 닫은 귀	347
16. 목회자의 건강과 목회	365
17. 사역자의 평소 대화	383
18. 청중의 주의를 끌려면	399

3부
스펄전의 설교

1. 설교1: 믿음의 표지	423
2. 설교2: 바람에 나는 겨	455

해 아래에 있는 모든 수단으로 사람들을 구원합시다.
사람들이 지옥으로 가는 것을 막읍시다.

바다의 신선한 공기를 한입 가득 머금거나
바람을 맞으며 산책을 한다고 해서
은혜가 영혼에 공급되는 것은 아닙니다.
그러나 그렇게 함으로써 몸에 산소가 공급되는데,
이것은 은혜 다음으로 가장 좋은 것입니다.

- 찰스 스펄전

1부

―

스펄전을
만나다

_헬무트 틸리케

신학이 신빙성을 잃었던 19세기 중반 무렵 한 설교자가 있었다. 그는 매 주일 최소 6,000명의 청중에게 설교를 했고, 그의 설교들은 수년간 매주 월요일 뉴욕에 전보로 보내져 그 나라의 주요 신문들에 게재되었다. 거의 40년을 한 강단을 지키고 설교하는 동안 그의 충만한 설교는 한 번도 시들지 않았고, 반복되거나 지루해진 적도 없었다. 그렇게 그가 지핀 불, 바다를 건너고 세대를 넘어서까지 환하게 빛을 비춘 횃불과 같던 그의 열정은 단순히 감정주의 같은 모닥불이 아니라, 강인한 마음에서 발화하고 영원한 말씀의 샘에서 공급되는 사라지지 않는 화염과 같았다. 불이 붙었으나 타서 없어지지 않았던 떨기나무의 기적이 여기에도 있었던 것이다(출 3:2).

그는 결코 구원 기술자인 듯 행동하며 대중 암시 기법들로 영혼들을 현혹시키는 오늘날의 전도 운동 관리인들 같지 않다. 찰스 해돈 스펄전(Charles Haddon Spurgeon)—그가 바로 우리가 말하고 있는 사람이다—은 선동 술책에 대해서는 전혀 알지 못했고, 비밀스런 표상이나 공상 또는 불안 콤플렉스를 조장함으로써 결국 정신 분석 결과에 의존하게 만드는 무의식의 영향에 대해서도 전혀 몰랐다. 그가 의지하며 일한 것은 스스로 청중을 창조하고 영혼들을 변화시키는 말씀의 능력밖에 없었다.

그런데 그 말씀은 수사적 기술이 만들어낸 그의 말이 아니었다. 오히려 그것은 스펄전 자신도 "단지" 들은 말이었기 때문에, 그는 스스로를 메아리에 불과한 자로 여기면서 자신을 그 말씀에 온전히 맡겼고, 성령이 그에게 맡기신 말씀에 아무것도 더하지 않았다. 그는 언제나 말씀의 수신자였기 때문에, 그의 설교는 결코 메마르지 않았다.

스펄전은 영적으로도 자신의 분수를 넘어서 살지 않았다. 그는 성경의 물길을 따라 그에게 끊임없이 공급되어 흐르는 것만을 말했다. 그는 양동이와 들통을 들고, 목마른 자들을 해갈하고 황폐한 영혼들의 마음을 풍요롭게 하기 위해서라면 심지어 가장 머나먼 실개천과 지류들에까지 거슬러 올라갔다.

우리의 시대에 이 사람에게서 배울 수 있다면 얼마나 좋을까? 분명 우리의 설교가 대체로 정확하고 해석상 "합당"하며 기교도 있고 잘 정돈되어 있지만, 희한하게도 생명력이 없고 감화력도 결핍되어 있기 때문이다. 너무나 자주 우리 설교는 실제 삶 속에서 사람들이 느끼는 것과 실제로 말하는 언어와 분리되어, 마치 있지도 않은 허깨비가 공중에서 맴도는 것처럼 다가온다. 설교 영역에서의 이런 오류 신호 앞에서는, 예배 의식을 세련되게 한다거나 시대의 상황을 무시하는 악덕을 덕으로 삼는 단순한 현실 도피는 도움이 안 된다.

최고의 사람들조차 무너뜨리려고 위협하는 이런 상황에서, 우리에게 맡겨진 영혼들의 짐을 느끼면서도 그에 대해 아무것도 할 수 없다는 것은 절망적인 일이다. 이런 상황에서는 교회의 "제1주제"인 설교를 위한 대략의 기준들을 얻는 것에 모든 것이 달려 있다고 해도 과언이 아닐 것이다.

이런 기준들을 이론적인 차원에서 정립하는 것도 분명 가치가 있지만, 그것은 결정적인 것이 아니다. 설교를 하는 것은 엄청나게 복합적인 절차를 망라한다. 즉 성령의 기적을 위한 기도로부터 시작해서, 본문 자체에 대한 연구와 설교 개요를 작성하는 것을 거쳐, 효과적인 연설을 위한 전문가적인 기교까지 아우르는 것이다. 따라서 진정한 기준들은 오직 생생한 예들에서만 발견할 수 있다. 오직 그런 사례들을 통해서만 우리는 이 복잡한 과정들 전체가 분명한 형태를 갖추게 한 것이 무엇이었는지 알게 되고, 예리한 관찰자를 만족시킬 청사진의 기능을 수행할 정도로 충분한 규칙을 얻을 수 있다.

설교가 무엇이며 또 설교가 주는 유익이 무엇인지 배우려는 사람은, 스펄전의 설교와 같은 것들을 읽어야만 한다. 스펄전의 주석들을—그중에서도 가장 위대한 주석인 『시편 주석』(*The Treasury of David*)은 일곱 권의 방대한 분량으로 이루어져 있다— 연구한다면, 성경을 정확하게 연구하는 것이 들을 준비가 된 사람에게 어떻게 반영되는지, 그리고 이 경청하는 능력을 지닌 자가 기껏해야 신학적으로는 아마추어라고 부를 수밖에 없고 언어학자의 축에도 들지 못한다는 것이 부차적인 문제밖에 되지 않는다는 것을 알게 될 것이다. 숙련된 신학자는 현대의 해석방법론들과 관련된 작품을 감히 지나쳐서는 안 된다는 것을 우리는 잘 안다. 하지만 만약 우리가 이 카리스마적인 들음의 은사, 다시 말해서 이 특별히 선택된 사람이 본문에 대해 가졌던, 따라 할 수 없는 직접성(immediacy)을 이해하지 못한다면, 우리는 단지 현학적으로 궤변만 늘어놓는 어리석은 사람들일 것이다. "제자처럼 들을"(참고. 사 50:4)* 수 있는 한 설교자의 어린아이와 같은 솔직함을 우리가 완전한 주해에 대한 교정으로서 받아들이거나 평가할 수 없게 되었다면, 이는 그 동안 우리가 해석학의 기교에만 몰두해 있었다는 것을 보여줄 뿐이다.

스펄전 그가 원래 설교했던 상황에서 멀어지고 그의 인격이 가진 매력으로부터 분리된 상태에서도, 다시 말해 인쇄된 상태에서도 잃은 게 거의 없다는 사실은, 그의 설교가 얼마나 본질적이고 탁월했는지를 보여준다. 그의 설교들은, 우리가 더 이상 직접 만날 수 없기 때문에 새로운 번역과 재해석을 통해서만 되살아나는 단순한 역사적 자료를 읽는 듯한 느낌을 단 한 순간도 주지 않는다. 우리에게도 그의 설교들은 어떠한 여과나 처리를 필요로 하지 않는 샘 솟는 물과 같다. 나는 19세기의 어느 설교자가 이런 평가를 받을 수 있을지 묻고 싶다. 그때의 가장 위대한

---

* 이 표현은 사 50:4에 대한 루터의 번역을 빗댄 것이다: "주 여호와께서 나의 귀를 깨우치사 제자같이 알아듣게 하시는 도다"—영역자주.

설교자들 중에서 (독일의 설교자들 중에서 말하자면) 슐라이어마허(Schleiermacher)도, 요한 토비아스 벡(Johann Tobias Beck)도, 심지어 루드비히 호프악커(Ludwig Hofacker)도 그런 평가를 받을 수 없다. 사실 제1차 세계대전 이전에 행한 수년간의 설교나 1920년대와 1930년대의 설교 중에서, 역사적인 흥미라는 부가적인 동기나 우리가 아닌 과거의 조상들이나 형제들을 향한 것이라는 느낌 없이 오늘날에도 읽을 수 있는 설교들이 과연 있는가?

그러나 옛 런던의 이 떨기나무는 여전히 타오르고 있고, 소멸될 기미를 보이지 않는다. 바로 이것이야말로 그리스도인들이 감히 기적이라고 말하는 것이다.

게다가 이 사람이 자기 자신을 해석하고, 자기 학생들에게 그들 스스로 어떻게 그런 설교를 할 수 있는지를 가르치고, 그렇게 할 수 있기 위해 먼저 어떤 사람이 **되어야** 하는지를 말해주는 책을 우리가 가질 수 있다면, 이것은 우리에게 그저 놀라운 선물이며, 동시에 신선한 발견이 주는 기쁨을 줄 것이다. 설교가 분명 행복한 특권이라는 것을 잘 알고 있지만 설교가 주는 부담감도 잘 아는 사람이라면, 스펄전과 같은 설교자가 우리 세대에게 어떤 의미가 되는지 깨달은 후에는 더 이상 침묵할 수 없을 것이다.

그렇기 때문에 우리는 이 가라앉은 보물들 가운데 얼마를 되찾아 이 책의 두 번째 부분(제2부)에서 소개하고 전파하려는 것이다.

스펄전은 1834년에 태어나 1892년까지 살았다. 그의 유년 시절은 내면의 갈등과 고통스러운 탐구로 점철되었는데, 15세가 되었을 때 작은 원시 감리교파(Primitive Methodist) 교회에서 예배하던 중 한 평신도 설교자가 전하는 감동적인 설교에 영향을 받아서 비로소 믿음의 길을 걷게 되었다. 그는 1850년 1월 6일을 자신의 회심과 거듭남의 날로 평생 동안 기억했다. 그가 "새 사람"으로 새 출발을 한 시점을 정확하게 기록한 것은, 분명히 우리에게도 익숙한 경건주의적 관습을 생각나게 할 것이다. 사실 그의 가족과 그 자신의 성장과 관련되었던 청교도나 감리교 전통은 이런 연상을 가능하게 한다. 그러나 그의 개인적인 기질과 영적인 태도로 미루어 볼 때, 스펄전을 그런 꼬리표만으로 묘사하는 것은 정당하지 못한 일이다. 신학의 역사 관점에서 손쉽게 분류하기에, 그는 너무나 독창적이고 독특했다.

그는 하급 교사를 하던 16세 때 우연히 한 시골집에 모여 있던 몇몇 농부들에게 처음으로 즉흥적인 설교를 했다. 그 설교가 좋은 결과를 얻어 청중이 감화받자, 그는 설교 활동을 계속했다. 이 사건을 계기로 시골의 고요가 깨졌고, 17세에 불과했던 1851년에 그는 워터비치(Waterbeach) 마을에 있는 작은 침례교 회중에 의해 설교자로 세워졌다. "어린 설교자"(boy-preacher)로 불렸던 새파랗게 젊은 스펄전은 짧은 시간에 큰 반향을 일으켰고, 사람들은 그의 설교를 듣기 위해 먼 곳에서도 몰려들었다. 이미 그 당시에도 그의 젊음과 열정적인 웅변력이 단순히 호기심을 불러일으키거나 영적인 신동에 대한 흥미만 자극한 것이 아니었던 것이 분명했다. 그는 분명 효력 있는 말씀의 능력을 받았다. 사람들은 실제로 변화되었고, 도덕적 해이의 자리에 질서와 평화가 들어섰다.

이런 성공도 그를 현혹하지 못했다는 것은, 이 "어린 설교자"가 얼마나 성숙했고 자신을 잘 통찰했는지 보여준다. 오히려 그는 신학적인 준비가 부족하다는 것을 알고, 신학교에 들어가려고 계속해서 최선을 다해 준비했다. 그러나 이해할 수 없는 섭리로 스펄전은 신학교 진학에 실패하고, 어쩔 수 없이 독학자로 남게 되었다.

이것이 그의 신학 교육 면에서는 상당한 한계로 남았지만, 그의 독학은 그만큼 더 독특한 방식을 취하게 되었다. 그는 결코 배움에 대한 욕심으로 무턱대고 무질서하게 책을 탐하면서 자신을 소진하지 않았다. 오히려 그때에도 이해력과 결단 그리고 놀라운 기억력을 토대로 짜임새 있고 목적에 맞는 체계로 공부했는데, 이는 나중에 자신의 저술을 대범하고 사려 깊게 구성하는 능력으로도 드러났다. 그는 20년간의 시편 주석 작업을 도울 상당히 많은 조력자들을 그의 생애 동안 끌어 모았다. 그들은 스펄전을 위해 대영박물관에서 방대한 자료들을 찾기도 했고, 발췌문을 만들어주기도 했으며, 청교도들의 원조에 해당하는 작품들을 샅샅이 뒤지기도 했다. 나중에 발간된 월간지 「검과 삽」(The Sword and the Trowel)에 수록된 상당한 양의 서평들은, 그가 얼마나 폭넓고 비판적이며 체계적으로 책을 읽고 스스로를 교육했는지 잘 보여준다. 스펄전이 설교한 교회들은 몰려드는 청중을 다 수용하기에는 턱없이 좁았다. 그래서 그는 자주 야외나 비어 있는 창고에서 설교했으며, 심지어는 지붕 위에서 설교하기도 했다. 이런 시기를 보낸 후 드디어 1861년, 그는 런던의 저 유명한 메트로폴리탄 타버너클(Metropolitan Tabernacle)에 정착했다. 스펄전은 이곳에서 남은 생애 동안 매 주일 6,000여 명의 회중에게 설교했다. 1857년 금식일에 크리스털 펠리스(Crystal Palace)에는 24,000명의 청중이 모였는데, 그것이 그가 인도한 가장 규모가 큰 집회였다. 확성기가 없던 시절이었음에도, 스펄전은 분명하고 우렁차고 또렷한 목소리로 가장 멀리 있는 구석까지 자신의 목소리를 들리게 하는 데 아무런 어려움이 없었다.

그가 커다란 서리 가든즈 뮤직홀(Surrey Gardens Music Hall)에서 처음 설교했을 때 거의 만 명 정도가 운집해 있었는데, 몇몇 장난기 심한 사람들이 "불이야! 불!"이라고 소리쳤다. 스펄전은 강단에서 침착하게 질서를 유지하려고 했지만 큰 혼란을 막지 못했다. 7명이나 압사하고 28명이 부상당한 이 끔찍한 광경을 그는 남은 생애 동안 결코 잊을 수 없었다. 그 사건은 그의 마음속에 하나님의 사람들에게도 엄습할 수 있는 "어둠"의 표상이 되었고, "말씀으로 주의를 기울이도록 하는" 시련의 일례가 되었다. 이후로도 오랫동안 그 끔찍한 광경의 악몽이 그의 삶에 그림자를 드리웠지만, "이러므로 하나님이 그를 지극히 높이셨다"

(참고. 빌 2:9)라는 말씀을 생각하면서 비로소 회복되기 시작했다. "예수님의 종들이 아직 땅 위에 널브러져 있을지라도 예수님은 여전히 높임을 받으신다는 사실이⋯마침내 나로 하여금 평화를 누리도록 해주었다."

그렇게 스펄전에게 기쁨과 고통, 성공과 좌절 같은 것들은 영적인 방법으로 해결해야 할 문제가 되었다. 그는 어떤 일도 시간 내적인 관점으로 해석하지 않았고, 모든 것을 영원의 관점에서 바라보았다. 앞에 언급된 일화가 바로 그 예다.

스펄전이 수많은 군중으로 둘러싸인 매우 성공적인 삶을 영위했음에도 불구하고 스스로 외형적인 것들에 침몰되지 않았고, 또 분주함 때문에 소모되지 않았던 것은 그의 설교 사역의 매우 큰 특징이었다. 오히려 그는 마음과 영혼을 활짝 열고 조용히 기도와 묵상하는 일에 전념했고, 이런 고요한 시간들로부터 기운을 얻어서 자기 자신을 온전히 쏟아부을 수 있었다. 그는 유명한 스타가 되어서 마치 신이 된 것처럼 사람들의 존경과 아부를 받고 싶어하는 유혹을 전혀 받지 않았다. 또한 그는 결코 "홀로 연주하는 사람"도 아니었다. 오히려 교회를 섬기는 자로서 사람들과 함께 연주하는 "합주"를 귀하게 생각했다. 그가 자신의 열정을 불태운 것은 자신의 은사의 **효력**뿐만 아니라 은사 그 자체를 나누기 위해서였지, 단지 자신의 유명세를 이용해서 사람들을 끌어모으기 위한 것은 아니었다.

그의 사역에서 가장 중요한 업적은 1857년에 목회자 대학

(Pastors' College)을 설립한 것이다. 그곳에서 그는 동역자들의 도움으로 거의 700명이나 되는 설교자와 전도자들을 양성했다. 이 사역을 토대로 해서 이 책의 두 번째 부분에 발췌하여 수록한 『목회자 후보생들에게』(Lectures to My Students)가 출간되었다. 이 강의들의 탁월한 점은 독자에게 단지 설교의 기술에 도움이 되는 기교적인 규칙들보다 훨씬 더 중요한 내용들을 전해주고, 큰 감동을 주는 내용으로 가득 찬 저장 창고와 같다는 데 있다.

물론 그 강의들은 설교의 형식적 측면에 대한 훈련도 함께 제공한다. 목소리와 몸짓과 얼굴 표정의 사용을 포함한 수사학과 웅변술과 같은 기술적인 측면들, 그리고 설교의 구성은 전면적인 훈련 주제가 될 수 있을 정도로 매우 중요하다. 왜냐하면 "복음을 선포하는 이 엄숙한 사명은 사람이 줄 수 있는 모든 것 그리고 최고의 것을 요구하기 때문이다." 바로 이런 이유 때문에 우리는 우리가 말하는 **내용**뿐만 아니라 그것을 말하는 **방식**에 대해서도 동일하게 책임이 있다. 우리의 도구들 역시 날카롭게 유지되어야 한다. 우리가 가진 영적인 지식뿐만 아니라, 그것을 소통하는 수단도 사역을 위해 사용되도록 우리에게 맡겨졌다. 스펄전은 억제되지 않은 버릇들, 이를테면 어눌한 말, 단조로운 목소리, 불쾌한 얼굴 표정, 계속 쥐고 있는 주먹이나 손가락질 등이 경청하려는 청중의 의지를 꺾거나 죽을 것 같은—그리고 영적으로도 죽이는!—지루함을 조장한다는 것을 잘 알고 있었다.

이런 수사학적인 악덕들에 대해 상세하게 설명할 때 스펄전은 자칫 지루하고 따분할 수도 있는 주제에 대해 강의를 하면서도 정작 자신은 재미없고 단조로운 방식으로 설명하는 역설적인 모순에 빠지지 않았다. 어느 작품을 보더라도 쉽게 지루해질 수 있는 주제를 가지고 그렇게 활기차고 즐겁게 설명하는 사례를 찾기 힘들 것이다. 이와 관련해 스펄전이 사용하는 기법은 일종의 풍자와 유머다. 스펄전은 우스꽝스러운 강단 사역자들의 모습을 마치 직접 눈으로 보는 것처럼 놀라울 만큼 자세히 묘사함으로써, 듣는 이로 하여금 절대로 그렇게 끔찍한 설교자는 되지 말아야겠다고 다짐하게 하는 능력이 있다.

스펄전의 풍자는 겉모습에만 신경을 쓰는 목사들과 세련미를 추구하는 성직자와 유행을 따르는 멋쟁이 설교자들의 외형적인 모습뿐만 아니라 그들의 내적 상태까지도 대상으로 한다. 스펄전에게 그런 인물들에 대한 비웃음은 판단하고 정죄하는 율법과 같은 기능을 한다. 하지만 그는 이런 풍자를 위해서라도 대상을 직접적으로 거명하지 않으면서 비밀스럽게 묘사했고, 이 모든 연약함을 우리 마음에서 쫓아내시는 성령의 지도를 알았다. 그렇기 때문에 스펄전은 미소를 짓고 한쪽 눈을 윙크하면서 모든 풍자를 말함으로써, 파괴적인 비판조차도 교육의 수단으로 바꿀 수 있었던 것이다. "나는 영혼을 구하려는 모든 사람들에게 쾌활할 것을 권면합니다." 그렇다면 영혼을 구하려는 사람들을 훈련할 때 이미 이런 쾌활함이 효과적이어야 하지 않겠는가?

육신이 되신 하나님의 말씀을 섬기는 사람들에게 이런 형식적이고 외적인 "육신의" 측면도 중요하지만, 그것은 신학교의 전체 교육 과정에서 단지 일부분에 불과하다. 과정 전체를 이해하기 위해 우리는 포괄적인 설교자 양육(Erziehung)이라 할 만한 것에 쏟아부은 스펄전의 노력을 살펴보아야 한다.

첫째, 그것은 정말 **양육**에 초점을 두었다. 신학생들에게 끼친 스펄전의 영향은 지식과 기교의 전달에 국한되지 않고, 오히려 학생들을 먼저 인간으로서 세우고 그들의 기초를 단단히 하여 맡겨진 사명을 감당할 수 있는 유능한 도구가 되도록 했다. 둘째, 이 교육은 포괄적이었다. 양육이 삶의 모든 측면에 작용했기에, 그 헌신의 영역으로 가기 전에 모든 것이 다루어졌기 때문이다.

이런 방식의 교육에서 제일 중요시된 것은 바로 존재의 영적인 측면을 다루는 것이었다. 그것은 미래 목양자들(Seelsorger)에 대한 목회적 돌봄(Seelsorge)의 형식을 취했다. 이 교육은 단순히 성경과 지속적으로 연관된 삶을 살라는 "권면"의 문제가 아니었다. 그렇게 되면 이런 방식의 삶을 율법의 무거운 멍에로 오해할 수 있기 때문이다. 이 교육은 오히려 모든 말 속에 성경의 편재성(Allgegenwart der Heiligen Schrift)이 실현되도록 하여 그런 삶을 가능하게 하는 것이었다.

스펄전이 말하면, 마치 족장들과 선지자들과 사도들이 함께 높은 강단에 서서 청중을 내려다보고 있는 것 같았다. 그의 설교를 들으면 요단 강의 세찬 물결 소리와 실로암의 작은 개울 소리를 들을 수 있다. 또한 바람에 흩날리는 레바논의 백향목을 보고, 이스라엘과 블레셋 사이의 전투 소리를 듣고, 노아의 방주에 있는 것 같은 안정감을 느끼고, 욥과 예레미야가 당한 영혼의 고통을 함께 느끼고, 제자들이 바람을 뚫고 앞으로 나가기 위해 삐걱거리며 노 젓는 소리를 듣고, 요한계시록에서 무서운 공포심을 느끼기도 한다. 성경이 매우 가깝게 느껴지기 때문에 메시지를 들을 뿐만 아니라 그 현장에서 함께 숨을 쉰다. 마음이 성경으로 가득 차서 의식이 그것으로 젖고, 여러 이미지로 풍성한 상상력을 발휘하게 하며, 기후처럼 성경이 영혼의 풍경을 결정하게 한다. 나아가 하나님의 말씀인 성경에는 총체적인 임재(a total presence)라 할 수 있는 것이 있어서, 하나님의 말씀인 동시에 실제 삶이 서술된 "문학작품"으로써 삶의 모든 구석 구석을 다루고, 또한 여기 우리 앞에 펼쳐져 있는 현실의 풍성함을 보고 들을 뿐만 아니라 맛보고 향을 맡도록 우리를 가르친다.

    스펄전의 이런 강의들을 들었던 사람들은 심지어 "육신을 따라"(kata sarka)서도 성경이 곧 그들의 환경이 되는 삶을 살았다. 그들은 성경을 심각하게 여기라는 권면을 더 이상 들을 필요가 없었다. 말씀이 이미 그들의 무의식의 수준에 깊이 침잠해 있었기 때문이다. 심지어 기도하라는 권면도 거의 필요 없게 되었다. 왜냐하면 기도하는 가운데 하나님과의 영원한 교제를 나누고 있는 바로 그 사람이 청중에게 하나님의 말씀을 선포했고, 그가 이미 하늘에 계신 하나님과 나눴던 것을 청중에게 선포했기 때문이다.

결국 스펄전이 보기에 설교자 양성에서 가장 결정적인 기초가 되는 것은 당연히 영적으로 신령한 사람을 세우는 일이었다. 설교자 교육은 직접적으로 실용적이어서는 안 되고, 설교하는 것이 직접적인 목적이어서도 안 된다. 그렇지 않다면 "양육"(Erziehung)의 과정은 단지 "훈련 행위"(Abrichtung)가 될 뿐이며, 전문 기술을 가르치는 것에 지나지 않게 된다. 설교자는 자신이 연구하는 본문을 어떻게 설교에 "써먹을 수 있을지"를 염두에 두고 성경을 읽어서는 안 된다. 우선은 자기 자신의 영혼을 먹이는 영양분으로 성경을 읽어야 한다. 우리가 사람들 앞에서 비추는 빛은 빌려온 빛이요 단순한 반사이기 때문이다. 태양 빛을 반사하는 거울의 역할을 겸손히 수행하기 위해 그 앞으로 나가지 않으려는 사람은 자기 자신의 빛을 만들어내야 하고, 결국 자기 중심적인 허영심과 교만함으로 메시지를 거짓되게 만들게 된다. 이런 사람은 자신의 말이 믿을 만한 가치가 전혀 없는 것에 대해서뿐만 아니라, 자산을 탕진하고 원금까지 다 써버려 도산 상태에 빠진 것에 대해서도 비난받아 마땅하다. 그는 말씀의 수혜자가 되지 않기 때문에, 자신 속에 있는 공허한 정적을 소리 나는 구리와 울리는 꽹과리로 극복하려고 애쓴다. 결국 공허함 때문에 마비 상태에 빠지게 되고, 그의 무의미하고 단조로운 수사학은 속이 다 타버린 찌꺼기만을 은폐하게 된다.

하지만 스펄전이 미래 설교자들의 영혼을 위해 사역을 하고 그들 스스로 자신의 영혼을 돌볼 수 있도록 반복적으로 가르친 것은 단지 은혜를 받는 것과 설교하는 것 사이의 분별력 있는 균형을 이루게 하려는 열망뿐만 아니라, 궁극적으로는 기본적인 믿음의 사실에 기반하고 있다. 다시 말해서, 우리 쪽에서의 어떤 역할이 없이도 주님의 팔이 땅끝까지 미칠 수 있으며, 결국 대륙들과 바다의 먼 섬들에까지 주님을 끌고 가는 것은 **우리 같은 행동주의자들이 아니라는 것**이다. 하나님은 우리 능력으로 할 수 있는 그 어떤 수단과 전혀 무관하게 주님이시다. 하나님 나라는 우리의 역할이 없어도 도래한다.

그러므로 제자는 긴 안목을 갖고 인내할 수 있다. 영원을 의식하며 사는 사람은 시간에 쫓기거나 조급해하지 않는다. 그래서 스펄전은 마치 루터가 차분하게 한 말, 즉 그가 조용히 앉아 비텐베르크 맥주를 한 잔 마시고 있는 동안에도 복음이 자연스럽게 제 갈 길을 간다고 한 것에 필적할 만한 언급들을 많이 했다. 초조함은 죄악이다. 지나친 책임감에 시달리거나 하나님이 다스리시고 그 뜻을 이루어가신다는 확신을 잃어버리는 것은 말하자면 불신앙의 정신병리학적인 형태다.

"바로 이런 이유로 인해서 예수님도 지혜와 연민으로 제자들에게 '광야로 들어가서 잠시 쉬자'라고 하셨습니다" 하고 스펄전은 말한다. 계속해서 그는 이렇게 말한다. "뭐라고요? 사람들이 쓰러지고 있는 이때에 쉬자는 말입니까? 무리들이 목자 없는 양 떼처럼 버려져 있는데요? 예수님이 어떻게 쉬자는 말씀을 하실 수 있습니까? 마치 늑대들처럼 서기관과 바리새인들이 양 떼를 갈기갈기 찢어 죽이고 있는데, 예수님과 제자들이 한적한 곳으로 가서 조용히 쉼을 즐긴다고요?" 중요한 전투가 시작되어 적들이 사방에서 몰려들고 있는데, 어떻게 휴식을 취하려고 숙소로 들어갈 수 있단 말인가? 하지만 스펄전은 이렇게 말한다.

우리 주님이 더 잘 아십니다. 주님은 그의 종들의 힘을 완전히 소진시키지 않으실뿐더러 이스라엘의 빛을 끄지도 않으실 것입니다. 휴식은 결코 시간 낭비가 아닙니다. 오히려 새로운 힘을 모으는 절제입니다. 여름에 잔디를 깎는 사람을 보십시오. 해가 지기 전에 깎아야 할 잔디가 참 많습니다. 그런데도 그는 일을 하다가 잠깐씩 휴식을 취합니다. 그 사람이 게으른 것입니까? 그는 돌을 찾아서 위아래로 낫을 갈기 시작합니다. 흥얼거리며 콧노래를 부르기도 합니다. 이렇게 콧노래를 부르는 것이 귀중한 시간을 낭비하는 것이라고 할 수 있을까요? 낫을 갈면서 그렇게 콧노래를 부르고 있을 시간에 잔디를 깎았다면 얼마나 많이 깎을 수 있었겠습니까? 하지만 그는 연장을 날카롭게 하고 있는 것입니다. 그러면 자기 앞에 줄지어 자라고 있는 잔디를 훨씬 더 힘 있게 깎을 수 있을 것입니다.

낚시꾼이라도 언제나 낚시질만 할 수는 없다. 그물도 손질해야 한다. 마찬가지로 휴식도 하나님 나라가 우리에게 부여한 일종의 의무가 될 수 있다.

이런 글을 읽으면 오늘날 교회에서 행하는 교육 행태들에 대해 다시 한 번 슬픔을 느끼고 분노하게 된다. 스펄전은 설교자들이 스스로를 존귀한 도구인 양 지나치게 생각해서는 안 되고, 반대로 그다지 중요하지 않은 존재라는 사실을 믿음으로 인정해야 한다고 했다. 하지만 우리는 젊은 목사들을 부추겨서 모든 장례식과 결혼식에 참석하게 하고, 강단 사역뿐만 아니라 개별 심방에까지 이르는 바쁜 목회 업무로 대도시에서 시달리게 만든다. 결국 우리가 평화의 메시지라는 항생제를 처방해야 할 그리스도의 몸이 오히려 모든 세균 덩어리들에 노출되게 한다. 우리는 꽃들을 자라게 할 능력이 없기에 싹이 난 상태에서 죽이고 있다. 우리가 꽃을 더 이상 자라게 하지 못하는 이유는 "나라가 임하옵소서"라고 기도하는 방법을 잊어버리고 그 자리에 "관리인의 믿음", 즉 모든 것을 할 수 있다는 믿음을 심어놓았기 때문이다. 우리는 "두려워하지 말라"라고 설교한다. 그러면서도 우리 자신은 과연 모든 사람이 이 말을 듣고 싶어할까 심각하게 걱정한다. 우리는 "하나님이 다스리신다"라고 말하면서도, 여전히 주류교회(Volkskirche)라는 거대한 기업을 계속 운영하기 위해 미친 듯이 진력한다. 우리는 인간의 수동적 의로움(*justitia passiva*, 하나님으로부터 주어지는 유효한 의로움)에 대해서 선포하지만, 여전히 행동주의자들처럼 처신한다. 영원에 대해서 설교하지만, 예수님이 "너는 모든 일을 충분히 하였느냐?"라고 물으시면 "아니요, 시간이 충분하지 않았어요"라고 대답할 것이다. 우리가 평화를 선포하면서 여전히 쉼이 없는 이유가 바로 이 때문이다. 우리가 빵 대신 돌을 주게 되는 이유도 바로 이 때문이며, 그래서 사람들은 우리 말을 믿지 않는다. 그래서 우리가 평안을 선포하는데도 소요가 일어나는 것이다. 믿음을 선포하는 사람들의 신뢰할 수 없는 말과 행동들 때문에 믿음이 찬밥 신세를 면치 못한다.

아주 오래전 합리주의 시대에는 지식이 믿음을 논박할 수 있는 것처럼 보이기도 했다. 왜냐하면 믿음에 대한 공격은 스스로 지식을 소유했다고 생각했던 "세상"에서 비롯되었기 때문이다. 오늘날 그 심판은 바로 교회당에서 이루어진다. 우리 자신의 신뢰할 수 없는 말과 행동 때문에 우리 스스로 믿음을 저버린다.

그래서 설교의 모델이 되는 스펄전을 설교학적으로 분석하기에 앞서, 우선 우리는 과연 이런 모범적인 설교가 가능했던 곳, 즉 고요하고 독립적이며 영적으로 아무런 간섭도 받지 않는 곳을 살펴보아야 한다. 하나님의 자녀들은 그들이 바로 하나님의 자녀라는 이유로 그 곳에 거할 수 있다.

영적인 현상들은 그것이 발생할 수 있는 **장소**를 강조하지 않고서는 설명될 수 없다. 설교 이면에 감춰져 있는 목적에 대해서는 생각하지 않고 어떻게 하면 상품을 팔고 시장을 운영할 수 있을지에 대해서만 늘 생각하는 사람은 판에 박힌 상투적인 설교자가 되기 마련이다. 그 사람은 종이 되기는 하지만 하나님 나라의 종은 아니다. 오히려 설교라는 기계를 완벽하게 작동시키는 종이 될 뿐이다. 그의 말이 "합당"하며 그의 전달 방식이 "유쾌"하고 교회의 "전략"에 딱 들어맞는 걸작이 될 수는 있을 것이다. 하지만 그의 존재 자체가 그 메시지에 위반된다는 것을 증명하기 때문에, 역설적으로 메시지의 자기모순만이 드러날 뿐이다. 남는 것이라곤 알곡 없는 지푸라기를 정해진 규칙에 따라 정확하게 자르는 일뿐이다. 잘 기름 친 기계는 더 이상 작동하지 않고, 결국 마땅히 종이었어야 할 제도 자체를 선전하고 있다. 교회는 지금 다른 제도들(Institutionen)과 경쟁하고 있는 또 다른 한 제도로서 자기주장을 하고 있을 뿐이다.

이 모든 일이 성공적인 결과를 가져올 수도 있겠지만, 그것이 성령의 열매는 아니다. 교회가 공공 생활 가운데 끼친 어떤 영향력에 대해서 기록할 수는 있겠지만, 그것이 부패를 막는 소금인 것은 아니며 빵의 맛을 결정하는 누룩인 것도 아니다. 먼저 제도로서의 교회의 밀알과 설교자의 밀알은 조용히, 저항 없이 땅속에 감춰져야 한다. 열매를 맺기 위해서는 우선 밀알이 땅에 떨어져 죽어야 하는 것이다. 그러나 우리는 인공 비료를 쏟아부으면서 열광적으로 일을 한다. 우리는 다산의 신들을 숭배하는, 그칠 줄 모르는 "생산자"다. 바로 이것이 우리를 둘러싸고 있는 마른 뼈들로 가득한 골짜기가 점점 넓어지는 이유다. 우리는 사람들에게 감동을 주는 기술에 압도된 실용주의자이고, 살기 위해서는 죽어야 한다는 밀알의 교훈을 이미 잊었다. 그리스도와 함께 죽고 다시 살아난 자만이 주님의 죽음과 부활을 확실하게 증거할 수 있다. 하지만 우리는 주님의 고난과 부활의 현장 가운데 살지 않기 때문에, 단지 주님이 부활하셨다는 "가정 하에" 행한다. 능숙한 표현들과 노련한 설교가 조금도 유익하지 못한 이유가 바로 여기에 있다. 우리가 예수의 이름으로 심어놓은 씨앗 사이에다 밤새 가라지를 뿌리고 다니는 원수는 대심문관(Grand Inquisitor, 도스토예프스키의 『카라마조프가의 형제들』 중에서 이반이 그의 형제 알료샤에게 들려주는 이야기에 나오는 등장인물이다—편집자 주)이다. 그는 우리 진영에서 나와서 기독교의 활동이 효과를 위해 운영되도록 조종한다. 들을 귀 있는 자는 들을지어다!

스펄전의 설교에서 "제1주제"는 어디에서 영적인 생활이 가능하게 되는지에 대해서, 그리고 두 지점 사이의 최단거리, 곧 신학교와 강단 설교 사이를 연결하는 가장 똑바른 길이 정확하게 직선은 아니라는 것에 대해서 말한다. 오히려 우회로가 필요하다. 이 우회로에서 가장 경로에서 이탈한 것처럼 보이는 지점은 바로 고요한 침묵이다. 우리 마음이 휴식을 취해야 하는 것처럼, 우리의 다리도 마찬가지이다. 침묵을 갈구하는 것은 은혜이기도 하지만 자연의 이치이기도 하다. 나무는 키가 높이 자라면 자랄수록 더 확실하게 땅 아래 깊이 뿌리를 내리는 법이다. 그래야만 폭풍우에도 뿌리가 뽑히지 않기 때문이다.

스펄전이 가장 염두에 두고 있는 폭풍우는 불안과 성공에 대한 유혹이다. 성공은 우리를 사람들의 압력에 노출시킴으로써 육적인 수단과 방법을 동원하여 손에 넣은 유익을 지키도록 우리를 시험하기 때문이다. 나아가 성공은 우리로 하여금 끊임없이 확장하라는 자체적 법칙에 지배를 받도록 만든다. 일을 이루시는 분은 하나님이고, 내 도움이 없이도 하나님은 계속해서 그 일을 이루실 수 있으며, 하나님이 "나를 낮추실" 때마다 다른 방법을 통해서 그 일을 이루실 수 있음을 기억하는 것만이 우리를 성공에 대한 집착에서 벗어나게 한다.

그러므로 우리는 사람이 일터에서 하는 모든 일의 배후에서 그의 중심을 이루는 영적인 태도를 파악할 수 있다. 진정으로 일을 이루는 것은 겸손과 침착과 신뢰다. 이런 것들을 고려하지 않는다면 우리는 스펄전의 사역을 이해할 수 없다. 그와 동일한 존재의 자리에 있지 않는 한 우리는 그를 모방할 수 없다. 모든 위대한 인물이 그렇듯, 그가 어떤 사람이었는지가 그가 한 일보다 훨씬 더 중요하다.

하지만 우리가 여기서 관심을 갖는 영적인 특성은 결코 삶 전체와 분리될 수 없다. 영성이 삶과 분리된다면 결국 영성주의자에 불과할 뿐이다. 여느 다른 사람처럼 영적인 사람의 자아 또한 나눌 수 없는 전체이므로, 창조주의 의지에 의해 결합된 본성(nature)으로부터 분리될 수 없다. 내가 아는 한 스펄전의 저작들 가운데 존재의 유비(analogia entis), 즉 자연과 은혜의 계층 구조(hierarchical structure)에 대한 개념은 어느 곳에도 나타나지 않지만, 그럼에도 그 둘은 서로 관련되어 나란히 있다. 물론 설교의 사명은 존재론적인 수단을 통해서는 표현될 수 없고, 오직 한 분이신 아버지와 아들과 성령, 그러므로 우리 삶의 모든 측면들도 하나로 묶으시는 그분과 관련해서만 표현될 수 있다.

스펄전이 육신의 존재를 영적인 생명의 하부구조(substructure) 같은 것으로 간주하는 이유가 바로 이것이다. 물론 스펄전이 마르크스 유물론의 하부구조와 상부구조(superstructure)의 체계가 제안하는 것처럼 인간 존재의 육체적-자연적 측면에 결정적인 역할을 부여하는 것은 결코 아니다. 하나님 자신 안에서 창조주가 구속주에 우선하지 않고, 사도신경의 제1조항이 제2조항보다 우월하지 않기 때문이다.

스펄전은 우리의 마음이 그렇듯 육신도 섬김을 위해 주어졌다는 점을 말하고 싶어한다. 육신은 우리 선포의 내용이신 분의 도구가 되어야 하기에, 또한 선포에도 도움이 되어야 한다. 우리의 영뿐만 아니라 혼과 육신이 모두(참고. 살전 5:23) 영적인 자아의 총체를 구성한다. 따라서 결국 이 세 가지 모두가 하나님의 말씀의 종을 육신이 되신 말씀의 이름으로 훈련시키는 이들에게 감독과 훈련을 위해 위탁되는 것이다.

그렇기 때문에 목소리와 몸짓을 포함하는 설교의 육적인 측면조차도 단지 수사학의 규칙과 기법의 문제만은 아니다. 그것은 설교자가 말씀을 전하기 위해 해야 하는 일, 말씀을 전해야 할 이웃을 위해 사랑으로 행해야 할 섬김의 한 부분이다.

이는 수사학의 "기교"들을 무시하려는 것이 아니라, 상대화하려는 것이다. 그 기교들은 오직 영적인 **자리**에 놓일 때만 적절한 위치를 점하고 있는 것이다. 이 위치에서 벗어난다면 그것들은 기술 자체를 위한 기술로, 심리적 효과를 유발하기 위한 수단으로 전락하게 된다. 스펄전이 설교해야 했던 대중들, 분위기에 대한 스펄전의 민감함, 열광하는 군중을 사로잡는 그의 능력 때문에라도 스펄전은 특별한 자기 통제를 통해 수사학적 과잉의 위협을 피해야만 했다. 왜냐하면 "인간의 허영심을 불타오르게 하는 데 연기자의 성공보다 훨씬 더 강력한 연료가 있다면, 그것은 바로 설교자의 성공이기 때문이다"(브루스 마샬[Bruce Marshall]).

스펄전은 이렇게 자기를 통제하는 방법을, 율법의 징계로부터가 아니라 하나님이 자신에게 주신 것에 대해서 그리고 종으로서 감당해야 했던 청지기 사명에 대해서 깊이 생각함으로써 터득하게 되었다. 성경주해(exegesis)가 실제 사용되는 문헌학(philology in service)이고 교의학이 섬기는 사유(diaconic thinking)인 것처럼, 수사학은 도구적인 기술(ars instrumentalis)로서 결국 신학의 한 분과가 된다. 말하자면 수사학은 인문학부에서 신학부로 옮겨지는 것이다. 실제 사용되는 문헌학이 고유한 문헌학 자체에 못지 않게 주해에 도움이 되는 것처럼(오히려 해석뿐만 아니라 본문비평과 문학비평을 위한 모든 규칙을 이용한다), 또한 섬기는 사유가 수준이 떨어지는 사유가 아닌 것처럼(오히려 논리학 법칙을 존중하며, 지적으로 이해하기 힘들 정도로 어렵게 말을 하거나 역설의 허무주의 의식에 관여하지도 않는다), 스펄전에게 거룩한 수사학은 숙련된 수사학이나 기술보다 못하지 않고, 오히려 당시 후두생리학(喉頭生理學)과 청중의 심리학이라고 알려진 것들이 제공하는 지식까지도 이용하는 고된 훈련의 문제다. 단지 이 이교도적인 수사학은 세례를 받아서 예수 그리스도의 공동체가 하는 활동의 한 부분이 된 것이다.

여기서 스펄전은 오늘날 우리의 설교 사역에서 매우 중요한 문제를 다시 한 번 제기한다. 청중으로 하여금 듣게 만드는 주체는 우리 자신이 아니라 말씀 자체라는 철저하게 올바른 인식을 우리는 "해악의 구실"로, 즉 수사학을 소홀히 한 일에 대한 변명으로 만들지는 않는가? "오직 믿음으로"라는 칭의 교리를 오해하여 수사학을 사용하는 행위를 포함한 모든 행위를 거부한 것으로 받아들이지 않는가? 우리가 순수한 하나님의 말씀을 있는 그대로 선포하는데 청중석은 비어 있고 예배에 참석한 사람들조차 졸고 있다면, 우리 모두는 말씀을 잘 전달하지 못한 것에 대해서 자랑스럽게 여기면서 무조건 복음만을 선포해야 한다고 말할 수는 없는 것이다. 우리에게는 돌들도 선포할 수 있을 뿐만 아니라 텅 빈 회중석조차도 우리를 대신해서 증언할 수 있다고 스스로를 설득시킬 수 있는 놀라운 능력이 있다. 그러나 논리적인 순서를 중요시하는 사람들이 설교를 들을 때마다 고문을 받는 것처럼 마음이 심란해져서 결국 설교 듣는 것을 포기하게 되는 것은, 어쩌면 터무니없는 설교 구성 때문일지도 모른다. 또한 사람들로 하여금 집이 아니라 교회에서 잠을 자게 만드는 것은 우리가 목소리를 충분히 내지 않아서일지도 모른다. 말린 건어물처럼 강단에 서 있거나, 수레바퀴처럼 팔을 돌리거나, 주먹으로 청중을 위협하거나, 말을 얼버무리는 등, 간단히 말해서 우리는 수단이 되는 요소들에 대해서 충분한 주의를 기울이지 않았고 그런 능력을 배양하지도 않았다. 우리는 무질서한 설교 개요와 비참한 수사학이라는, 제대로 구워지지도 않았고 여기저기 구멍이 뚫린 "질그릇"에 대해 전혀 한탄하지 않았다. 오히려 정반대로—참 이상한 역설 같지만—우리는 질그릇의 연약함이 그 안에 담겨 있는 보물을 더 값지게 만든다고 생각하면서 오히려 그런 연약함을 기쁘게 생각했다.

종종 제도로서의 교회와 전문적인 신학자들은, 한번 이교도적 의미로 채워졌던 것은 무엇이든 영원히 "악령"으로 남아야 할 운명을 타고난 것으로 간주하는 이해할 수 없는 경향을 보인다. 그들은 그것을 애정과 두려움으로 만들어진 콤플렉스의 원인으로 만든다. 오랫동안 우리는 자연과학을 그런 악령으로 여겼다. 왜냐하면 물리적으로 자연은 작용력들의 자족적 집합체(self-contained economy of forces)라고 자연과학이 한때 주장했기 때문이다. 결국 자연과학은 "자기 충족적 유한성" 이론(doctrine of "self-sufficient finitude")을 세우고, "초자연적인" 기적과 같이 초월자의 간섭으로 인해서 생기는 일들을 인정하지 않는다는 논쟁에 가담했다. 하지만 그후에 우리는 과학의 철학적인 악용을 반박하는 데 만족하지 않고, 우리의 불안 콤플렉스까지 더해서 과학 자체를 불신의 대상으로 간주하기를 계속했다. 그렇지만 결국 우리가 과학을 더 이상 무시할 수 없고, 비록 여전히 불쾌하기는 하지만 이제라도 받아들이지 않으면 안 된다는 것을 과학이 스스로 증명했을 때, 뒤늦게 우리는 지적인 온전함이라는 면에 받은 타격을 이런 식으로는 더 이상 회복할 수 없다는 사실을 깨달았다.

정확하게 동일한 방식으로 거룩한 수사학(sacred rhetoric)도 우리에게 이런 종류의 "악령"이 되었다. 그것이 데모스테네스(Demosthenes)와 세네카(Seneca)와 다른 이교도들, 심지어 (말하기도 끔찍하게!) 가톨릭 신자들에 의해 사용되었다는 이유만으로 말이다. 특히 마지막 사례는 더 그럴듯해 보였을 것이다. 왜냐하면 이 경우에 그들이—특히 예수회에서—애정을 갖고 발전시킨 웅변술은 수사학이 신인협동설(cooperatio) 개념, 즉 구원을 이루는 데 인간이 하나님의 동역자로 협력한다는 이교적인 칭의 교리로 저주받았다는 것을 분명하게 보여주지 않는가? 오직 말씀이 구원의 사역을 이룬다는 것을 그들은 부정하지 않는가? 그들은 인간의 주도권, 웅변술, 감정주의, 최면술, 설득의 기술을 수단으로 해서 말씀의 조력자가 되려고 하지 않는가?

이 모든 심각한 반론들에 대해서 바울이 로마서에서 칭의 교리를 잘못 적용한 자유지상주의자들(libertine)에게, 그리고 루터가 반율법주의자들(Antinomians)에게 전개한 것과 정확히 똑같은 답변으로 응할 수 있다는 것은 교훈적이면서도 시사하는 바가 많다. "그런즉 어찌하리요? 우리가 법 아래에 있지 아니하고 은혜 아래에 있으니 죄를 지으리요?"—우리가 부주의한 수사학자가 되어야만 하는가?—"그럴 수 없느니라! 너희 자신을 종으로 내주어 누구에게 순종하든지 그 순종함을 받는 자의 종이 되는 줄을 너희가 알지 못하느냐?…"(롬 6:15-16). 이 말씀은 우리가 하나님의 소유인데, 이는 결국 우리 자신과 우리가 소유한 것과 우리가 행할 수 있는 모든 것이, 즉 수사학적 능력을 포함한 모든 것이 하나님의 소유라는 말이다. 그리스도 안에서 누리는 자유는 게으른 자들을 위한 아늑한 장소가 결코 아니다. 은혜가 사람으로 하여금 섬기는 삶을 살게 하지 않고 단정치 못한 게으름을 정당화하기 위한 자격증으로 남용된다면, 값비싼 은혜가 값싼 은혜로 전락한 것이다.

―∼―

영적으로 빈틈없이 기초가 닦여 있고 단지 효과만을 창출하려고는 하지 않았을 것이 분명한 스펄전 자신이 수사학을 신중하게 사용했다는 사실은, 우리로 하여금 수사학의 문제를 신학적으로 검토하게 만든다. 신학교가 다소 수줍어하면서 수사학과 관련된 일을 이미 은퇴한 배우들에게 떠넘기는 것으로는 충분하지 않다. 신학 수업과 소란함을 유발하는 수업을 위해 교실을 따로 구분해서 사용하는 것은 자연과 은혜를 함께 보지 않을 수 있는 확실한 방법이다.

하지만 인간의 육체적인 본성은 영적인 측면에 대해 여전히 다른 관계성을 갖는다. 인간의 육체적인 본성이 표현 과정의 마지막 단계인 수사학을 통해—목소리와 얼굴 표정과 몸짓 등의 형태로—스스로를 표현한다는 것도 맞는 말이다. 하지만 거꾸로 그 전(前) 단계들이, 인간이 가진 육체적인 본성이 영적으로 건강하려면 거쳐가야 하는 "집"이라는 것도 엄연한 사실이다. 달리 말하면, 인간은 자신의 직무에서 전적으로 요구되기 때문에, 그 인격의 본성적이고 육체적인 측면도 그 직무를 향하고 있어야 한다는 것이다. 영적인 건강은 단지 우리가 지속적으로 기도하거나 묵상하거나 직무에 맹목적이고 열정적으로 헌신해서 우리 자신을 소진함으로써 얻을 수 있는 것이 결코 아니다. 영적인 건강은 우리의 삶이 피조물로서 갖는 측면을 정당하게 평가할 때 얻을 수 있다. 말하자면 "거듭난"(reborn) 사람이 되기 전에, 무엇보다 먼저 단순히 "태어난"(born) 사람이어야 하는 것이다.

열심히 책을 읽거나 펜으로 글을 쓰면서 한 자세로 오래 앉아 있는 것은 그 자체로 본성에 무거운 짐을 지우는 것입니다. 여기다가 환기가 거의 되지 않는 방에서 우리 몸이 근육의 움직임이 없이 오랫동안 앉아 있으면서 마음은 수많은 근심으로 부담을 갖고 있으면, 자연스럽게 우리는 부글부글 끓는 무기력의 솥을 준비하는 모든 요인을 갖추는 꼴이 되는 것입니다. 특별히 안개 낀 어둑어둑한 시기에는 더욱 그렇습니다.

담요가 하루를 감싸고

썩은 산림에 물방울이 떨어질 때

잎사귀는 진흙에 짓밟히네.

결국 우리의 서재는 직무의 처소가 아닌 "감옥"이 되고, 책들은 기쁨의 조력자가 아닌 "감옥의 교도관"이 된다고 스펄전은 이어서 말한다. "바다의 신선한 공기를 한입 가득 머금거나 바람을 맞으며 산책을 한다고 해도 영혼이 은혜를 받지는 않습니다. 그러나 그렇게 함으로써 몸에 산소를 공급해주는데, 이것은 은혜 다음으로 가장 좋은 것입니다." 이것이야말로 스펄전이 주장하는 바 자연과 영혼의 조화다.

산소와 은혜. 이렇게 전혀 이질적인 두 개의 대상을 아무런 장치 없이 나란히 놓기 위해서는, 신학적 사고 방식에 있어서 어떤 분명한 주권이 필요하다. 그것은 신학적인 사고에서 볼 때 사도신경의 첫째 조항과 둘째 조항 사이에 간극이 있는 것 같지만, 믿음의 측면에서 볼 때 조화되는 것으로 이해하는 것과 똑같은 이치다. 하나님의 세계에는 그저 방치된 공백이란 존재하지 않는다. 하나님이 그것을 허락하지 않으신다. 우리의 본성에 매우 익숙한 공간 공포(horror vacui)는 바로 모든 공허함을 채우고 성령이 깊음 위에, 모든 깊음들 위에 운행하도록 하는 하나님의 열정을 제거한 것에 지나지 않는다. 우리의 본성도 감히 공허한 상태로 남아 있거나 방치되어 있을 수 없다. 오히려 하나님을 찬양하고 하나님께 속한 자가 되어 성령이 머무는 성전이 되고, 그의 일을 행하는 도구가 되어야 한다.

바로 이런 점에서 성소로 도망가서 심리적인 질병(hypochondria)이나 육체적인 욕망과 삶의 강박관념들이나 정신적인 외상들의 위협을 피하려 하고, "쉬지 않고 기도만 하는" 방식으로 제단의 뿔을 붙드는 것은 거의 신성모독에 가깝다. 이것은 본성을 공허하게 만들 뿐만 아니라 창조의 단계들을 생략해버리는 것과도 같다. 우리가 모욕적으로 수치(disgrace)에 넘겨주었던 본성의 앙갚음으로부터 자신을 보호하기 위해 은혜(grace)를 남용하려는 것이 아니라면, 여기서도 역시 길을 멀리 돌아서 우회로를 통해 가야 한다. 너무 성급하게, 하나님은 약한 자들 가운데에서 강한 분이시며 "피곤한 자에게는 능력을 주시며 무능한 자에게는 힘을 더하신다"(사 40:29)라고 말해서는 안 된다. 우리는 오히려 "숲과 토끼들, 강과 숭어들, 전나무와 다람쥐들, 앵초와 제비꽃, 농가의 안뜰, 갓 베어낸 건초더미, 향기 좋은 들풀들"가운데에서 능력과 권능과 힘을 찾아야 한다. 왜냐하면 이 모든 것들은, 우리가 기도와 신음을 통해서 직접 나아갈 때 도달하는 것과 동일한 은혜 앞으로 나아가는 간접적인 수단이기 때문이다. 하지만 슬픔에 찬 신음 그 자체는 물론 그것이 혈액 순환의 장애 또는 신체 분비물의 충혈 때문인지, 아니면 답답하고 무기력한 영혼 때문인지 우리 스스로 묻지 않는 한 우리에게 직접적인 은혜의 통로를 제공해주지 않는다. 발이 차갑고 배가 고픈 사람은 누구라도 복음을 경청하기 어렵다는 말이 구세군에 있다. 그래서 구세군은 불쌍한 노숙자들과 방랑자들을 따뜻한 난로가로 모아놓고 뜨거운 국물을 먼저 제공한다. 게다가 우리 주님도 하나님 나라의 위대한 우주적 도래에 대한 숭고한 간구와, 일용할 양식에 대한 단순한 간구를 나란히 하셨다.

이것이 곧 스펄전도 주목하는 관련성이다. 다시 말해서 발과 위장과 몸의 모든 체액들, 즉 오늘날 우리가 내분비선의 총체라 부르는 것들이 하나님을 찬양해야 하며, 하나님을 섬기기 위해 기능을 잘 유지해야 한다. 우리는 여호와의 집을 위한 우리의 순수한 열정이 본성과 동떨어진 망상적인 열광주의로 변질되는 것을 원하지 않는다. 뿐만 아니라 이 황무지를 경작하는 대신 성령이 이런 진흙탕 위에도 운행하실 정도로 너그러운 분이기를 맹목적으로 광신자처럼 간구하는 것도, 그래서 우리의 몸이—역설적으로 하나님의 더 큰 영광(*ad maiorem Dei gloriam*)을 드러낸다는 핑계로—고여 있는 늪이 되어 우울증이라는 가스를 계속해서 뿜어내는 것도 원하지 않는다.

그러므로 경직되지 않도록 대항하고 싸우는 것은 설교자와 그런 설교자들을 가르치는 교사에게 중요한 임무다. 그런 증상은 그리스도인들이 자연과 은혜 사이의 애매한 지점에서 여전히 살아가고, 사도신경의 첫째 조항과 둘째 조항 사이를 연결하지 못하고 있는 것을 보여주기 때문이다. 그들이 이 문제를 **신학**적으로 아직 해결하지 못했다는 사실이 문제의 핵심은 아니다.

우리의 반성된 믿음은 믿음의 약간 뒤에서 절뚝거리며 따라와도 되기 때문이다. 사실 이런 일은 계속 반복된다.

이스라엘의 문제는 영적인 존재 자체의 균열에 있다. 다른 사람들이 구원의 소식을 믿게 하려면, 당신들이 더 구원받은 것처럼 **보여야**(!) 한다고 니체는 말했다. 하지만 이렇게 구원받은 것처럼 보이려면―지금 기독교 관상술에 대해서 말하는 것이 아님을 기억하라―우선 우리의 노력을 내려놓아야 한다. 나아가 우리가 자연과 은혜의 관계에 대해서 언급한 내용들도 여기에 그대로 적용되어, 자연에 대한 우리의 관계도 정립되어야 한다. 심리적인 질병을 앓고 있어서 경직되어 웅크리고 있는 사람은 비록 얼굴에 끊임 없는 미소를 지으며 성직자다운 표정으로 회중 가운데 돌아다닌다 할지라도 실제로는 "그리스도인의 자유"를 보여줄 수 없다. 또한 예수님의 이름을 선포하기 위해서 억압을 극복해야 하는 사람도, 비록 그가 기독론적인 진술들과 용어들을 술술 이야기할 수 있을지라도, 이런 자유를 보여줄 수는 없다. 결국 우리가 하는 말의 설득력과 신뢰성을 위협하는 것은 위로부터 올 수도 있지만 또한 아래로부터 올 수도 있는 것이다.

다시 말하지만, 여기서도 자연과 은혜에 대해 마땅한 내용만을 말하는 것은 도움이 되지 않는다. 훨씬 더 중요한 것은 그것을 어떻게 말하는가 하는 것이다. 우리의 소임은 세상을 이기는 것에 **대해서** 설교하는 것이 아니다. 우리가 말하는 방식 그 자체가 세상을 이기는 방식이 되어야 한다. 그렇지 않으면 우리는 사람들을 낙원으로 인도하는 사람이 아니라, 그들에게 낙원에 대해 단지 말만 하는 사람이 될 뿐이다.

그래서 스펄전의 설교 "방법"에 대해서 우리가 논할 때, 그의 모범적인 규칙과 기법에 대한 탁월한 적용에만 초점을 맞추고 설교자들로 하여금 그를 모방하게 하는 것은 상당히 잘못된 접근일 것이다. 물론 스펄전은 "자녀들에게 이것을 어떻게 말할 수 있을까?" 또는 "사람들에게 어떻게 다가갈 수 있을까?"와 같은 문제들을 **실제로** 뛰어나게 교육적인 방식으로 다룬다. 하지만 설교 방법에 대한 진짜 비밀은 훨씬 더 깊은 곳에 있다. 이 비밀을 공유하지 않는 사람에게, 다시 말해서 이 비밀이 발견될 곳에 있지 않은 사람에게 이런 규칙들을 적용하려는 것은 전혀 불가능한 일이다. 이런 종류의 설교 "방법"은 구원의 선언보다 덜 중요하지 않기 때문이다. 당신이 말하는 **내용**뿐만 아니라 말하는 **방법**에 대해서도 나에게 말해보라. 그러면 나는 당신이 과연 구원에 참여하고 있는지 여부를 말해주겠다.

이로부터 설교 "방법"은 영적 현실의 부산물에 불과하다는 결론이 도출된다. 당신은 방법만을 획득할 수 없고, 단순히 수사학의 규칙에 따른 형식으로 처방받아서 얻을 수도 없다. "그의 나라와 그의 의를 먼저 구하라. 그리하면 이 모든 것을 너희에게 더하시리라"라는 말씀은 당연히 올바르게 말하는 **방법**까지도 포함하고 있다. 물론 여기서 설교 방법의 개발이 어떤 감독도 필요 없는 자동적인 과정에 불과하다는 결론을 내린다면, 그것은 우리가 율법과 복음을 잘못 조화시키고 있다는 것을 보여주는 것이다. 우리는 로마서 6장에서 바울이 언급한 게으른 사람들의 자리에 함께하는 것이다. 그들은 팔짱 끼고 가만히 앉아 있는 것이 은혜를 높이고 찬양하는 것이라고 믿었다. 여기서도 "당신은 구원받았다"라는 진술(indicative)은 "당신의 말이 곧 구속의 방식(mode)이 되게 하라"는 명령(imperative)과 조화된다. 하나님의 위로하시는 확신은 하나이지만 계명들과 수많은 경고들로 표현된 하나님의 요구들이 다양한 것은, 마치 새로워진 심장이 온몸 구석구석으로 피를 공급하고 나아가 인간 존재의 모든 영역이 이런 순환 체계에 속해야 한다는 사실로 설명할 수 있다.

따라서 믿음과 행위의 관계에 대한 고전적인 질문을 다르게 표현해서, 우리 안에 구원된 영역과 구원되지 않은 영역들에 대해서 말하는 것이 더 좋겠다. 왜냐하면 그 자체로 다양하지만 우리 개인들에게는 항상 부분적으로만 영향을 끼치는 현대적 삶의 다원적인 구조는 정신분열증을, 혹은 더 정확하게 말해서 우리의 존재에 대한 영적 자기 모순을 특징으로 하고 있기 때문이다. 삶의 어느 한 영역에서, 교회를 예로 들면, 우리는 그리스도인들이다. 그런데 다른 영역, 이를 테면 경제의 영역에서 우리는 여전히 통제 받지 않는 자율성을 가지고 있다. 여기서 진술과 명령의 조화는, 원칙의 문제로서는 아니지만 형식적인 구조의 측면에서 새로운 방식으로 현실적인 것이 된다. 왜냐하면 형식적인 구조는 전인을 구원의 대상으로 보도록 요구하면서, 존재의 개별적인 차원들을 구원의 관점에서 보게 하기 때문이다.

이런 영역들 중에 증언의 영역이 있다. "마음에 가득한 것을 입으로 말함이라." 정말 그렇다! 하지만 단지 온전한 마음을 가지면 자동적으로 "넘쳐흐르게" 될 거라고 믿는 사람은 색깔에 대해서 말할 때 흐릿하게 말하며, 억양에 대해서 말할 때 매우 단조롭게 말하고, 향기에 대해서 말할 때도 아무런 향기도 풍기지 않은 채 말할 수도 있다. 많은 설교자들이 사적으로는 살아 숨쉬는 실체로서 말하면서도, 강단에 들어서는 순간 살아 있는 시체처럼 행동한다. 여기서 우리는 설교의 영역이 새 창조의 순환 체계 안에 편입되지 않아서 진술과 명령의 조화가 붕괴되는 위험의 예를 본다.

이는 설교의 "방법"이 얼마만큼이나 영적 존재를 근간으로 하는 삶의 일부인지를 보여준다. 나아가 사람들로 하여금 증언을 하게 하거나 하지 않도록 하는 것, 사람들의 마음을 열고 닫는 것, 그리고 메시지를 확고하게 하거나 믿음으로의 길을 차단하는 것은 설교의 "내용"뿐 아니라 설교의 "방법"이라는 사실도 보여준다.

―――∽―――

구속의 방식으로서의 설교 "방법"이라는 표현은, 우리가 생생한 증거로 스펄전에게서 발견한 것을 그저 함축적으로 표현한 것이 아니라면, 매우 혁명적으로 들릴 수도 있을 것이다. 그 자체로 곧 구속을 선포하는 방식인 이런 설교 방법은 두 가지 특징을 가지는데, 곧 **경쾌함**(cheerfulness)과 **세상성**(worldliness)이다.

설교가 경쾌하고 웃음을 유발할 때, 앞에서 언급한 경직성을 완화시킨다. 여기서 말하는 경쾌함은 행복한 마음의 기질이라는 은혜 위에 덧붙여진 첨가물, 초자연적 은사(*donum superadditum*)와 같은 것이 아니다. 오히려 이 경쾌함은 은혜 자체의 현현과 같은 것이다. 은혜가 가능하게 하는 경쾌함은 세상에 대한 극복과 초연함의 표현이기 때문이다. 그래서 스펄전의 경쾌함은 그가 "훌륭한 유머 감각"을 자연적인 은사로 가졌다는 것에 대한 증거가 아니다. 오히려 그의 유머는 그의 안에서 활동하는 은혜를 증거하는 것이다.

당연히 이 유머는 또한 자연의 선물이고, 은혜가 제2원인들(secondary causes)의 영역으로 이용하는 것이다. (독자들은 내가 잠시 제2원인들[*causae secundae*]과 같은 가톨릭 스콜라주의적인 용어를 사용하는 것에 대해 용서하기 바란다.) 사실 더 정확하게 말하자면, 이 자연도 여기에서 이용되고 있는 것이다. 설교자들 중에서는 정반대의 사례가 있다. 비록 타고난 기질로 "훌륭한 유머 감각"을 소유하고 있음에도, 유머 감각을 칵테일 파티나 결혼식에서만 발휘하고 강단에서는 천둥 소리와 같은 음향 효과나 요한계시록의 음울한 음색만을 사용하는 설교자들이 바로 그들이다. 천성적으로 주어진 유머 감각 그 자체는 그가 가진 은혜의 증거가 되지 못한다. 앞선 스펄전의 사례를 빌려 말하자면, 그것은 기껏해야 산소일 뿐 은혜는 아니다. 나중에 세속적인 결혼 회사가 매우 안타까운 심정으로 이렇게 말할지도 모르겠다. "그가 목사가 된 것은 정말 유감스러워. 그렇게 '훌륭한 유머 감각'을 갖고 있는 사람이 말이야!"

스펄전의 유머는 성화된 것이기 때문에 구속의 방식이라 할 수 있다. 그것은 세상에 대한 극복에서 비롯된 것이며, 결국 그 자체로 세상을 극복하는 것이다. 그래서 그의 유머는 설교 방법이 어느 정도로 증언이 될 수 있는지를 보여준다. 그러므로 스펄전이 강단에서 자신의 유머를 사용했고, 회중이 교회의 "부활절 웃음"(risus paschalis)이라고 불리는 이전의 복된 절기에 사람들이 그랬던 것처럼 웃음으로 기쁘게 화답한 것은 당연한 것이다. 하지만 동시에 당시 고교회(high church: 영국 성공회에서 예전을 중요시하고 엄숙하게 지키는, 로마가톨릭에 가까운 전통이다—편집자주)의 배경에서 자랐기에 엄숙한 예식에 익숙했던 많은 사람들에게 그 유머가 불쾌하게 느껴진 것도 놀라운 일만은 아니다. 왜냐하면 스펄전이 유머를 사용하여 예배의 엄숙함을 깨뜨리고, 갑자기 하나님 나라가 사람들의 마음뿐만 아니라 그들의 옆구리라는 자연까지 덮기 위해 불쑥 나타났기 때문이다. 자연의 이런 부분까지 덮는 것은, 달리 말하면 말씀이 무조건적이고 철저하게 육신이 되었다는 의미다. 다소 과감하게 말한다면, 신체 구조의 **이런 영역에 이르기까지 말씀이 육신이 되었다고 표현**할 수도 있겠다. 사람에게 속한 어떤 것도 이질적이지 않게 생각하는 사람만이 하나님의 성육신을 믿을 만하게 선포할 수 있다. 웃을 수밖에 없다면, 과도한 예배 의식 중에 취할 수 있는 식의 미적 태도를 더 이상 견지할 수 없다. 추잡하게 웃을 수도 있고 웃음 소리를 듣고 하늘 높이 고양될 수도 있지만, 아무렇지도 않게 있을 수는 없다. 웃는다는 것은 어떤 형태로든 관련되어 있다는 것이다. 경쾌한 사람으로 타고났으면서도 그런 경쾌함이 설교 중에 발휘되지 않는다면, 자신이 가진 기질의 본질적인 부분이 여전히 자신이 말하고 있는 것과 관련되어 있지 않다는 것이기에 심각하게 생각해야 한다.

스펄전이 유머를 사용하여 경쾌한 모습으로 강단에 섰을 때, 그는 자기 자신을 설교에 사용하고 전인격을 통해 설교에 몰입한 것이다. 청중의 전적인 "헌신"을 원하고 그들로 하여금 집중하게 하려는 사람은, 먼저 자기 자신을 "헌신"해야 한다. 스스로 헌신하는 자만이 다른 사람들을 헌신하게 할 수 있는 법이다. 스스로 헌신해 있다는 것이야말로 사람들을 믿음으로 이끌도록 하는 신뢰성에 대한 중요한 증거다. 이것이 왜 설교 "방법" 자체가 설교인지를 말해준다.

어쩌면 스펄전은 오늘날 교회 경영을 위한 기계 같은 열심을 보면서 물을지도 모른다. 웃음으로 인해 생기는 눈가의 주름을 열심으로 인해 생긴 주름살만큼 믿음의 표징으로 볼 수 없을까? 오직 진지함만 세례를 받는가? 웃음은 이교도적인가? 우리는 이미 교회가 너무나 많은 좋은 것들을 잃어버리게 했고, 많은 진주를 돼지 앞에 던졌다. 예배당에서 웃음을 사라지게 해서 유흥업소와 술자리와 주점에 웃음을 맡기는 순간, 교회는 잘못된 길로 들어선 것이다.

―――∽―――

설교 "방법"에서 유머만큼 중요한 것은, 무언가 흥미로운 말할 주제를 갖는 것이다. 흥미(interest)는 그 어원상 유머가 우리를 끌어들이듯 무엇 안에 들어가 헌신하게 하는 것으로 해석할 수 있다. 이렇게 이해했을 때 흥미는 인위적으로 사람들의 주목을 끌려는 계략으로서의 의미를 잃는다. 흥미는 사물 그 자체에 대해 가지는 태도에서 비롯되기 때문이다. 흥미의 요소가 사물 그 자체와 중대한 관련을 갖고 또한 사람의 마음을 끄는 효과를 갖는 것으로 일단 인식되면, 의도적인 수사학적 기교를 통해 흥미를 불러일으키려는 노력은 단순히 수단적인 묘책이 아니라, 앞에서 언급한 진술(indicative)과 명령(imperative) 사이의 관계에서 자연스럽게 나온다. 바로 이런 이유로 스펄전은 사도행전 4장 14절에 대해 설교하면서 우리의 호기심과 흥미를 유발할 목적으로 "황금 재갈"(The Golden Muzzle)이라고 제목을 붙이거나, 스바냐 2장 3절에 대해서 설교하면서 "혹시"(Perhaps)와 같은 설교 제목을 잡은 것이다.

하지만 그의 설교를, 본문을 깊이 있게 온전히 다루지 않고 단지 하나의 예화 또는 "후렴" 정도로만 사용하는 소위 "주제" 설교(topical preaching)로 분류하는 것은 전적으로 부당하다. 스펄전은 설교 제목을 단지 본문의 중심 내용을 보여주는 표어나

단서로만 사용했다. 제목의 유일한 목적은 사람들을 불러 모으는 종소리가 되는 것이다. 사람들은 제목을 보고 궁금해하겠지만, 종소리만으로는 본문에 감추어진 내용을 알 수 없고 설교를 들어야만 파악할 수 있어야 한다.

그의 설교의 첫 문장들도 지나치게 강조되었다. 특히 그의 사역 초기에는 괴상하고 조잡하기까지 했다. 그 문장들은 마치 피아니스트가 공연을 시작할 때, 청중을 조용히 시키기 위해서 아무 건반이나 누르는 것과도 같았다.

스펄전은 퉁명스럽거나 노골적인 표현들도 서슴지 않았다. 그가 사용하는 물감에는 부드럽고 억제된 색채뿐 아니라, 강렬하고 눈에 거슬리는 색채도 있었다. 하나님의 말씀이 원래 반석을 산산조각 내는 망치(참고. 렘 23:29)이면서 동시에 약하게 속삭이는 세미한 음성(참고. 왕상 19:12)이 아니던가? 그의 회중에는 모든 종류의 사람들이 있었다. 둔감한 사람과 예민한 사람, 자신감 있는 사람과 의기소침해 있는 사람, 예리한 지성의 소유자와 단순하고 원초적으로 생각하는 사람 모두 말이다. 그는 풍명금(Aeolian harp)을 연주하는 동시에 커다란 망치도 휘둘렀으며, 신중하고 정교한 논변을 제시하면서도 동시에 폭 넓고 분명하게 묘사할 수 있어야 했다.

이를 단지 "모든 사람이 즐기도록 하라"라는 격언에 순응하는 장치로 간주한다면, 그것은 스펄전을 올바로 평가하지 못한 것이다. 이렇게 자기만의 방식으로 모든 사람의 마음에 다가

가려는 스펄전의 마음을 가득 채우고 있었던 것은 바로 사랑이었다. 스펄전의 다채롭고 다면적인 본성은 생생한 묘사와 예화들을 가능하게 했다. 그가 만일 자신이 가진 모든 재능을 말씀을 전하는 데 사용하지 않았다면 가공의 배경과 인물들로 가득한 위대한 이야기꾼은 되었겠지만, 아마도 그의 설교는 지루한 교훈에 불과하고 단지 "예화의 보고"에서 모은 몇몇 말린 과일로 인위적으로만 풍성하게 되었을 것이다. 내가 여기서 왜곡된 스펄전의 모습을 그려보는 것은, 본성과 은사의 양면성에 다시 한 번 주의를 끌기 위해서다. 스펄전의 타고난 상상력도 세례를 받았다. 직유법이 쉴새 없이 등장하는 이유는, 그가 예화들을 제공하려는 수고를 기꺼이 감내하면서 자료들을 수집했기 때문이 아니라, 활기차고 생명력 있는 그리스도인의 관점과 안목으로 인생을 바라보았기 때문이었다. 이를 위해 그가 한 일은 단지 일주일 동안의 경험 중에서 선명하게 떠오르는 것들을 골라내는 것뿐이었다. 달리 말하면, 청중의 마음에 잊혀지지 않는 내용을 각인시키기 위해 그들의 의식 수준을 사로잡으려고 일부러 노력한 것이 아니라, 단지 자신의 의식 수준이 소화한 것을 말로 표현했던 것이다.

―― ∽ ――

스펄전의 설교 "방법"의 두 번째 특징은 **세상성**(worldliness)이다. 이 세상성은 그 자체로 상당히 다층적이다.

관습적인 예배 형식에 익숙했던 청중은 뜨거운 물로 샤워하다가 갑자기 찬 물이 나올 때 느끼는, 급격한 변화에서 오는 충격과 같은 것을 경험했을 것이다. 요즘 같으면 메시지가 성스러운 옷을 벗고 평상복을 입은 것을 볼 때 생기는 소외 효과(alienating effect)라고 할 것이다.

이런 인식은 메트로폴리탄 타버너클 교회의 실내 건축과 그 곳에서 진행된 예배의 모습에서부터 시작될 것이다. 그 건물은 거대한 세상적인 강당으로, 교회를 상징하는 그 어떤 장식도 없었다. 대리석 기둥도 양초들도 없었으며, 교회다운 그 어떤 장식도 없었다. 설교자는 자기가 어떤 사람인지 전혀 말해주지 않는 단순한 검은 가운을 입었다. 나중에 스펄전은 심지어 하얀 띠도 두르지 않았다.

이런 모습이 매우 본받을 만하다고 말하는 것은 아니다. 또한 은밀하게 성상 파괴 운동을 부추기려는 것도 아니다. 단지 그렇게 "풍성하지도" 않고 그렇게 자부할 만한 전통도 가지지 않은 루터교회 예배 형식의 틀 안에 자리매김할 수 있는, 아마도 우리 가운데 사라지고 있을 설교의 한 측면에 대해서 말하려는 것뿐이다. 건축과 예배에 있어서 이런 세상성은, 청중이 이 세상을 초월해서 높이 날아오를 필요가 없고, 단지 이 세상의 한가운데서 침묵이라는 오아시스의 일부가 되어야 한다는 점을 상징적으로 분명히 나타내려는 것이었다. 건물 내부는 말씀이 육신이 되셨고, 그 말씀이 이 세상 한가운데로 오셨다는 메시지를 건축으로 표현한 것이었다. 이 일이 너무나 분명하게 다가왔기 때문에, 세상 한가운데서 그것을 목격한 사람들은 세상적인 관심사로 되돌아갔을 때도 그것을 대수롭지 않게 생각할 수 없었다.

뿐만 아니라, 이 강단에서 말씀을 전하는 사람도 예배당의 스타일과 조화를 이루는 방식으로 말씀을 선포했다. 강당의 환상적인 음향 시설 덕분에 설교자는 소리치거나 노래하듯 말하거나, 옛날 대성당에서 특히 청중의 수가 적었을 때 설교자들이 쉽게 범했던 설교적 열정(pulpit pathos)의 오류에도 빠지지 않을 수 있었다. 소리로 공간을 채우려고 하면 말이 빨라지게 되고, 결국 음향 효과와 신인협동(cooperatio)적 관계에 빠지게 된다. 스펄전은 이 강당에서 대화하듯 마음 편히 설교할 수 있었다. 결코 감정에 호소하지 않았기 때문에, 그의 메시지는 일상적인 대화에 사용되는 단어와 억양으로 표현될 수 있었다.

스펄전의 설교가 갖는 세상성을 신학적으로 평가할 때 중요하게 다룰 세 가지가 있다.

첫째, 스펄전은 메시지를 갖고 세상에 뛰어들어, 그 세상의 환경적 조건에서 모습을 드러내는 복음, 인간이 있는 바로 그곳에서 그를 만나는 복음의 본래 의도를 충족시켰다. 폴 틸리히(Paul Tillich)가 말한 것처럼, 결국 예수 그리스도의 성육신의 의미와 목적은 하나님이 "역사적 현실의 조건들 가운데" 모습을 드러내어 "그의" 백성과 연대하면서 그들이 받는 억압에 자신을 내어주신다는 것, 즉 하나님이 인간 편에 서신다는 것이다. 이제 하나님의 백성은 하나님께 나아가기 위해 더 이상 하나님을 위해 마련된 장소인 거룩한 성전에 의지하지 않아도 된다. 그들은 더 이상 특별한 고행이나 영적인 느낌들의 고양이나 정결과 청결이 필요치 않으며, 나아가 다른 특별한 영적 훈련을 해야 하는 것도 아니다. 오히려 그들은 주님을 그들의 시장에서, 그들의 큰 길과 울타리에서 만난다. 짧게 말하면, 하나님이 그들을 만나러 오시는 것이다. 물론 하나님은 이런 가운데서도 "전적 타자"(totally other)로 머물러 계시기 때문에, 인간의 틀로 가둘 수 없다. 만일 기독교의 역사에서 하나님의 "접근 불가능성"을 증거하는 어떤 것이 있다면, 그것은 "두 본성" 교리를 통해 하나의 사고 체계 속에서 신성과 인성을 함께 생각하려는 모든 시도의 실패다.

만약 예배의 형식이 하나님의 실재의 이런 양면성, 즉 가까움(nearness)과 "전적인 타자성"을 표현하는 데 도움을 줄 수 있으려면 이 두 요소가 모두 예배 중에 표현되어야 한다. 하나님의 위엄이 세대를 뛰어넘는다는 것이 예전적으로 표현되고 현재의 순간을 초월한다는 것이 전통의 언어로 드러나야 하고, 동시에 하나님의 가까움이 우리의 시장과 큰길과 울타리 속에 있다는 것이 드러나야 하는 것이다.

물론 스펄전이 단어와 소리와 문장들을 분명하게 표현하여 오직 "인성"만을 강조하는 경향을 보일 때, 적어도 설교 방법에서 명확하게 신성(theiotes)만을 강조하는 순수 예전주의자들(pure liturgiologists)만큼이나 상당히 한쪽으로 치우쳐 있는 것은 사실이다. 나는 스펄전이 이렇게 한쪽으로 치우친 것을 의도적으로 언급해서, 내가 스펄전을 너무 직접적으로 복음적 설교의 모범으로만 제시한다는 인상을 주지 않으려 한다. 한편으로 예전적인 전통을 고수하려 하고, 다른 한편으로 설교를 통해 역사적 동시대성을 유지하려는 시도가 나란히 존재하면서 서로에 대해 갖는 긴장 관계는, 마치 그리스도 안에서 신성과 인성의 연합이 이루어진다는 역설에 비교할 수 있다. 하지만 그 둘 사이의 균형은 두 본성 교리 안에서 있었던 신성과 인성 사이의 균형과 마찬가지로 완벽하게 주어진 것이 아니다. 역사적으로 볼 때 신성과 인성 사이의 신비는 언제나 서로를 교정하는 상호 진술들에 의해서만 표현될 수 있었다.

그런 면에서 나는 스펄전의 세상적인 설교 안에서 얻을 수 있는 교정이야말로 우리에게 특히 필요한 것이라고 생각한다. **우리 세대는 예전적인 요소를 통해 현실과의 관련성을 피하는 치우침에 처해 있다.** 설교학적 문제들에 대한 엄청난 관심에도 불구하고, 우리는 설교의 세상성을 망각했다. 그것이 우리 사역의 일부라는 사실을 인식하고도—디트리히 본회퍼(Dietrich Bonhoeffer)의 신학적인 원칙들에 대한 광범위한 존중이 어떻게 다르게 설명될 수 있겠는가?—여전히 우리는 설교에 이 세상성을 반영하는 데 성공하지 못했다.

세상적인 설교를 위한 시도가 계속해서 실패한 데는, 언어를 적절하게 사용하지 못했다는 식의 단순한 기계적인 이유 외에 분명히 더 깊은 원인들이 있다. 설교 중에 등을 툭툭 치는 것 같이 친근한 말투나 타블로이드 신문에서나 사용할 법한 용어들을 가끔 듣게 되는데, 그런 언어를 사용했을 때에도 그가 세상적 설교라고 할 수 있는 것을 했다고 우리가 감히 말할 수 없기 때문이다. 오히려 우리가 듣고 있는 것이 매우 계산적이고 전술적인 노력에 의한 것이며 본질에 충실하지도 않다는 느낌, 설교의 내용이 설교 방식에 의해서 훼손되었다는 고통스러운 느낌을 갖게 된다.

여기서 다시금 신학적인 결함들은 예술적인 기교로 보충할 수 없다는 것, 더 나아가 기교는 "세례를 받아서" 사용되어야 믿을 만한 도구가 될 수 있다는 사실이 분명해진다. 이런 신학적인 결함들은, 사람을 만나기 위한 하나님의 오심이 바로 복음이라는 관점을 우리가 상실했다는 사실에 있다. 크리스마스의 기적을 잊어버렸기 때문에, 결국 우리는 상실된 것들을 어리석게도 "기독교라는 종교"(Christian religion)를 대중화해서 회복하려고 하고, 세속화(secularization)를 세상의 무기들로 타파하려고 하는 불필요한 시도에 전념하고 있다. 삶에 다가가는 설교를 위한 언어에 도달하려는 모든 노력들은, 우리가 베들레헴 기적의 "내용"을 신학적으로 새롭게 정리하지 않는 한, 환상으로 남게 될 것이다. 세상적인 설교 방법도, 우리가 하나님의 세상성을 우선 배우고 "하나님이 세상을 이처럼 사랑하셨다"는 말씀을 새롭게 받아들일 때 터득될 것이다.

우리는 스펄전이 하나님의 세상성 교리에 대해서 말하는 내용뿐만 아니라, 회중을 대하는 방식을 통해서도 하나님의 세상성 교리에 대해 배울 수 있다. 스펄전은 세상적인 방식으로 설교했을 뿐만 아니라, 회중과 더불어 세상 속으로 직접 나아갔다. 그는 실제로 목회자 대학의 학생들과 함께 큰 길과 울타리와 시장으로 갔고, 가장 우울한 런던의 슬럼가에서 거리의 아이들을 불러 모았다. 내가 살펴본 바에 의하면, 스펄전은 이런 일을 하면서 결코 특정 청중을 겨냥한 특별 설교를 하지 않았다. 목회자 대학의 학생들에게 설교를 하든, 다른 교회의 "성숙한" 회중들에게 설교를 하든, 아니면 노동자들과 사업가들, 귀족들과 중산층이 한데 섞여 있는 타버너클 교회의 거대한 회중에게 설교를 하든 상관없이 말이다. 진정한 세상성은 언제나 같은 것으로 남아 있을 것이다. 울타리와 큰길, 지하실과 오두막은 모든 삶에서 언제나 동일하며, 죄와 고통과 사망의 권세들은 어디서나 동일한 문제들을 제기하기 때문이다. 마치 오순절에 일어난 일들처럼, 그곳에 모인 모든 사람들은 하나님이 하신 놀라운 일들을 "난 곳 방언으로"(행 2:8) 찬양했다.

둘째, 세상적인 "방식"으로 설교하는 것은 또 다른 측면에서도 증언하는 힘이 있다. 자신이 말하고 있는 내용에 매우 익숙한 사람만이 자연스럽게 일상적인 대화를 하듯 말할 수 있는 법이다. 메시지가 명백하게 그 사람의 일부처럼 스며나올 때만, 그것은 믿을 수 있고 심지어 종교회의론자들에게도 들을 만한 가치가 있게 된다. 여기 당신과 나와 똑같은 한 사람이 선포의 내용과 더불어 살면서, 사람이 그렇게 사는 것이 가능하다는 것을 시험해 보였다. 세상적인 사람이 하는 무심한 듯한 증언이나 심지어 우연히 한 말들이, 합리적으로 잘 준비된 "전문적인" 증언보다 더 영향력이 있을 때가 종종 있다.

    이 시점에서 불필요한 오해를 풀어야겠다. 어떤 이들은 자연스러운 흐름을 지닌 설교의 세상성이 세상에 대한 적응을 드러내고, 결국 메시지에서 거리끼는 것과 미련함을 교묘히 피해간다고 생각할 것이다. 하지만 오히려 그 반대가 맞다. 설교 강단에서 전통적인 학문 용어를 사용해서 정말 엄청난 일들—심지어 그리스도가 죽음을 이기고 일어나셨다는 사실을 포함해서—을 외치면, 일상적인 교회 용어에 대한 지루한 동의 외에 아무 일도 일어나지 않는다. 언어적인 가현설(Docetism)은 결코 사람의 살 안으로 파고들어 가지 않기 때문에, 어느 누구도 불쾌하게 하지 않는다. 그 영향은 고작 "저 멀리 터키에서 민족들이 다투고 있다"라는 소식을 들으면서, 나는 편안히 "한잔 하면서" 내 행운의 별들에게 "평화와 태평한 시대"를 빌어주는 정도에 불과하다.* 이것은 내가 사형선고를 듣거나, 내가 사면을 받거나 하는 식의 운명적인 조우가 아니다. 약간의 감정을 실어서 "이것은 **당신과 관련된 일입니다!**"라고 반복해서 말한다고 해도, 그 메시지 안

---

* 괴테의 『파우스트』의 제1부, 2막 중에서 인용한 것이다—영역자주.

에 폭발물이 이미 내재해 있어서 점화되지 않는 한, 전혀 영향을 끼치지 못한다.

그 반대도 맞는 말이다. 겨우 예수님의 비유만을 말하면서, 마치 기상 예보나 병문안 또는 다음 선거에 대해 말하는 것처럼 한다면, 말한 내용이 일상 생활에서 매우 익숙한 영역에 속하기 때문에 충격을 불러일으키고 사람들의 마음을 파고들 수 있다. 결국 **이런** 식으로 사람들을 만나고 그들에게 적응하는 사람만이, 진짜 저항 가운데에서도 자신의 신실한 증언에 대한 확증을 얻는다.

물론 이는 청중의 **실제적인** 기대감을 만족시키는 것과는 다른 종류의 적응이다. 히틀러 치하에서 "독일 그리스도인들"(Deutsche Christen)*은, 기독교와 당대 이데올로기들의 고통도 없고 해롭지도 않은 것 같은 혼합을 통해, 이런 실제적이고 그렇기 때문에 본질을 부인하는 적응을 이루어냈다. 사람들의 마음에 다가가겠다는 목적으로 동기 부여된 진정한 적응이었다면 상당히 달랐을 것이다. 다음과 같은 예를 들 수 있다.

---

* "독일 그리스도인들"(Deutsche Christen): 1932년에 독자적인 독일 교회 내 단체로 시작했으며, 1933년 독일개신교회(Deutsche Evangelische Kirche) 총회의 몇몇 노회에서 주도권을 잡았던 이들은 인종주의적이며 반유대적인 제2차 세계대전 당시의 독일 제3제국에서 친나치 성향을 보인 개신교 운동이었다. 이들이 히틀러의 '아리아 조항'(Arierparagraph)을 교회 헌법에 적용하여 유대 혈통의 그리스도인들을 제명하려 하자, 이에 대항하는 이들이 1934년에 고백교회(Bekennende Kirche) 운동을 시작하게 된다—편집자주.

베를린의 슈포르트팔라스트(Berliner Sportpalast)* 체육관에서 열린 대규모 집회에서 나치 웅변가가 기독교에 대해 과격하게 비난하는 연설을 한다고 한 번 상상해보라. 누군가 그에게 다가가 "그리스도는 메시아입니다!"라고 정반대되는 말을 외친다면, 주변에 있던 사람들이 아마 놀라서 그를 쳐다보기는 하겠지만 그 이상 다른 일들은 일어나지 않을 것이다. 하지만 누군가 "예수 그리스도만이 유일한 주님이시고, 자신의 힘으로 신이 되려는 모든 사람은 가짜 구세주 아돌프 히틀러(Adolf Hitler)와 함께 지옥에 가게 될 것이라"라고 외친다면, 이 사람은 아마 회중들에 의해서 갈기갈기 찢길 것이다.

사실 이 두 가지 말은 모두 동일한 내용을 담고 있다. 그리스도가 메시아라고 선포한 사람은 이 땅의 모든 존재는 상대적이라는 것을 말하고 있으며, 결국 히틀러와 그의 추종자들에게 심

---

* 베를리너 슈포르트팔라스트(Berliner Sportpalast): 1910년에 베를린의 쇠네베르크(Schöneberg)에 건축(1973년에 제2차 세계대전의 상징물이라는 이유로 철거)된 다목적 겨울스포츠센터 겸 모임 장소였는데, 행사의 목적에 따른 좌석 배치로 최대 14,000명까지 수용이 가능했을 정도로 당시 수도 베를린에서 가장 큰 대중모임 장소였다. 이곳은 특별히 나치의 제3제국 치하에서 있었던 정치 강연으로 유명한데, 그 중에서도 요제프 괴벨스(Joseph Goebels)가 이웃국가들을 상대로 한 '전면전'(totaler Krieg)이 가장 유명할 것이다.

나치 정권에 가까웠던 "독일 그리스도인들"에게 지도적 위치에 있던 라인홀드 크라우제(Reinhold Krause)는 이곳에서, 오늘날까지 그리스도인들이 구약성경으로부터 무언가를 들어야 한다고 말하는 것은 수치라고, (나치) 독일 교회는 구약성경의 응보 윤리나 양치기와 포주에 대한 이야기로부터 자유로워야 한다고 말했다. 무분별하게 친나치 성향을 보이던 보수적 그리스도인들은 이 사건을 계기로 "독일 그리스도인들"과 거리를 두게 된다—편집자주.

판이 임할 것을 선포하고 있는 것이다. 물론 그는 소수만 이해하는 교회 용어로 말했기 때문에, 애매하고 비밀스러운 방식으로 말하는 것이다. 하지만 두 번째 사람은 그 자리에 있는 사람들의 언어와 의식에 적응된 용어로, 따라서 분명한 용어로 말한다. 그렇기 때문에, 아니 단지 그 이유 때문에 사람들은 혼란스러워하며 불쾌감을 느낀다. 불쾌감은 내용을 이해하지 못했다는 것이 아니라, 모든 내용을 이미 너무나 잘 이해했거나, 적어도 그것을 이해해야만 한다는 것을 염려하고 있다는 사실을 나타낸다. 예수님의 비유들을 듣고서 어떤 사람들은 마음이 완악해졌고, 그 의미를 이해하지 못했다(참고. 마 13:13; 막 9:32; 요 8:27; 10:6). 이는 그들이 말 그대로 귀머거리이거나, 그들의 마음이 문자적으로 닫혀 있었기 때문에 생긴 결과가 아니다. 그들은 의도적으로 귀를 막고 마음을 닫아버린 것이다. 만약 그들이 마음과 귀를 열었다면, 자신들이 지금 어떤 공격에 노출되어 있는지를 이해했을 것이다. 아마도 추측하건대, 그들은 십자가의 어리석음을 이해하고 그것을 거부하지 못하도록 하기 위한 영적인 영역들을 파괴하기 위해, "이 세상의 지혜"를 강조할 조치를 이미 취한 것이다(참고. 롬 1:18의 *katechein* '억누르다, 금하다', 또한 롬 1:22-23; 고전 1:20 이하).

    사람들이 있는 그곳에서 그들을 만나고 설교를 그들에게 적응시키려는 목적이 영적이고 본질에 충실하게 되려면, 기술적이고 전략적인 문제들, 즉 어떻게 청중에게 다가가 그들의 마음을 얻을 수 있으며, 그들에게 어떻게 나 자신을 이해시킬 수 있을지를 먼저 고려해서는 안 된다. 오히려 우선적인 관심은 말씀 자체에 대한 신실함이어야 한다. 그래서 육신이 되신 말씀이 실제로 사람들이 있는 곳으로 와서 그들을 만나는 것을 보여줄 수 있어야 한다. 나는 이 내용에 합당한 방법으로 말할 수 있어야 한다. 그래서 결국 전통이라는 허울을 깨뜨리고, 사람들이 견고한 토대를 볼 수 있도록 도와야 한다. "전통에만 얽매여 전통의 언어로만 설교하는 목사들은 심각하게 병든 것이다. 종교 세계에서 한때 효력이 있었던 틀에 박힌 표현이나 과장된 이야기, 형식주의는 점점 구시대의 산물이 되고 있다. 진리와 생명 그 자체는 반드시 승리할 것이고, 그 승리는 전통과 가식이라는 육중한 옷을 더 이상 끌고 다니지 않아도 될 때 기대할 수 있다. 낡은 외형과 형식을 벗어버리고, 견고한 실재를 위한 자리를 만드는 것은 언제나 기쁜 일이다. 이것이 나의 주된 목표들 중에 하나다. 하나님이 이런 나의 노력이 성공할 수 있도록 은혜를 부어주시기를 기도한다!"

셋째로, 세상적인 방식의 설교는 청중에게 설교자가 가진 것을 전달해주기 때문에 신뢰하게 한다. 설교자가 가진 것은 그가 스스로 획득한 것이 아니라, 오히려 그에게 부여된 것을 비축한 것일 뿐이라는 것은 말할 필요도 없다. 하지만 외부에서 주어지는 은사(*alienum*)가 이제 자기 자신의 은사(*proprium*)가 된 것이다. 바로 이 때문에 세상적인 설교는 오늘날 사람들을 회의적으로 만드는 선동(propaganda)과 같은 대중 연설과는 완전히 다른 것으로 정당성을 얻는다.

선동하는 사람은 어떤 빵이나 음료가 판매되고 있는지 상관하지 않고 말하는 전문적인 광고업자이다. 상품들을 홍보하는 데 사용되는 확신에 찬 깊은 목소리도 그의 광고를 보고 듣는 사람들의 회의를 없애지 못한다. 그들은 그가 그렇게 하도록 돈을 받았기 때문에 이런 방식으로 말해야 한다는 것을 너무나 잘 알고 있다. 그들은 확신에 찬 깊은 목소리가 자연스럽지 않고, 신경 조직에 영향을 끼치도록 정밀하게 의도적으로 배합된 칵테일과 같다는 것을 너무나 잘 알고 있다.

하지만 전문적인 광고업자는 여러 모양으로 우리 중에 있는 유형의 극단적인 사례일 뿐이다. 또 다른 유형 중 하나는 자신의 "개인적인" 견해는 완전히 다르더라도 조직의 결정을 옹호하고 대변하는 조직원이다. 또 다른 유형으로는 경영인을 들 수 있는데, 그는 자기 자신의 일을 하는 것이 아니라 주주들을 대변한다.

이 모든 사람에게는 공통적인 것이 하나 있다. 기본적으로 그들은 자기 자신을 위해서 말하는 것이 아니라, 오히려 다른 누군가의 명령에 의해, 심지어 말하는 방식조차도 결정된 대로 따를 뿐이다. 따라서 어떤 음료수가 가장 좋은지를 정말 알려면, 광고업자의 엉터리 선전을 들을 것이 아니라 그가 집에서 어떤 음료를 마시는지 알아내야 한다. 조직원이 정말 어떤 생각을 하고 있는지 알려면, 그가 공적으로 말한 내용을 믿을 것이 아니라, 연설이 다 끝난 후에 맥주를 마시고 담배를 피우면서 친한 친구들과 편안한 분위기에서 자유롭게 말하는 내용을 들어야 한다.

전문적인 광고업자나 조직원이나 경영인에게 전형적인 이런 유형의 말하기가 오늘날만의 독특한 현상은 아니지만, 스펄전 당시와 비교할 때 여러 가지 이유로 오늘날 엄청나게 증가했다. 그렇기 때문에 현대인들이 "명령에 따라 말하는" 모든 종류의 연설을 포함하여 어떤 형태의 대중 연설도 불신하게 된 것은 이해할 만하다. 결국 교회가 선포하는 내용도 불신하게 된 것이다. "목사는 이런 식으로 말해야 한다"라는 것은 사람들이 자신들을 방어하고 메시지의 강력한 권고로부터 한 걸음 물러서기 위해 사용하는 정말 끔직한 표현이다.

사람들은 왜 상담을 받기 위해 목회자를 찾지 않고 심리치료사를 찾아가려고 할까? 사람들은 왜 목사를 신뢰하지 않고, 대신에 신문이나 잡지에 나오는 "고민 상담" 편집자에게 글을 쓰는 것일까? 이는 분명히 그들이 목사가 무슨 말을 "해야 할지" 이미 알고 있다고 생각하기 때문이다. 결국 목사는 독단적인 교리 위에 세워진 제도의 고용인으로써 마치 고요한 기념비처럼 모든 사람들이 볼 수 있게 놓여 있거나, 적어도 그렇게 보이기 때문이다. 당연히 그는 "죄를 반대하는" 입장에 서야 한다. 털어놓은 문제들을 그가 일단 "죄"로 규정한 이상, 그가 그 문제들을 공정하게 다루기를 기대할 수 없다. 당연히 그는 이혼이나 기혼자들의 불륜, 부모에 대한 불효에 대해 반대한다. 결국 그는 독특한 사례들을 제대로 평가할 수 없으며, 진정한 위기들과 갈등이나 경계선상에 있는 상황들을 존중할 수 없다. 어쩌면 "인간적으로는" 이해할 수 있을지라도, 그는 자신의 개인적인 생각을 절대로 알려주지 않을 것이다. 왜냐하면 그의 일은 자신이 속한 제도의 총체적인 의지를 단순하게 실행하는 것이기 때문이다. 그것이 교리적으로 고정되어 있음은 물론이다. 그렇기 때문에 "목사는 그런 식으로 말해야 한다."

당연한 것으로 여겨지는 이런 편견이 사람들로 하여금 말씀을 듣지 못하게 할 뿐만 아니라, 기독교에 대한 접근을 얼마나 방해하는지 모른다. 만약 이런 태도를 더 주의 깊게 살펴보면, 그들이 엄밀하게 말해서 말씀 자체에 대해 불편해하고 있지는 않다는 것이 분명해진다. 사실 그들은 아직 말씀을 들을 기회조차 갖지 못했기 때문이다. 오히려 이런 불편함은 설교의 "방식"에 대한 반응에서 나오는 것이다. 말씀이 형식적인 문구로 표현되고, 심지어 목소리에 따라서 비인격적으로 드러나기 때문에 메시지에 대한 불신은 더 커진다. 말하는 주체가 그 자신이 아니라 다른 곳에서 목소리가 들려오는 것처럼 말하는 복화술사에 불과하다는 의심이 더 확실해지기 때문이다.

물론 목사들은 여기서도 너무 쉽게 자기를 정당화하면서, 증인의 임무는 자기 자신을 보여주는 것이 아니라, 자신은 말씀 뒤에 숨고 초연하게 객관적인 목소리로 말씀을 전하는 것이라고 말할지도 모른다. 하지만 이는 분명히 잘못된 생각이다.

사실 증인은 뒤로 물러나지 않고 전면에 나선다. (만약 그가 오페라의 여주인공처럼 전면에 자신을 보이고 드러내기 위한 수단으로만 말씀을 오용한다면, 이는 전혀 다른 문제이고 여기서 말하려는 것과도 전혀 상관이 없다.) 증인은 신앙고백을 단지 외워서 말하는 것이 아니라, 신앙을 고백한다. 그 내용이 "자기 자신"의 신앙고백이며, 그 내용에 자기 자신을 복종시켰고, 결국 자신이 당연히 사적으로도 그 내용 속에 들어 있음을 고백한다. 그렇지 않다면, 슈바이처(Alexander Schweizer, 1808-1888)가 말한 것은 사실이어야 할 것이다. 즉 "믿음의 조상들은 자신들의 믿음을 고백"한 반면, 오늘날 그리스도인들은 "그들의 신앙고백을 믿기" 위해 애쓰고 있고, 결과적으로 그 고백과 관련이 없게 되었다는 것이다. 증인 스스로가 전면에 나설 때만, 사람들은 그를 신뢰하며 경청할 만한 자로 인정할 것이다.

물론 증인이 이렇게 전면에 나서기 위해 반드시 일인칭 화법을 사용하거나 자전적인 목소리를 내야만 하는 것은 아니다. 그럼에도 설교자의 개성은 틀림없이 드러나거나, 적어도 그것이 드러나는 것을 굳이 피하려고 하지 않아야 할 것이다. 증인의 "자기 목소리"는 증언의 일부가 된다. 물론 더 높은 차원에서 명백한 자필 서명 역할을 하는 것이 있을 수 있겠지만, 그렇다고 녹음 테이프에 사진을 붙여놓는 것처럼 할 필요는 없다. 예술가는 다만 자신의 예술적 표현을 통해서 스스로를 드러내기 마련이다.

자기 자신이 메시지의 도구로 선택되었고 준비되었다는 사실을 알 때, 우리는 스스로를 주님의 손에 사용되도록 함으로써 단지 도구에 불과하다고 말하는 것보다 자신에 대해 더 많은 것을 말한다. 왜냐하면 부르심을 받아서 행하도록 임명된 것은 실제 사람이기 때문이다. 이 살아 있는 존재를 하나님은 사물과 같이 "그것"으로 이용하시지 않고, "너"라고 부르시고 만나신다. 이때 일어나는 일은 정확히 창조 이야기에서 묘사된 일이다. 거기서 별, 동물, 식물, 빛에 관한 말씀은 3인칭으로 나타난다. "…이 있으라", "그것이 그대로 되니…참 좋았더라." 오직 사람에게만 2인칭으로 말씀한다. "내가…를 너희에게 주노니…." 그러므로 그렇게 하나님이 자기에게 하시는 말씀을 들은 사람은 신앙을 고백할 때마다 항상 자기 자신을 함께 고백해야 한다.

이것은 증언이 무엇을 의미하는지를 표현하기 위해 "도구"라는 용어를 사용하는 것이 왜 불완전하고 부정확한지를 보여준다. 그렇게 해서는 안 되겠지만, 우리가 이 개념을 문자적이고 절대적 의미로 받아들인다면 증인과 조직원 사이에 아무런 차이도 없게 된다. 조직원 역시 도구이기 때문이다. 하지만 증인은 자기의 목소리로 자신을 드러낸다. 그를 특징짓는 사실은 그가 증거하고 있는 어떤 것만이 아니라, 바로 그 자신이 그것을 증거하고 "지지하는" 사람이라는 것이기 때문이다. 단순한 도구는 누가 자신을 사용하고 있는지 전혀 알지 못한다. 나아가 자신이 무슨 목적을 섬기고 있는지도 모른다. 그러나 증언하는 사람은 누가 사용하시는지, 그리고 자신이 어떤 목적을 섬기고 있는지를 지각을 가지고 파악하고 의지를 가지고 이해한다. 그러므로 증인은 자신의 증언에 대해 책임을 지는 자로서 자기 자신을 고백해야 하는 것이다(참고. 벧전 3:15).

나의 판단이 옳다면, 스펄전이 그렇게 "형식주의"에 반대했던 것도 증언 행위의 인격적 특성을 본능적으로 알았기 때문이었다. 그래서 스펄전은 말하는 주체가 자신이 아니라 단지 제도이며, 자신이 말하는 것과 개인적인 입장이 다소 다를 수 있다는 식의 오해를 불식시키기 위해 특별히 애를 썼다.

하지만 그 자체로 증언이 되는 이런 "자기 목소리"는 어떻게 가능한가? 설교자의 말이 갖는 세상성과 그의 용어에서 드러나는 꾸밈없는 자연스러움을 통해서 가능하다. 성경 구절이든 신앙고백이든, 단지 주어진 문장을 읽는 것만으로는 자기 목소리로 말한다고 할 수 없다. 모든 진술은 번역과 재구성과 현실화를 요구한다. 이런 동화(assimilation) 및 전유(appropriation)의 과정을 통해서, 메시지의 매개(medium)인 설교자는 그 메시지의 일부가 된다. 그렇게 메시지의 흔적이 설교자 위에 남고, 이 흔적은 설교자 자신의 자취가 된다.

결국 메시지가 설교자의 자기 목소리를 가져서 조직원과 구별되기 위해 필요한 것은 일인칭 화법도 아니고, 무리한 주관적 장식도 아니며, "경건한 기독교적 마음의 상태"(슐라이어마허)도 아니다. 물론 이런 요소들에 대해 걱정할 필요는 전혀 없다. 주관주의에 대한 지나친 염려는 실용주의적 주관주의와 같은 또 다른 어리석음이 되게 하기 때문이다. "다 너희의 것이다!"(고전 3:22)라는 말씀은 여기서도 유효하다. 아우구스티누스의 말을 빌려 표현하자면 "사랑하라, 그리고 네가 원하는 바대로 행하라!" (Dilige et fac, quod vis)

기도를 할 때처럼, 설교를 할 때도 신중하게 다듬어진 원고를 사용할 필요는 없다. 오히려 "투박한 초안"을 사용해도 괜찮다. 마치 사랑하는 자녀들이 아버지께 나아가 가끔은 서투른 말로 재잘거리며 쓸데없는 것들을 사달라고 조르는 것처럼, 설교를 할 때도 우리는 자기의 말을 평가하여 율법주의자들과 형식주의자들이 절대화하는 정확한 잣대를 가지고 모든 말들을 재지 않아도 된다. 반대로, 모험과 위험을 감수하고서라도 "자연스럽고 일상적인 대화"에 자기를 노출하는 것이 더 좋다. 이단의 위험을 무릅쓰는 자만이 진리를 얻을 수 있다. 좋은 형식을 깨뜨리고 좋은 모양새의 한계에까지 한번 가보려는 모험을 하는 자만이, (이것이 일상처럼 되지만 않는다면) 실체와 내용을 드러낼 수 있는 법이다. 안전한 것만 말하는 사람은 돌들로도 아브라함의 자손이 되게 하실 수 있는 분을 고려하지 않는 것이다. 자기 자신을 지키려는 이런 열정은 성령이 주신 것이 아니라, 단지 육신의 염려에 기반한 것이다. 증인은 무언가를 감행해야지, 대패질에 휘날릴 부스러기들을 두려워해서는 안 된다. 규율과 지켜야 할 것들에 대한 고려는 말을 시작하기 전에 해야지, 일단 말을 시작하면 거침없이 스스로를 보여줄 수 있어야 한다. 완전한 무장해제 없이는 진정한 증언도 없다.

스펄전이 감수했던 설교학적 위험들을 생각해볼 때, 바로 이런 것들이 고려되어야 한다. 교의학자, 성경신학자, 심지어 설교학 교수들도 종종 그의 원고를 수정해야겠다는 강한 충동을 느낄 수 있다. 미학자나 예배학자는 몹시 화를 낼 수도 있다. 원래 제사장들과 레위인들은 편견 없이 단순하게 듣는 것을 가장 어려워한다. 뿐만 아니라 그들이 강도를 만난 사람들이나 불신 때문에 마음이 상해서 더 이상 말씀을 들을 수 없는 사람들을 너무 쉽게 무시하고 지나치기 때문에, 이들이 마치 목자 없는 양처럼 되는 것이다.

그런 비평가들은 스펄전을 보면서 목자로서의 그의 면모를 살펴야 한다. 잃어버린 양을 찾아 헤매고 다닐 때, 그는 가시와 예리한 돌들 때문에 옷이 찢겨 누더기가 되게 그냥 둔다. 그래서 어떤 때는 그가 예배보다 등산을 위해 훈련을 받은 것처럼 보이기도 한다. 세상적 설교는 옷에 흙을 묻히지 않고서는 불가능하다. 이제 막 상자에서 꺼낸 것처럼 보이는 새 옷들은 여기에 없다. 게다가 수많은 외침 때문에 목이 쉬어서 듣기 거북할 때도 있다. 신약성경의 목자들도 그렇게 거칠고 서투른 젊은이들이었다.

―◈―

지금까지 우리는 설교 방법의 여러 측면에 대해서 충분히 고찰

했고, 이를 통해 설교 방법에 대한 논의가 그저 하나의 방법론이나 수사학적인 실용주의 같은 것이 아니라는 점을 밝히려고 했다. 무엇보다 우리는 설교 방법이 갖는 신학적인 위치를 규정하기 위해 노력했고, 단지 하나의 방식(modus)일 뿐만 아니라 증언 내용 자체의 일부를 이루는 것으로 그것을 정의했다.

그러면서 증언되는 내용, 즉 선포되는 것이 과연 무엇인지에 대해서도 부단히 숙고해보았다. 이제 글을 마치면서, 스펄전의 설교 메시지의 중심 내용이 무엇인지 정리하기 위해 그의 말을 직접 인용하는 것이 좋겠다.

> 하나님의 영광이 바로 우리가 성도들을 교화시키고 죄인들을 구원하며 이루려는 최고의 목표입니다.…이를 위해 우리는 복음의 교리와 생생한 체험과 그리스도인의 사명에 대해 분명하게 진술해야 하고, 하나님의 모든 경륜을 선포하는 데 결코 머뭇거려서는 안 됩니다.

결국 스펄전에게 중요한 것은 영혼을 구원하는 것이다. 그는 우리의 구원 문제에 깊은 관심을 갖는다.

바로 여기서 스펄전의 설교는 모든 세상성과 세련미를 갑자기 잃고, 그토록 단순하고 순진한 것이 된다. 그의 설교는 굉장히 진부하게 들리고, 약간은 경건주의라는 항목에 속하는 것으로, 그래서 신학의 역사에서 상대화되어 더 이상 중요하지 않게 된 것처럼 보인다. 이런 순진하고 단순한 표현들을 우리가 부정적인 방식으로 설명해서 스펄전이 의도하지 않은 것이 무엇이었는지를 규명한다면, 진지하게 받아들이기에 더 쉬워지지 않을까?

복음을 받아들이면 삶이 더 쉬워질 것이라고 사람들이 생각하게 하는 것이 스펄전의 설교 목표는 **아니었다**. 삶의 문제가 해결되기 때문도 아니고, 기독교 없는 문명 사회가 망할 것이기 때문도 아니고, 국가와 사회가 종교를 필요로 하기 때문도 아니었다. 기독교 사회윤리가 절대적으로 필수적인 요소이기 때문도 아니고, 세계 질서가 기독교적 토대를 필요로 하기 때문도 아니고, 현대의 모든 비극이 세속주의(secularism)에서 비롯되었기 때문도 아니었다. 우리의 세계가 계속 존재하기 위해서 기독교적인 서구 사회가 다시 일어나야 한다는 것들을 보이는 것도 설교의 목표는 아니었다.*

이 모든 것은 오늘날 우리 모두가 장려하는 경향이 있는 실용주의, 자주 "세상적 기독교"(worldly Christianity)라는 트로이의

---

* "우리의 질문은 이것이다.…우리 시대는 다른 문화들 옆에 혹은 위에 존재하는 문화 형태로서 종교를 원하는가? 그리고 그렇게 해서 문화를 구출해서 그 문화에 새로운 동력, 즉 창조적인 동력이 생기기를 바라는가? 아니면 우리 시대는 신을 원하는가? 단순히 그 자체를? 다른 것들에 대한 영향에 상관없이? 이를 통해 문화가 권장되든 아니든? 첫째 경우가 실패하리라는 것은 분명하다. 문화 때문에 추구되는 종교는 신도 발견하지 못하고, 문화도 만들어내지 못할 것이기 때문이다. 둘째 경우에 신이 발견되리라는 것도 분명하다. 이미 존재하면서 자기를 찾고자 하는 의지를 사람들 속에 만들어내는 신의 도움이 없이 신 그 자체를 목적으로 추구한다는 것은 사람들에게 불가능하기 때문이다"(폴 틸리히). 비록 스펄전의 것과는 전혀 다른 용어들이 사용되고, 당연히 '구원받는다'는 용어가 사용되지 않았더라도, 나는 신학자의 이 발언을 의도적으로 언급한다. 서로 다른 형식의 이면에 서로 통하는 의도가 드러난다.

목마로 위장한 채 거룩한 도시 일리온(Ilion)으로 위장해 잠입하는, 일종의 고상한 기독교 실용주의다. 이 모두는 스펄전에게 전혀 생소한 것들이다. 그는 오직 구원의 문제에만 관심을 가진다. 그는 실용적인 것과는 전혀 거리가 멀어서, 심지어 성경의 진리들은 실천적이지 않으며 실행할 수 없다고까지 주장할 수 있다. 그는 실용적인 것이 성경의 진술들과 설교 내용들의 수용 가능성 여부를 결정하는 기준이 되어서는 안 된다고 경고한다. 스펄전은 우리가 비록 어떻게 해야 할지 몰라도 주님이 중요하게 여기셨기 때문에 위대한 진리들이 서게 해야 한다고 말한다. "주님보다 더 현명하려고 하는 자에게 화 있을진저!"

"무엇이든 이로운 것이 곧 진리다"라는 말은 스펄전의 격언 목록에 없다. 물론 결국에는 진리가 유익한 것으로 드러날 것이라고 누군가 말한다면 스펄전도 동의할지 모른다. 하지만 처음부터 실천적인 유용성에만 관심을 두면, 결코 진리에 이르지 못한다. 우선 이해 관계를 따지지 말고, 순종하며 믿는 마음으로 단순하게 수용해야 한다. 영혼들을 구원하는 사람은 또한 세상을 위한 일도 하는 것인데, 그가 더욱 영혼에 대해서만 관심을 갖고 세상에 대해서는 관심을 갖지 않을 때 더욱 세상에도 유익을 끼치게 될 것이다.

어쩌면 오늘날 우리는 이것이야말로 스펄전의 한계라고 여길지도 모른다. 우리 설교가 의도하는 공공성과 세상에 대한 책임을 "영혼 구원"이라는 단순하고 유치한 표어가 수용할 수 있을까? 설교가 너무 좁아지고 개인주의적인 것으로 되지 않는가?

스펄전의 관심이 일차적으로 "개인"에게 있었다는 것은 부인할 수 없는 사실이다. 그는 사회적·정치적 질서에 대한 신학 사상이나 우주를 다스리시는 주님으로서의 그리스도에 대한 개념은 거의 혹은 전혀 갖지 않았다. 하지만 시민 전쟁(Civil War) 초기에, 스펄전이 개인적인 희생을 감수하면서까지 노예 해방을 열정적으로 옹호하면서 사회 문제에 대해 분명한 태도를 취한 것도 사실이다. 19세기에 다른 누가 이 문제에 대해 그처럼 단호하게 행동했는가? 미국의 많은 지역에서 자신의 저서들의 보급이 단번에 중단되고, 그로 인한 경제적인 손실이 교회와 사역에 큰 타격을 주었어도 스펄전은 그렇게 했다. 그러나 사회 구조의 문제에 대한 이런 태도도 그의 메시지의 중심인 구원 문제에 의해서 결정되었다. 구원받아 자유롭게 된 사람이 그리스도인들의 사회에서 노예로 여겨질 수 없다는 것이 그의 생각이었다. 노예 제도가 아무런 반대 없이 용인된다면 기독교의 모든 메시지가 그 권위를 잃게 되고, 결국 더 이상 영혼들을 구원할 수 없다는 것이다.

이로써 여기서도 스펄전은 우리를 교정하는 역할을 한다. 우리와 우리의 기독교 사회윤리를 위협하는 것은, 세상 질서와 사회 구조 등에 대한 기독교적 "사상들"을 연구한 후에 그것들을 현재 상태 유지와 생산적인 권력을 위해 권면하는 경향이다. 하지만 실제로 믿지도 않으면서 기독교 사상을 견지하는 것도 가능하고, 개인적으로 관련을 맺지 않으면서 기독교로부터 사회적인 자극을 받는 것도 가능하다. 그렇기 때문에 이런 사상들은 기독교의 주님과의 관련성을 상실한 채, 권력과 세계 지배의 도구인 이데올로기로 전락할 수도 있다. 그것들은 (증명 가능한 성령의 증언이라는 의미에서) 성령의 증거에 호소하기보다는, (증명 가능하게 실용적이고 성공적이라는 의미에서) 권력의 인정만을 구한다. 결국 믿음이 연약해지고 구원의 문제가 점점 잊혀져도, 기독교는 사회 질서의 편만하고 지배적인 분위기가 될 수 있는 것이다.

그러므로 죄인들이 구원받도록 하는 것이 실제적이고 궁극적인 일이라는 스펄전의 주장과 같은 단순함이 우리에게 필요하다. "우리가 천국에 가는 것"이 정말 진정으로 중요하다는 것이다. 만에 하나, 세상에 대한 책임 때문에 우리가 저 "천국"을 잊는다면, 그리고 아무것도 모른 채 고통의 장소를 향해 비틀거리며 나아가면서 아브라함의 품에서 멀어진다면(참고. 눅 16:22 이하), 다른 모든 것들, 심지어 기독교적인 서구 사회에 대한 논의나 책임감 있는 기독교 사회윤리조차도 깊이가 있다고 자처하는 문화개신교(Kulturprotestantismus)*의 헛소리일 뿐이다. 바로 여

---

* 문화개신교(Kulturprotestantismus): 대략 1860년 정도에 시작되어 제1차 세계대전의 패전과 함께 급격히 쇠퇴한, 기독교를 일반적인 문화발전과 '조화'를 이루게 하려는 노력이었다. 독일어를 사용하는 개신교권이 주도적인 역할을 감당한 이 흐름은 개신교가 사회에서 로마가톨릭이나 유대교와 비교해서 월등하게 적극적인 역할을 하게 했다. 알브레히트 리츨(Albrecht Ritschl)이 "문화개신교의 아버지"(Stephan Weyer-Menkhoff)로 불린다—편집자주.

기에 그리고 바로 이런 목적으로 모세와 선지자들이 동원될 때만, 소금이 맛을 잃지 않게 해줄 것이다. 정말 그럴 때만 우리가 부패를 막는 이 땅의 소금이 될 수 있다.

우리가 이 모든 것을 스펄전과는 다르게 말하고 다르게 행동해야 한다는 것은 분명한 사실이다. 그저 그를 모방할 수는 없다. 오히려 그의 말과 행동을 번역해야 한다. 마치 스펄전이 단지 흉내쟁이가 아니라 언제나 번역자였던 것처럼 말이다. 그러나 우리는 스펄전으로 하여금 경고 표지와 교정자 역할을 하게 할 수 있다. 믿음의 선조들에 대한 우리의 신실함은 그들을 "모방"하는 것이 아니라, 진정으로 "이해"하는 것에서 나타난다. 성도의 교제는 우리 모두가 똑같은 것을 말한다고 해서 이루어지는 것이 아니라, 동일한 샘에서 함께 마실 때 가능해지는 것이다. 이 샘을 지키고 있던 많은 사람들 중에 가장 탁월한 사람이 바로 스펄전이다.

나는 영원한 말씀의 선포자로 섬기고 있는 사람들과 그 일을 위해 준비하고 있는 사람들에게, 약간의 과장을 더해서 요청하고 싶다. 가지고 있는 모든 것을 (특히 흔해 빠진 몇몇 설교 관련 서적들은 꼭 포함해서) 팔아서라도, 스펄전의 책을 (중고 서점을 샅샅이 뒤지는 한이 있어도) 사라. 비록 당신이 이후의 페이지에서 제시되는 모든 내용들을 따르지는 않을지라도, 그것이 소크라테스가 되어서 당신 스스로 해답을 찾는 과정을 돕도록 하라. 당신이 이제 읽게 될 이 강의를 그저 완벽한 설교자가 되기 위한 연습으로서가 아니라, 당신 "자신의 목소리"를 찾기 위한 훈련으로 읽기 바란다.

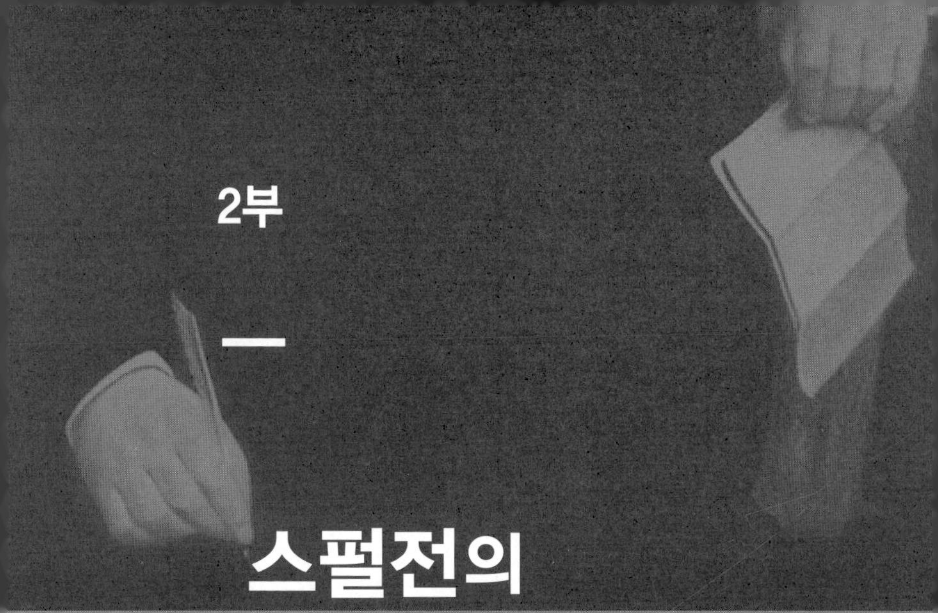

2부

스펄전의 설교론

* **일러두기**
- 2부와 3부의 본문에 있는 "…"는 틸리케가 스펄전의 글을 편집하면서 생략한 부분을 표시한다.
- 성경의 직접 인용에서 "…"는 인용에 포함되지 않은 부분을 표시한다.

1
회심: 설교의 목표
On Conversion as Our Aim

기독교 사역의 가장 중요한 목표는 하나님의 영광입니다. 예수 그리스도가 신실하게 선포되었다면, 영혼들이 회심하든 하지 않든 간에 사역자는 결코 헛수고를 한 것이 아닙니다. 왜냐하면 그리스도는 구원받은 사람들에게뿐만 아니라, 멸망하는 사람들에게도 하나님께 드려지는 아름다운 향기이기 때문입니다. 하지만 원칙적으로 하나님은 인류가 예수 그리스도의 복음을 통하여 자신과 화목하게 하기 위해 우리를 보내 설교하게 하셨습니다. 이곳 저곳에서 노아와 같은 의로운 설교자가 수고를 하지만, 자신의 가족 외에는 어느 누구도 구원의 방주로 이끌지 못할 수도 있습니다. 또한 예레미야와 같이 회개치 않은 민족을 위해 울지만, 아무런 열매를 맺지 못할 수도 있습니다. 그러나 대부분의 설교 사역은 듣는 이들을 구원할 목적으로 행해집니다. 우리의 수고에도 불구하고 어떤 열매도 맺지 않는 돌밭에까지 씨를 뿌리는 것이 우리의 일입니다. 하지만 우리는 여전히 추수를 기대해야 하며, 정해진 시기에 열매를 맺지 않으면 슬퍼해야 합니다.

우리가 추구하는 최고의 목표인 하나님의 영광은 성도들을 교화시키고 죄인들을 구원함으로써 이루어집니다. 하나님의 백성을 가르치고 그들을 거룩한 믿음 안에 세우는 것은 정말 고귀한 일입니다. 우리는 결코 이 사명을 게을리해서는 안 될 것입니다. 이를 위해 우리는 복음의 교리와 살아 있는 체험과 그리스도인의 의무에 대해 분명하게 진술해야 하며, 하나님의 모든 경륜을 선포하는 데 결코 주저해서는 안 됩니다. 너무나 많은 경우에, 숭고한 진리들이 단지 실제적이지 못하다는 잘못된 구실 때문에 선포되지 않고 있습니다. 그 진리들이 계시되었다는 사실 자체가, 주님이 그것들을 가치 있게 여기신다는 것을 증명합니다. 그럼에도 만약 우리가 스스로를 주님보다 더 지혜롭다고 여긴다면, 우리에게 화가 임할 것입니다. 우리는 성경의 모든 교리에 대해서 다음과 같이 말할 수 있습니다.

"말로 표현할 수 있게 하는 것이 그 사람의 지혜다."

진리의 신적 하모니에서 단 하나의 음표만 빠지더라도 그 음악은 완전히 잘못될 수 있습니다. 성도들은, 여러분이 전달하기를 지체하고 있는 교리들에 의해서만 공급될 수 있는 특정한 영적

영양분의 부족으로 심각한 영적 질병에 빠질 수 있습니다. 우리가 섭취하는 음식물에는 얼핏 보기에 생명에 꼭 필요한 것처럼 보이지 않는 요소들이 있습니다. 하지만 경험을 통해 보건대, 그 요소들은 건강과 힘을 위해 반드시 있어야 하는 것들입니다. 인(燐)은 살을 만들지 않지만, 뼈를 위해서는 꼭 있어야 합니다. 미네랄과 소금 역시 동일하게 설명할 수 있습니다. 그것들은 인간의 생명을 위해 적절한 양이 반드시 필요합니다. 심지어 영적인 영양분으로 거의 보이지 않는 특정한 진리들도, 사실은 성도들의 뼈와 근육을 키우고 그리스도인들의 여러 기관들을 치유하는 데 굉장히 유익합니다. 우리는 "모든 진리"(the whole truth)를 선포해서 하나님의 사람이 모든 선한 일을 행할 능력을 갖추게 해야 합니다(딤후 3:17).…

만약 우리가 정말 바라는 것이 청중이 주 예수 그리스도를 믿는 것을 보는 것이라면, 이런 결과를 만드는 하나님의 도구로 사용되기 위해 어떻게 해야 할까요?…

회심은 하나님의 일이기 때문에 우리는 **성령께 온전히 의지해야 하고, 사람들의 마음에 능력이 임하도록 하나님을 바라보아야 합니다**. 이 말을 자주 반복해서 혹시 그 중요성을 우리가 놓치게 될까 걱정이 됩니다. 만약 우리가 성령이 필요하다는 사실을 정말로 깨닫고 있다면, 성령의 교훈에 의지하도록 더 연구해야 하지 않겠습니까? 그의 거룩한 기름 부음을 위해 더욱 끈질기게 기도해야 하지 않을까요? 설교를 할 때도 성령이 일하시도록 더 많은 기회를 드려야 하지 않겠습니까? 교리적으로는 아니더라도, 실제적으로 성령을 무시하기 때문에 우리의 많은 노력이 실패하는 것 아닐까요? 하나님이신 성령의 자리는 보좌 위에 있기 때문에, 우리의 모든 사역에서 성령이 처음과 중간과 마지막이 되셔야 합니다. 우리는 그 손의 도구일 뿐 그 이상 아무것도 아닙니다.

우리가 이 점을 충분히 인정한다면 성도의 회심을 위해서 대체 어떤 일을 해야 할까요? 우리는 **이 목적을 이룰 진리들을 가장 우선적으로 선포하도록 주의를 기울여야 합니다.** 이런 진리들은 어떤 것들입니까? 우리는 첫째로, 무엇보다 **십자가에 달리신 그리스도**를 선포해야 합니다. 예수님이 높임을 받으실 때 영혼들은 매료됩니다. "내가 땅에서 들리면 모든 사람을 내게로 이끌겠노라"(요 12:32). 십자가를 선포하는 것은 구원받은 사람들에게 하나님의 지혜요, 하나님의 능력입니다(참고. 고전 1:24). 사역자는 우리 주 예수 그리스도의 인격과 사역과 관련된 모든 진리들을 선포해야 하기 때문에, 구세주를 필요하게 만든 **죄의 악함**을 진지하고 예리하게 선포해야 합니다. 사역자는 죄가 율법을 위반함으로써 불가피하게 형벌을 가져왔고, 그것에 대한 하나님의 진노가 계시되었다는 것을 보여주어야 합니다. 죄를 마치 사소하거나 단지 불행한 것으로 생각하게 해서는 결코 안 됩니다. 그것을 극도의 죄악으로 선포해야 합니다. 악을 표면적으로 뭉뚱그려서 바라보지 말고 여러 죄악들을 구체적으로 언급하되, 특히 가장 최근에 일어난 것들에 대해서 지적해야 합니다. 예를 들면, 이 땅을 황폐화시키는 술 취함의 문제라든지, 중상과 비방의 형태로 사방에 가득 찬 거짓말이라든지, 거룩한 세심함으로 다루어야 할 방탕함의 죄를 구체적으로 지적하고 가차 없이 비난해야 합니다. 특히 우리는 청중이 빠져 있거나 쉽게 빠질 수 있는 죄악에 대해서 책망해야 합니다. 십계명을 설명하고, "내 백성에게 그들의 허물을, 야곱의 집에 그들의 죄악을 알리라"(사 58:1)는 주님의 명령에 순종하십시오. 우리 주님이 그러셨던 것처럼 율법의 정신을 가르치고, 악한 생각과 의도와 상상들이 율법을 거스른다는 것을 보이십시오. 이로써 많은 죄인들이 마음에 가책을 받을 것입니다.

그 옛날 로비 플록하트(Robbie Flockhart)는 "우리가 율법이라는 날카로운 바늘로 구멍을 뚫지 않는 한, 복음이라는 명주실로 꿰매려 해도 아무런 소용이 없다"라고 말했습니다. 바늘처럼 율법이 먼저 가고, 복음의 실이 그 뒤를 따르는 것입니다. 따라서 죄와 의로움과 다가올 심판에 대해서 설교하십시오. 시편 51편의 말씀과 같은 구절에 대해 자주 설명하십시오. 하나님은 중심의 진실함을 원하신다는 것, 그래서 희생의 보혈로 깨끗해지는 것이 절대적으로 필요하다는 것을 보이십시오. 마음을 겨냥하십시오. 영혼의 상처를 찾아서 그것을 만져주십시오. 더 어려운 주제들도 피하지 마십시오. 나음을 받기 전에 상처를 입어야 하며, 다시 살아나기 전에 죽임을 당해야 하기 때문입니다. 어느 누구도 무화과나무 잎을 벗기 전에는 그리스도의 의로움의 예복을 입지 못할 것이며, 자신의 더러움을 깨닫지 않고서는 그리스도의 긍휼의 샘에서 씻으려 하지 않을 것입니다. 그러므로 형제 여러분, 우리는 율법과 율법의 요구와 율법의 위협, 그리고 죄인들이 반복해서 율법을 범하는 것에 대해 선포하기를 멈추지 말아야 합니다.

인간 본성의 부패(depravity)에 대해 가르치십시오. 사람들에게 죄는 우연한 사고가 아니라, 그들의 부패한 마음에서 비롯된 진정한 결과라는 것을 보이십시오. 인간 본성의 부패에 관한 교리를 설교하십시오. 그것은 사람들이 좋아하지 않는 진리입니다. 오늘날 사역자들은 "인간 본성의 존엄성"에 대해 매우 확신하는 경향을 보입니다. 관용구처럼 "인간의 일탈한 상태"에 대해 가끔 언급하기는 하지만, 인간 본성의 타락과 같은 주제들은 교묘하게 피합니다. 마치 에티오피아 사람들도 피부가 하얗게 될 수 있으며, 표범들도 그 얼룩을 제거할 수 있다는 소망을 갖게 하는 것과 같습니다. 형제 여러분, 이런 착각에 빠져서는 안 됩니다. 그렇지 않으면 여러분은 어떤 회심도 기대할 수 없을 것입니다. 부드러운 일들을 예언하거나 우리의 상실된 상태의 악을 경감시키는 것은 사람들을 예수님께 인도하는 길이 아닙니다.

형제 여러분, 성령의 거룩한 역사하심이 반드시 있어야 한다는 것이 앞의 가르침을 자연스럽게 뒤따릅니다. 왜냐하면 지독한 상황일수록 하나님의 개입이 필요하기 때문입니다. 사람들은 자신들이 죽어 있고, 오직 성령만이 그들을 살리실 수 있다는 것을 알아야 합니다. 또한 성령은 자기의 기쁘신 뜻에 따라 역사하시기 때문에, 어느 누구도 성령의 임하심이나 성령의 도우심을 당연하게 여길 수 없다는 것을 알아야 합니다. 이것은 매우 실망시키는 가르침으로 여겨지고, 또 사실이 그렇습니다. 하지만 잘못된 방식으로 구원을 추구할 때, 사람들은 낙담할 필요도 있습니다. 자신의 능력에 대한 자만을 벗도록 하는 것은 자신이 아닌 다른 분, 곧 우리 주 예수 그리스도를 바라보게 하는 데 큰 도움이 됩니다. 선택의 교리를 비롯한 다른 모든 위대한 진리들, 즉 구원은 전적으로 은혜로 말미암기 때문에 피조물의 권리가 아니라 주권자이신 주님의 선물임을 선포하는 것은, 사람들의 교만을 없애서 하나님의 긍휼하심을 받아들일 준비를 하도록 계획되었습니다.

또한 우리는 청중에게 하나님의 공의에 대해, 그리고 모든 **죄악**(transgression)은 결국 벌을 받게 된다는 확실성에 대해 가르쳐야 합니다.

> 그들 앞에 보이라, 끔찍한 무리 중에
> 그리스도께서 구름과 함께 오실
> 엄청난 날의 웅장함을.

그들에게 그리스도의 재림 교리를 들려주되, 예언에 대한 호기심으로서가 아니라 엄숙한 실제적인 사실로서 가르치십시오. 마치 유대교가 다시 회복될 것을 믿는 사람들이 하는 것처럼, 이 땅의 왕국에 대한 소란스러운 치장으로 우리 주님을 선포하는 것은 어리석은 일입니다. 우리는 세상을 의로움으로 심판하기 위해, 그리고 목자가 양과 염소를 나누는 것처럼 모든 민족을 자기 앞으로 불러서 분리하기 위해 오시는 주님을 선포해야 합니다. 바울은 의로움과 절제와 다가올 심판에 대해 설교해서 벨릭스로 하여금 두려워 떨게 했습니다(행 24:25). 이런 주제들은 오늘날에도 동일한 능력을 발휘합니다. 만일 우리가 심판에 대한 경고를 빼놓는다면, 그것은 복음의 능력을 빼앗는 것입니다. 최근 교회를 어지럽혔던 멸절(annihilation)과 회복(restoration)에 대한 기발한 사상들 때문에 많은 목사들이 최후의 심판이나 그와 관련된 주제들에 대해 말하기를 주저하고 있습니다. 결과적으로 주님의 두려운 면모들이 설교자들이나 청중에게 거의 영향을 끼치지 못하고 있는데, 우리는 이것을 두려워해야 합니다. 만약 이것이 사실이라면 아무리 한탄하더라도 지나치지 않습니다. 왜냐하면 회심을 위한 중요한 수단을 사용하지 않은 채 묵히는 것이기 때문입니다.

사랑하는 형제 여러분, 우리는 무엇보다 영혼을 구원하는 위대한 속죄(atonement) 교리에 대해서 분명히 알아야 합니다. 우리는 진짜 대속적인 희생을 설교해야 하고, 그 결과인 죄 용서를 선포해야 합니다. 속죄하는 보혈에 대한 애매한 입장들은 아주 해롭습니다. 영혼들은 불필요한 속박에 갇히고, 성도들은 믿음의 평온한 확신을 빼앗깁니다. 왜냐하면 그들은 "하나님이 죄를 알지도 못하신 이를 우리를 대신하여 죄로 삼으신 것은 우리로 하여금 그 안에서 하나님의 의가 되게 하려 하심이라"(고후 5:21)라는 말씀을 듣지 못했기 때문입니다. 우리는 대속(substitution)을 분명하고 착각할 수 없도록 선포해야 합니다. 성경에서 분명하게 가르치고 있는 교리가 바로 이것이기 때문입니다. "그가 징계를 받으므로 우리는 평화를 누리고 그가 채찍에 맞으므로 우리는 나음을 받았도다"(사 53:5). "친히 나무에 달려 그 몸으로 우리 죄를 담당하셨으니"(벧전 2:24). 이 진리는 어떻게 하나님이 공의로우시고 또 믿는 자를 의롭게 하시는지 보여주어서 우리의 양심에 쉼을 줍니다. 이것은 복음의 어부들이 사용하는 위대한 그물입니다. 다른 진리들에 의해서 고기들은 올바른 방향으로 이끌리거나 쫓기게 되지만, 이 진리는 그물 그 자체입니다.

사람들이 구원받도록 하기 위해, 우리는 속죄가 영혼의 경험에 효력을 발휘하게 되는 방법인 믿음으로만 의롭게 된다는 것(justification by faith)을 가장 단순 명료한 용어로 설교해야 합니다. 우리가 그리스도의 대속적 사역으로 인해 구원받는다면, 우리의 어떤 공로도 필요치 않습니다. 사람이 할 일은 단지 단순한 믿음으로 그리스도가 이미 행하신 일을 받아들이는 것입니다. "오직 그리스도는 죄를 위하여 한 영원한 제사를 드리시고 하나님 우편에 앉아 계신다"(히 10:12)라는 이 원대한 진리 위에 거하는 것은 참으로 기쁜 일입니다.…

그리스도 예수 안에 있는 하나님의 사랑을 열심으로 전하고, 주님의 풍성한 자비를 찬양하십시오. 그러나 그것을 언제나 하나님의 공의와 함께 선포하십시오. 일반적으로 많은 사람들이 하는 식으로 사랑을 단 하나의 속성으로 찬양하지 말고, 그 안에 하나님의 모든 속성을 담을 수 있는 마술 상자 같은 고도의 신학적인 의미로 사랑을 생각하십시오. 하나님이 공의롭지 않으셨다면 하나님은 사랑이 아니셨을 테고, 또한 모든 불경건한 것을 미워하지 않으셨을 것이기 때문입니다. 절대 다른 속성을 희생하면서까지 한 가지 속성을 높이지 마십시오. 하나님의 한없는 자비가 그의 엄격한 공의와 무제한적인 주권과 함께 온전한 일관성을 갖는 것을 보이십시오. 하나님의 진정한 특성은 죄인으로 경외하게 하고, 깊은 인상을 주고, 겸손하게 합니다. 여러분의 주님을 잘못 드러내는 일이 없도록 주의하십시오.

복음의 체계를 온전하게 하는 모든 진리들은 사람들을 믿음으로 인도하도록 의도된 것입니다. 그러므로 그것들이 여러분의 가르침에서 주된 것이 되게 하십시오.

둘째로, 우리가 **영혼의 구원**을 심각하게 염려한다면, 이 목적을 이루는 진리들을 선포해야 할 뿐만 아니라, 그 진리들이 올바른 결과를 낼 수 있게 하는 방법을 사용해야 합니다. 그것들이 무엇인지 궁금하십니까? 첫째, 여러분은 **교훈**(instruction)을 통해 많은 일을 해야 합니다. 죄인들은 어둠 가운데서(in) 구원받는 것이 아니라, 어둠으로부터(from) 구원받습니다. "지식이 없는 소원은 선하지 못하고"(잠 19:2). 사람들은 자기 자신, 자기의 죄, 자기의 타락에 대해, 그리고 자기의 구주와 구속과 중생 등에 대해 배워야만 합니다. 깨어 있는 많은 영혼들은 하나님이 구원하시는 방식을 알기만 하면 기쁘게 받아들일 것입니다. 그들은 사도가 "형제들아 너희가 알지 못하여서 그리하였도다"(행 3:17)라고 말한 사람들과 비슷합니다. 여러분이 그들에게 교훈을 주면 하나님이 그들을 구원하실 것입니다. "주의 말씀을 열면 빛이 비친다"(시 119:130)고 쓰여 있지 않습니까? 성령이 여러분의 가르침을 복되게 하시면 사람들은 자신이 얼마나 잘못되었는지를 알게 되고, 회개와 믿음으로 인도받을 것입니다. "믿으세요! 믿으세요! 믿으세요!"라고 소리치기만 하는 설교를 저는 믿지 않습니다. 불쌍한 사람들에게 무엇을 믿어야 할지 말해야 할 의무가 여러분에게 있기 때문입니다. 분명한 가르침이 있어야 하며, 그렇지 못할 경우 믿으라는 권면은 분명 우스운 것이고, 실제로 실패로 돌아갈 것입니다.… 죄인들이 그리스도께 나아오도록 설교하는 가장 좋은 방법은, 죄인들에게 그리스도를 설교하는 것입니다. 건전한 가르침이 동반되지 않는다면, 권면이나 간청이나 탄원이 모두 마치 총을 쏘지 않고 화약 가루를 태우는 것과 같습니다. 외치고 울며 호소할 수도 있겠지만, 여러분은 사람들이 듣지 않은 것을 믿게 할 수 없고, 그들 앞에 제시되지 않은 진리를 받아들이도록 할 수도 없습니다. "전도자는 지혜자이어서 여전히 백성에게 지식을 가르쳤고"(전 12:9).

　교훈을 줄 때는 **이해력**에 호소하는 것이 좋습니다. 진정한 신앙은 마치 전혀 감정적이지 않은 것처럼 보일 만큼 논리적입니다.…논쟁적인 사람들도 돌봄을 받아야 하지 않겠습니까? 우리는 모든 사람에게 모든 것이 되어야 합니다. 따라서 따지기를 좋아하는 사람들에게는 논쟁적이 되어서, 명백한 논리와 필연적인 추론을 사용해서 그들을 구석으로 몰아붙여야 합니다. 육신적인 추론을 해서는 안 되겠지만, 공정하고 정직한 사고와 생각과 판단과 논의는 많으면 많을수록 좋습니다.

　논리적 증명을 필요로 하는 부류의 사람들과 비교해볼 때, 감정적 설득에 의한 호소가 필요한 사람들의 수는 상대적으로 많습니다. 이들에게는 논리적 추론보다는 마음의 논리, 즉 뜨겁게 불타는 논리가 필요합니다. 여러분은 마치 어머니가 아들을 타일러서 앞으로 속을 썩이지 말라고 하고, 다정한 여동생이 오빠에게 집으로 돌아와서 아버지와 화해하기를 권하는 것처럼 설득해야 합니다. 논리는 따뜻한 사랑의 설득으로 되살아나야 합니다. 차가운 논리도 힘이 있지만, 그것이 애정으로 붉게 달궈졌을 때 부드러운 논리의 힘은 상상할 수 없을 만큼 강력해집니다. 다른 마음들을 얻을 수 있는 마음의 힘은 막강하지만, 그 주도하는 마음이 자기 자신에 대한 힘을 내려놓을 때 최고로 발달할 것입니다. 뜨거운 열정이 그 사람 자신을 이끌 때, 그의 설교는 저항할 수 없는 급류가 되어 그 앞에 있는 모든 것을 휩쓸어버립니다. 경건하고 신실하다고 알려져 있고 마음이 넓고 자기 희생적이라고 느끼게 하는 사람은 자신의 인격 속에 어떤 힘을 가지고 있습니다. 그의 권면과 충고는 그의 성품 때문에 무게가 있습니다. 그런데 그가 호소하고 설득하면서 심지어 눈물까지 흘린다면 그의 영향력은 놀라울 것이고, 따라서 성령 하나님이 그것을 그분의 사역에 사용하실 것입니다. 형제 여러분, 우리는 마음으로 **호소**해야 합니다. 간청과 애원이 우리의 가르침과 조화를 이루어야 합니다. 어떻게 해서라도 몇몇 영혼들을 구원할 수 있다면, 양심을 일깨워 예수 그리스도께 나아가도록 하는 마음의 호소를 우리는 계속해서 사용해야 합니다. 저는 가끔 목사들이 호소하면서 자신에 관하여 말하는 것에 대해 비난받는 것을 들었습니다. 그러나 그런 비난에 대해 그리 크게 신경 쓸 필요가 없습니다. 우리에게는 사도 바울이라는 전례가 있기 때문입니다. 사랑하는 회중에게 그들 중 많은 이가 구원받지 못한 것에 대해 여러분이 느끼는 슬픔과 그들의 회심을 위한 여러분의 간절한 소망과 끊임없는 기도에 대해 말하는 것은 아무런 문제가 되지 않습니다. 그리스도 예수 안에 있는 하나님의 선하심에 대한 여러분 자신의 경험을 말하면서, 사람들이 와서 동일한 경험을 하도록 호소한다면 여러분은 올바른 일을 하고 있는 것입니다. 회중이 회심하는 것을 보려면 추상적이거나 그저 공식적으로 말해서는 안 되고, 그들을 진짜 살과 피를 가진 자들로 대하면서 호소해야 합니다. 여러분이 하나님의 은혜가 행하신 일에 대한 생생한 사례로서 자기 자신에 대해 말할 수 있을 때, 여러분의 호소는 너무 강력해서 자기를 드러낸다는 비난을 받을 것에 대한 두려움까지도 떨칠 수 있게 될 것입니다.

가끔 우리는 어조를 바꿀 필요도 있습니다. 우리는 가르치고 추론하고 설득하는 대신에, **위협**하기도 하고 회개하지 않는 영혼들 위에 임하는 하나님의 진노를 선포하기도 해야 합니다. 커튼을 들어올려서 그들로 앞으로 일어날 일들을 보게 해야 합니다. 그들의 위험한 상황을 보여주고, 다가올 진노를 피할 수 있도록 그들에게 경고하십시오. 이렇게 한 후에 우리는 **초청**의 단계로 돌아가서, 값없이 주어지는 무한한 은혜의 풍성한 공급이 있다는 것을 깨어 있는 심령들에게 보여주어야 합니다. 우리는 울면서라도 "원하는 자는 누구든지 값없이 생명수를 받아 마시라"라고 우리 주님의 이름으로 초청해야 합니다. 형제 여러분, 여러분은 극단적 칼빈주의(ultra-Calvinistic) 신학자들이 "당신은 불경건한 자들을 가르치고 경고할 수는 있으나, 그들을 초청하거나 호소해서는 안 됩니다"라고 하는 말을 듣고 이 일을 단념해서는 안 됩니다.…어떤 근거로 우리는 불경건한 사람들에게 말씀을 전해야 하는 것일까요? 만약 그들이 할 수 있는 무언가를 하나님의 영이 없이 하라고 한다면, 우리는 단지 도덕주의자들이 될 뿐입니다.…사실 설교가 믿음의 행위이며 영적 기적을 일으키는 수단으로서 성령이 소유하신다는 것이 사실이 아니라면, 설교는 다 쓸데없습니다. 만약 우리가 홀로 일을 하면서 하나님의 간섭을 기대하지 않는다면, 우리는 이성의 한계를 지키기 위해 지혜로워야 하고 우리가 볼 때 할 수 있다고 생각되는 것들만을 사람들이 하도록 설득해야 할 것입니다.…

형제 여러분, 여러분이 만일 영혼이 구원받는 것을 보기 원한다면, 회심하지 못한 사람들에게 말씀을 전하는 **시기**에 대해서도 지혜로워야 합니다. 지금까지 이 문제에 대해서는 거의 상식이 사용되지 않았습니다. 어떤 목회 현장에서는 죄인들에게 설교하는 시간이 따로 정해져 있어서, 정오가 오는 것처럼 규칙적으로 행해집니다.… 왜 하필 설교의 마지막 부분, 청중이 거의 지쳐 있을 때에 가서야 비로소 경고의 말씀이 주어져야 한단 말입니까?… 관심이 고조되어 있고 덜 방어적일 바로 그때 무관심한 사람들에게 화살을 쏘십시오. 그러면 그들이 증명의 갑옷으로 무장하고 있을 때 화살을 쏘는 것보다 훨씬 더 효과가 있을 것입니다. 놀라게 하는 것도 주목을 끌고 기억에 남게 만드는 좋은 방법입니다. 무관심한 사람들에게 말씀을 전하는 시기는 이런 사실을 염두에 두고 결정해야 합니다.…

불경건한 사람들을 향한 말씀을 전하지 않은 채로는 어떤 설교도 마치지 마십시오. 그와 동시에 여러분은 단호하고도 지속적으로 그들을 공략할 때를 정하고, 전심을 다해 그 싸움을 진행하십시오. 이런 기회를 가질 때는 즉각적인 회심을 분명한 목표로 삼아야 합니다. 편견을 없애고, 의심을 해소하고, 반대 의견들을 정복하고, 죄인들을 몰아붙이십시오. 그래서 그들이 은

신처에서 나오게 하기 위해 애쓰십시오. 교회 성도들에게 특별 기도를 요청하고, 그들이 신앙의 문제에 관심이 있는 사람들과 없는 사람들 모두와 개인적으로 대화하게 하십시오. 여러분도 개개인에게 말씀을 전하는 일에 갑절로 주의를 기울여야 합니다.…겨울은 설교자들에게 수확의 시기입니다. 보통 저녁 시간이 길어 사람들이 더 잘 모일 수 있고, 야외 활동을 한다거나 바깥에서 오락을 즐길 수 없기 때문입니다. "왕들이 출전할"(참고. 삼하 11:1) 적절한 시기를 위해 잘 준비되어야 합니다.

회심을 촉진시키는 중요한 요소들 중에는 설교에서 드러나는 여러분의 어조와 기질과 정신이 있습니다. 여러분이 진리의 말씀을 지루하고 단조롭게 전하더라도 하나님이 복을 내리실 수도 있겠지만, 아마도 그렇게 하지 않으실 겁니다. 하여튼 그런 방식의 설교는 주의를 집중시키지 않고, 오히려 산만하게 합니다. 잠든 것처럼 활력이 없는 목사의 설교를 듣고 죄인들이 각성하는 일은 자주 일어나지 않습니다. 딱딱하고 감정이 없는 설교 방식도 피해야 합니다. 부드러움이 결여된 설교는 비극적인 결핍이고, 마음을 끄는 것이 아니라 멀어지게 합니다. 엘리야의 정신은 사람들을 깜짝 놀라게 할 수 있으며, 그것이 매우 강력하면 사람들이 복음을 받아들일 준비를 시킬 수도 있습니다. 하지만 실제적인 회심을 위해서는 요한의 정신이 더 필요합니다. 사랑이야말로 사람들의 마음을 얻는 힘입니다. 우리가 사람들을 사랑하기 때문에 예수님께로 이끄는 것이어야 합니다. 위대한 마음은 위대한 설교자가 갖추어야 할 중요한 자격 조건입니다. 우리는 이를 위해 사랑의 마음을 연마해야 합니다. 동시에 우리의 태도가 부드럽고 달짝지근한 위선적인 말투로 변질되어서도 안 됩니다. 어떤 사람들은 모든 사람에게 항상 사랑스럽고 친근한 것처럼 가장하기도 하고, 마치 사람들에게 아첨하여 그들을 경건으로 인도하려는 듯 아양을 떨기도 합니다. 설교자가 달콤한 말을 하는 것을 들으면, 성숙한 사람들은 그것을 역겹게 생각하고 위선으로 의심합니다. 말씀을 전할 때는 대범하고 솔직해집시다. 절대로 마치 우리가 청중에게 부탁을 하듯, 마치 그들이 구주께 자신들을 구원하시도록 허락을 하면 그것이 주님께 의무가 되는 것처럼 설교해서는 안 됩니다. 우리는 낮아져야 할 의무가 있지만, 대사의 직분을 맡은 자로서 결코 굽실거려서는 안 됩니다.…

우리 자신이 복음의 능력을 의심한다면 어떻게 복음을 권위 있게 선포할 수 있겠습니까? 여러분이 복된 소식을 선포하도록 허락을 받을 정도로 하나님의 사랑을 입은 사람들이라는 것을 아십시오. 그리고 여러분의 사명이 여러분 앞에 있는 사람들에게 가져올 영원한 유익에 대해 기뻐하십시오. 복음이 여러분을 얼마나 즐겁고 확신 있게 만들었는지 사람들이 보게 하십시오. 그러면 그들도 복음의 복된 영향에 참여하기를 소원하게 될 것입니다.

매우 엄숙하게 설교하십시오. 왜냐하면 그것은 정말 중요한 일이기 때문입니다. 하지만 여러분이 다루는 주제가 생생하고 즐겁도록 해서, 엄숙함이 지루함으로 바뀌지 않도록 하십시오. 여러분의 모든 능력을 일깨우고 헌신할 만큼 철저하게 엄숙해지십시오. 그 다음에 갑작스런 유머를 구사하면, 마치 어둠 속에서 비치는 잠깐의 빛이 한밤의 어두움을 더 인상에 남게 하는 것처럼 설교를 무게 있게 할 것입니다. 하나의 요점을 잡아 설교하고, 다루는 목표에 여러분의 모든 에너지를 집중시키십시오. 재주를 부리거나, 우아해 보이는 말들을 꺼내거나, 자기 자신을 드러내고 있다는 의혹을 갖게 하면 절대 안 됩니다. 그렇지 않으면 여러분의 설교는 실패할 것입니다. 죄인들은 아주 눈치 빠른 사람들이기 때문에, 자기 자신을 높이려는 아주 작은 낌새도 알아차립니다. 여러분이 정말 구원하기를 바라는 사람들을 위해 모든 것을 버리십시오. 사람들의 마음을 얻을 수 있다면, 그리스도를 위한 바보가 되십시오. 사람들에게 더 많은 감동을 줄 수 있다면, 학자도 되십시오. 공부할 때의 노력도, 골방에서의 기도도, 강단에서의 열정도 결코 아끼지 마십시오. 만일 사람들이 자기 영혼을 고려할 가치도 없는 하찮은 것으로 여기고 있다면, 그들의 목사는 전혀 다른 생각을 가지고 있다는 것을 그들이 알게 하십시오.

  회심을 목표로 삼고, 회심을 기대하고, 회심을 준비하십시오. 청중이 주님께 굴복하든지 혹은 변명하지 못하게 하기로, 그것도 지금 하는 설교의 즉각적인 결과로 나타나게 하기로 다짐

하십시오. 여러분의 주변에 있는 그리스도인들이 언제 영혼이 구원받는지와 같은 문제에 대해 궁금해하지 않으며 복된 소식의 약해지지 않은 능력을 믿도록 강권하고, 예수님에 대한 증언 후에 구원의 결과가 나타나지 않는 것을 이상하게 여기도록 가르치십시오. 죄인들이 설교를 그저 당연한 말로 듣지 않게 하고, 날카로운 성경 말씀을 장난감처럼 갖고 놀지 않게 하십시오. 모든 참된 복음 설교가 그들을 더 좋게 하지 않는다면, 오히려 악화시킨다는 것을 계속 반복해서 상기시키십시오. 그들의 불신앙은 매일, 매 시간마다 범하는 죄입니다. 여러분의 설교 후에, 하나님의 아들을 거절하면서 계속해서 하나님을 거짓말쟁이로 만드는 것에 대해 불쌍히 여김을 받을 것이라고 잘못 추측하도록 만들지 마십시오.

불경건한 사람들이 그런 위험성에 놀라서, 자기들의 죄악 가운데 평안을 누리지 못하게 하십시오. 계속해서 그들 마음의 문을 두드리되, 마치 그들이 생과 사의 갈림길에 있는 것처럼 두드리십시오. 그들을 위한 여러분의 간청과 진지함과 염려와 산고(産苦)를 하나님이 복되게 하셔서 그들을 일깨우실 것입니다. 하나님은 이런 것들을 수단으로 삼아 강력하게 일하십니다. 그러나 영혼들을 위한 우리의 고통은 진실해야지 꾸며낸 것이어서는 안 됩니다. 그래서 우리의 마음이 하나님과 함께 진정한 연민을 가지게 되어야 합니다. 경건의 깊이가 얕다는 것은 영적 능력이 거의 없음을 의미합니다. 주님에 대해 정리되지 않은 마음을 가진 사람도 지극히 예리한 설교를 할 수 있지만, 그 결과는 분명 미약할 것입니다. 예수님과 함께하는 사람의 말에는 가장 완벽한 웅변술이 할 수 있는 것보다 더 마음을 움직이는 능력이 있습니다. 이를 기억하고 하나님과 끊임없는 동행을 유지하십시오. 주님의 잃어버린 양을 많이 모으려면, 밤을 지새우며 은밀한 중에 기도해야 할 것입니다. 오직 기도와 금식을 통해서만 여러분은 사악한 악의 세력을 무찌를 능력을 얻을 수 있습니다. 사람들이 하나님의 주권에 대해 무엇을 말하든지, 하나님은 특별한 성공을 특별한 마음의 상태와 연관시키십시오. 그리고 이것이 없다면 능력 있는 사역을 많이 하지 않으실 것입니다.

진지한 설교에 덧붙여서 다른 수단도 사용하는 것이 현명합니다. 여러분이 설교의 열매를 보기를 원한다면, 호기심을 가진 사람들이 여러분께 접근할 수 있어야 합니다. 모든 예배가 끝날 때마다 모임을 갖는 것을 바라지는 않겠지만, 이후에라도 성도들과 직접적으로 만날 수 있는 기회를 자주 갖도록 노력해야 합니다. 걱정과 근심이 있는 사람들을 만날 수 있는 방법이 전혀 없는 목사들이 있다는 것은 정말 충격적인 사실입니다. 때때로 그런 목사들이 사람들을 여기저기서 만나지만, 그것은 목사의 진지함 때문이라기보다는 성도들의 용기 덕분입니다. 여러분은 그리스도를 찾는 모든 사람들과 만날 시간을 처음부터 정기적으로 잡아서, 그들이 여러분에게 와서 함께 이야기를 나눌 수 있도록 지속적으로 초청해야 합니다.

여기에 덧붙여 복음에 호기심을 가진 사람들을 위한 모임을 많이 열어서 신앙적인 어려움에 처한 사람들을 돕고, 혼란 가운데 있는 사람들을 인도하기 위해 말씀을 선포하고, 참석한 개개인들과 더불어 뜨겁게 기도하고, 최근에 회심한 사람들의 짧은 간증을 듣는 것도 좋습니다. 그리스도를 공개적으로 고백하는 것이 구원하는 믿음과 관련하여 계속 언급될 때, 남몰래 예수님을 따르고 있는 사람들이 앞으로 나와서 그리스도를 향한 충성을 고백할 수 있도록 도와야 합니다. 이런 고백을 하도록 설득을 해서는 안 되지만, 그렇게 할 수 있는 모든 기회를 제공해서 소망이 있는 심령들이 방해받지 않도록 하십시오.…잠깐의 대화를 통해서 의심이 풀리고, 오류가 바로 잡히며, 두려움이 사라질 수 있습니다. 간단한 대화면 해결되었을 문제 때문에 일평생 비참하게 살아오다가, 잠깐 동안의 면담으로 평안을 얻는 경우도 많이 보았습니다. 방황하고 있는 양들을 하나하나 찾아가고, 여러분의 모든 생각을 단 한 사람에게 기울여야 할 때도 여러분의 수고를 아까워하지 마십시오. 우리 주님께서 비유를 통해 말씀하신 것처럼, 선한 목자는 잃어버린 양을 집으로 데려올 때 양 떼가 아니라 한 번에 한 마리만 어깨에 메고 오면서도 매우 기뻐합니다.

여러분이 할 수 있는 일을 다하더라도 여러분의 열망은 충족되지 않을 것입니다. 영혼을 구원하는 일은 한 사람에게 계속해서 자라나는 추구이기 때문입니다. 회심의 열매를 경험하면

할수록, 그는 더욱더 많은 사람이 하나님을 향해 거듭나기를 열망하게 됩니다. 따라서 많은 사람이 구원을 얻게 하려면 도움이 필요하다는 것을 곧 깨달을 것입니다. 그물이 금방 고기로 가득 차면, 너무 무거워서 한 사람의 힘으로는 물가로 끌고 나올 수 없게 됩니다. 그러면 동역자들이 와서 여러분을 돕도록 해야 합니다. 온 교회가 거룩한 에너지로 충만하게 되면, 성령이 위대한 일들을 이루실 수 있습니다. 그럴 때는 한 사람이 아니라 수백 명의 증인들이 나와서 서로에게 힘이 됩니다. 그러면 그리스도를 위한 헌신자들이 계속 뒤따르면서 서로에게 힘이 되고, 한마음으로 열심히 드리는 간구는 하늘로 올라갑니다. 결국 죄인들은 진지한 기도에 둘러싸이고, 천국 그 자체가 그곳에 임합니다. 어떤 교회에서는 죄인이 구원받는 것이 매우 어려워 보입니다. 강단으로부터 아무리 좋은 말씀을 받더라도, 주위를 둘러싼 냉랭한 분위기가 그를 얼게 하기 때문입니다. 반면에 다른 교회에서는 회심하지 않은 채 그냥 있는 것이 더 어렵습니다. 거룩한 열심이 무심한 사람들을 두려움에 빠뜨리고 못 견디게 만들기 때문입니다. 우리는 온 교회가 성령의 능력 안에서 진정한 선교적 상태가 되도록 하는 것을 사명으로 여겨야 합니다. 온 교회를 거룩한 전기로 가득 충전된 라이덴 병(Leyden jar)처럼 만들어서, 교회와 접촉을 하는 모든 사람이 그 능력을 느낄 수 있도록 해야 합니다. 한 사람이 혼자서 무슨 일을 할 수 있겠습니까? 주변의 열정 있는 동역자들로 이루어진 군대와 함께라면, 그가 무엇을 못하겠습니까?

    아예 처음부터 영혼을 살리는 교회를 세울 생각을 하십시오. 단지 몇 명의 유용한 일꾼들만 모을 수 있고, 나머지 사람들은 불가피하게 죽은 존재들일 수밖에 없다는 일반적인 생각에 굴복하지 마십시오. 아마 그런 일이 생길 수도 있겠으나, 처음부터 그런 생각으로 시작하지 마십시오. 그렇지 않으면 정말 그런 일이 생길 테니 말입니다. 일반적인 사례가 보편적으로 적용될 필요는 없습니다. 지금까지 이룬 것보다 더 좋은 일들이 얼마든지 가능합니다. 목표를 높게 잡고, 그것을 이루기 위한 노력을 아끼지 마십시오. 예수님을 위해 살아 있는, 모든 교인이 열정으로 가득하고 모두가 사람들을 구원하는 일을 끊임없이 하는 교회를 세우는 일에 수고하십시오. 이를 위해 군대를 먹여 힘을 줄 최고의 설교가 있어야 하고, 위로부터 임하는 능력을 받기 위해 지속적인 기도가 필요하며, 그들의 열심을 불붙게 할 가장 영웅적인 모범이 여러분에게 있어야 합니다.…

2
설교자의 사역과 성령

The Holy Spirit in Connection with Our Ministry

제가 이제 말하려고 하는 주제는 모두가 너무 잘 알고 있어서, 전에 언급되지 않은 새로운 것을 말하기가 매우 어렵습니다. 하지만 이 주제는 지극히 중요하기 때문에 자주 숙고하는 것이 좋고, 오래된 것들뿐이라 전혀 새로운 것이 없더라도 여러분이 잘 기억하도록 상기시키는 의미에서라도, 이 주제에 대해 말하는 것은 지혜로운 일이 될 것입니다. 오늘의 주제는 설교 사역과 성령, 또는 예수 그리스도의 복음 사역자로서 우리 자신과 관련된 성령의 사역입니다.

"성령을 믿습니다." 우리는 이 문장을 사도신경으로 고백합니다. 하지만 저는 이 문장이 개인적인 경험 때문에 입술로 고백하지 않고는 못 배겨서 나오는 신실한 고백이 되기를 우리 모두에게 바랍니다. 성령의 임재와 사역은 우리의 평생 사역이 지혜롭고 희망으로 가득함을 확신시키는 근거가 됩니다. 성령을 믿지 않았다면 우리는 이미 오래전에 우리의 사역을 내려놨을 것입니다. "누가 이 일을 감당하리요?"(고후 2:16) 목회의 성공에 대한 소망과 사역을 지속하게 하는 힘은 우리 주의 성령이 우리 위에 임재하신다는 믿음에 있습니다.

저는 일단 우리 모두가 성령의 존재를 의식하고 있다는 것을 전제할 것입니다. 우리는 성령을 믿는다고 말했습니다. 하지만 우리는 이 문제에 관해서 실제로는 믿음을 넘어서 의식의 영역으로 들어와 있습니다. 과거에 우리는 친구들의 존재를 그들에 대한 이야기를 귀로 들었기 때문에 믿었던 때가 있었습니다. 하지만 이제 우리는 서로를 바라보았고, 우애의 악수를 나누었으며, 행복한 교제의 영향을 느꼈습니다. 그래서 이제는 친구들의 존재를 믿을 뿐만 아니라, 그 이상으로 압니다. 마찬가지로 우리는 마음속에 역사하시는 하나님의 영을 느꼈고, 인간의 심령을 다스리시는 성령의 능력을 알았고 감지했습니다. 그래서 우리는 빈번하고 의식적이고 인격적인 접촉을 통해 성령을 압니다. 우리가 심령의 민감함을 통해 하나님의 영의 임재를 의식하는 것은, 마치 형제들의 영혼이 우리의 영혼에 끼치는 작용을 통해 그들 영혼의 존재를 우리가 인식하고, 감각에 끼치는 물질의 작용을 통해 우리가 물질의 존재를 확신하는 것과 같습니다. 우리는 단순한 정신과 물질이라는 둔감한 영역으로부터 영적인 세계의 아름다운 빛의 영역으로 올려졌습니다. 그리고 이제 영적 존재들로서 우리는 영적인 것들을 분별하고, 영적 세계에서 가장 탁월한 능력들을 느낍니다. 또한 성령이 우리의 심령에 역사하시는 것을 느끼기 때문에, 우리는 성령이 계시다는 것을 압니다. 그렇지 않았다면 우리는 그리스도의 교회를 섬기는 일에 대해 아무런 권리도 없을 것입니다. 교회의 일원으로라도 남아 있을 수 있을까요? 하지만 형제 여러분, 우리는 영적으로 깨어난 존재들입니다. 우리는 새로운 생명과 거기에서 비롯되는 모든 것에 대하여 분명히 의식하고 있습니다. 우리는 그리스도 예수 안에서 새로운 피조물이고, 새로운 세상에 거하고 있습니다. 우리는 빛으로 비춤을 받아서 눈으로 볼 수 없던 것들을 보게 되었습니다. 혈과 육으로는 결코 드러내지 못했을 진리로 인도함을 받았습니다. 우리는 성령의 위로함을 받았습니다. 거룩하신 보혜사가 우리를 깊은 슬픔으로부터 높고 충만한 기쁨으로 옮기셨습니다. 우리는 또한 성령으로 인해 어느 정도 거룩해졌고, 성화의 역사가 우리 안에서 여러 형태와 방법으로 계속되고 있다는 것을 압니다. 결국 이 모든 개인적인 체험으로 인해서, 우리는 성령이 계시다는 것을 우리 자신이 존재하는 것을 아는 만큼이나 확실하게 압니다.…

목사인 우리에게 성령은 절대적으로 중요합니다. 성령이 없다면 우리의 직분은 그저 이름에 불과할 뿐입니다. 우리는 하나님의 모든 자녀가 갖는 제사장직보다 더 높은 다른 제사장직을 주장하지 않습니다. 하지만 우리는 그 옛날 하나님의 감동을 받아 하나님의 일을 선포하고, 범죄함에 대항해 증언을 하며 하나님의 대의를 호소했던 사람들의 계승자입니다. 선지자들을 움직였던 영이 우리 위에 머무르지 않으신다면, 우리가 입고 있는 외투는 단지 사람들을 속이기 위해 걸친 껍데기일 뿐입니다. 하나님의 영이 우리 위에 머무시지 않는데 우리가 주님의 이름으로 감히 말한다면, 우리는 정직한 사람들의 모임에서 정죄를 받고 쫓겨나야 마땅합니다. 우리는 스스로를 이 땅에서 예수 그리스도의 증언을 지속하도록 임명을 받은 대변인이라고 믿습니다. 하지만 그리스도와 그리스도의 증언 위에는 하나님의 영이 언제나 함께하셨습니다. 그러므로 하나님의 영이 우리와 함께하시지 않는다면, 우리는 그리스도가 보내심을 받으셨던 것처럼 세상에 보냄을 받은 것이 분명히 아닙니다. 오순절에 세상을 변화시키는 위대한 일이 성령의 임재를 상징하는 불의 혀와 강한 바람과 함께 시작되었습니다. 그러므로 성령 없이 목회에 성공할 것으로 생각한다면, 우리는 오순절의 체제를 따르는 사람들이 아닙니다. 예수님이 약속하신 성령이 우리에게 없다면, 우리는 예수님이 주신 사명을 감당할 수 없습니다.…

우리는 무오한 것을 소극적으로 전달하는 사람들이 아니라, 배운 것들을 이해한 만큼 가르치는 정직한 교사들입니다. 성령이 우리 위에 일하실 때 우리의 마음은 적극적이 되고 자아도 나타나기 때문에, **성령의 지혜뿐만 아니라 우리의 연약함도** 보일 수 있습니다. 성령이 알게 하신 것을 드러낼 때 우리가 매우 낮아지는 것은, 혹시 우리가 하나님의 능력에 더 온전히 복종하지 않아서 우리 자신의 무지와 오류도 어느 정도 함께 나타날 것을 두려워하기 때문입니다.…

어떤 점에서 우리는 성령의 도우심을 구해야 할까요? 저는 일고여덟 가지로 대답하려고 합니다.

1. 첫째로, 그는 **지식의 영**이십니다. "그가 너희를 모든 진리 가운데로 인도하시리니"(요 16:13). 그렇기 때문에 우리는 성령의 가르침이 필요합니다.

우리는 정말 연구를 해야 합니다. 다른 사람들을 가르쳐야 할 교사 자신이 먼저 배워야 하기 때문입니다. 준비하지 않은 상태로 강단에 오르는 습관은 용서될 수 없습니다. 그것만큼 우리 자신과 우리의 직분을 효과적으로 비하시키는 것도 없습니다. 리치필드의 주교가 한 교구를 방문하여 진지한 말씀 연구의 필요성에 대하여 강연을 했는데, 한 교구 목사가 자기는 그런 가르침을 믿을 수 없다고 주교에게 말했습니다. 목사는 이렇게 말했습니다. "예배 준비실에 있을 때는 무엇을 말해야 할지 모를 때가 자주 있는데, 강단에 올라가 설교를 하면 그에 대해 전혀 생각하지 않거든요." 그에게 주교가 대답했습니다. "정말 아무런 생각이 없으시다는 것은 옳은 말씀이네요. 교구 위원들도 목사님 생각에 동의하셨거든요."…

성령의 도우심이 정말 필요한 때는 우리가 말씀 연구를 할 때, 성경을 우리 앞에 놓고 홀로 복된 수고를 할 때입니다. 성령은 하늘 보화의 열쇠를 갖고 계시기 때문에, 상상할 수 없을 만큼 우리를 풍성하게 하실 수 있습니다. 성령은 가장 난해하여 이해하기 어려운 교리를 풀 수 있는 실마리를 갖고 계시기 때문에, 우리를 진리의 길로 인도하실 수 있습니다. 그는 철문을 산산조각으로 부수고 쇠창살을 잘라내서, 어두움 속에 감춰진 보물들과 은밀한 곳에 숨겨진 풍성한 것들을 우리에게 주실 수 있습니다. 성경을 원어로 공부하고 주석을 참고하고 또 깊이 묵상한다고 하더라도, 성령 하나님을 향한 부르짖음을 간과한다면 여러분의 연구는 아무런 유익이 없을 것입니다. (그렇지 않겠지만) 도움이 되는 수단들이 전혀 없다 하더라도, 성령의 가르침에 단순히 의지하면서 성령의 임재를 기다린다면 거룩한 의미를 많이 깨달을 것입니다.

하나님의 영은 우리 주 예수 그리스도의 인격과 사역에 대해 가르쳐주시기 때문에 우리에게 특별히 귀하신 분입니다. 그리고 그것이 우리 설교의 핵심 주제입니다. 성령은 그리스도에 **관한 것들을 취하셔서 우리에게 보여주십니다.** 물론 성령이 교리나 계명에 관한 것들을 취하셨다고 하더라도 우리는 그 은혜로운 도우심에 기뻐했을 것입니다. 하지만 성령은 특히 그리스도에 관한 것들을 기뻐하시며, 거룩한 빛을 십자가에 초점을 맞추어 비추십니다. 그렇기 때문에 우리는 우리의 증언의 핵심이 그렇게 거룩한 빛으로 밝혀지는 것을 기뻐하고, 그 빛이 우리의 사역 전반에 걸쳐서 널리 퍼져나갈 것을 확신합니다. 이렇게 부르짖으며 하나님의 영을 기다립시다. "오 성령이여, 우리에게 하나님의 아들을 계시하시고, 그렇게 해서 우리에게 성부 하나님을 보여주소서."

지식의 영이신 성령은 우리에게 복음에 관해 가르치실 뿐만 아니라, 우리가 다른 모든 일에서도 주님을 보도록 인도하십니다. 우리는 자연이나 일반 역사, 또는 날마다 나타나는 섭리나 우리 자신의 경험 속에서 하나님을 향한 눈을 감지 말아야 합니다. 복되신 성령이 이 모든 일 가운데서 하나님의 마음을 우리에게 알려주는 해석자가 되십니다. "제가 무엇을 하기를 원하시는지 가르쳐주십시오", "당신께서 왜 저와 싸우시는지 알려주십시오", "이 소중한 은혜의 섭리 가운데 있는 주의 뜻이 무엇인지 말해주십시오", "심판과 은혜를 함께 주시는 주님의 다른 뜻이 있다면 그것을 가르쳐주십시오"라고 우리가 부르짖는다면, 이 모든 경우에 적절한 가르침을 받을 수 있을 것입니다. 성소의 일곱 촛대이신 성령이 자기의 빛으로 모든 것들을 바로 보게 하십니다. 굿윈(Thomas Goodwin)은 정말 옳은 말을 했습니다. "우리가 진리를 알려면, 그 진리를 수행하는 빛이 있어야 한다. 은혜를 입은 모든 사람의 경험이 이를 입증한다. 같은 책에서 어떤 때는 대단한 것을 보다가도 다른 때는 못 보고, 어떤 때는 마음속에 큰 은혜가 있다가도 다른 때는 사라지기도 하며, 어떤 때는 신령한 일들을 보다가도 다른 때는 못 보는 이유가 무엇일까? 우리의 눈은 동일하지만, 이 어두운 등불(나는 우리의 눈을 이렇게 부르고 싶다)을 켜고 끄는 분이 바로 성령이시기 때문이다. 우리는 성령이 우리의 눈을 환히 여시고 가리시고 닫으시는 만큼, 더 보기도 덜 보기도 한다. 때로 우리의 눈을 완전히 닫으실 때는, 우리 눈이 아무리 좋아도 우리의 영혼은 어두움 가운데 있을 수밖에 없다."…

2. 둘째로, 성령은 **지혜의 영**이십니다. 그래서 우리에게는 정말 성령의 능력이 필요합니다. 지혜는 우리가 아는 것을 올바로 사용하는 기술과 같은데, 지혜가 없다면 지식은 매우 위험할 수 있기 때문입니다. 하나님의 말씀을 올바르게 분별하는 것은 그 말씀을 온전히 이해하는 것만큼 중요합니다. 복음의 일부분을 명백하게 이해한 사람들도 복음의 특정 부분만을 지나치게 부각시켜서 왜곡된 기독교를 전했고, 그것을 받은 사람들에게 해를 끼쳤습니다.…단 한 순간도 진리를 숨겨서는 안 되지만, 진리를 선포할 때 사람들에게 불필요한 불쾌감을 주거나 신경을 거스르지 않고, 진리를 전혀 알지 못하는 사람들이 점점 진리를 깨닫게 하고 연약한 형제들도 복음 교리의 온전함으로 인도하기 위해서 우리에게 지혜가 필요합니다.

각 사람에게 진리를 적용할 때도 우리에게 지혜가 필요합니다. 사람을 세우려고 의도된 진리로 그 사람을 낙담시킬 수 있습니다. 꿀을 가지고 사람의 입을 달콤하게 하려고 했는데, 그로 하여금 꿀에 싫증나도록 할 수도 있습니다. 하나님의 위대한 자비가 경솔하게 선포되어 수많은 사람들이 방탕함에 빠졌습니다.

반대로 주님의 진노를 때때로 지나치게 퍼부어서 사람들을 절망에 빠뜨리고, 오히려 지극히 높으신 하나님께 대놓고 반항하게 했습니다. 지혜는 올바른 인도를 위해 매우 유익합니다. 지혜를 가지신 성령이 각각의 진리를 적절한 때 가장 적절한 옷을 입혀서 공급하십니다. 복되신 성령 외에 누가 우리에게 이 지혜를 주실 수 있겠습니까? 형제 여러분, 가장 겸손한 마음으로 성령의 인도하심을 기다리십시오.

3. 셋째로, 우리에게 성령이 필요한 것은…제단의 타는 숯을 우리의 입술에 댄 것처럼 상황에 꼭 맞는 진리를 선택할 지식과 지혜를 가져서, 말씀을 선포할 때 **표현의 자유**를 누리기 위해서입니다. "…보라 이것이 너의 입술에 닿았으니…"(사 6:7).…

또한 우리가 표현할 때 성령이 우리를 주장하시는 것도 필요합니다. 저는 여러분이 설교할 때 스스로 각기 다른 자신의 마음의 상태를 의식하고 있으리라고 믿습니다. 어떤 경우에는 몸의 상태에 따라 다르기도 합니다. 독감은 목소리의 청명함을 망칠 뿐만 아니라 생각의 흐름도 막습니다. 저의 경우, 분명하게 말할 수 없을 때는 분명하게 생각할 수도 없고, 목소리뿐만 아니라 내용도 거칠어집니다.…여러분은 또한 몸 상태와 전혀 무관하게 일어나는 변화들을 의식하지 않으십니까? 몸이 아주 원기 왕성할 때도 어느 날은 바퀴 빠진 바로의 전차처럼 몸이 무겁다가도, 다른 날은 "놓인 암사슴"(참고. 창 49:21)처럼 자유로움을 느끼지 않으십니까? 오늘은 나뭇가지가 이슬로 반짝거리지만,

어제는 가물어서 메마르지 않았던가요? 이 모든 일 가운데 하나님의 성령이 계시다는 것을 어느 누가 모르겠습니까?…종종 불신자들이 제기하는 의심을 마주할 때, 저는 그 의심을 철저하게 조롱하면서 바람에 날려버릴 수 있었습니다. 주님의 이름으로 말씀을 선포할 때 제 위에 임재하여 역사하시는 능력을 분명하게 의식하기 때문입니다. 이 능력은 개인적인 달변의 능력을 무한히 초월하며 세속적 강연이나 연설을 할 때 느끼는 흥분에서 나오는 에너지를 훨씬 능가하고 인간의 능력과 분명히 구분되기 때문에, 저는 그것이 정치가의 열정이나 웅변가의 활력과 동일한 범주에 속하지 않는다고 확신합니다. 우리가 하나님의 힘을 충분히 느끼고 능력으로 말씀을 전하기를 바랍니다.

4. 넷째로, 하나님의 영은 기름 부음으로써 역사하십니다. 이는 설교 전체와 관련되어 있습니다. 다시 말해, 단지 입에서 나오는 표현뿐만 아니라 설교의 전달 전체와 관련되어 있는 것입니다. 성령이 여러분에게 설교 주제를 느끼게 하실 때 여러분은 황홀하기까지 할 수 있고, 때로는 의기소침해져서 땅으로 눌리는 듯하기도 하며, 아니면 의기양양해져서 독수리의 날개를 타고 올라가는 것같이도 될 수 있습니다. 성령은 여러분이 주제나 목적 외에도 사람들의 회심을 갈망하게 하실 수 있고, 그리스도인들을 그들이 지금까지 알았던 것보다 더 고귀한 무언가로 고양시키기를 동경하게 하실 수 있습니다.…거룩하신 성령은 우리의 정신 상태를 고양시키셔서 우리를 본성보다 몇 배나 더 위대

하게 만드실 수 있습니다. 그가 우리를 얼마나 크게 하실 수 있는지, 그리고 우리를 얼마나 위대하게 높이실 수 있는지 저는 감히 짐작조차 못합니다. 분명한 것은 성령은 우리가 구하고 생각하는 것 이상으로 훨씬 더 풍족하게 행하실 수 있다는 것입니다.

특히 설교하는 동안 우리의 마음을 경건하게 유지시키는 것도 성령의 역사입니다. 설교에 집중하는 동안에도 계속해서 기도하며, 말씀에 귀를 기울이면서 주님의 명령을 행하고, 주님의 보좌와 영원히 찬양하는 천사의 날개에 우리의 시선을 고정하는 것이야말로 우리가 깊이 사모해야 할 상태입니다. 이것이 무엇을 의미하는지 우리가 알았으면 좋겠습니다. 저는 그 반대의 상태, 곧 불경건한 상태로 설교하는 것의 해악을 우리가 잘 알고 있으며, 아니면 곧 경험하게 되리라 확신합니다. 교만하거나 분노한 마음으로 설교하는 것보다 더 해로운 것이 무엇이겠습니까? 불신의 마음으로 설교하는 것보다 사람들의 믿음을 더 약화시키는 것이 어디에 있겠습니까? 반면에, 우리가 다른 사람들 앞에서 불꽃처럼 타오르는 동안 우리의 은밀한 마음속도 불타오른다면 얼마나 좋을까요? 이것이 하나님의 성령의 사역입니다.…

강단에서 우리는 경건의 마음과 함께 의존의 마음도 필요합니다. 그래서 첫마디부터 마지막 마디에 이르기까지 계속 능력 있는 분에게서 오는 능력을 기대해야 합니다.…설교하는 내내 하나님께 절대적으로 의존해서 산을 보면서 여러분의 도움이 어디에서 올지 살핀다면, 용감하고 확신에 찬 마음으로 설교할 것입니다. 어쩌면 "용감한"이라고 말하는 것이 잘못된 것일 수도 있습니다. 하나님을 신뢰하는 것은 전혀 용감한 것이 아니기 때문입니다. 참 신자들에게 하나님을 신뢰하는 것은 꼭 있어야 하는 단순한 문제일 뿐입니다. 어떻게 하나님을 신뢰하지 않을 수 있겠습니까? 무엇 때문에 언제나 신실한 친구이신 하나님을 의심하겠습니까? 어느 주일 오전에 "…내 은혜가 네게 족하도다…"(고후 12:9)를 본문으로 설교하면서, 저는 아브라함이 얼굴을 묻고 웃었을 때 느꼈을 것을 제 생애 처음으로 경험했다고 성도들에게 말했습니다. 한 주간 내내 고된 일로 피곤해서 집으로 가고 있을 때, "내 은혜가 네게 족하도다"라는 본문이 제 마음에 떠올랐습니다. 그런데 저에게 두 단어가 강조되어 다가왔습니다. "내 은혜가 네게 족하도다." 저는 속으로 생각했습니다. "당연하지. 무한하신 하나님의 은혜가 나같이 벌레 같은 자에게 확실히 충분하고도 남지." 저는 하나님의 공급하심이 저의 필요를 얼마나 넘어서는지 생각하며 웃고 또 웃었습니다. 마치 제가 바다 속에 있는 한 마리 작은 물고기인데, 목이 말라서 "아아, 이 바닷물을 다 마셔야 할 텐데"라고 외치는 것 같았습니다. 그때 모든 물의 주인이신 하나님 아버지가 그 위엄 있는 머리를 드시고 웃으며 말씀했습니다. "이 작은 물고기야, 한없이 넓은 바다가 너에게 충분하고도 남을 것이다." 불신앙의 생각이 얼마나 어리석어 보이던지요.

형제 여러분, 우리는 하나님이 말씀을 복되게 하시리라고 생각하며 설교해야 합니다. 하나님이 우리에게 그것을 약속하셨기 때문입니다. 설교를 한 다음에는 복을 받은 사람들이 있는지 찾아보아야 합니다. 여러분은 "주님이 나의 보잘것없는 사역을 통해 영혼들을 회심시키셨다는 사실에 놀라움을 금할 수 없다"라고 생각하십니까? 이것은 결코 겸손이 아닙니다. 여러분의 사역은 정말로 보잘것없습니다. 모두가 그 사실을 알고 있고, 무엇보다 여러분이 먼저 그 사실을 알아야 합니다. 하지만 동시에 "내 입에서 나가는 말도 이와 같이 헛되이 내게로 되돌아오지 아니하리라…"(사 55:11)라고 말씀하신 하나님이 그 약속을 지키셨다는 것이 정말 놀랄 일입니까?…

그렇다면 설교 내내 우리의 마음과 정신이 올바른 상태를 유지하기 위해 하나님의 성령이 필요합니다. 우리의 정신이 온전하지 않다면 사람들을 설득하고 권유하는 목소리를 상실하게 될 것입니다.…방법과 자세에서의 오류를 피하기 위해 우리는 성령의 인도하심을 받아야 합니다. 오직 그분만이 우리를 가르쳐서 유익을 끼치게 하실 수 있습니다.

5. 다섯째로, 우리는 복음으로부터 실제적인 효과를 얻기 위해서 하나님의 성령에 전적으로 의존합니다. 우리는 언제나 이 효과를 목표로 삼아야 합니다.…올바른 종류의 효과를 목표로 삼으십시오. 그것은 성도들로 하여금 더 고귀한 일들로 감동을 받게 하고, 그리스도인들을 주님께 더 가까이 인도하며, 의심하는 자들이 두려움으로부터 일어나기까지 위로하고, 죄인들이 회

개하고 즉시 그리스도를 믿게 하는 것입니다.…은혜의 기적들이 우리 사역의 보증이 되어야 합니다. 하나님의 성령이 아니면 누가 그 일들을 행할 수 있겠습니까? 하나님의 성령이 없이 한 영혼이라도 회심시켜보십시오. 여러분은 파리 한 마리조차 만들 수 없는데, 하물며 새로운 마음과 바른 심령을 창조할 수 있겠습니까?…주의 성령의 도우심(cooperation)이 없다면 우리의 목적을 결코 이룰 수 없습니다.…

6. 다음으로 우리는 하나님의 뜻에 따라서 성도들을 위해 중보(intercession)하시는 **간구의 영으로서의** 성령이 필요합니다. 성령 안에서 기도하는 것은 우리 삶의 매우 중요한 부분입니다. 만약 그렇게 생각하지 않는 사역자가 있다면, 그는 당장 사역을 그만두는 것이 좋습니다. 풍성한 기도가 언제나 신실한 설교와 함께 가야 합니다.…기도의 습관도 좋지만, 기도하는 심령은 더 좋습니다. 규칙적인 기도 시간을 갖는 것도 유지되어야 하지만, 하나님과의 계속적인 교제가 우리의 목표가 되어야 합니다. 원칙적으로, 사역자들은 기도를 통해 실제로 마음을 고양시키지 않은 시간이 길어지면 절대로 안 됩니다. 어떤 분은 우리가 하나님께 기도하지 않고 15분 이상 지나면 안 된다고 말하기도 합니다. 하지만 의무로서가 아니라 본능으로서 그렇게 하는 것입니다. 마치 갓난아기가 엄마를 찾아 우는 것처럼, 새 사람을 입은 존재는 습관처럼 하나님을 찾습니다. 우리가 어찌 그렇게 하지 않을 수 있겠습니까?…

우리의 공적인 기도에 대해서도 사무적이거나 형식적이거나 냉담하다는 소리를 듣지 않도록 하십시오. 하지만 성령의 공급 없이는 그렇게 될 수밖에 없습니다. 저는 예전적인 기도문을 사용하는 사람들을 판단하지 않습니다. 하지만 자유롭게 하는 기도에 익숙한 사람들에게 하고 싶은 말은, 성령이 없이는 공적인 기도를 늘 합당하게 할 수 없다는 것입니다. 죽은 기도는 오래지 않아 사람들에게 거부감을 갖도록 할 것입니다. 그러면 어떻게 해야 합니까? 우리의 도움이 어디서 올까요? 어떤 연약한 사람들은 "예전적인 기도문을 갖추자"고 말합니다. 하나님의 도우심을 구하기보다, 애굽으로 내려가서 도움을 청하겠다는 것입니다. 하나님의 성령에 의존하지 않고, 책을 따라서 기도하겠다는 것입니다! 저의 경우를 말씀드리자면, 저는 기도할 수 없다면 차라리 저의 상태를 알고, 주님이 기도의 열매와 함께 저를 찾으실 때까지 제 영혼의 황무함에 대해 신음하며 탄식하겠습니다. 성령으로 충만하면 모든 형식적인 족쇄를 기꺼이 벗어던지고, 헤엄칠 물을 찾을 때까지 견디면서 거룩한 강물에 스스로를 맡기게 됩니다. 때로는 여러분이 알고 있는 어느 곳보다도 강단에서 기도할 때 하나님과 친밀한 교제를 누릴 것입니다. 제가 기도하며 누린 가장 멋진 은밀함은 자주 공적인 기도 중에 일어났습니다. 하나님과 홀로 누리는 가장 진실한 고독이 수천 명의 사람들 속에서 간구하는 동안 일어난 것입니다. 기도를 마치고 눈을 떴을 때, 제가 이 땅에 수많은 사람들 가운데 있다는 것을 깨닫고 충격 같은 것을 받기도 했습니다. 그런 경험은 우리가 마음대로 할 수 있는 것이 아닙니다. 어떤 준비나 노력에 의해서도 우리는 스스로를 그런 상태로 이끌 수 없습니다. 그런 경험이 사역자나 성도들에게 얼마나 복된 것인지는 말할 필요도 없습니다! 규칙적인 기도가 얼마나 능력 있고 복된 것인지 말하기 위해 여기서 멈출 수는 없습니다. 이 모든 것을 위해 우리는 성령을 바라보아야 합니다. 그럴 때 선하신 하나님이 우리의 바라봄이 헛되지 않도록 하실 것입니다. 성령이 기도 가운데 우리의 연약함을 도우실 것이라고 그분께서 말씀했기 때문입니다.

7. 성령이 거룩의 영이시기 때문에, 우리가 그분의 영향 아래 있는 것이 중요합니다. 기독교 사역의 매우 중요하고 본질적인 부분은 모범을 보이는 데 있습니다. 성도들은 우리가 강단에서 하는 말과 우리가 사회에서 하는 행동을 예의 주시합니다. 형제 여러분, 성도가 되는 것이 쉽다고 생각하십니까? 다른 사람들이 모범으로 삼을 만한 그런 성도 말입니다. 우리는 우리 교회의 모든 남편이 우리만큼 된다면 바랄 것이 없을 만한 그런 남편이 먼저 되어야 합니다. 그렇지 않습니까? 우리는 가장 훌륭한 아버지가 되어야 합니다. 제가 아는 어떤 목사들은 이와는 너무 거리가 멀어서, 다른 사람의 포도원은 가족에게 하듯 지키면서도 자기 자신의 포도원은 지키지 않습니다. 그들은 자식들을 방치하고, 거룩한 자손으로 양육하지 않습니다. 여러분의 가족은 어떻습니까? 동료들을 대할 때 우리는 흠도 없고 티도 없습니까? 하

나님의 자녀로서 나무랄 데가 없습니까? 정말 우리는 그래야 합니다. 저는 휫필드(George Whitefield) 목사가 항상 자신의 복장을 꼼꼼하게 잘 차려 입었던 이유에 대해서 감동을 받습니다. 그는 이렇게 말했습니다. "아니요, 아니요. 이는 사소한 일이 아니지요. 목사는 흠이 없어야 합니다. 할 수만 있다면 의복에서조차 말이오." 목사에게 순결함은 아무리 해도 지나치지 않습니다.… 오, 세상에서 아무런 흠이 없도록 스스로를 지킬 수 있다면 얼마나 좋을까요? 유혹의 현장에서, 또 우리를 포위하고 있는 죄들 가운데서, 위로부터 임하시는 능력의 보호를 받지 않는다면 어떻게 이 일이 가능하겠습니까? 여러분이 복음 사역자에게 어울리도록 모든 거룩함과 순결함 속에 거하려고 한다면, 날마다 하나님의 성령으로 세례를 받아야 합니다.

8. 우리는 분별의 영이신 성령이 필요합니다. 성령은 하나님의 마음을 아시는 것처럼 사람들의 마음도 아십니다. 따라서 대하기 힘든 사람들을 만날 때, 우리에게는 성령이 필요합니다. 이 세상에는 설교를 하도록 허락을 받을 수는 있겠으나 결코 목회자가 되는 고통을 받아서는 안 되는 사람들이 있습니다. 그들은 정신적으로, 영적으로 자격이 없는 사람들입니다. 저는 베로나(Verona)의 산 제노(San Zeno) 교회에서 앉은 자세를 취하고 있는 성도의 동상을 보았습니다. 그런데 조각가가 무릎을 너무 짧게 만든 나머지, 도무지 일어설 수 없을 것 같았습니다. 그래서 자녀를 돌보는 아버지는 아니었겠다 싶었지요. 이와 비슷한 불구

의 상황 가운데 일하는 사람들이 많이 있다고 저는 생각합니다. 그들은 온 마음을 다해 목회 사역에 전념할 수 없습니다. 그들은 어떤 교리에 대해 독단적으로 주장할 수도 있고, 교회의 의식에 대해서 논쟁을 할 수도 있습니다. 하지만 마음을 주고 동정하는 일과는 거리가 먼 사람들입니다.…사람의 영혼을 어떻게 돌볼지에 대해서 성령의 가르침을 전혀 받지 않은 사람들은 당황하게 됩니다. 성령의 가르침이 우리를 이런 불행한 무능함으로부터 구원하시기를 바랍니다.

형제 여러분, 하나님의 성령이 우리를 지도하시지 않는다면, 아무리 우리가 부드러운 마음과 사랑으로 염려하는 마음이 있더라도 수없이 다양한 경우를 어떻게 다뤄야 할지 도무지 알 길이 없습니다. 어떤 사람도 서로 같지 않고, 똑같은 경우라 하더라도 때에 따라 다른 방법을 취해야 하기 때문입니다. 어떤 때는 위로하는 것이 가장 좋은 방법일 수 있겠지만, 다른 때는 꾸짖을 필요도 있습니다. 여러분이 오늘 눈물로 동정했던 사람이 내일은 눈살을 찌푸리며 여러분의 위로를 귀찮게 여길 수도 있습니다. 마음이 상한 자를 고치며 포로된 자를 자유케 하려는 사람들 위에 주의 성령이 임하셔야 합니다.…

저는 지금까지 성령이 우리에게 절대적으로 필요한 경우들에 관하여 길게 말씀드렸습니다. 하지만 결코 이 내용이 전부는 아닙니다. 일부러 설명하지 않은 부분이 있습니다. 만일 제가 전부 말씀드리려고 했다면 시간이 다 지나가버려서, **이렇게 반드**

시 필요한 성령의 도우심을 우리가 어떻게 잃어버리는가라는 문제에 대해서 답변할 수 없을 것이기 때문입니다. 우리 중에 어느 누구도 실험하려고 해서는 안 되겠지만, 심지어 목사들도 성령의 도우심을 잃어버릴 수 있다는 것은 확실합니다. 여기 계신 분들도 잃어버릴 수 있습니다. 영원한 생명이 여러분 안에 있기 때문에 신자로서 여러분은 결코 멸망하지 않을 것입니다. 하지만 목사로서 여러분은 망할 수 있고, 주님의 증인인 여러분에게 들으려는 사람이 더 이상 없을 수도 있습니다. 이런 일이 발생한다면 거기에는 분명히 원인이 있을 것입니다. 성령은 바람과 같이 원하는 곳으로 마음대로 불 수 있는 주권을 갖고 계십니다. 하지만 주권과 변덕스러움이 같은 것이라고 생각해서는 안 됩니다. 복되신 성령은 뜻하신 대로 행하시지만, 언제나 정의롭고 지혜롭게 동기와 타당한 이유를 갖고 행하십니다. 때때로 성령은 복을 주기도 하시며, 우리 자신과 관련된 이유들 때문에 그 복을 거두어가기도 하십니다. 템스 강의 물줄기가 자기 마음대로 구부러지고 꺾어지는 것을 보십시오. 하지만 모든 구부러짐과 굴곡에는 다 이유가 있습니다. 토질을 연구하고 암석의 구조를 관찰하는 지질학자들은 강이 오른쪽이나 왼쪽으로 구부러지는 이유를 발견합니다. 마찬가지로, 하나님의 성령이 다른 설교자들보다 한 설교자에게 더 큰 복을 내리셨다면, 복을 받은 사람은 자신이 잘나서 복을 받은 것으로 자랑할 수 없지만, 사역자에게는 하나님이 복을 주시도록 하는 것도 있고 성공을 막는 것도 있습니다. 하나님의 성령은 신비와 능력 가운데 이슬처럼 내리시지만, 자연 세계에서처럼 영적인 세계에서도 어떤 물체들은 천상의 이슬에 젖어 있는데, 다른 것들은 항상 메말라 있기도 합니다. 거기에 원인이 없을까요? 바람은 자기가 불고 싶은 대로 불지만, 강한 바람을 맞고 싶으면 우리는 바다로 가거나 산에 올라야 합니다. 하나님의 성령이 기꺼이 그의 능력을 보이시는 장소는 따로 있습니다. 성령은 비둘기로 상징되는데, 비둘기가 자주 나타나는 곳은 따로 있습니다. 비둘기들은 강가 또는 조용하고 평화로운 장소에 자주 드나듭니다. 전쟁터나 썩은 고기가 있는 곳에서는 비둘기를 만날 수 없습니다. 성령과 잘 어울리는 것이 있고, 그의 뜻에 반대되는 것도 있습니다. 하나님의 성령은 빛으로 비교되고, 빛은 원하는 곳을 비출 수 있습니다. 하지만 어떤 물체는 투명한 반면, 어떤 물체는 불투명합니다. 마찬가지로 성령 하나님이 사용하셔서 빛을 비추게 되는 사람이 있고, 성령의 빛이 전혀 나타나지 않는 사람도 있습니다. 그러므로 성령은 하나님의 "자유로운 영"이시지만, 역사하심에 있어서 결코 변덕스럽지는 않으십니다.

    사랑하는 형제 여러분, 그러나 하나님의 성령도 근심하고 고통스러워하실 뿐만 아니라, 심지어는 거절당하실 수도 있습니다. 이것을 부인하는 것은 성경의 일관된 증거를 인정하지 않는 것입니다. 가장 나쁜 것은 우리가 성령을 무시하고 모욕해서 성령이 그 옛날 사울 왕을 떠나셨던 것처럼 우리를 떠나셔서 더 이상 우리를 통해서 말씀하지 않으실 수도 있다는 것입니다. 교회 사역 가운데 이런 일이 생기는 사람이 있다면 참 슬프겠지만, 실제로 그런 사람이 있습니다.

형제 여러분, 성령을 근심하게 하는 죄악들은 무엇이 있겠습니까? 보통 그리스도인으로서 여러분을 하나님과 교제하는 데 부적격하게 만드는 사유가 있다면, 바로 그것이 또한 목사로서 여러분이 성령의 특별한 능력을 경험하는 데 부적격하게 만듭니다. 하지만 그 외에도 특별한 장애물들이 있습니다.

무엇보다 먼저 성령의 영향에 불순종함으로써 생기는 민감함의 결핍, 혹은 무감각 상태에 대해서 말해야겠습니다. 우리는 성령의 미세한 움직임에도 민감해야 합니다. 그러면 성령의 지속적인 임재를 기대할 수 있을 것입니다. 하지만 우리가 전혀 이해력이 없는 말이나 노새처럼 된다면, 채찍은 느낄지 몰라도 보혜사의 부드러운 영향력은 누릴 수 없을 것입니다.

성령을 근심하게 하는 또 다른 잘못은 진실함의 결여입니다.…어떤 사람들은 마음이 정직하지 못합니다. 그들은 교묘하게 말을 늘어놓으며, 이중적인 마음을 지녔습니다. 그리스도의 영은 속임수를 쓰고 기만하는 일을 도모하는 사람들과 함께하시지 않습니다. 여러분이 어떤 특정 교리를 설교할 때, 여러분이 그 교리를 믿어서가 아니라 회중들이 그것을 기대하기 때문에 하는 일이 실제로 있습니까? 혹시 여러분은 현재의 신앙고백을 거부하고, 여러분의 비열한 마음이 진실이라고 붙들고 있는 것을 말하여도 전혀 위험이 없을 때까지 기다리고 계십니까? 그렇다면 여러분은 정말 타락한 자들이며, 가장 천한 노예들보다 더 가증합니다. 하나님이 그런 반역자들로부터 우리를 구원해주시기를 바랍니다.···우리도 그런 사람들에 대해서 혐오감을 갖고 있다면, 하물며 진리의 영이신 성령은 얼마나 그들을 싫어하실까요?

은혜가 전반적으로 부족한 것으로도 여러분은 성령을 매우 근심케 할 수 있습니다. 이 말이 조심스럽기는 하지만, 제가 보기에 특정한 사람들을 이보다 더 잘 설명해주는 말도 없습니다. 은혜가 부족한 가족은 보통 형제들 중 한 명이 목사인 경우가 있습니다. 저도 한 사람을 알고 있습니다. 그 사람은 부정직하지도 않고, 부도덕하지도 않으며, 성품이 나쁘지도 않고, 제멋대로 행동하는 사람도 아닙니다. 하지만 무언가가 결여되어 있습니다. 밖으로 드러나는 죄를 보고 이 결핍을 증명하기는 쉽지 않아도, 그의 전인(全人) 속에 결여되어 있는 무엇이 모든 것을 망가뜨립니다. 그는 반드시 있어야 할 한 가지를 결여하고 있습니다. 그는 영적이지 않고, 그리스도의 향기를 내지 않습니다. 그의 마음은 안에서 한 번도 불타오르지 않고, 그의 영혼은 살아 있지 않습니다. 그는 은혜를 결핍하고 있는 것입니다. 우리는 해서는 안 될 목회 사역에 하나님의 성령이 복을 주시기를 기대할 수 없습니다. 은혜 없이 하는 사역이 바로 그런 사역임에 틀림없습니다.

하나님의 영을 몰아내는 또 다른 죄악은 교만입니다. 아주 위대해지는 비결은 매우 작아지는 것입니다. 자긍심으로 명성을 드높이면 하나님의 주목을 끌지 못합니다. 만약 여러분이 땅의 가장 높은 곳에 거하게 된다면, 산 정상은 차갑고 메마른 곳임을 알게 될 것입니다. 주님은 겸손한 자들과 함께 거하시며, 교만한 자들은 아주 멀리 하십니다.

성령은 또한 우리의 게으름 때문에 근심하십니다. 저는 나태함 때문에 생긴 부족함을 채우려고 게으름뱅이의 문 앞에 서서 기다리고 계시는 성령을 상상조차 할 수 없습니다. 구속주의 대의에서 나태함은 어떤 변명도 용납되지 않는 악행입니다. 게으름뱅이의 꾸물거리는 행동을 보면 우리 자신이 섬뜩함을 느낍니다. 마찬가지로 능동적인 성령도 주님의 사역을 할 때 빈둥거리는 사람들을 보면 근심하게 됩니다.

개인적인 기도를 소홀히 하는 것과 다른 많은 죄악들도 동일하게 불행한 결과를 낳지만, 더 말씀드릴 필요는 없습니다. 이스라엘의 거룩하신 이를 근심케 하는 것이 무엇인지 형제 여러분 자신의 양심이 말해줄 것입니다.

그러면 이제 여러분께 부탁드리고 싶은 것이 있습니다. 이 말을 잘 들어주십시오. 하나님의 성령이 근심하셔서 우리를 떠나시면 어떤 일이 생기는지 알고 계십니까? 두 가지 경우를 생각해볼 수 있습니다. 첫째 경우는 우리가 하나님의 진실한 종이 결코 아니었고, 단지 발람과 그가 탔던 나귀처럼 일시적으로만 하나님께 쓰임 받은 존재였을 수 있습니다. 형제 여러분, 우리가 한동안 아주 편안하게 설교를 하면서 하나님의 성령이 안 계시다고 전혀 의심하지 않았다고 가정해봅시다. 그런데 그런 상황에서 우리의 사역이 갑자기 끝나버릴 수도 있고, 그와 함께 우리의 생도 마감될 수 있습니다. 그러면 우리는 나답과 아비후처럼 최고의 전성기 때 벌을 받아 주님 앞에서 더 이상 사역자로 여겨지지 않거나, 아니면 홉니와 비느하스처럼 원숙기 때 제거되어 장막에서 더 이상 섬기지 못하게 될 수도 있습니다. 촉망받는 사람들이 갑자기 나가떨어지는 일들에 대해서 자세히 기록하도록 영감된 연대기 기자가 우리에게는 없지만, 만약 그런 기록이 있다면 우리는 그것을 두려움으로 읽어야 할지도 모르겠습니다. 독주를 마셔가면서 열정을 유지했다거나, 공적으로는 바리새인처럼 철저하지만 사적으로는 매우 타락했다거나, 정통 교리를 공언하면서도 사실은 절대적인 불신앙을 숨기고 있었거나, 아니면 제단 위에 다른 형태의 이상한 불을 지펴서 결국 주님이 더 이상 참지 않으시고 그런 범죄자들에게 불시의 일격을 가하셔서 그들을 끊으셨다는 것입니다. 이런 끔찍한 파멸이 우리 중 누군가에게 일어나야 할까요?

안타깝게도 저는 사울이 그랬던 것처럼 성령께 버림받은 사람들을 보았습니다.···버림받은 설교자가 어떻게 냉소자처럼 침울하게 행동하면서 다른 모든 사람을 비판하고 자기보다 더 나은 사람에게 비난의 창을 날리는지 한번 보십시오. 사울도 한때 선지자들 가운데 있었지만, 나중에는 박해자들 가운데 있는 것이 훨씬 더 편안하게 되었습니다. 실망한 설교자는 참된 전도자를 괴롭히며 철학의 마력에 의지하고 죽은 이단에게 도움을 청합니다. 하지만 그의 능력은 사라지고, 블레셋 사람들이 그를 죽은 자들 가운데서 찾을 것입니다.…

어떤 사역자들이 발람처럼 되는 것은 슬픈 일입니다. 발람은 선지자였습니다. 그렇지 않습니까? 그는 주님의 이름으로 말하지 않았던가요? 눈이 열려서 "전능자의 이상을 보았던" 사람으로 불리지 않았던가요? 하지만 발람은 이스라엘을 대항해 전쟁을 했고, 택한 백성을 무찌르기 위해서 간교하게 계략을 세웠습니다. 복음 사역자들이 교황주의자, 불신자, 자유사상가가 되어서 자신들이 한때 소중하게 여겼던 것을 파괴하기 위해 음모를 꾸몄습니다. 우리가 사도일 수 있습니다. 그러나 유다처럼 멸망의 자식으로 드러날 수도 있습니다. 이것이 사실이라면 우리에게 화가 미칠 것입니다! 형제 여러분, 우리가 정말 하나님의 자녀라고 가정하겠습니다. 그러면 어떻게 되겠습니까? 그렇더라도 하나님의 성령이 우리를 떠나시면 여로보암의 때에 속임을 당한 선지자가 주님의 명령에 순종하는 데 실패해서 제거되었던 것처럼, 우리도 갑자기 그렇게 될 수 있습니다. 그가 하나님의 사람이었다는 것은 의심할 수 없으며, 그의 육신의 죽음이 그의 영혼까지 버림받았다는 증거가 되지는 않습니다. 그렇더라도 그는 자신에게 특별히 주어진 하나님의 명령을 알고 있었지만 지키지 않았습니다. 결국 그의 사역은 거기서 끝났고, 길에서 사자를 만나서 물려 죽었습니다. 속이는 자들로부터 성령이 우리를 지키시고, 우리를 계속해서 하나님의 음성에 진실하게 하시기를 바랍니다.…

다른 경우보다 일어날 가능성이 훨씬 많아서, 저를 말할 수 없이 슬프게 하는 마지막 경우도 언급해야 합니다. 모세의 마지막이 그랬던 것처럼 하나님의 성령이 우리를 떠나셔서 우리 평생 사역의 마지막 순간이 고통스러울 만큼 망가질 수 있습니다. 우리의 영혼이 버림받은 것도 아니요, 천국에서 우리의 면류관이 사라지는 것도 아니요, 심지어 이 땅에서의 명성이 없어지는 것도 아닙니다. 하지만 그럼에도 우리 입술이 무분별하게 말한 것 때문에 우리의 마지막 날들이 구름 아래 가려질 수 있습니다. 저는 최근에 호렙 산의 위대한 선지자 모세의 노년기에 대해서 연구했는데, 저에게 엄습한 깊은 우울한 마음에서 아직까지 회복하지 못했습니다. 모세가 지은 죄가 무엇이었던가요? 물을 필요도 없습니다. 그것은 다윗의 범죄처럼 역겹지 않았고, 베드로의 실패처럼 깜짝 놀랄 것도 아니었으며, 그의 형 아론의 심각한 잘못처럼 연약하거나 어리석지도 않았습니다. 일상적인 판단의 저울에 달아볼 때 정말 지극히 작은 경미한 죄로 보입니다. 그러나 여러분도 아시는 것처럼 그것은 다른 누구도 아닌, 누구보다 하나님이 사랑하시는 사람이었고 백성의 지도자였으며 거룩한 왕의 대변자였던 모세의 죄였습니다. 다른 사람의 경우라면 주님이 간과하실 수도 있었을 것입니다. 하지만 모세의 경우는 그렇지 않았습니다. 모세는 백성을 약속의 땅으로 인도하지 못하는 벌을 받아야 했습니다. 진실로 모세는 비스가 산 꼭대기에서 영광스러운 광경을 목격했고, 자신이 받은 형벌의 가혹함을 달랠 수 있는 모든 것을 가졌습니다. 그러나 한 번 경솔하게 말한 것 때문에 이스라엘의 기업으로 줄 땅에 들어가지 못하게 된 것은 굉장히 실망스러운 일이었습니다. 저는 주님을 섬기는 일을 피하지 않을 것입니다. 하지만 그분의 임재 속에서 저는 두려움을 느낍니다. 모세라도 잘못을 했다면, 그 누가 잘못이 없을 수 있겠습니까? 하나님의 사랑을 받는다는 것은 무서운 일입니다. "우리 중에 누가 삼키는 불과 함께 거하겠으며 우리 중에 누가 영영히 타는 것과 함께 거하리요…오직 공의롭게 행하는 자, 정직히 말하는 자…"(사 33:14-15), 오직 그 사람만 죄악을 태우는 사랑의 불꽃을 대면할 수 있습니다. 형제 여러분, 모세의 자리를 사모하시기를 간절히 부탁드립니다. 그러나 여러분이 그 위치에 있게 된다면 두려워하십시오. 하나님이 여러분 앞에 지나게 하시는 모든 선한 것에 대해서 두렵고 떨리는 마음을 가지십시오. 여러분에게 성령의 열매가 가득할 때 주의 보좌 앞에서 가장 낮은 자세로 절하고, 두려움으로 주님을 섬기십시오. "여호와 우리 하나님은 질투하는 하나님이시니"(참고. 출 20:5), 하나님이 우리에게 오신 것은 우리를 높이기 위함이 아니라 하나님 자신을 높이기 위함임을 기억하십시오. 우리가 하는 모든 사역의 유일한 목적은 하나님의 영광임을 알아야 합니다. "그는 흥하여야 하겠고 나는 **쇠하여야** 하리라"(요 3:30). 오, 하나님이 우리를 이 길로 인도하시고, 우리로 하여금 그 앞에서 매우 조심스럽고 겸손하게 행하게 하시기를 바랍니다. 하나님이 우리를 살피시고, 우리를 시험하실 것입니다. 심판은 하나님의 집에서 시작되며, 무엇보다 하나님의 종들로부터 시작되기 때문입니다. 우리 중에 결핍된 자로 밝혀질 사람이 있을까요?…

3
목회자의 진지함

Earnestness: Its Marring and Maintenance

"그리스도를 위하여 영혼을 구하는 데 성공하기 위해 사역자에게 가장 필요한 자질은 무엇입니까?"라는 질문을 받는다면, 저는 "진지함"(earnestness)이라고 답하겠습니다. 이 질문을 두 번, 세 번 받는다고 하더라도 저의 대답은 달라지지 않습니다. 많은 관찰 끝에 저는 다음과 같은 결론을 내렸습니다. 즉 진정한 성공이 설교자의 진지함과 비례한다는 것은 거의 하나의 규칙이라는 것입니다.…많은 경우 목회의 성공은 거의 전적으로 영혼들을 위한 강한 열심과 불타는 열정, 하나님의 대의에 대한 진지한 열성에 달려 있습니다. 따라서 다른 조건들이 동일하다고 가정한다면, 사람들은 그 마음이 거룩한 사랑으로 불타오르는 정도에 비례해서 자신의 거룩한 사역에서 성공하게 된다고 믿습니다. "…불로 응답하는 신 그가 하나님이니라…"(왕상 18:24). 그러므로 불의 혀를 지니고 있는 사람이 곧 하나님의 사역자가 되게 하십시오.

형제 여러분, 여러분과 저는 설교자로서 강단 사역과 관련해서 언제나 진지해야 합니다. 이 부분에서 우리는 최고의 탁월함에 이르도록 노력해야 합니다.…강단은 기독교의 테르모필라이(Thermopylae, 주전 480년에 스파르타의 왕 레오니다스[Leonidas]가 인솔하는 그리스군이 페르시아군과 싸워 전멸한 것으로 유명한 그리스의 지명이다—편집자주)와 같습니다. 싸움에서 이기고 지는 것이 거기에 달려 있습니다. 강단에서 능력을 유지하는 것이야말로 우리 사역자들의 최고 관심사가 되어야 합니다. 마음과 정신을 깨우고 온 열정을 다해 영적인 파수대를 차지해야 합니다.… 우리의 청중이 하나님의 전에 모여서 "그들에게 유익한 양식"을 얻게 될 때, 그들은 잔치의 기쁨 가운데 수많은 근심과 걱정을 잊어버립니다. 하지만 우리가 그들을 배고픈 상태로 돌려보낸다면, 새끼를 빼앗긴 곰처럼 민감해져서 화를 낼 것입니다.

청중에게 받아들여지려면 우리는 설교할 때 진지해야 합니다.…축 늘어져 있는 노인처럼 맥없는 자세로 강단에 올라가서, 마치 마침내 조용히 쉴 곳에 도착한 것처럼 등받이에 기대어 앉는 것은 비난받아 마땅합니다. 설교 시간에 아무 말이나 해도 되는 것처럼, 아무런 노력도 들이지 않은 그저 평범한 말을 하려고 사람들 앞에 서는 것은 우리 직무의 위엄을 떨어뜨릴 뿐만 아니라, 하나님이 보시기에도 모욕적인 것입니다. 우리는 우리 자신을 위해서라도 강단에서 진지해야 합니다. 우리가 무감각해지면 하나님의 교회에서 지도자로서의 우리의 위치를 오래 유지하지 못할 것이기 때문입니다. 더욱이 교회 구성원들과 회심한 사람들을 위해서 우리는 열정이 넘쳐야 합니다. 우리가 열심을 내지 않으면, 그들도 그렇게 될 것이기 때문입니다. 강물이 위로 흘러 올라가는 것은 자연의 순리가 아닙니다. 마찬가지로 열정이 회중석으로부터 강단으로 흘러 올라가는 일은 자주 일어나지 않습니다. 우리로부터 청중에게로 흘러 들어가는 것이 자연스럽습니다. 그러므로 우리가 하나님의 인도로 교인들을 열정적으로 만들고 또 그것을 유지하려면, 강단이 먼저 최고 수준의 열정을 유지해야 합니다. 우리의 설교를 듣는 사람들은 주중에 할 일이 참 많습니다. 많은 사람들이 가정에 시험이 있을 수 있고 감당해야 할 무거운 짐들이 있습니다. 그래서 그들은 종종 생각이 이리저리 흐트러진 상태로, 냉담하고 무기력한 모습으로 교회 모임에 나옵니다.…우리는 모두 "생명의 빛을 발하는 용모, 생명으로 가득한 눈과 손, 요컨대 모든 것이 더불어 살아 있고 생기 있는" (*vividus vultus, vividi oculi, vividae manus, denique omnia vivida*) 같은 문구가 묘사하고 있는 개혁자처럼 되어야 합니다.…

우리가 열정적이지 않으면, 교회뿐만 아니라 세상도 고통을 받습니다. 진지함이 결여된 복음은 우리 주변의 회심하지 못한 사람들에게 어떤 위력도 발휘하지 못할 것입니다.…

강단에서의 진지함은 진실해야 합니다. 흉내를 낸 것이어서는 안 됩니다. 우리는 꾸며진 진지함을 보았습니다만, 약간의 지각이 있는 사람이라면 누구나 그것이 거짓임을 간파할 수 있습니다. 발을 구르거나 강단을 내리치거나 땀을 흘리거나 큰소리를 지르거나, 다른 사람의 설교에서 감동적인 부분을 인용하거나 억지로 눈물을 흘리는 것으로는 영혼의 진정한 고뇌와 심령의 진실한 사랑을 대신할 수 없습니다. 정말 훌륭한 연기라 하더라도, 그것은 연기일 뿐입니다. 겉모습만 보는 사람들이야 기뻐할 수도 있겠지만, 진실을 사랑하는 사람들은 그것에 불쾌감을 갖게 될 것입니다.…모든 곳에서 진지하기 때문에 강단에서도 역시 진지한 것이어야 합니다. 언제나 불 가운데 있기 때문에 설교 중에도 불을 발하는 것이어야 합니다.…진지해지십시오. 그러면 진지해 보일 것입니다. 마음이 불타오르면 곧 우리의 혀도 불타오르게 될 것입니다. 거짓으로 진지한 척하는 것이야말로 인기를 얻기 위한 교묘한 수단들 중에서 가장 혐오스러운 것입니다. 그런 일은 다만 생각이라도 증오해야 합니다. 여러분의 마음이 무기력해져 있다면, 강단에서도 그렇게 설교하십시오. 말도 천천히 하고, 말투도 기어가듯 무기력하게 하며, 목소리도 단조롭게 하십시오. 그렇게 하는 것이 여러분의 영혼의 상태를 가장 잘 표현할 것입니다. 그렇게 하는 것이 여러분의 사역을 가장행렬로 만들어 연기를 하는 것보다 훨씬 더 나을 것입니다.

    설교하는 동안의 우리 열정은 설교 후의 결과에 대한 강렬한 사모함으로 이어져야 합니다.…하나님은 자기가 씨를 뿌린 밭을 전혀 돌보지도 않고 물도 주지 않는 사람들에게 영혼들을 수확하도록 하지 않으십니다.…우리의 설교를 통해서 영혼들이 구원을 받기도 하고, 우리가 태만하기 때문에 그 영혼들이 지옥에서 형벌을 받아 멸망하게 된다는 두렵고도 중요한 생각이 우리의 마음에 머물게 해야 합니다. 우리는 에스겔이 그랬던 것처럼 이스라엘 집의 파수꾼으로 세움을 받았습니다. 다가오는 위험에 대해서 아무런 경고도 하지 않는다면, 대다수의 영혼은 우리의 태만함 때문에 멸망하게 될 것입니다. 그러면 그 영혼들의 피에 대한 책임이 끔찍하게도 우리에게 돌아올 것입니다(겔 3:17 이하).

이런 점들을 생각해보면, 우리는 때를 얻든지 못 얻든지 열심을 내야 하고, 항상 외투를 잘 차려 입는 것처럼 열심을 옷으로 삼아서 입어야 합니다. 우리 모두는 살아나야 하고, 언제나 생기가 있어야 합니다. 빛과 불의 기둥이 설교자를 드러내는 적절한 상징이 되어야 합니다. 우리의 사역은 언제나 열정적이어야 합니다. 그렇지 않으면 이렇게 생각이 없는 시대에 어떤 영향도 미치지 못할 것입니다. 이를 위해서는 우리의 마음이 늘 열렬해야 하고, 우리의 본성 전체가 하나님의 영광과 사람들의 유익을 위해 모든 것을 태우는 열심으로 불타올라야 합니다.…

우리는 수단을 강구하여 방해받지 않는 묵상 시간을 확보해야 합니다. 그렇지 않으면 능력을 잃게 됩니다.…

진지함은 연구를 게을리함으로써 사그라지기도 합니다. 우리 자신이 하나님의 말씀 안에서 스스로를 연마하지 않는다면, 자신이 증거하는 진리를 이미 먹어본 자들이 열정적이고 은혜롭게 그 진리를 선포하는 것처럼 그렇게 강력하거나 열정적으로 말씀을 전하지 못할 것입니다.…본질적인 은혜의 교리들을 양식으로 삼아 살아가십시오. 그러면 "현대 사상"이라는 빵 부스러기와 음료를 즐겨 먹는 사람들보다 더 생기 있고 더 열정적으로 일할 것입니다.

반면에 열정은 우리의 연구 때문에 식을 수도 있습니다. 마음을 채우지 않고 머리만을 채우는 일이 분명히 있기 때문입니다. 학자가 되려는 열망으로 연구에 임하는 사람은 설교를 하는 것보다 논문을 쓰는 것이 더 좋을지 모르겠습니다. 어떤 괴짜 복음 전도자는 그리스도가 그리스어와 라틴어와 히브리어가 적힌 십자가 아래에 달리셨다고 습관처럼 말했습니다. 그런 일이 있어서는 안 되겠습니다만, 신학교에서 학생들이 연료는 모았지만 정작 거기에 붙일 불은 잃어버린 경우가 종종 있습니다. 불을 유지해야 할 장작이 불길을 가로막는다면, 그것만큼 우리에게 영원한 수치가 되는 일도 없을 것입니다. 우리가 책벌레로 전락한다면, 옛 뱀에게는 기쁨이 되겠지만 우리 자신에게는 비극이 될 것입니다.

진정한 진지함은 우리의 경박한 대화 때문에 상당히 손상되기도 합니다. 특히 동료 목사들과 하는 농담식의 대화 때문에 진지함이 사그라집니다. 물론 목사들과의 만남에는 다른 그리스도인들과의 모임 때보다 훨씬 더 자유로움이 있습니다. 우리가 동료들을 만났을 때 편안함을 느끼는 탁월한 이유들이 있습니다. 하지만 이런 자유로움이 도를 넘게 되면, 우리는 곧 공허한 대화 속에서 해를 당하고 있다는 것을 느끼게 될 것입니다. 명랑함과 경박스러움은 다른 것입니다. 진지한 대화가 주는 행복을 통해 우울함이라는 어두운 암초와 경박함이라는 늪 사이를 잘 빠져나가는 사람이 지혜로운 사람입니다.

가끔 냉담한 그리스도인들과 만남으로써 우리의 열정이 식는 위험에 빠질 수도 있습니다. 어떤 교수들은 정말 끔찍하게 젖은 담요와 같습니다.…만약 동상에 걸린 것같이 차가운 이런 사람들이 교회의 직분자가 된다면, 즉 당연히 가장 따뜻한 마음을 가졌을 것으로 기대되는 직분을 맡는다면 그 결과는 무시무시할 것입니다. 여러분이 젊고 경험이 없다면 더욱더 그럴 것입니다. 그것은 마치 천사가 빙산 안에 갇혀 있는 것과 같은 꼴입니다.…

사랑하는 형제 여러분, 우리가 진지해야 하고 그 진지함을 거짓으로 흉내 내거나 다른 것으로 대체할 수 없으며 매우 쉽게 그 진지함을 잃어버릴 수 있다는 사실을 기억하면서, 우리의 모든 열정을 유지할 뿐만 아니라 더욱더 얻을 수 있는 방법과 수단에 대해서 잠깐 생각해봅시다. 계속 지속되기 위해서 **우리의 진지함은 불멸하는 불꽃으로 점화되어야 합니다.** 제가 아는 한 그런 불꽃은 단 하나밖에 없는데, 바로 그리스도의 사랑이라는 불꽃입니다. 이 불꽃은 많은 물로도 끌 수 없습니다. 천상의 태양에서 내려온 불꽃은 그 불꽃의 근원처럼 꺼지지 않을 것입니다. 만일 우리가 그것을 얻을 수 있고 또 실제로 가진다면, 우리가 아무리 오래 살고 아무리 큰 고통을 당한다고 하더라도, 그리고 우리가 낙담할 수 있는 수많은 이유들이 있다고 하더라도 우리는 여전히 열정으로 충만할 것입니다. 생명을 위한 열정을 지속시키기 위해, 우리는 그 열정이 시작되게 하는 하늘 생명의 열정을 소유해야 합니다. 우리는 이런 불을 가지고 있습니까?…그렇지 않다면 우리가 여기 있어야 할 이유가 무엇이란 말입니까? 말씀을 전하지 않고도 사는 것이 가능한 사람은 설교하지 않으면서 살게 해야 합니다. 영혼을 구원하는 일을 하지 않고서도 만족할 수 있는 사람은, 그 일을 하지 않는 편이 오히려 더 좋다고 말씀드리고 싶습니다. 하지만 그가 계속 목회자의 길을 걷고자 한다면 마음속에 있는 돌덩어리를 없애서, 멸망하는 사람들을 보고서 안타까운 마음을 느끼도록 해야 합니다. 그렇게 하기 전까지, 목사로서 그 사람은 자신이 실패했을 때 이 복된 사역에 성공할 수 있었을 다른 사람의 자리를 차지하는 적극적인 악을 행하는 것입니다.

진지함의 불길은 믿음의 화로 안에서 불타올라야 합니다. 이 믿음은 우리가 선포하는 진리들에 대한 믿음이고, 나아가 성령이 그 진리들을 우리의 마음에 적용하실 때 그것이 인류를 복되게 할 수 있는 능력이 있다는 것에 대한 믿음입니다. 진리일 수도 있고 아닐 수도 있는 것들을 선포하거나, 다른 것들을 가르칠 때처럼 자신이 유익하다고 여기는 것들을 선포하는 사람은 필연적으로 매우 연약한 설교자가 될 수밖에 없습니다. 확신하지도 못하는 것에 대해서 어떻게 열심을 품을 수 있겠습니까? 자신의 마음속에 있는 내적인 진리의 능력에 대해서 전혀 모르거나, 생명의 말씀을 한 번도 맛보지 못하고 손에 잡아보지 못했다면 어떻게 열정적일 수 있겠습니까? 하지만 성령이 은밀한 곳에서 우리를 가르치셔서 우리의 영혼으로 하여금 우리가 가르칠 교리를 깨닫게 하셨다면, 마침내 불의 혀를 가지고 선포할 수 있게 될 것입니다. 형제여, 주님이 **당신**을 가르치시기 전까지 다른 사람들을 가르치는 일을 시작하지 마십시오. 마음에 아무런 관심도 없고 깨달았다는 확신도 없는 교리들을 앵무새처럼 흉내 내며 말하는 것은 정말 서글픈 일이 아닐 수 없습니다.…

불길에 연료를 공급할 뿐만 아니라, 부채질도 하십시오. 많은 간구함으로 부채질을 해야 합니다.…우리의 형제들과 우리 자신에게는 기도해야 하는 절대적인 필요성이 있습니다. 필요성! 저는 그보다 오히려 기도의 달콤함에 대해서 말하려고 합니다. 기도하는 환경에서 사는 영혼들에게 다가오는 신비로운 감미로움과 거룩한 행복이 있습니다. 존 폭스(John Fox)는 말합니다. "우리가 하나님과 은밀하게 보내는 시간은 가장 달콤한 시간이며 가장 좋은 시간이다. 따라서 그대가 자신의 삶을 사랑한다면, 기도를 사랑하라."…특별한 경건의 절기는 반드시 있어야 하고, 규칙적으로 갖는 것이 좋습니다. 하지만 기도하는 심령이 기도의 습관보다 훨씬 더 좋습니다. 쉬지 않고 기도하는 것이 띄엄 띄엄 기도하는 것보다 더 좋습니다. 경건한 형제들과 자주 무릎을 꿇고 기도할 수 있다면, 우리는 정말 행복한 환경에 있는 것입니다. 목사들이 만났을 때는 반드시 함께 기도하는 것을 원칙으로 해야 한다고 저는 생각합니다.…설교하기 전에 마음이 따뜻한 집사들이나 다른 형제들을 예배 준비실에 불러서 잠깐 기도 시간을 갖는 것은, 새로운 힘을 얻는 습관이 될 것입니다. 언제나 영적인 싸움을 위한 힘을 주기 때문입니다. 하지만 무엇보다 여러분의 진지함이 강력한 불길로 타오르게 하기 위해서, 서재나 목양실이나 강단이나 언제 어디서든 성령 안에서 기도하도록 끊임없는 기도의 심령을 구해야 합니다. 강단에 앉아 있거나 찬송을 부르기 위해 일어서거나, 성경을 봉독할 때나 설교를 할 때나 언제든지 한 손을 하나님께 올려서 부어주시는 은혜를 받도록 하나님께 간구하고, 다른 손으로 그것을 사람들에게 나누어주는 것이 좋습니다. 설교를 할 때, 영원하고 무한한 하늘의 공급하심과 사람들의 끝없는 필요 사이를 연결하는 파이프가 되십시오. 그러기 위해서는 여러분이 하늘에 닿아서 하나님과 단절 없는 소통을 유지해야 합니다. 성도들에게 설교하면서 그들을 **위해** 기도하십시오. 하나님을 위해 그들에게 말하면서, 동시에 그들을 위해 하나님과 말하십시오. 그렇게 해야 여러분은 계속해서 진지함을 유지할 수 있습니다.…일하면서 기도하고, 살피면서 기도하십시오. 그러나 언제나 기도를 해야 합니다.…

훨씬 더 비중이 있는 권면을 하겠습니다. 하나님과 가까이 하고, 여러분이 축복하려는 형제들과 가까이하십시오. 전능자의 그늘 아래 거하고, 예수님이 자신을 드러내시는 곳에 머무르고, 성령의 능력 안에서 사십시오. 여러분의 생명이 바로 여기에 달려 있습니다.…

또한 여러분께 맡겨진 영혼들과 가장 친숙하게 지내도록 힘쓰십시오. 강에 들어가 서서 고기를 낚으십시오. 많은 설교자들은 대부분의 성도가 어떻게 살아가는지에 대해서 전혀 모릅니다. 책들 사이에서는 편안하지만 사람들 사이에서는 어쩔 줄 모르는 경우가 많습니다. 진짜 꽃을 거의 본 적이 없는 식물학자나 하룻밤도 별들을 관찰한 적이 없는 천문학자를 상상할 수 있겠습니까? 그들을 과학자라고 부를 수 있기나 할까요? 복음 사역자가 사람들과 섞여서 그들의 특성을 연구하지 않는다면, 단지 돌팔이 의사에 지나지 않을 것입니다. "삶으로부터의 공부"입니다, 형제 여러분. 우리가 설교를 통해 삶에 덧칠을 하려면, 삶에 대하여 많이 알아야 합니다. 책들뿐만 아니라 사람들을 읽으십시오. 의견들보다는 사람들을 사랑하십시오. 그렇지 않으면 여러분은 죽은 설교자가 될 것입니다.

근심 가운데 있는 사람들과 가까이 지내십시오.…평안을 찾으려는 그들의 노력을 보는 것이 여러분을 진지하게 하는 데 도움이 될 것입니다.…

여러분이 큰 도시에서 사역을 해야 한다면, 그 도시의 가난과 무지와 술취함과 친숙하게 지내라고 말씀드리고 싶습니다. 예배당이 어디에 있든지 간에 말입니다. 할 수만 있다면 도시 선교사와 함께 가장 빈곤한 지역으로 들어가십시오. 그러면 여러분을 놀라게 할 일들을 보게 될 것이고, 실제적인 질병의 현장을 보면 그 치료법을 알려주려는 열정이 생길 것입니다. 대도시의 가장 화려한 거리에서도 상당한 죄악들을 볼 수 있습니다. 하지만 빈민가의 상황은 말할 수 없을 정도의 공포로 가득합니다. 의사가 병원 내에서 걸어다니는 것처럼, 여러분도 죄가 만들어놓은 불행들을 보기 위해 여기저기를 다녀야 합니다. 죄가 이 땅에서 만든 황폐함을 사람들에게 똑똑히 보게 하면, 피 눈물을 흘리며 울게 될 것입니다.…죄악 가운데서 살고, 술 취함과 안식일을 지키지 않음으로 더럽혀지고, 폭동과 신성모독으로 살아가는 수많은 사람들을 보십시오. 완악함에 흠뻑 젖어서 두려움과 절망 가운데 죽어가는 사람들을 보십시오. 꺼져가는 여러분의 열정에 다시 불을 붙여줄 것이 있다면 바로 이런 것들입니다. 이 세상은 가혹한 빈곤과 극심한 슬픔으로 가득 차 있습니다. 수많은 사람들이 수치와 죽음으로 고통받고 있습니다. 인간 영혼들의 긴박한 필요를 채우기 위해서는 위대한 복음이 필요합니다.…여러분이 가서 보십시오. 그러면 큰 구원을 선포하고 위대하신 구세주를 찬양하는 법을 배우게 될 것입니다. 입으로가 아니라 마음으로 말입니다.…

　　진지하지 않은 모든 사역자는 신실하지 않은 자들입니다. 저라면 사람의 영혼을 죽이는 일을 하느니, 차라리 사람의 육체밖에 죽일 수 없는 도벳(힌놈 골짜기에 있는 지역으로, '사르는 곳'을 뜻한다. 참고. 렘 7:31; 19:6-편집자주)에 제 자신을 맡기겠습니다. 자기가 믿지도 않는 복음을 전하고 성도들의 유익을 강렬하게 바라지도 않은 채 목사의 직무를 맡은 사람보다 더 비참한 경우는 없습니다. 항상 신실하고, 또 영원히 그렇게 되기 위해 기도합시다. 하나님이 성령을 통해 우리를 그렇게 만드시고, 그렇게 지키실 것입니다.

4
전진, 전진하십시오!
The Necessity of Ministerial Progress

친애하는 동료 군사 여러분! 우리는 수적으로 불리하고, 필사적인 싸움을 목전에 두고 있습니다. 따라서 우리 모두가 자신이 가진 최고의 힘을 사용하도록 해야 합니다. 우리 주님의 사역자들은 교회와 온 우주에서 선발된 사람이어야 합니다. 시대도 이런 사람을 요구하고 있습니다. 그러므로 여러분 자신과 여러분의 개인적인 자격 요건과 관련하여 "전진하라!"는 표어를 드리고 싶습니다. 개인적인 성취 측면에서 전진하십시오. 은혜와 은사에 대해 전진하십시오. 사역을 위한 강건함 면에서 전진하십시오. 그리고 예수 그리스도의 형상을 닮아가는 데서 전진하십시오. 이제부터 말씀드리는 것들은 먼저 기본에서 시작하여 점점 높은 수준으로 올라갑니다.

   1. 첫째로, 친애하는 형제 여러분, 우리가 정신적인 능력에

서 전진해야 한다는 것을 제 자신과 여러분에게 먼저 말씀드려야 할 것 같습니다. 계속해서 우리의 최악의 상태를 하나님께 드려서는 안 될 것입니다. 우리의 최선도 하나님의 소유가 되기에는 가치가 없습니다. 하지만 드려지는 제물이 우리의 게으름 때문에 상하고 흠 있는 것이 되어서는 안 됩니다.…가능한 최고의 지점까지 우리 자신을 길러야 합니다. 이를 위해서 곳간을 채우도록 지식을 모으고, 곡식을 타작하도록 분별력을 얻은 다음, 마지막으로 타작한 곡식을 창고에 쌓아 올리도록 확고한 기억력을 가져야 합니다. 이 세 가지가 똑같이 중요하지 않을 수 있지만, 온전한 사람이 되기 위해서는 모두가 필요합니다.

우리는 정보를 얻기 위해, 특히 성경과 관련된 정보를 얻는 데 많은 노력을 기울여야 합니다. 스스로를 한 가지 주제에만 한정시켜서는 안 됩니다. 그렇지 않으면 우리는 온전한 정신력을 행사할 수 없게 됩니다. 하나님은 사람을 위해서 세상을 만드셨고, 모든 세상을 차지하고 사용하도록 지성(mind)을 가진 사람으로 만드셨습니다. 사람은 이 세상의 소작인이요, 자연은 한동안 그의 집입니다. 그렇다면 스스로 방문을 닫아야 할 이유가 어디에 있단 말입니까? 위대하신 아버지가 식탁에 차려주신 깨끗하게 된 고기를 왜 맛보지 않으려고 거절합니까? 그래도 우리의 주된 관심은 성경을 연구하는 것입니다.…사랑하는 형제 여러분, 얻을 수 있는 모든 가능한 도움을 가지고 계속해서 성경을 연구하십시오. 오늘날 일반 그리스도인들은 우리 선조들의 시대보다 훨씬 더 방대한 자료들을 얻을 수 있습니다. 그러므로 청중 앞에서 말씀을 잘 전하려면 그들보다 더 위대한 성경학자가 되어야 한다는 사실을 기억하십시오. 모든 지식 분야를 섭렵하십시오. 하지만 무엇보다 밤낮으로 여호와의 율법을 묵상하십시오.

신학을 잘 배우십시오. 무지하기 때문에 지식을 비방하는 자들의 조소를 개의치 마십시오. 많은 설교자들이 신학자가 아니기 때문에 실수를 저지르기도 합니다. 가장 활기찬 복음 전도자가 동시에 건전한 신학자가 되는 것이 해로울 수 없습니다. 오히려 엄청난 실수를 막아주는 수단이 될 수 있습니다. 오늘날 사람들이 성경의 한 구절을 문맥에서 오려내서, 마치 새로운 진리를 발견한 것처럼 "찾았다, 찾았어!"라고 외치는 것을 가끔 듣습니다. 하지만 그들이 발견한 것은 다이아몬드가 아니라 깨진 유리 조각일 뿐입니다. 그들이 옛날 위대한 성경 학도들의 거룩한 가르침에 대해서 잘 알았더라면, 자신의 알량한 지식을 그렇게 성급하게 자랑하지는 않았을 것입니다. 하나님 말씀의 위대한 교리들을 철저하게 배우도록 합시다. 그리고 성경을 자세히 강해하는 능력을 기릅시다. 저는 강해 설교만큼 오래 지속되며 교회를 세울 수 있는 설교는 없다고 확신합니다. 물론 강해 설교를 위해서 권면하는 설교를 완전히 버리는 것은 극단으로 치닫는 것입니다. 하지만 여러분의 사역이 지속적으로 유익을 끼치기 위해서 여러분이 강해 설교자가 되어야 한다는 사실은 아무리 강조해도 지나치지 않습니다. 이를 위해 여러분 스스로 말씀을 깨달아야 하고, 그 말씀에 대해서 설명할 수 있어야 합니다. 그래야 성도들이 그 말씀으로 세움을 받게 되는 것입니다. 형제 여러분, 성경의 책들에 정통한 사람이 되십시오. 다른 작품들은 찾아보지 못했더라도, 선지자들과 사도들이 쓴 글들에 대해서는 정통해야 합니다. 하나님의 말씀이 여러분 안에 풍성히 거하게 하십시오(참고. 골 3:16).

영감된 하나님의 말씀을 우선적으로 읽되, 다른 어느 지식 분야도 소홀히 하지 마십시오. 예수님이 이 땅에 계심으로 자연의 영역이 거룩해졌습니다. 따라서 그리스도가 깨끗하게 하신 것을 여러분이 속되다고 할 수 없는 것입니다. 여러분의 아버지가 만드신 모든 것이 여러분의 것이므로, 여러분은 그것으로부터 배워야만 합니다.…시간과 기회와 능력이 되는 대로 지식의 오솔길을 따라가십시오. 혹 여러분의 지식이 너무 높아질까 두려운 나머지 주저하지 마십시오. 은혜가 풍성할 때는 학식이 있어도 우쭐해지지 않으며, 복음에 대한 여러분의 단순함이 해를 당하지도 않을 것입니다. 여러분이 받은 교육을 통해 하나님을 섬기십시오.…

저는 또한 우리가 분별하는 법을 배워야 한다고 말씀드렸습니다.…기꺼이 새로운 진리를 받아들일 마음의 준비를 하십시오. 그것이 진리라면 말입니다. 하지만 여러분이 태양보다 더 밝은 빛을 발견했다고 표현할 만한 믿음을 받아들일 때는 매우 신중해야 합니다. 마치 석간 신문을 파는 소년들처럼 거리에서 새로운 진리를 퍼뜨리고 다니는 사람들은 대부분 우리가 생각하는 것만큼 건전하지 않습니다. 진리라는 아름다운 여인은 이세벨이 하는 것처럼 새롭게 유행하는 모든 철학을 따라서 얼굴에 화장을 하거나 머리를 장식하지 않습니다. 그녀는 자신의 본연의 아름다움에 만족하기에, 외모가 대체로 어제나 오늘이나 영원토록 동일합니다.…전수할 확고한 진리를 갖지 않은 사람은 혹 청중이 자신을 별로 존중하지 않아도 전혀 의아해하지 말아야 합니다.…형제 여러분, 저는 여러분이 지식과 분별력을 추구하기를 권합니다. 그리고 분별한 후에는 진리에 뿌리를 내리고 기초를 두는 데 애쓰십시오. 곳간을 채우고, 곡식을 타작하고, 창고에 저장하는 작업을 계속해서 온전히 시행하십시오. 여러분은 그렇게 정신적으로 "전진하십시오."

2. 우리는 연설의 측면에서도 전진해야 합니다. 저는 바닥의 문제에서 시작하고 있지만, 이 부분은 매우 중요합니다. 이 성상의 발이 흙으로 되어 있다는 것이 너무 유감스럽기 때문입니다. 우리의 위대한 목적에 기여할 수 있는 것이라면, 그 어느 것도 하찮은 것이 아닙니다.…사람이 성품이나 마음의 측면에서 실패해서가 아니라, 정신적으로나 웅변의 측면에서 실패하여 돌이킬 수 없이 영적으로 쓰임 받지 못하게 될 수도 있습니다. 그래서 제가 이 문제를 먼저 다루고 있고, 말로 전달하는 능력을 향상시켜야 한다는 것을 다시 한 번 말씀드리는 것입니다. 말을 탁월하게 잘하는 몇몇 인물처럼, 우리 모두가 그렇게 말을 잘할 수

는 없습니다. 심지어 그런 사람들조차도 자신들의 이상적인 모습과 일치할 만큼 말을 잘하지는 못합니다. 만일 이 자리에 본인이 원하는 만큼 설교를 잘한다고 생각하는 형제가 있다면, 그냥 설교를 그만두라고 권면하고 싶습니다. 만일 그렇게 설교를 그만둔다면 그는 팔레트를 깨뜨린 위대한 화가처럼 지혜롭게 처신한 것입니다. 그 화가는 아내를 향해 이렇게 말했습니다. "내가 그림 그리는 시절은 이제 끝이오. 내가 스스로 만족했으니 내 힘이 다한 것이 분명하오." 다른 분야에서는 완벽함을 이룰 수 있을지 모르겠지만, 웅변에서 완벽함을 이루었다고 생각하는 사람은 수다스러움을 달변으로, 장황한 것을 논리 정연함으로 착각한 것이 확실합니다.…

형제 여러분, 우리는 명쾌한 표현을 연마해야 합니다. 어떤 사람이 자기가 의미하는 것을 저에게 이해시키지 못했다면, 그것은 자기 자신도 이해하지 못했기 때문입니다. 일반적 수준의 청중이 설교자의 사고 흐름을 따라갈 수 없다면, 자신을 탓할 필요가 없고 오히려 설교자에게 책임을 물어야 합니다. 설교자의 임무는 내용을 명확하게 하는 것이기 때문입니다. 여러분이 우물 아래를 들여다볼 때, 그것이 비어 있다면 매우 깊게 보일 것입니다. 하지만 그곳에 물이 있으면 밝게 보일 것입니다. 많은 "심오한" 설교자들은 단지 그 안에 아무것도 없는 마른 우물과 같기 때문에 깊고 어렵게 보입니다. 어쩌면 그 안에 부패한 나뭇잎들과 돌 몇 개, 그리고 죽은 고양이 한두 마리 정도가 있을지 모르겠습니다. 여러분의 설교 속에 생수가 있다면, 매우 깊어도 진리의 빛이 분명하게 밝혀줄 것입니다. 여러분의 말이 이해될 정도로 단순한 것만으로는 부족합니다. 여러분은 오해될 수 없게 말을 해야 합니다.

우리는 분명할 뿐만 아니라 설득력도 있는 표현을 연마해야 합니다. 우리의 설교는 강력하고 힘이 있어야 합니다. 어떤 사람들은 크게 말하면 힘이 있다고 생각합니다만, 확실히 잘못 생각하고 있는 것입니다. 큰소리로 떠든다고 해서 무의미한 말이 개선되지는 않습니다.…내용의 탁월함이 힘이 되게 하며, 그것을 전달할 때 우리가 쏟는 심령의 에너지를 통해서 힘이 나오도록 해야 합니다. 한마디로 말해서, 우리의 설교가 자연스럽고 생명력이 있도록 합시다.…살아 있고 자연스럽고 단순하게 복음을 전달하는 방법을 우리 모두가 배우기를 바랍니다. 저는 그런 표현이야말로 하나님이 복되게 하시는 방식이라고 확신합니다.…

사람들에게 호소하는 기술을 터득하십시오. 여러분이 주님을 자주 만나면 이 기술을 잘 터득할 수 있습니다. 제 기억이 옳다면 다음과 같은 오래된 이야기가 있습니다. 어느 군인이 다리우스 왕을 죽이려고 하자, 어렸을 때부터 말을 하지 못했던 그의 아들이 갑자기 놀라서 소리쳤습니다. "그가 왕인 것을 모르는가?" 그의 굳었던 혀가 아버지에 대한 사랑으로 풀린 것입니다. 우리의 혀도 우리의 죄 때문에 십자가에 달리신 주님을 바라본다면 간절한 말을 하게 될 것입니다.…

그러므로 여러분의 설교가 명확함과 적절함과 자연스러움과 설득력의 측면에서 부단히 발전하게 하십시오. 사랑하는 여러분, 여러분은 **청중에게 적합하게 맞추는** 설교 방식을 찾도록 노력하십시오. 이것은 중요한 문제입니다. 교양 있는 청중에게 말씀을 전하는 설교자가 행상인들에게 말할 때 쓰는 언어를 사용한다면, 그는 분명히 어리석은 사람입니다. 반대로 광산 노동자들에게 말씀을 전하러 가서 전문적인 신학 용어들과 손님을 접견하는 듯한 말을 사용한다면, 이 역시 바보 같은 짓입니다.… 설교 방식에서 우리는 "여러 사람에게 여러 모습"이 되는 것을 목표로 삼아야 합니다(고전 9:22). 모든 계층의 사람에게 그들의 상황에 맞게 설교하여 마음에 감동을 줄 수 있는 사람이라면, 그는 분명히 설교의 대가입니다.…

3. 형제 여러분, 도덕적인 자질 면에서의 전진을 위해 우리는 더욱 힘써야 합니다. 제가 지금 말씀드리는 내용이 그것을 필요로 하는 사람들에게 감동이 되기를 바랍니다만, 여러분 중에 어떤 특별한 사람들을 염두에 두고 있는 것은 아닙니다. 목회 사역에서 최고로 높은 수준의 표현에 이르기를 소망하고 정신적이고 웅변적인 자격 요건을 갖추었다고 하더라도, 높은 도덕적 자질을 갖추지 않는 한 우리는 실패하고 말 것입니다. 바울이 손에서 독사를 떼어버린 것처럼 우리가 끊어야 할 죄악들이 있고, 어떤 희생을 치르더라도 갖추어야 할 미덕들도 있습니다.

방종은 수많은 사람을 죽였습니다. 들릴라의 손에 의해 멸망하지 않도록 떨어야 합니다. 모든 열정과 습관이 적절한 통제 아래 있게 해야 합니다. 자기 자신을 제대로 지도하지 못한 사람은 교회에서도 지도자가 될 자격이 없습니다.

자만함에 대한 모든 생각을 버려야 합니다. 하나님은 스스로 위대하다고 생각하는 사람에게 복을 주시지 않을 것입니다. 심지어 여러분 안에 계시는 성령 하나님의 사역을 자랑하는 것도 자화자찬으로 나아갈 위험이 있습니다. "타인이 너를 칭찬하게 하고 네 입으로는 하지 말며…"(잠 27:2). 어떤 사람이 혀를 절제할 만큼 충분한 지각이 있는 경우에는 매우 기뻐해도 좋습니다.

또한 우리는 분노를 조절해야 합니다. 불같은 성질이 모두 죄악은 아닙니다. 오히려 오래된 구두를 신는 것처럼 쉬운 사람들은 대개 거의 가치가 없는 사람들입니다. "형제 여러분, 분을 내십시오"라고 말씀드리는 것이 아닙니다. 다만 "분노가 생긴다면 그것을 신중하게 절제하십시오"라고 말하고 싶습니다. 잘못된 일에 대해 분노할 수 있고 올바른 일에 대해서는 강직한 사역자를 보면 저는 하나님께 감사를 드립니다. 하지만 분노는 날카로운 연장과 같아서, 종종 그것을 사용하는 사람을 다치게 합니다. "친절하고 온순하여"(참고. 약 3:17) 악을 더하기보다는 악을 참는 것을 선호하는 것이 우리의 정신이 되어야 합니다.…

우리는 어떤 도덕적 능력이나 습관들을 겸비해야 할 뿐만 아니라, 그것에 반대되는 것들은 내려놓아야 합니다. 마음의 정직함이 없는 사람은 하나님을 위해 많은 일을 할 수 없습니다.…
사랑하는 형제 여러분, 가난해질 수 있고 무시를 당할 수도 있으며 생명 자체를 잃을 수 있어도, 부정직한 일은 행하지 않겠다고 결단하십시오.…

여러분은 또한 위대한 도덕적 품성인 용기를 갖추기 바랍니다. 버릇없고 건방지고 자만한 것을 말하는 것이 아닙니다. 진정한 용기는 올바른 일을 평온하게 행하고 말하며, 누가 격려해주지 않아도 온갖 고난을 무릅쓰고 앞으로 전진하는 것입니다. 동료 형제들에게 진실을 말하는 것을 두려워하는 그리스도인들이 많이 있다는 사실에 저는 몹시 놀랐습니다. 이 말을 할 수 있어서 하나님께 감사드립니다만, 저는 우리 교회의 어떤 성도들이나 교회의 어떤 직분자들에게, 그리고 이 세상 그 누구에게도 그가 앞에 있을 때나 없을 때나 진실을 이야기하는 것을 두려워하지 않습니다. 하나님의 은혜로 저는 어떤 계략도 쓰지 않고 있는 그대로 말하는 습관을 가지고 이 자리에 있습니다. 모두를 기분 좋게 하려고 계획하는 것은 위험할 뿐만 아니라 사악하기도 합니다. 한 사람에게는 이렇게 말하고 다른 사람에게는 저렇게 말한다면, 언젠가 그들이 서로의 말을 비교해볼 것입니다. 그리고 여러분이 거짓말을 했다는 것을 알아낸다면, 곧 여러분을 멸시할 것입니다. 두 얼굴을 가진 사람은 조만간 경멸의 대상이 되며, 또 그렇게 되는 것이 마땅합니다. 무엇보다 비겁함을 피하십시오. 그것 때문에 거짓말쟁이가 되기 때문입니다. 어떤 사람에 대해서 꼭 말해야겠다고 생각되는 부분이 있다면, "내가 감히 그의 면전에서도 같은 말을 할 수 있을까?"를 기준으로 삼아서 생각해야 합니다. 그 누구에게라도, 단 한 마디의 험담하는 말도 하지 마십시오. 이것이 원칙이 된다면 용기가 수많은 곤경으로부터 여러분을 건져내고, 여러분은 지속적인 존경을 받게 될 것입니다.

사랑하는 형제 여러분, 정직함과 용기를 갖추었다면 불굴의 열심을 소유하시기 바랍니다. 열심은 과연 무엇입니까? 제가 어떻게 설명할 수 있을까요? 한번 소유해보면 그것이 무엇인지 알게 될 것입니다. 그리스도를 향한 사랑으로 불타오르십시오. 그리고 그 불길이 지속적으로 타오르게 하십시오. 공적인 모임에서는 불타오르다가도 매일의 반복되는 일을 할 때는 꺼지게 하면 안 됩니다. 불굴의 인내와 끈질긴 결단이 있어야 하고, 거룩한 고집과 자기 부인, 그리고 거룩한 평온함과 꺾을 수 없는 용기가 필요합니다.

여러분은 또한 정신적이면서도 도덕적인 능력, 곧 여러분이 부름 받은 사역에 모든 힘을 집중할 수 있는 능력에 있어서 탁월해야 합니다. 생각을 모으고, 모든 기능을 규합하고, 에너지를 모으고, 역량을 한곳에 집중하십시오.…이런 자질이 부족한 사람들이 있습니다. 그들은 자기 자신을 흐트러뜨려서 결국에는 실패하게 됩니다.…이것도 잘하고 저것도 잘하려고 하지 마십시오. "모든 것을 번갈아가면서 하면, 그 무엇도 오래 지속할 수 없습니다"(조지 고든 바이런[George Gordon Byron]의 글귀. 보통 바이런 남작[Lord Byron]이라고 한다—편집자주). 오히려 여러분의 전 존재가 예수 그리스도께 붙잡힌 바 되도록 하고, 여러분을 위해 피 흘리시고 죽으신 고귀한 그의 발아래 모든 것을 내려놓으십시오.

4. 무엇보다 우리는 **영적인 자격**을 갖추어야 합니다. 그것은 주님이 우리 안에서 역사하시는 은혜입니다. 저는 이것이야말로 핵심 관건이라고 확신합니다. 다른 것도 소중하지만, 이것은 값을 매길 수 없을 만큼 소중합니다. 우리는 하나님에 대해 부요해야 합니다.

우리는 자신을 알 필요가 있습니다. 설교자는 마음에 관한 학문과 내적 경험에 대한 철학에 정통해야 합니다. 경험과 관련해 두 종류의 학파가 있는데, 어느 학파도 상대방에게 배우려 하지 않습니다. 그러나 우리는 두 학파 모두에게서 배워야 합니다. 한 학파가 말하는 하나님의 자녀는 자기 마음의 깊은 타락을 알고, 자기 본성의 혐오스러움을 깨달으며, 자기 육체 안에 어떤 선한 것도 있지 않다는 것을 매일 느낍니다. "이것을 알지도 느끼지도 못하는 사람, 날마다 쓰라리고 고통스러운 체험을 통해 그것을 느끼지 못하는 사람은 그의 영혼 안에 하나님의 생명이 없다"라고 그들은 말합니다. 그들에게 자유나 성령 안에서 누리는 기쁨에 대해 말하는 것은 아무런 소용이 없습니다. 그들은 그것을 가지려고 하지 않을 것입니다. 이렇게 한쪽으로 치우친 형제들에게서 배웁시다. 그들은 우리가 마땅히 알아야 할 내용을 많이 알고 있기 때문에, 그들이 말하는 진리들을 무시하는 사역자가 있다면 그에게 화가 임할 것입니다. 마르틴 루터는 유혹이 사역자에게 가장 좋은 교사라고 말하고는 했습니다. 그 학파에도 일면 진리는 있습니다. 다른 학파의 신자들은 성령 하나님의 영광스러운 사역을 훨씬 더 강조합니다. 그것은 아주 올바르고 복된 일입니다. 그들은 하나님의 성령이 정결케 하는 능력이라는 것을, 즉 아우게이아스 왕의 외양간(Augean stables, 그리스 신화에 나오는 엘리스의 왕인 아우게이아스의 외양간에는 삼천 마리의 소가 있었는데 무려 30년간이나 청소를 하지 않아 배설물이 쌓여 있었으나, 헤라클레스가 강물을 끌어와서 하루 만에 청소를 했다—편집자주)처럼 더러운 영혼을 털어내어 하나님의 전으로 만드는 능력이라고 믿습니다. 그러나 자주 그들은 마치 자신이 더 이상 죄를 짓지 않는 것처럼, 유혹 때문에 괴롭힘을 당하지 않는 것처럼 말합니다. 그들은 마치 전쟁이 이미 끝났고 승리를 얻은 것처럼 자랑을 합니다. 이 형제들로부터도 배울 것이 있습니다. 그들이 우리에게 가르치는 모든 진리를 알아야 합니다.…성령으로 너무 충만해지지 않을까 두려워하지 마십시오. 저는 여러분이 모든 면에서 지혜롭기를 바랍니다. 그래서 고난 가운데 있는 사람들과 기쁨 가운데 있는 사람들 모두와 친숙해서 잘 대할 수 있기를 바랍니다.…

형제 여러분, 그리스도 안에 있는 사람과 그리스도 밖에 있는 사람 모두를 알아야 합니다. 그의 가장 훌륭한 상태와 가장 비참한 상태에 대해서 연구하십시오. 그에 대한 모든 상세한 것들과 그의 비밀과 그의 감정들에 대해서 알아야 합니다. 책을 통해서는 결코 알 수 없습니다. 개인적인 영적 경험이 있어야 합니다. 하나님만 여러분에게 그런 경험을 가능하게 하십니다.

영적 자질 중에서 무엇보다 필요한 것은, 인간의 모든 질병에 대해 확실한 치료자가 되시는 그분을 아는 것입니다. 예수님을 알아야 합니다. 그분의 발아래 앉으십시오. 그분의 본성과 그분의 사역과 그분의 고난과 영광을 생각해보십시오. 그분의 임재 안에서 기뻐하십시오. 날마다 그분과 교제하십시오. 그리스도를 아는 것이야말로 모든 학문 중에서 가장 탁월한 학문을 깨닫는 것입니다. 여러분이 지혜와 교제하는데, 어떻게 지혜롭게 되지 않겠습니까? 하나님의 전능하신 아들과 유대 관계에 있는데, 어떻게 강해지지 않을 수 있다는 말입니까? 언젠가 저는 이탈리아의 한 동굴에서 작은 이끼식물을 보았는데, 그 잎들은 샘이 쏟아내는 물안개에 덮여서 계속해서 빛이 나고 춤추는 곳에 자라고 있었습니다. 그 식물은 언제나 푸르렀고, 한여름의 가뭄과 한겨울의 추위에도 전혀 영향을 받지 않았습니다. 마찬가지로 우리도 예수님이 베푸시는 사랑의 달콤한 영향 아래에 거합시다. 하나님 안에 거하십시오, 형제 여러분. 때때로 하나님을 찾는 것에 만족하지 마시고, 언제나 그분 안에 거하십시오.…

형제 여러분, 그렇기 때문에 강건한 사람이 되려면 우리 주님을 닮아야 합니다. 오, 주님처럼 되기를 바랍니다! 우리가 주 예수님처럼 되기 위해 고난을 받아야 한다면, 우리가 당하는 그 십자가의 고통은 얼마나 복된 것입니까? 우리가 그리스도를 닮는다면 우리의 사역에 놀라운 기름 부음이 있을 것입니다. 그것이 없다면 우리의 사역이 무슨 가치가 있겠습니까?

한마디로, 우리는 성품의 거룩함을 위해 힘써야 합니다. 거룩함이 무엇입니까? 부족하거나 넘침이 없는, 균형 잡힌 상태로서의 성품의 온전함이 아닙니까? 그것은 차갑고 생명력이 없는 조각상과 같은 도덕성이 아닙니다. 거룩함은 생명입니다. 여러분은 거룩함을 가져야 합니다. 사랑하는 형제 여러분, (저는 여러분이 그렇지 않기를 바라지만) 만일 여러분이 정신적인 요건에서 실패하고, (그런 일이 없으리라 믿지만) 심지어 설교 전달 능력이 부족하다 하더라도, 거룩함에 의지하십시오. 거룩한 삶은 그 자체로 놀라운 능력이므로 많은 결점들을 보완해줄 것입니다. 거룩이야말로 가장 훌륭한 사람이 전할 수 있는 가장 훌륭한 설교입니다. 가능한 모든 순결함을 우리가 지니기를, 도달할 수 있는 모든 거룩함에 우리가 이르기를, 죄의 세상에서도 성령의 사역을 통해 우리 안에서 가능한 그리스도를 닮는 일을 이루기를 결단하십시오.…

5. 형제 여러분, 아직 끝난 것이 아닙니다. 저는 여러분께 실제 사역에서 전진하라고 말씀드리고 싶습니다. 결국 사람들은 우리가 행한 일들을 통해서 우리를 알게 되기 때문입니다. 우리는 말뿐만 아니라 행함에 있어서도 능력이 있어야 합니다. 선한

형제들도 세상에서 실천적이지 않을 수 있습니다.…요한계시록의 어려운 성경 구절들을 읽는 것을, 가난한 자들에게 예수님에 대해서 설교하거나 빈민 학교에서 예수님을 가르치는 것보다 더 좋아할 만큼 사색에 빠져서는 안 됩니다. 백일몽에서 깨어나 일을 하러 가야 합니다.…논문을 쓰는 것도 매우 훌륭합니다만, 여러분은 어떤 영혼들을 구원하여 그들이 지옥으로 떨어지지 않도록 했습니까? 학교를 탁월하게 운영하는 것도 대단합니다만, 그 학교를 통해 얼마나 많은 학생들이 교회에 나오게 되었습니까?…형제 여러분, 무언가를 하십시오. 무언가를 하십시오. 무언가를 하십시오. 각종 위원회가 회의를 하면서 시간을 낭비할 때, 여러분은 무언가를 하십시오. 각종 협회와 조합이 정관을 만들 때, 우리는 영혼을 구원합시다. 우리는 너무 자주 논의하고, 논의하고, 또 논의합니다. 사탄이 이를 고소하게 여기며 몰래 웃고 있습니다. 이제 계획과 무언가를 계획하기 위한 시도는 충분히 했습니다. 저는 여러분 모두가 행동하는 사람이 되기를 간절히 바랍니다. 일하러 가고, 성인답게 행동하십시오. 전쟁에 대한 그 옛날 수바로브(Suwarrow, 바이런 남작의 작품 『돈 후안』의 등장인물이다-편집자주)의 구호를 저는 그대로 믿습니다. "전진하라, 공격하라! 이론은 없다! 공격하라! 대열을 갖추라! 총검을 준비하라! 적군을 향하여 돌격하라!" 우리의 유일한 목표는 죄인들을 구원하는 것입니다. 이 일에 대하여 말만 하지 말고, 이제는 하나님의 능력 안에서 행동을 보여야 합니다.

6. 마지막으로,…행동의 영역을 선택하는 문제에 있어서 전진하십시오. 저는 오늘 스스로 간청하지 못하는 사람들, 즉 저 이교 세계의 수많은 무리들을 위해서 간청합니다. 우리의 기존 강단은 상당히 잘 채워지고 있지만, 새로운 토대 위에 강단을 세울 사람들이 필요합니다. 누가 이 일을 하겠습니까? 신실한 사람들의 모임이라 할 수 있는 우리는 이방인들에 대하여 양심이 깨끗합니까? 수백만의 사람들이 아직까지 한 번도 예수님의 이름을 들어본 적이 없습니다. 수억 명의 사람들이 평생 단 한 번 선교사를 보았지만, 우리의 왕이신 주님에 대해서는 전혀 알지 못합니다. 그들이 멸망하도록 놔둬야 할까요? 중국, 인도, 일본, 다른 나라들이 멸망하는 동안 우리는 침대에서 편안하게 잠을 잘 수 있겠습니까? 그들의 피에 대해서 우리는 과연 깨끗합니까? 그들은 우리에게 어떤 권리 주장도 할 수 없단 말입니까? 우리는 이 문제를 "내가 가야 한다는 증거가 어디에 있는가?"가 아니라, "내가 가지 말아야 한다는 증거가 어디에 있는가?"로 접근해야 합니다. 가지 말아야 한다는 것을 정직하게 증명할 수 있다면 그 사람은 깨끗합니다. 그러나 그렇지 않으면…우리는 이방 사람들을 회심시켜야 합니다. 하나님이 택하신 수많은 사람들이 그들 중에 있기 때문에, 우리는 가서 그들을 발견할 때까지 찾아야 합니다. 많은 난관이 사라졌고, 모든 나라가 우리에게 문을 열었으며, 거리가 멀다는 문제도 해결되었습니다. 우리에게 오순절의 방언의 은사가 있지 않은 것은 사실이지만, 오늘날 언어

는 쉽게 습득될 수 있고 인쇄 기술은 우리가 잃어버린 방언의 은사를 거의 대체합니다. 선교 사역 중에 일어날 수 있는 위험 때문에 참된 사람들이 뒤로 후퇴해서는 안 됩니다. 심지어 그 위험이 매우 크다고 하더라도 말입니다. 물론 지금은 그 위험들이 아주 작아졌습니다. 그리스도의 십자가가 전혀 알려지지 않은 곳들 중에 위험을 감수하지 않고서도 들어갈 수 있는 곳이 아주 많습니다. 누가 가시겠습니까?…

저는 우리 교회들이 독일에 있는 함스 목사(Pastor Harms)의 교회를 닮기를 바랍니다. 그 교회의 모든 성도는 하나님과 그분의 진리를 위해 정말로 헌신되어 있었습니다. 농부들은 땅의 소산을 드렸고, 노동자들은 노동을 드렸습니다. 한 사람은 선교사 대학으로 사용하도록 자신의 큰 집을 바쳤고, 함스 목사는 아프리카로 항해할 배를 위한 자금을 얻어서 선교사들과 몇몇 성도를 함께 파송해서 아프리카 원주민들 중에 기독교 공동체를 세우도록 했습니다. 우리 교회들은 언제쯤 그렇게 자기를 부인하고 열정적으로 선교 사역에 임할 수 있을까요? 모라비아교인들(Moravians, 15세기 체코 동부 모라비아와 보헤미아에서 있었던 얀 후스의 종교개혁에 뿌리를 둔, 18세기에 창설된 한 교파다—편집자주)이 어떻게 모든 남녀가 선교사가 되어 놀라운 일을 하고 있는지 보십시오. 그들의 정신을 따르도록 합시다. 그것은 정말 올바른 정신입니까? 그렇다면 우리가 그 정신을 갖는 것은 올바른 일입니다. "모라비아교인들은 정말 대단한 사람들이야"라고 말하는 것으로는 충분하지 않습니다. 우리 또한 대단한 사람들이 되어야 합니다. 그리스도가 모라비아교인들을 사실 때 우리보다 더 많은 값을 치르지 않으셨습니다. 따라서 그들이 우리보다 더 많이 희생해야 할 의무가 있는 것도 아닙니다. 그런데 어째서 이렇게 후퇴를 한단 말입니까? 그리스도를 위해 모든 것을 희생한 영웅들에 대한 이야기들을 읽을 때, 우리는 단지 그들을 존경할 뿐만 아니라 본받아야 합니다. 누가 지금 그들을 본받겠습니까?…

전진하십시오! 하나님의 이름으로 전진하십시오!

5
진리를 위해 결단하십시오
The Need of Decision for the Truth

어떤 것들은 참되지만, 어떤 것들은 거짓됩니다. 저는 이것을 하나의 자명한 이치로 생각하는데, 그것을 분명하게 믿지 않는 사람들이 많이 있습니다. 오늘날 유행하는 원칙은 "바라보는 관점에 따라서 참일 수도 있고, 거짓일 수도 있다. 상황에 따라서 검은 색이 하얗기도 있고, 하얀 색이 검을 수도 있다. 따라서 당신이 무슨 색깔이라고 부르는지는 중요하지 않다. 참은 당연히 참이다. 하지만 참과 반대되는 것을 거짓이라고 한다면, 그것은 무례한 것이다. 우리는 편협한 사람이 되어서는 안 된다. '모든 사람은 각자 자기 나름대로의 생각을 갖고 있다'는 말을 기억해야 한다"라는 것입니다.…그럼에도 어떤 교리들은 참이고, 그와 정반대되는 진술들은 참이 아니라는 것이 제가 가진 확고하고 오래된 신념입니다. "아니요"가 참이라면 "예"는 일고의 가치도 없는 거짓이며, "예"가 정당화된다면 "아니요"는 버려야 한다는 것입니다.…

형제 여러분, 우리에게는 설교해야 하는 확고한 믿음이 있습니다. 또한 우리는 하나님으로부터 명확한 메시지와 함께 보냄을 받은 사람들입니다. 말씀을 전할 때 그 메시지를 우리 마음대로 만들어내면 안 됩니다.…성경에는 우리에게 확실하게 말씀하신 것이 있습니다. 그래서 그 앞에 "그러나"와 "어쩌면"과 "만일"과 "아마도"를 붙이거나, 오만 가지 의혹을 뒤에 붙여서 그 길고 짧은 것이 전혀 아닐 수도 있다는 식으로 만들어서는 안 됩니다. 오히려 성경에서 말하는 것들은 반드시 믿어야 하는 무오한 사실로서 계시되었기 때문에, 그와 반대되는 것들은 치명적인 오류이고 거짓의 아비로부터 온 것입니다.

그러므로 진리인 것이 있고 거짓인 것이 있다는 것, 성경에 진리가 있고 복음은 우리가 믿어야 할 명확한 것들로 이루어져 있다는 것을 믿으면, 우리가 과연 무엇을 가르쳐야 하는지와 그리고 그것을 확고한 방식으로 가르쳐야 한다는 것은 이미 결정되어 있는 것입니다. 우리가 대하는 사람들이 잃어버린 바 될 수도 있고 구원받을 수도 있지만, 그들은 결코 오류투성이의 교리를 통해서 구원받지는 않을 것입니다. 우리는 하나님의 종으로서 하나님을 대해야 하는데, 우리의 거짓 증거로 하나님이 영광을 받지는 않으실 것입니다. 우리에게 상급을 주시지 않을 뿐만 아니라, "잘하였도다, 착하고 충성된 종아. 네가 이전에 살았던 그 어떤 사람보다도 분별력 있게 복음을 난도질하였도다"라고 말씀하실 것입니다. 우리는 매우 엄숙한 자리에 서 있습니다. 그러므로 "여호와께서 살아 계심을 두고 맹세하노니 (내가 그 앞에 서서) 내 하나님께서 말씀하시는 것 곧 그것을 내가 말하리라…"(대하 18:13)라고 말했던 그 옛날 미가야의 마음을 우리는 가져야 합니다. 우리가 부름을 받아 전할 것은 하나님의 말씀 그 이하도 그 이상도 아닙니다. 사람들이 어떻게 생각하든지 간에 우리는 하나님을 믿으며, 하나님에 대한 우리의 확신은 결코 흔들리지 않는다는 것을 사람들에게 이해시키려는 마음으로 우리는 말씀을 선포해야 합니다.

형제 여러분, 우리는 무엇에 대해서 확신해야 하겠습니까? 우리가 따라야 할 확고한 원칙이 없다고 생각하는 사람들도 있습니다. 누군가 저에게 이런 말을 한 적이 있습니다. "아마도 몇 가지 교리는 확실하다고 생각할 수 있겠지요. 어쩌면 신이 존재한다는 것은 확실할지도 모릅니다. 하지만 신의 인격을 교리화해서는 안 되지요. 범신론을 지지하는 것들도 많이 있으니까요." 이런 사람들이 목회 현장에 몰래 들어옵니다. 하지만 그들은 대개 참으로 교묘하게 기독교적인 말투를 써가면서 자신의 생각의 폭을 감추고, 자신의 원칙에 따라서 행동합니다. 왜냐하면 진리는 전혀 중요하지 않다는 것이 그들의 근본적인 규범이기 때문입니다.

하지만 우리는, 적어도 저는 하나님이 있다는 것을 확신하기 때문에, 그것을 절대적으로 확신하는 사람답게 설교할 작정입니다. 하나님은 천지를 지으신 분이요, 섭리를 이루시는 주인이시며, 은혜의 주님이십니다. 그분의 이름을 영원토록 찬양합시다! 하나님에 관하여는 어떤 의문이나 논쟁의 여지도 없습니다.

우리는 또한 "성경"이라고 불리는 책이 하나님의 말씀이고 영감되었다는 사실을 동일하게 확신합니다.…최소한 우리는 하나님으로부터 우리에게 온 성경에 기록된 모든 것을 하나님의 확실한 증언으로 받아들여야 한다는 것을 믿습니다. 영감 방식에 대한 온갖 다양한 해석들 때문에 우리가 함정에 빠져 시간 낭비하는 것을 하나님은 금하십니다. 성경은 하나님이 만드신 작품입니다. 그 책은 완전하고, 최후의 항소 법원이며, "분쟁을 끝내는 재판관"입니다. 하나님의 말씀의 무오성을 의심하는 것은 저를 지으신 분을 모독하는 것과 같다고 저는 생각합니다.

우리는 복된 삼위일체의 교리에 대해서도 확신합니다. 아버지와 아들과 성령이 어떻게 각각 구별되시고 스스로 완전하신지에 대해서, 나아가 어떻게 이 셋이 하나이며 따라서 한 하나님만 있는지 우리는 설명할 수 없습니다. 하지만 우리는 이 교리를 참으로 믿고 선포합니다. 유니테리언(Unitarian, 삼위일체를 부정하고 신성의 단일성을 믿는 교파다―편집자주), 소치니파교도(Socinian, 그리스도의 속죄와 삼위일체를 부정하는, 종교개혁 후기의 분파다―편집자주), 사벨리우스주의자(Sabellian, 양태론자로도 불리는, 삼위일체를 부정하는 대표적 이단으로 3세기의 신학자의 이름을 따라 붙여졌다. 하나님은 한 분이며, 성부·성자·성령은 이 하나님이 각기 다른 모습으로 드러난 것뿐이라고 주장한다―편집자주) 및 온갖 여타 오류들이 있어도 말입니다. 우리는 하나가 되어 삼위일체의 교리를 언제까지나 굳건히 붙들어야 합니다.

형제 여러분, 우리에게 주 예수 그리스도의 속죄에 관해서만큼은 아무런 불확실함도 있을 수 없습니다. 우리는 우리의 사역 가운데서 그리스도의 보혈을 떠날 수 없습니다. 만약 그렇다면 목회의 생명이 사라질 것입니다. 우리는 복음에 관하여 "피가 있는 곳에 생명이 있다"라고 말하기 때문입니다. 그리스도로 말미암아 살게 하려고 자기 백성을 위해 행하신 그리스도의 실제적 대속과 대리적인 희생이야말로 우리가 죽을 때까지 선포해야 할 교리입니다.

위대하고 영광스러운 하나님의 성령에 관해서도 한순간도 우리 마음이 흔들릴 수 없습니다. 성령이 존재한다는 사실, 그분의 인격, 그분의 역사하심의 능력, 그분의 감화의 필요성, 그분이 아니고서는 어느 누구도 중생할 수 없다는 확실한 사실, 그분에 의해서 거듭나게 된다는 것, 그분이 신자들 안에 거하면서 그들 속에서 모든 선한 일들을 이루는 분이며, 그들을 거룩하게 하고 보존하는 분이라는 것, 그리고 그분이 없이는 어느 누구도 선한 일을 할 수 없다는 이 모든 진리들을 선포하는 데 결코 주저해서는 안 됩니다.

또한 거듭남이 절대적으로 필요하다는 것이 확실합니다.…

도덕적인 개혁만으로 충분하다는 생각으로 성도들을 망쳐서는 안 됩니다. 우리는 계속해서 "여러분은 거듭나야 합니다"(참고. 요 3:7)라고 말해야 합니다.…

죄가 끔찍하게 악하다는 사실에 대해서 우리는 망설이지 않고 말해야 합니다. 우리는 죄의 문제에 대해서는 애통해하며 분명하게 말해야 합니다.…

구원이 전적으로 은혜에서 비롯된다는 영광스러운 진리에 대해서도, 우리는 결코 불확실한 소리를 내지 않을 것입니다. 우리가 정말 구원받았다면 우리는 하나님의 주권적인 은혜가 홀로 그 일을 이루었다는 것을 잘 알고 있으며, 다른 사람들의 경우에도 동일하리라 생각합니다.…

우리는 또한 믿음으로만 의롭게 된다는 것(justification by faith)에 대해서도 단호해야 할 것입니다. 구원은 "행위에서 난 것이 아니니 이는 누구든지 자랑하지 못하게 함이라"(엡 2:9). "십자가에 달리신 분을 바라보는 것에 생명이 있다"(There is Life in a Look at the Crucified One, 홀[A. M. Hull]이 지은 찬송가다—편집자 주)라는 것이 우리의 메시지가 되어야 합니다. 구속자에 대한 신뢰야말로 주님이 모든 청중의 마음에 심으시도록 간구할 구원하는 은혜입니다. 또한 우리는 성경에서 진리라고 믿는 모든 것에 대하여 확고하게 선포해야 합니다. 혹시 의문의 여지가 있는 것으로 생각되는 문제나 비교적 덜 중요한 문제의 경우에는, 그에 어울리는 정도의 결연함으로만 말해야 할 것입니다. 하지만 본질적이고 근본적인, 의문의 여지가 없는 문제들에 대해서는 "제가 무슨 말씀을 드리기를 원하십니까?"라고 사람들에게 묻지도 말고, 잠시의 주저함도 없이 선포해야 합니다. 정말 그렇습니다. 양해를 구하면서 "다른 사람들의 생각이 옳을 수도 있겠습니다만 제 생각은 이렇습니다"라고 할 필요도 없습니다.

우리가 복음을 선포할 때 절대로 우리의 견해인 것처럼 선포해서는 안 됩니다. 오히려 하나님의 뜻으로 선포해야 합니다. 그분의 아들에 관한, 그리고 잃어버린 바 된 사람들의 구원과 관련된 여호와 하나님의 증언으로 말입니다.…이 문제에 대해 우리는 결단해야 합니다.

이런 결단을 우리는 어떻게 보여줄 수 있을까요? 이 질문에 답변하기 위해서 신중할 필요는 없습니다. 우리의 결단은 자신의 방식으로 스스로를 보여줄 것입니다. 우리가 정말 진리를 믿는다면, 우리는 그 진리에 대해서 결단할 것이기 때문입니다.… 옆구리에 신학이라는 연발 권총을 찬 채 두 주먹을 불끈 쥐고 세상을 돌아다니면서 싸우자고 하는 짓은 하지 마십시오. 교리적인 싸움닭 따위가 되어 여러분의 기상을 보이려 한다거나, 정통을 수호하는 사냥개가 되어 이단적인 쥐새끼들이나 잡으려고 하는 것은 아무런 의미가 없습니다. 행동의 단호함(fortiter in re)뿐만 아니라, 태도의 온화함(suaviter in modo)도 실천하십시오. 싸울 준비가 되어 있어서 칼이 언제나 허리춤에 있어야겠지만, 칼집에 넣고 다니십시오. 모든 사람 앞에서 무기를 휘두르며 분쟁이나 조장하는 것은 아무런 의미가 없습니다.…

여러분이 정말 복음을 믿는다면, 복음을 위해 좀더 현명한 방법으로 결단해야 할 것입니다. 여러분의 말투 자체가 여러분의 진지함을 보여줄 것입니다. 여러분은 정말 참이라고 믿는 것을 말하려는 사람처럼 말할 것입니다. 불량배가 거짓을 말하려고 하는 것을 본 적이 있습니까? 그가 그것을 어떻게 말하는지 알아차렸습니까? 거짓말을 잘하게 되려면 오랜 시간이 걸립니다. 왜냐하면 안면 근육은 원래 거짓말을 편안하게 전달하도록 만들어지지 않았기 때문입니다. 어떤 사람이 자신이 진리를 말하고 있다는 것을 알 때, 그에게 속한 모든 것이 그의 신실함을 확증해줍니다.…이같이 진실한 분위기가 사역자들에게 항상 있어야 합니다. 사역자가 단지 진리를 증거할 뿐만 아니라 다른 사람들도 그 진리를 느끼고 그 능력을 소유하기를 바란다면, 믿거나 말거나 혹은 그 결과에 전혀 상관없다는 식으로 사실만을 진술하는 단순한 증인과는 달리 자신의 말투에서 결연함이 묻어나야 합니다. 루터는 결단의 사람이었습니다. 어느 누구도 그가 자신이 말하는 것에 대해 확고하게 믿고 있음을 의심하지 않았습니다. 그의 믿음에는 번개가 있었기 때문에 우레같이 말했습니다. 그의 전 존재가 믿었기 때문에 어디서나 설교했습니다. 여러분도 아마 이렇게 느꼈을 것입니다. "글쎄, 그가 미쳤을 수도 있고 완전히 실수하고 있을지도 모르겠지만, 자신이 말하는 것을 확실하고 믿고 있음에 틀림없어. 그는 꼭 믿음의 화신 같아. 그의 마음이 그의 입술에서 흘러나오고 있으니 말이야."

우리가 진리를 위한 결단을 보여주려면, 목소리나 말하는 방식뿐만 아니라 우리의 일상적 행동을 통해서도 그렇게 해야 합니다. 사람의 삶은 언제나 그의 웅변보다 더 강력합니다. 사람들이 누군가를 평가할 때 행동은 큰돈으로, 말은 잔돈으로 계산합니다. 만일 그의 삶과 가르침이 불일치한다면, 그를 바라보는 수많은 사람은 그의 행위는 본받으면서도 그의 가르침은 거부합니다. 사람이 진리에 대해서 많이 알면서도 오히려 진리를 손상시키는 증인이 될 수 있는 것은, 그가 전혀 신뢰를 주지 않기 때문입니다. 자신에게 감기를 낫게 하는 확실한 치료제가 있다고 떠들어대는 돌팔이 의사가 말끝마다 기침을 하고 코를 훌쩍거렸다는 옛 이야기는, 거룩하지 않은 목사를 가시화하는 이미지와 상징이 될 수 있습니다.… 행실이 나쁜 사람으로부터 선한 진리를 듣는다는 것은 정말 우스꽝스러운 일입니다. 그것은 마치 석탄 포대 안에 있는 밀가루와 같습니다.…

형제여, 마치 향나무의 모든 가지마다 아름다운 향기가 흘러나오는 것처럼, 진리가 그대 안에 있다면 그대의 전 존재로부터 그 진리가 흘러나올 것입니다. 마치 무역풍이 돛에 가득 불어 배의 속도를 높이는 것처럼, 진리가 그대를 앞으로 나아가게 할 것입니다. 마치 산불이 숲의 모든 나무를 태우는 것처럼, 진리가 그대의 전 존재를 태울 것입니다. 그대의 모든 행위에 진리의 인(印)이 찍히기까지, 그대는 아직 진리라는 여인과 온전히 사귀고 있다고 할 수 없습니다.

우리가 기꺼이 감수하려는 희생이 진리를 위한 우리의 결단을 보여줄 것입니다. 이는 정말 가장 힘들지만 동시에 가장 효과적인 방법이기도 합니다. 우리는 스스로가 지지한 원칙들을 위해 기꺼이 모든 것을 포기할 준비가 되어 있어야 합니다. 또한 우리는 가장 훌륭한 후원자들의 감정을 상하게 하고 가장 따뜻한 친구들과 멀어지게 될지언정, 우리의 양심에 어긋나는 일을 해서는 안 됩니다. 배신적인 행위를 하기보다는 차라리 빈털터리가 되고 모욕을 감수할 수 있어야 합니다. 우리는 죽을지언정 진리를 부인할 수 없습니다. 값이 이미 매겨졌기 때문에 어떤 대가를 치르더라도 진리를 사고, 어떤 값에도 그것을 팔지 않기로 결단해야 합니다. 그런데 오늘날에는 이런 정신을 찾아보기가 어렵습니다. 오늘날 사람들은 구원하는 믿음을 소유하고 있는 동시에, 고통으로부터 스스로를 구원하기도 합니다. 그들은 놀라운 분별력을 갖고 있으며, 어느 쪽 빵에 버터를 발랐는지도 알고 있습니다. 그들은 마음도 넓습니다. 결과적으로 사람들을 구원할 수만 있다면, 모든 사람에게 모든 것이 됩니다. 그런데 고기를 얻어먹으려고 사람들의 뒤꽁무니를 계속해서 쫓아다니는 들개들이 아주 많습니다. 그들은 결단력 있는 행동을 보면 짖어대면서 그것을 완고한 독단주의(dogmatism)와 무식한 고집불통이라고 부릅니다. 이런 비난하는 판단에 대해 우리는 전혀 개의치 않습니다. 그것은 우리가 이미 예상한 바입니다.

무엇보다 우리는 진리에 대한 열정을 지속적으로, 때를 얻든지 못 얻든지, 가장 부드럽고 온화한 방식으로, 그러나 동시에 가장 진지하고 확고하게 보여야 합니다.…

형제 여러분, 여러분의 **결단**을 **강화**하기 위해 이 진리들이 여러분의 영혼에 얼마나 중요한지를 상기하십시오. 여러분의 죄가 용서되었습니까? 천국의 소망을 갖고 있습니까? 영원의 엄숙함이 여러분에게 어떤 영향을 줍니까? 분명히 여러분은 이런 것들과 무관하게 구원을 받을 수 없습니다. 따라서 이것들을 잘 붙드십시오. 이것들이 확실하지 않으면 여러분은 자신이 구원받지 못한 사람이라고 생각할 것이기 때문입니다. 여러분은 죽어야 합니다. 그리고 이것들만이 여러분을 마지막까지 지켜줄 수 있다는 사실을 의식하면서 온 힘을 다해 붙들어야 합니다. 여러분은 그것들을 결코 포기할 수 없습니다. 사람이 어떻게 자기 영혼에 실제적으로 중요하다고 생각되는 진리를 포기할 수 있겠습니까? 그는 날마다 생각합니다. "나는 진리에 살고, 진리에 죽어야 한다. 진리와 떨어져 있다면 나는 지금 불행하고 영원히 버림받은 것이다. 따라서 하나님의 도우심으로 나는 진리를 절대로 포기할 수 없다."

사랑하는 여러분, 여러분의 일상적인 경험이 여러분을 지탱할 것입니다. 저는 여러분이 설교하는 진리의 능력을 여러분 스스로 이미 깨달았기를 바라고, 또 그것을 더욱더 경험하기를 바랍니다. 저는 하나님이 저를 택하지 않으셨다면 제가 하나님을 택할 수 없었을 것이라는 사실을 잘 알고 있기 때문에 선택의 교리를 믿습니다. 제가 태어나기도 전에 하나님이 저를 택하셨다는 것을 확신합니다. 그렇지 않았다면 출생 이후에는 저를 택하지 않으셨을 것입니다. 하나님은 제가 모르는 이유들 때문에 저를 택하신 것이 틀림없습니다. 왜냐하면 하나님이 그토록 사랑스럽게 저를 바라보시는 이유를 저는 제 안에서 결코 찾을 수 없기 때문입니다. 그래서 저는 어쩔 수 없이 선택의 교리를 받아들이게 되었습니다. 또한 저는 인간 본성의 타락에 대한 교리도 믿게 되었습니다. 왜냐하면 제 마음이 부패했다는 것을 제가 잘 알고 있으며, 제 육체에 선한 것이 하나도 없다는 것을 날마다의 증거를 통해 잘 알고 있기 때문입니다. 나아가 저는 용서받기 전에 속죄되어야 한다는 사실 또한 받아들이지 않을 수 없습니다. 제 양심이 그것을 요구하고 있으며 제 마음의 평안도 그것에 의존하기 때문입니다. 하나님께 행한 무례함에 대한 보상이 이루어지지 않으면, 제 마음속에 있는 작은 법정은 결코 만족할 수 없습니다. 가끔 사람들은 이런저런 진술들이 사실이 아니라고 말하지만, 우리가 그것들을 시험했고 증명했다고 답변할 수 있다면 무슨 할 말이 더 있겠습니까? 어떤 사람이 꿀은 달지 않다는 놀라운 사실을 발견했다고 주장한다고 합시다. 그런데 여러분이 "제가 아침 식사 때 약간 먹어보았는데 굉장히 달던데요"라고 말한다면 그 답변이 문제를 종결합니다.··· 만일 여러분이 하나님의 말씀이 진리라는 사실을 날마다 일상적으로 경험한다면, 여러분은 그 진리에 대해 마음속에 흔들림이 있을까 걱정하지 않아도 됩니다. 죄에 대한 양심의 가책을 전혀 느껴본 적도 없고 아침에 물속에 텀벙 들어가 목욕하는 것처럼 신앙 생활을 하는 젊은 친구들은 쉽게 뛰어들어간 만큼 쉽게 뛰쳐나오고 말 것입니다. 영적 삶의 상태를 진단해주는 심령의 기쁨과 절망을 느끼지 못하는 사람들은 무감각한 사람들입니다. 그들의 마비된 손은 진리를 굳게 잡을 수 없습니다. 말씀을 대충 훑으며 읽는 사람들은 마치 날개로 살짝 물만 건드리는 제비처럼 자신의 개인적인 생각이 이끄는 대로 이 땅에서 저 땅으로 날아다니는 사람들입니다. 한 번은 이것을 믿고 다음에는 저것을 믿지만, 사실 그들이 열심히 믿는 것은 아무것도 없습니다. 만약 여러분이 절망의 수렁에서 질질 끌려다녔고 거꾸로 완전히 뒤집히기도 했으며 힘과 자존심이 접시처럼 완전히 씻겨나간 적이 있는데도 예수 그리스도를 통해 하나님의 기쁨과 평안으로 가득 차게 되었다면, 저는 수많은 불신자들 가운데서도 여러분을 신뢰할 것입니다. 하나님의 말씀에 대한 회의론자들의 진부한 공격을 들을 때마다 저는 속으로 웃으며 생각합니다. "이 바보들아! 어떻게 그렇게 어리석은 반론들을 제기할 수 있지? 나 자신의 불신앙과의 싸움에서도 열 배나 더 큰 어려움을 겪었는데 말이야."…

형제 여러분, 만약 우리가 주 예수 그리스도와 교제한다면 복음의 근본들(fundamentals)에 대해서 도무지 의심할 수 없고, 미해결 상태로 머무를 수도 없습니다. 가시 면류관을 쓰신 주님의 머리와 못 박힌 손과 발을 한번 보기만 하는 것도 "현대적인 불신"과 그것의 모든 변형에 대한 확실한 치료입니다. "만세반석 열리니"("Rock of Ages, cleft for me", 토플레디[Augustus M. Toplady]가 작사한 찬송가 "만세반석 열리니"의 가사다―편집자주) 이제 여러분은 들어가십시오. 그러면 흘러내리는 모래를 혐오하게 될 것입니다.…

우리는 생명의 선한 말씀을 입으로 맛보고 손으로 만진 사람들입니다. 우리는 보고 들은 것을 증거합니다. 사람들이 우리의 증언을 수용하든지 수용하지 않든지 우리는 말하지 않을 수 없습니다. 우리는 아는 것을 말하고 본 것을 증거하기 때문입니다. 형제 여러분, 이것이야말로 우리가 결단하게 되는 확실한 방법입니다.…

6
영적인 해석을 하려면
On Spiritualizing

…형제 여러분, 일정한 한계 내에서라면 영적인 해석을 하거나 특이한 본문을 선택하는 것을 두려워하지 마십시오. 여러분이 당연히 해야 하는 것처럼 성경 본문들을 계속 살펴보면서 명확한 의미를 제시할 뿐만 아니라, 표면적으로 드러나지 않을 수 있는 의미도 발견하십시오.…저는 여러분이 일정한 한계와 범위 내에서 영적인 해석을 시도하시기를 권합니다. 하지만 이런 권면을 빌미로 끊임없고 무분별한 해석, 곧 조지 폭스(George Fox)가 "상상"(imaginings)이라고 표현한 것 속으로 무턱대고 빠져서는 안 됩니다. 목욕하라는 권면을 받고 물에 빠져 죽어서는 안 되며, 타닌(tannin)이 귀한 위장약이라는 말을 들은 후에 오크 나무에 몸을 매달아서도 안 됩니다. 허용되는 것이라도 지나치면 악이 됩니다. 불이 벽난로 안에서는 선한 하인이지만, 집을 태우

는 맹렬한 불은 악한 주인입니다. 좋은 것도 지나치게 많으면 질리고 역겹게 합니다. 우리 앞에 있는 이 문제만큼 이 사실을 확실하게 보여주는 것은 없습니다.

우리가 따라야 할 첫째 규범은 부당한 영적인 해석(spiritualizing)을 통해 본문을 극단적으로 왜곡하지 말라는 것입니다. 이것은 상식에 어긋나는 죄악입니다. 본문이 결코 말하지 않았을 내용을 드러내기 위해서 본문을 억지로 끼워 맞추는 설교자들 때문에 하나님의 말씀이 얼마나 끔찍하게 왜곡되고 난도질을 당했던가요?…

우리는 잠언 21장 17절의 "연락을 좋아하는 자는 가난하게 되고 술과 기름을 좋아하는 자는 부하게 되지 못하느니라"라는 말씀에 대한 자신의 생각을 말했던 사람에 대해서 들었습니다. 잠언은 영적인 해석을 하는 사람들이 장난치기 좋아하는 책입니다. 이 기가 막힌 해설가는 잠언 본문을 이렇게 해석을 했습니다. "'연락을 좋아하는 자' 곧 은혜의 수단을 누리는 그리스도인은 '가난하게 될 것이고', 즉 심령이 가난한 자가 되고, '술과 기름을 좋아하는 자' 곧 언약의 섭리를 기뻐하고 복음의 기름과 술을 즐기는 자는 '부하게 되지 못한다', 즉 자기 자신을 평가할 때 부하게 되지 못한다." 곧 이 본문은 심령이 가난한 자들의 탁월함과 그들이 어떻게 복음의 연락을 즐기는지 보여준다는 것입니다. 이 해석은 정서적으로 적절해 보이지만 제가 가진 육의 눈으로는 도무지 그 내용을 본문에서 찾을 수 없습니다.…

단순한 무식이 자만심으로 부풀려져서 때로는 웃지 못할 결과가 생기기도 합니다. 한 가지 사례만 보아도 충분할 것입니다. 언젠가 어느 훌륭하신 목사님이 에스라의 29개의 칼(참고. 스 1:9)에 대해서 성도들에게 설교를 한 적이 있다고 제게 말씀하셨습니다. 저는 그 목사님이 이 날카로운 도구들을 사려 깊게 다루실 것이라 확신합니다만, 홀수의 칼 속에서 요한계시록의 24장로들에 대한 언급을 발견한 매우 희한한 양반들의 해석을 모방하지 않았기를 바란다고 말해야만 했습니다.…

이들은 기독교적인 호기심에 대한 몇몇 사례들로서, 성스러운 유물들(relics)이 워털루 전장에서 매일 수없이 수집되는 것처럼 그 수는 많고 가치는 보잘것없지만, 순진한 사람들에게는 매우 귀중한 보물로 여겨집니다.…이런 지껄임은 성경의 명예를 손상시키고, 청중의 상식을 모욕하며, 슬프게도 목사 자신을 비천하게 하는 것입니다. 이는 레바논의 엉겅퀴가 레바논의 백향목이 아닌 것처럼 우리가 여러분께 권면한 영적인 해석이 아닙니다.…

둘째 규범은 점잖지 않은 주제들에 대해서는 절대로 영적인 해석을 하지 말라는 것입니다. 이 말을 해야 할 필요가 있습니다. 왜냐하면 슬롭대쉬 가족(Slopdash family)은 겸손한 사람의 볼을 붉게 만드는 방식으로 말을 할 때 가장 만족하기 때문입니다.…예레미야와 에스겔 선지자의 단호하고도 소름 끼치는 비유들에 대해서 얼마나 잘못된 해석들이 생겨났던가요! 성령이 베

일을 두르셔서 더럽혀지지 않도록 하셨는데, 이 사람들은 그 베일을 찢어버리고 천박한 사람들만이 사용할 수 있는 언어로 말했습니다.… "사념을 품은 자에게 화가 있으리라"(Honi soit qui mal y pense, 영국 왕실의 문장에 있는 문구다—편집자주)는 말도 있습니다만, 단언하건대 순수한 마음의 설교자는 강단에서 그런 조잡한 주제들에 대해서 숨조차도 쉬어서는 안 됩니다. 로마 황제의 부인에게는 약간의 의혹도 있어서도 안 되고, 그리스도의 종들은 삶과 언어 사용에서 약간의 점과 흠도 있어서는 안 됩니다. 여러분, 어떤 설교자들이 즐겨하는 키스나 포옹은 역겹습니다. 솔로몬의 아가서는 종종 그러는 것처럼 진흙 속에서 질질 끌고 다니기보다, 그냥 그대로 놔두는 편이 훨씬 좋습니다.…

다음으로, 셋째 규범은 여러분이 아주 똑똑한 사람이라는 것을 보이기 위해서 영적인 해석을 해서는 안 된다는 것입니다. 이런 의도는 사악한 것이며, 사용된 방식은 어리석을 뿐입니다. 열 명 중에 아홉 명이 잘할 수 있는 일을 하면서 주목을 받으려고 하는 것은 오로지 지독한 바보들만이 하는 짓입니다. 한번은 어느 임시 목사가 "그러나"라는 단어에 대해서 설교를 했습니다. 단순한 접속사에 대해서 그렇게 놀랍게 말할 수 있는 자신의 능력에 대해서 회중이 넋을 잃을 것을 기대하면서 말입니다. 그의 설교 주제는 사람의 성품이 제아무리 훌륭하고 그의 지위가 아무리 존경받을 만하다 하더라도 시련과 어려움이 분명히 있다는 사실을 우리 모두와 관련시키려 했던 것으로 보입니다. "나아만은 위대한 장군이었습니다. 그러나….” 설교를 마치고 강단에서 내려오자 집사들이 그에게 말했습니다. “목사님은 오늘 우리에게 아주 뛰어난 설교를 해주셨습니다. 그러나 목사님은 우리 교회에 적합한 분이 아니라는 사실을 분명히 알겠습니다.” 아차! 재치가 너무 흔해지면 그것은 대적자들의 손에서도 큰 무기가 됩니다. 영적인 해석은 그런 재치를 드러내는 수단이 아니라는 것을 기억하십시오. 비록 여러분에게 능력이 있더라도 분별 없이 행하면 그것은 여러분의 어리석음을 가장 잘 보여주는 방법이 될 것입니다. 여러분, 거칠고 대담한 오리게네스의 해석을 정말 본받고 싶다면 그의 전기를 읽어보고, 거친 상상력이 자신의 판단력에 대한 절대적인 권위를 빼앗아서 그 놀라운 정신이 오류들에 빠지게 된 것에 주목하십시오.…

넷째로 주의할 규범은 신기한 의미, 이른바 영적인 의미를 전하기 위해서 성경을 왜곡해서는 절대로 안 된다는 것입니다. 영감된 두루마리 책을 보호하고 종결하는 근엄한 저주가 그런 왜곡을 묵과하지 않을 것이기 때문입니다.…

다시 한 번 말씀드립니다만, 여러분이 영적으로 해석하려는 성경의 이야기들이 역사적인 사실이라는 것을 청중이 절대로 잊지 않도록 하십시오. 성경이 단지 신화나 비유가 아니라는 것을 말입니다. 여러분의 상상이 흘러넘쳐서 본문의 첫째 의미가 사라지게 해서는 안 됩니다. 본문의 의미는 분명하게 선포되고, 최고의 위치를 점해야 합니다. 여러분이 영적으로 해석할 때도, 그것이 본문의 본래적인 고유한 의미를 밀어낸다거나 배경으로 사라지게 해서는 안 됩니다. 성경은 지혜로운 우화들이나 교훈적인 시적(poetical) 전승들의 모음집이 아닙니다. 성경은 우리에게 문자적인 사실들을 가르치며, 무서운 현실들에 대해서 계시합니다. 이 진리에 대한 여러분의 온전한 확신이 여러분의 목회 사역에 참여하고 있는 모든 사람에게 분명하게 보여야 합니다.…

하지만 영적인 해석의 적절한 범위, 혹은 영적인 해석을 하도록 하는 특별한 은사의 적절한 범위가 있습니다. 예를 들어 여러분은 **예표들**(types)이 거룩한 상상력을 발휘할 수 있는 충분한 기회를 제공하는 것을 종종 보셨을 것입니다. 광야에 있는 장막이 여러분 앞에 있고 그 안에 온갖 거룩한 기구들이 있으며 번제와 화목제를 비롯하여 하나님께 드려지는 다양한 제사들이 있는데, 왜 굳이 "미움받는 여자들"(참고. 잠 30:23)을 찾아서 그것에 대해서 설교한다는 말입니까? 성전과 그곳의 모든 영광이 여러분 앞에 놓여 있는데, 왜 굳이 새로운 것들을 찾아 고심한다는 말입니까? 예표적 해석의 여지가 가장 많은 것은 역시 하나님 말씀에 드러난 의심할 수 없는 상징들입니다. 상징은 하나님이 직접 지정하신 것이기 때문에 안전할 것입니다. 여러분이 구약성경의 모든 예표들을 빠짐없이 연구했다 하더라도, 이제 수많은 **은유들**(metaphors)이 전수된 보물로 남아 있습니다.…

이제 통상적으로 받아들여지는 모든 예표를 여러분이 전부 해석했고, 상징들과 은유적인 표현들에 대해서도 설명했다고 가정해봅시다. 그러면 비유들(similitudes)을 다룰 때는 여러분의 상상력과 즐거움이 잠들어야 할까요? 결코 그렇지 않습니다. 사도 바울이 멜기세덱에게서 신비를 발견하고, 하갈과 사라에 대해서 "이것들은 비유"(allegory, 갈 4:24)라고 말할 때, 그는 말씀드린 두 곳 이외에서도 성경의 알레고리를 발견할 수 있는 전례를 주고 있는 것입니다. 사실 역사서들은 곳곳에서 알레고리를 제공할 뿐만 아니라, 그 전체가 상징적인 가르침의 관점에서 배열되어 있는 것처럼 보입니다.

앤드류 주크스(Andrew Jukes)는 창세기의 예표들에 대한 그의 작품 서문에서, 어떻게 경건한 사람이 본문의 의미를 왜곡하지 않으면서도 가장 정교한 이론을 구성할 수 있는지 다음과 같이 잘 보여주고 있습니다.

이어지는 내용에 대한 기초나 근거로서 우리는 우선 사람으로부터 나오는 것이 무엇인지, 나아가 본성(nature)에 의해서든 아니면 은혜(grace)에 의해서든 옛 아담의 뿌리로부터 자라날 수 있는 온갖 다른 형태의 생명을 본다. 이것이 창세기다. 다음으로 우리가 보는 것은 악하든지 선하든지 아담으로부터 나오는 것에 구원이 있어야 한다는 것이다. 그래서 어린 양의 보혈로 택함을 받은 백성들이 애굽에서 구원을 받는다. 이것이 출애굽기다. 구원을 알게 된 후에 우리는 택함 받은 백성이 성소에서 구속자 하나님께 나아갈 필요성과 방법을 배운다. 우리는 이것을 레위기에서 얻는다. 그리고 종살이를 하던 애굽에서 나온 나그네가 광야와 같은 이 세상에서 요단 강 건너 약속의 땅에 이르기까지, 또한 기적과 인간적인 지혜의 땅으로부터 젖과 꿀이 흐르는 땅에 이르기까지의 여정 중에 겪게 되는 온갖 시련에 대해 우리는 배운다. 이것이 민수기다. 다음에는 광야를 더 나은 땅으로 맞바꾸려는 소망이 나오는데, 택함 받은 사람은 구속에 대해 알게 된 후에도 여전히 얼마 동안 그 땅에 들어가지 못한다. 택함 받은 사람은 어느 단계에 이르면 자신의 소망에 대한 응답으로 부활의 능력을 알게 되고, 이미 지금 하늘 처소에서처럼 살게 된다. 그렇게 살기 위해서 순종해야 할 규범과 규율이 뒤따른다. 두 번째 율법 수여이자 두 번째로 깨끗하게 하는 책인 신명기는 진보의 길을 말씀한다. 그 후에 실제로 가나안에 도착한다. 우리는 요단 강을 건넌다. 이제 우리는 육체의 죽음을 실제적으로 알고, 할례를 받는다는 것과 애굽의 수치가 지나가는 것이 무엇을 의미하는지 안다. 이제 우리는 예수님과 함께 부활하게 된다는 것이 무엇인지, 그리고 우리의 싸움이 혈과 육에 대한 것이 아니요 하늘에 있는 정사와 권세에 대한 것임을 알게 된다. 이것이 여호수아서다. 그 다음에는 택함 받은 자들이 하늘의 처소에서 실패한 일에 대한 이야기가 등장하는데, 이는 가나안 사람들을 물리치지 않고 오히려 그들과 동맹을 맺은 데서 비롯한다. 이것이 사사기다. 그 후에는 서로 다른 통치 형태들을 열왕기에서 찾아볼 수 있다. 이는 교회가 잘 알고 있는 내용일 것이다. 이스라엘에서 최초로 통치가 시작된 때로부터 그것이 사라질 때까지, 다시 말해서 이스라엘의 죄악 때문에 택함 받은 자들의 통치를 바벨론의 통치가 대신할 때까지의 이야기가 등장한다. 이 사실이 그 모든 수치와 함께 알려질 때, 우리는 택함 받은 자들 중에서 남은 자들이 이스라엘을 회복하기 위해 이루어져야 할 일들을 각자의 분량에 따라 하는 것을 본다. 어떤 이들은 에스라처럼 성전을 건축하여 참된 예배 형식을 회복하기 위해 돌아오며, 어떤 이들은 느헤미야처럼 이방인의 허락을 받고 미약하게나마 성벽을 재건하여 고대의 정치 조직을 회복하기 위해 온다. 비록 에스더서에 하나님의 이름은 한 번도 등장하지 않더라도(그리고 이것이야말로 이 책의 등장인물들이 처했던 상태다), 속박 아래 있지만 신실하여 섭리 가운데 구원을 받는 세 번째 종류의 남은 자들을 보여준다.

저는 여러분에게, 방금 인용한 이 저자가 때때로 그런 것처럼 상상력이 풍부한 사람이 되라고 권하는 것이 결코 아닙니다. 이 저자는 상당 부분 신비주의로 빠지는 경향이 있습니다. 하지만 그럼에도 불구하고 여러분이 충분히 심사숙고하여 성경의 책들 사이에 존재하는 큰 흐름에 주목하고, 그 연속성을 예표들의 한 체계로 받아들인다면 훨씬 더 큰 흥미를 갖고 성경을 읽을 것입니다.

그럴 때 영적 해석을 하는 능력은 **세부적이고 분리된 사실들에 의해서 진전된 위대한 보편적 원리들을 일반화하는 데 잘 발휘될 것입니다. 이는 매우 독창적이고 교훈적이며 합당한 시도입니다.…성경에 나오는 수많은 사건들 속에서 여러분은 그렇게 많은 말씀들에서 한 번도 표현되지 않은 보편적인 원리들을 발견하게 될 수도 있습니다.…

우리 주님의 비유들(parables)도 설명과 강조를 통해서 성숙하고도 절제된 상상력을 발휘할 수 있는 충분한 기회를 제공합니다. 그리고 이 비유들을 모두 놓쳤다고 하더라도, 상징적인 교훈이 풍성하게 들어 있는 주님의 기적들(miracles)이 여전히 남아 있습니다. 기적들이 우리 주 예수 그리스도가 행동으로 보여주신 설교라는 점은 의심할 바 없는 사실입니다. 여러분은 예수님의 비길 데 없는 가르침 속에서 "말씀 설교"(word sermons)를, 그의 유례 없는 행위들 속에서 "행위 설교"(deed sermons)를 경험합니다.… 우리 주님의 모든 능하신 사역들에는 가르침이 가득합니다. 귀머거리이며 벙어리인 사람을 고치신 이야기를 보십시오. 그 불쌍한 사람들의 질병은 인간의 상실된 상태를 충분히 잘 보여줍니다. 그리고 우리 주님이 고치시는 방법은 구원의 계획을 매우 교훈적으로 예증합니다. "예수께서 그 사람을 따로 데리고 무리를 떠나사…"(막 7:33). 그 심령은 자신의 인격과 개별성을 분명히 느꼈을 것이고, 외로움을 느끼게 되었을 것이 분명합니다. 예수님이 "손가락을 그의 양 귀에 넣고." 이렇게 주님은 불행의 근원을 보이시고 죄인들로 하여금 자신의 상태를 깨닫게 하십니다. 그리고 "침을 뱉어." 복음은 단순하고 무시당할 수 있는 수단입니다. 그런데 죄인이 구원을 얻기 위해서는 자신을 낮추어 그것을 받아야 합니다. 주님이 "그의 혀에 손을 대시며."

불행의 원인이 무엇인지 다시 한 번 가르쳐주십니다. 주님의 도우심이 절실하다는 생각도 강해집니다. 주님이 "하늘을 우러러." 주님은 모든 능력이 위로부터 임한다는 사실을 병자가 깨닫게 해주셨습니다. 이는 우리 모두가 배워야 할 교훈입니다. 주님이 "탄식하신" 것은 치유자가 느끼는 슬픔이 우리를 고치는 방법이 된다는 것을 보여줍니다. 그리고 주님이 "에바다, 열려라"라고 하셨을 때, 바로 여기 즉각적이고 완전하며 지속되는 치료를 가능하게 하는 은혜의 효과적인 말씀이 있었던 것입니다. 이런 하나의 주해만 가지고도, 우리는 그리스도의 기적들이 사람들 사이에서 행하신 그분의 사역을 보여주는 위대한 그림 전시장과도 같다는 것을 배우고 믿게 될 것입니다. 하지만 비유나 은유를 다루는 모든 이들은 매우 신중해야 한다는 것을 명심합시다.…

이 강의를 끝내기 전에 제가 어릴 때 아주 익숙했던 영적인 해석의 한두 가지 사례를 말씀드리려고 합니다. 비록 교육을 받지는 않았지만 매우 탁월했던, 이웃에 살고 있던 설교자의 설교를 저는 결코 잊을 수 없습니다. 제게는 그의 실제 설교를 기록해놓은 노트가 있었는데, 그것은 노트로만 남아 있을 것이고 이 세상에서 다시 설교될 일은 전혀 없을 것이라고 확신합니다. 설교 본문은 "타조와 타흐마스와 갈매기"였습니다(참고. 레 11:16; 신 14:15). 언뜻 보기에 내용이 풍성할 것 같지 않은 본문입니다. 저에게도 그랬습니다. 그래서 저는 정직하게 물어보았습니다. "그런데 설교의 소제목들(heads)은 무엇인가요?" 그는 매우 짓

굳게 대답했습니다. "대가리들? 왜? 새들의 목을 비틀어 꺾어보게나. 그러면 타조와 타흐마스, 갈매기 이렇게 세 개의 대가리가 나오겠지." 그는 이 새들이 모두 율법 아래에서 부정한 것들이고, 부정한 죄인들의 명확한 예표라는 점을 보여주었습니다. 타조는 남몰래 도둑질하는 사람으로서 이웃을 속여서 부당하게 이득을 취하는 자인데, 그러면서도 사기꾼으로 의심을 받지는 않는 그런 사람입니다. 타흐마스는 밤에는 언제나 활달하지만 낮에는 너무 졸려서 고개를 말뚝에 처박고 있는 술주정뱅이를 의미합니다. 신앙을 고백하는 사람들 중에서도 타흐마스 같은 사람이 많다고 합니다. 타흐마스는 털이 많아서 크게 보일 뿐이지, 털을 다 뽑아보면 매우 작은 새입니다. 마찬가지로 많은 사람이 신앙을 고백하지만 온통 털만 요란할 뿐이어서, 만약 자랑하는 것들을 모두 없앤다면 그들에게 남은 것이라곤 거의 없게 되는 것입니다. 갈매기는 교회에서 입을 열어 말을 하면 언제나 똑같은 말만 되풀이하면서 다른 새들의 알들, 즉 교회세와 십일조로 살아가는 목사를 의미합니다. 제 기억에 갈매기는 또한 자유의지를 주장하는 사람들이기도 합니다. 그들은 항상 말하기를 "행하라, 행하라, 행하라"라고 합니다.

이런 해석이 상당히 지나친 것이라고 생각되지는 않습니까? 하지만 설교를 했던 분에게는 전혀 이상하거나 지나치게 생각되지 않았습니다. 그분이 똑같이 독보적인 설교를 한 적이 있는데, 상당히 독창적이고 굉장히 유익한 설교였기 때문에 그 설교를 들은 사람들은 아마도 죽을 때까지 그 설교를 기억할 것입니다. 설교 본문은 "게으른 자는 그 사냥한 것도 굽지 아니하나니"(잠 12:27, KJV)였습니다. 그분은 강단에 기대어 서서 이렇게 말했습니다. "그러니까 여러분 그 사람은 아주 게으른 사람이었습니다." 이것은 서론이었고, 그는 계속해서 말했습니다. "사냥을 갔다가 토끼를 잡으려고 온갖 고생을 다 했는데, 너무 게을러서 그만 그것을 굽지도 않은 것입니다. 정말로 게으른 사람 맞지요." 그분은 그런 게으름이 얼마나 어리석은 것인가를 우리 모두가 깨닫게 한 다음에 이렇게 말했습니다. "하지만 여러분도 이 사람과 똑같은 비난을 받아야 할 것 같군요. 여러분도 똑같은 일을 하고 있으니까요. 유명한 목사가 런던에서 온다는 소식을 들으면 설교를 듣기 위해 말에 안장을 얹고 10마일이나 20마일을 달려가기도 합니다. 하지만 그 설교를 듣고 나면 그 말씀으로부터 유익을 얻을 생각은 전혀 하지 않습니다. 여러분도 토끼는 잡았지만 그것을 굽지 않습니다. 진리를 사냥하러 나갔다가도 그것을 받아들이지 않습니다." 그런 다음에 그는, 고기가 몸에 흡수되려면 요리가 필요한 것처럼, 우리가 마음속에 진리를 받아들여서 우리의 영혼을 자라게 하려면 하나의 과정을 거쳐야 한다는 점을 계속해서 설명했습니다. 그는 설교를 어떻게 요리하는지를 보여주겠다고 하고서 실제로 매우 유익하게 그것을 보여주었습니다. 그는 요리책에서 설명하는 것처럼 그렇게 운을 떼었습니다. "우선 토끼를 잡아야겠지요. 그렇게 먼저 복음 설교를 접하시기 바랍니다." 그리고 이어서 상당히 많은 설교가 전혀 들을 가치가 없는 반면 훌륭한 설교들은 안타깝게도 몹시 희귀하기 때문에, 예전부터 전해 내려온 견고한 칼빈주의적 설교를 듣기 위해서라면 먼 거리를 달려가는 것도 가치 있는 일이라고 했습니다. 설교를 들은 후에는 설교자의 연약함 때문에 전혀 유익이 되지 않는 내용들은 제거하는 일이 필요하다고 했습니다. 그리고 사람의 모든 말을 있는 그대로 믿지 않고 들은 내용을 분별하고 판단하는 문제에 대해서 상세하게 설명했습니다. 그런 다음에 설교를 굽는 것에 대한 지침들을 알려주었습니다. 설교를 이쪽 끝부터 저쪽 끝까지 기억의 꼬챙이에 꽂아서 묵상의 철판 위에 올려놓고 정말로 뜨겁고 진지한 마음의 불 위에 돌려가며 구워낼 때, 설교가 요리가 되고 진정한 영적인 영양분을 제공할 수 있다는 것입니다.

저는 여기서 대략적인 개요만을 말씀드렸습니다. 여러분이 보기에는 우스울 수도 있겠지만, 그 설교를 들은 사람들은 전혀 그렇게 생각하지 않았습니다. 그 설교는 알레고리로 가득 차 있어서 처음부터 끝까지 사람들의 주의를 사로잡았습니다.…

분별과 판단력을 가지고 한다면 때때로 영적인 해석은 사람들에게 좋은 효과를 줄 수 있다는 것을 다시 한 번 말씀드리면서 이제 마치려고 합니다. 분명 그들의 관심을 끌 뿐만 아니라 그들이 계속 깨어 있도록 할 것입니다.

7
설교자와 개인적인 기도
The Preacher's Private Prayer

당연히 설교자는 다른 무엇보다도 기도의 사람이라는 특징을 가집니다. 그는 보통 그리스도인처럼 기도합니다. 그렇지 않으면 그는 위선자입니다. 그는 보통 그리스도인들보다 더 많이 기도합니다. 그렇지 않으면 맡고 있는 직분을 수행할 자격이 없는 사람입니다. 베르나르두스(Bernard de Clairvaux)는 "가장 높은 직분을 맡았으면서 영혼은 가장 낮은 상태에 있는 것, 다시 말해서 지위는 첫째이지만 삶은 꼴찌인 것이야말로 정말 끔찍한 일이다"라고 했습니다. 다른 모든 관계에 대해 목사가 책임감이 있고 탁월하다면 그는 빛날 것입니다. 그러나 그가 정말 주님께 진실한 사람이라면, 그 모든 관계 속에서 무엇보다 충분한 기도가 그를 위엄 있게 합니다. 시민으로서 드리는 그의 기도를 통해 국가가 유익을 얻습니다. 이웃으로서 그는 자신의 그늘 아래에 있는 사람들을 기억하며 기도합니다. 그는 남편으로서, 또 아버지로서 기도합니다. 성도들에게 모범이 되도록 가정의 경건 생활에도 힘씁니다. 하나님의 제단 위에 있는 불이 제단 아래에 있는 어느 곳에 불붙어야 한다면, 그것은 주님께서 택하신 종의 집이어야 할 것입니다. 왜냐하면 아침과 저녁의 희생 제사가 그의 거처를 거룩하게 할 것이기 때문입니다. 하지만 그의 기도 가운데 자신의 직무와 관련된 기도가 있습니다. 오늘 강의는 그런 기도들에 대해서 다루려고 합니다. 그는 사역자로서 특별한 간구를 드립니다. 그리고 그는 바로 사역자라는 측면에서 다른 관계에서 누군가에게 다가가는 것보다 하나님께 가까이 나아갑니다.

저는 목사를 언제나 기도하는 사람이라고 생각합니다. 목사는 목회 사역을 생각할 때 그가 일하는 중이든지 아니든지 상관없이 언제든지 하나님께 간구합니다. 마치 하늘로 잘 쏘아 올린 화살처럼 자신의 거룩한 열망을 위로 올려드리는 것입니다. 항상 기도의 행위 가운데 있는 것은 아니라도, 언제나 기도의 심령 가운데 삽니다. 마음이 목회 사역에 가 있으면, 먹을 때나 마실 때나 혹은 휴식을 취하거나 잠자리에 들거나 아침에 일어날 때도 언제나 소망 가운데 열심을 품게 되고 사역에 대한 두려움을 느끼면서 단순히 하나님만을 의지하는 심령을 갖게 됩니다. 결국 어떤 형태로든지 계속해서 기도할 수밖에 없는 것입니다. 이 세상에 "쉬지 말고 기도하라"라는 명령을 반드시 지켜야만 하는 사람이 있다면 그는 바로 목사입니다.…목사인 여러분이 기도로 충만하지 않다면 여러분은 정말 불쌍한 사람입니다. 앞으로 여러분이 크게든 작게든 부름을 받아 목회 사역에 임하게 될 때 은밀한 경건 생활에 게으르게 된다면, 여러분 스스로가 불쌍한 자일 뿐만 아니라 여러분의 성도들도 마찬가지로 불쌍한 사람입니다. 게다가 그 책임은 여러분에게로 돌아가서 결국 수치와 부끄러움을 당하는 날이 올 것입니다.

개인적인 경건 생활을 갖는 것이 얼마나 달콤한지 굳이 말씀드릴 필요도 없지만, 지금 말하지 않을 수 없습니다.…우리의 모든 도서관과 서재는 기도를 위한 골방에 비하면 공허할 뿐입니다. 개인적인 기도를 통해서 우리는 성장하고 강건해지며 승리합니다.

여러분이 설교를 준비하는 동안 기도만큼 큰 도움이 되는 것은 없습니다. 다른 사람들이 에서처럼 자기 몫을 얻기 위해 사냥하는 동안 여러분은 기도의 도움으로 집 근처에서 맛있는 고기를 발견할 것이고, 야곱이 "…여호와께서 나로 순조롭게 만나게 하셨음이니이다"(창 27:20)라고 거짓으로 말한 것을 여러분은 진실로 말할 수 있게 될 것입니다.…기도는 정신 활동이기 때문에 많은 주제를 마음에 떠오르게 하고 주제를 정하는 데 도움을 줄 것입니다. 나아가 기도는 고도의 영적인 활동이기 때문에 여러분의 속사람의 눈을 깨끗하게 씻어서 하나님의 빛 가운데서 진리를 보도록 해줄 것입니다. 기도의 열쇠로 열기 전까지 성경 본문은 종종 여러분에게 그 보물을 계시하지 않을 것입니다. 기도하는 중에 다니엘에게 책들이 열린 것이 얼마나 놀랍습니까! 베드로는 지붕 위에서 얼마나 많이 배울 수 있었던가요! 기도의 골방이야말로 가장 훌륭한 서재입니다. 성경 주석가들도 훌륭한 교사들이지만, 성경의 저자이신 하나님은 그들보다 훨씬 뛰어나신 분입니다. 기도는 그 하나님께 직접 호소하는 것이며, 우리의 문제를 위해 하나님의 참여를 요청하는 것입니다. 성경 본문의 영과 골수에까지 이르도록 기도하고, 그로부터 거룩한 양식을 얻어 사역하는 것이 정말 위대한 것입니다. 마치 벌레가 열매의 껍질을 뚫고 들어가서 알맹이까지 이르는 것과 같습니다. 기도는 심오한 진리를 들어올리는 지렛대와 같은 역할을 합니다. 스톤헨지(Stonehenge)의 바위들이 어떻게 거기에 세워질 수 있었는지도 놀랍지만, 신비로운 교리에 대한 놀라운 지식을 얻은 사람을 보면 훨씬 더 놀랍습니다. 기도야말로 이런 기적을 이루는 강력한 도구가 아니었겠습니까? 하나님을 기다리는 것은 자주 어두움을 빛으로 변화시킵니다. 하나님의 거룩한 말씀을 인내하며 구할 때, 장막이 걷히고 하나님의 깊은 것들을 바라볼 수 있는 은혜를 얻게 됩니다.…

마치 모세가 바위를 지팡이로 내리친 후에 그랬던 것처럼, 성경 본문으로부터 신선한 생각의 물줄기가 솟아나는 것을 여러분은 자주 발견하게 될 것입니다. 여러분이 하나님의 말씀을 탐구하고 기도의 망치를 부지런히 사용한다면, 고귀한 보석의 새로운 광맥이 놀랍게 눈앞에 펼쳐질 것입니다. 때로는 사방이 막힌 것처럼 느껴질 때도 있지만, 갑자기 새로운 길이 여러분 앞에 펼쳐질 것입니다. 다윗의 열쇠를 가지신 이가 문을 여시면 어느 누구도 닫을 수 없습니다. 라인 강을 따라 항해하면 마치 여러 개의 호수가 이어진 것 같은 장엄한 강의 경관에 놀라움을 금할 수 없습니다. 배의 앞과 뒤가 거대한 암벽이나 포도나무 덩굴로 뒤덮인 절벽으로 둘러싸였다가도, 모퉁이를 돌면 갑자기 세차고 위엄 있게 흘러가는 강의 모습이 여러분 앞에 펼쳐집니다. 마찬가지로 열심히 수고하는 학생도 본문에서 같은 것을 발견합니다. 진리가 굳게 닫혀 있는 것처럼 보일 때, 기도는 여러분의 배를 앞으로 나아가게 해서 뱃머리를 새로운 곳으로 향하게 합니다. 그러면 여러분은 거룩한 진리의 넓고 깊은 강줄기가 충만하게 흐르는 것을 보게 될 것입니다. 이 정도면 우리가 끊임없이 간구해야 할 충분한 이유가 되지 않겠습니까?…

훌륭하고 거룩했던 사람들은 항상 기도를 설교 준비에서 가장 중요한 부분으로 삼았습니다. 맥체인(Robert Murray M'Cheyne)에 대해 전해지는 바에 의하면, 그는 "주일날 성도들에게 가장 소중한 것을 주려는 열망에서, 정말로 급박한 이유가 없는 한, 먼저 상당한 묵상과 기도 없이는 결코 사람들 앞에 서지 않았습니다."…

기도는 여러분이 설교하는 중에도 특별하게 도울 것입니다. 실제로 하나님과의 교제를 위한 산에서 곧바로 내려오는 것보다 더 영광스럽게 여러분을 설교를 위해 준비시키는 것은 없습니다. 성도들을 위해서 하나님과 씨름한 사람만큼 효과적으로 성도들에게 호소할 수 있는 사람은 없습니다.… 어떤 가식도 없이 감동적이고 진정으로 열정적인 설교는 오직 기도의 샘에서 솟아오르는 것입니다. 마음의 수사학에 비할 수 있는 수사학은 없고, 십자가 밑에서 외에는 그것을 배울 수 있는 학교도 없습니다.…

기도의 응답으로 설교를 준비하는 동안 새로운 생각의 샘이 자주 터져나오는 것처럼, 설교를 하는 동안에도 그렇게 됩니다. 하나님의 영에 의존하는 설교자들은 자신의 가장 새롭고 훌륭한 생각은 미리 준비한 것이 아니라 마치 천사의 날개를 타고 온 것처럼 갑자기 날아든 생각이라고, 천상의 손길을 통해서 갑자기 주어진 전혀 예기치 못한 보물이며 몰약 산(참고. 아 4:6)으로부터 날린 낙원의 꽃들의 씨앗이라고 말할 것입니다. 생각과 표현에 있어서 방해를 받는다고 느낄 때마다 저는 은밀한 마음의 탄식을 통해 마음이 편안해졌고 보통 때보다 더 많은 자유로움을 느꼈습니다. 하지만 말이 마구에 묶여 있는 동안에 한 번도 주님께 부르짖지 않았다면, 하물며 전쟁 중일 때는 어떻게 기도할 수 있겠습니까? 강단에서 설교할 때 어려움을 겪는 설교자는 집에서 주님과 씨름하던 기억으로 인해 마음의 평안을 얻습니다. 우리가 하나님을 저버리지 않는 한, 하나님이 우리를 버리시는 일은 없습니다. 형제 여러분, 하루에 필요한 힘을 보장해주는 것이 바로 기도라는 것을 여러분은 알게 될 것입니다.…

속죄소(mercy seat)로 나아가는 것을 거부당했다면, 설교가 끝난 후에 양심적인 설교자는 어떻게 자신의 감정을 토로하고 영혼의 위안을 얻을 수 있을까요? 긴장으로 격앙되어 있을 때, 끈질긴 간구 이외에 어떻게 우리의 영혼이 자유롭게 될 수 있을까요? 혹 실패할 것에 대한 두려움 때문에 낙심해 있다면, 하나님 앞에서 우리의 어려움을 토해내지 않고서 어떻게 우리가 위로를 받을 수 있겠습니까? 우리 설교의 부족함을 깨닫고 밤새 이리저리 뒤척인 때가 얼마나 많았습니까? 냉랭하게 설교한 후에 그 말씀을 다시 한 번 열정적으로 전하기 위해 강단으로 되돌아가고 싶었던 때가 얼마나 많았습니까? 우리의 죄를 고백하고 우리의 무능함과 어리석음 때문에 성령이 방해받지 않기를 간절히 바라는 것 외에 우리의 심령이 어디에서 안식을 찾을 수 있겠습니까!…우리가 하나님의 영광을 위해 사람들을 설득할 수 없다면, 적어도 사람들이 긍휼히 여김을 얻도록 하나님을 설득하기 위해 힘써야 합니다. 우리는 그들을 구원할 수 없으며 그들을 설득하여 구원을 받게 할 수도 없습니다. 하지만 적어도 그들의 어리석음에 대해 안타까워하면서 주님의 개입을 간구할 수는 있습니다. 예레미야 선지자처럼 우리도 결심할 수 있습니다. "너희가 이를 듣지 아니하면 나의 심령이 너희 교만으로 말미암아 은밀한 곳에서 울 것이며…눈물을 흘려 통곡하리라"(렘 13:17). 이렇게 감동적인 간구에 대해서 주님의 마음이 무관심할 수 없습니다. 눈물을 흘리며 기도하는 사람은 적당한 때가 되면 영혼을 얻는 기쁨을 누리게 될 것입니다. 진통 이후에 출산을 하고, 눈물로 씨를 뿌리면 기쁨으로 거두게 되는 것처럼, 끈질긴 몸부림과 진정한 성공 사이에는 분명한 관련이 있습니다.…루터가 가진 능력의 비밀도 같은 것이었습니다. 테오도루스(Theodorus)는 루터에 대해서 다음과 같이 말했습니다. "나는 그가 기도하는 것을 엿듣게 되었다. 그런데 세상에! 그가 기도에 얼마나 생명과 영혼을 쏟아붓던지! 그의 기도는 하나님께 말씀드리고 있는 것처럼 경건했지만, 동시에 친구에게 이야기하는 것처럼 확신이 넘쳤다." 형제 여러분, 기도의 사람이 되십시오. 놀라운 재능이 없어도 기도가 풍성하면 충분히 사역을 잘 감당할 수 있을 것입니다.…

우리가 하나님의 참된 사역자라면 설교를 끝마친 후에라도 기도하기를 중단하지 말아야 합니다. 왜냐하면 온 교회가 많은 방언으로 기도 가운데 외치며, 마케도니아의 언어로 "…건너와서 우리를 도우라…"(행 16:9)라고 할 것이기 때문입니다. 여러분이 기도하는 일에 최선을 다할 수 있게 된다면 목양하는 사람들을 위해 드려야 할 많은 간구가 생길 것이고, 결국 여러분은 친구들과 청중을 위해서 속죄소 앞으로 나아가는 사명을 받았음을 깨달을 것입니다. 이 일은 항상 저의 몫입니다. 저는 그런 간구들을 가지고 주님 앞에 나아가는 것을 기쁘게 생각합니다. 아무도 여러분에게 기도 제목을 주지 않아도, 여러분에게 기도할 제목이 부족할 일은 없습니다. 여러분의 회중을 보십시오. 그들 중에는 언제나 아픈 사람이 있고 무엇보다 영혼이 병든 사람이 많습니다. 어떤 이들은 구원받지 못했고, 또 다른 사람들은 구원을 찾아 헤매고 있지만 아직 발견하지 못했습니다. 많은 사람이 낙담 가운데 있고, 적지 않은 신자가 퇴보하거나 슬픔에 빠져 있습니다. 우리가 가진 병에 담아서 주님 앞에 쏟아내야 할 과부들의 눈물과 고아들의 한숨이 있습니다. 만약 여러분이 하나님의 진정한 사역자라면, 여러분은 에봇과 이스라엘 자손의 이름이 새겨진 흉배를 영적으로 입고 휘장 속에서 그들을 위해 간구하는 제사장으로 주님 앞에 설 것입니다. 제가 아는 어떤 형제들은 특별히 기도해야겠다고 생각한 사람들의 명단을 늘 가지고 다녔습니다. 그 명단은 분명히 그들을 위해 기도하는 것을 잊지 않도록 했을 것입니다. 여러분의 교인들만 여러분의 기도가 필요한 것은 아닙니다. 국가와 세계를 위해서도 기도해야 합니다. 기도의 권세를 소유한 사람은 자신의 나라를 둘러싼 불의 장벽이 될 수 있고, 수호천사와 방패가 될 수도 있을 것입니다. 종교개혁의 대적들이 수만 명의 군사보다 존 녹스(John Knox)의 기도를 더 무서워했다는 것을 우리는 모두 알고 있습니다.…우리도 한밤중에 일어나서 "주님, 우리에게 청중의 영혼을 주지 않으시겠습니까?"라고 부르짖으며 전심으로 기도한다면 얼마나 좋을까요?

자기의 사역을 위해 진지하게 기도하지 않는 목회자는 분명히 무익하고 교만한 사람입니다. 그는 자기 자신의 능력으로 충분하다고 생각하고 행동하기 때문에 하나님께 구할 필요를 전혀 느끼지 못합니다. 하지만 우리의 설교가 그 자체로 능력이 있어서, 성령의 도우심이 없이도 사람들을 죄악으로부터 돌이키게 해서 하나님께로 인도할 수 있다고 생각하는 것은 얼마나 어리석은 교만입니까! 우리가 정말 겸손한 마음을 가졌다면, 만군의 여호와가 우리를 능력으로 덧입히시고 "…너는 가서 이 너의 힘으로…"(참고. 삿 6:14)라고 말씀하실 때까지 싸움터로 내려가지 않을 것입니다. 기도를 많이 하지 않는 설교자는 틀림없이 자신의 사역에 대해서 매우 경솔한 사람입니다. 그는 자신의 소명에 대해서도 전혀 이해하지 못한 것입니다. 한 영혼의 가치와 영원의 의미에 대해서도 헤아려보지 못했습니다. 그런 사람은 제사장 직분에 속하는 빵 조각이 필요해서 강단에 오르려는 단순한 직업인이거나, 하나님의 칭찬에 대해서는 무관심한 채 사람들의 칭찬을 들으려는 가증스러운 위선자일 것입니다. 그는 단지 피상적인 이야기꾼일 뿐이므로, 은혜가 전혀 가치 있게 여겨지지 않고 허망한 쇼가 가장 존중받는 곳에서나 큰 인정을 받습니다. 그는 쟁기질을 하고 풍성한 수확을 거두는 사람들 가운데 있지 않습니다. 그는 빈둥거리며 노는 사람일 뿐, 결코 일꾼이 아닙니다. 설교자로서 살았다 하는 이름은 가졌으나 실상은 죽은 자인 것입니다(참고. 계 3:1).…

우리가 간구를 게을리해서 얼마나 많은 복을 놓쳤을지 짐작조차 할 수 없고, 기도 가운데 늘 하나님께 가까이 나아가며 살았다면 마땅히 되었을 모습과 비교해서 지금 우리가 얼마나 초라한지 아무도 알 수 없습니다. 헛된 후회와 추측은 소용이 없지만, 바로잡으려는 진지한 결단은 유익할 것입니다. 기도를 더 하면 좋은 것이 아니라, 반드시 기도를 더 해야만 합니다. 모든 목회 성공의 비밀이 속죄소로 나아가는 데 있다는 것은 분명한 사실입니다.

개인적인 기도가 목회에 가져다주는 한 가지 분명한 축복은 말로 설명하기 어렵고 흉내낼 수도 없는 것이어서, 직관적으로 이해하는 것이 더 쉽습니다. 그것은 제가 "거룩하신 이의 기름 부음"이라고 말할 때 여러분이 즉시 깨닫는 것, 즉 주님으로부터 오는 이슬, 하나님의 임재입니다. 이것이 무엇입니까? 기름 부음이 있는 설교가 무엇인지 분명하게 설명할 수 있기 위해서 얼마나 오랫동안 우리의 머리를 쥐어짜야 할지 모르겠습니다.…그런 것이 영적 기름 부음의 신비입니다. 우리는 그것이 무엇인지 잘 알고 있지만, 다른 사람에게 말로 설명할 수는 없습니다. 그것을 모방하기는 쉽겠지만 어리석은 일입니다. 마치 강렬한 사랑을 담은 표현들을 사용하는 것이 단지 병적인 감상주의나 위선을 드러내는 것일 뿐인 사람처럼 말입니다. 그들은 "사랑하는 주님!", "좋으신 예수님!", "귀하신 그리스도!"와 같은 말들을 도매금으로 쏟아내지만, 사실 역겹기 그지 없습니다. 이런 친숙한 표현들이 하나님의 성도로부터 나온 것이라면, 다시 말해서 탁월하신 하나님의 영광으로부터 기인한 것이라면, 그것은 용납될 수 있을 뿐만 아니라 오히려 매우 아름다운 일이라 할 수 있습니다. 그러나 그런 표현들이 경솔하게 반복되는 것이라면 용납할 수 없는 무례한 짓입니다. 심지어 불경스럽다고 말할 수도 있을 것입니다. 어떤 사람들은 부자연스러운 억양과 흐느낌으로 기름 부음을 흉내나 내려고 합니다. 그들은 눈의 흰자위를 보이고 매우 우스꽝스러운 방식으로 손을 들기도 합니다.···능력은 없이 말과 동작만 억지로 꾸미는 이 모든 것은 생명이 사라진 썩은 고기와 같아서 역겹고 해롭기까지 합니다. 어떤 형제들은 기를 쓰고 소리를 질러서 영감을 얻으려고 하지만 아무 변화도 없습니다. 우리가 아는 어떤 사람은 설교를 멈추고 "하나님이 당신에게 복을 주십니다"라고 외칩니다. 또 다른 사람은 아주 거칠게 손짓을 하며 마치 하늘의 열정 때문에 발작을 일으키는 것처럼 주먹을 꽉 쥐기도 합니다. 그러나 이 모든 것에서는 배우들의 대기실과 무대 냄새가 납니다. 설교자가 흉내로 청중에게 열정을 불러일으키려는 것은 정직한 사람이라면 비난해야 마땅한 혐오스러운 속임수일 뿐입니다.···이 비밀은 하나님께 은밀히 간구하는 자에게 주어집니다. 그에게 주님의 이슬이 내리며, 주위에는 마음을 기쁘게 하는 향기가 있습니다. 우리에게 있는 기름 부음이 만군의 주님으로부터 온 것이 아니라면 우리는 속이는 자들입니다. 오직 기도를 통해서만 우리가 그것을 얻을 수 있습니다. 그러므로 계속해서 즉각적이고 지속적이며 열정적인 기도를 드립시다. 하늘로부터 내리는 이슬로 젖을 때까지 여러분의 양털을 간구의 타작 마당에 놓으십시오. 물두멍에서 씻기 전까지 성전의 사역을 하지 마십시오. 스스로 은혜의 하나님을 보고 하나님의 입에서 나오는 말씀을 받기 전까지 다른 사람들에게 은혜를 전하는 자가 되려고 하지 마십시오.

　우리의 영혼이 주 앞에 조용히 엎드리며 보내는 시간은 가장 힘을 얻는 시간입니다. 다윗은 "여호와 앞에 들어가 앉았습니다"(참고. 삼하 7:18). 이렇게 거룩하게 앉아 있는 것은 정말 위대한 일입니다. 그것은 활짝 핀 꽃이 햇살을 마시고 사진기의 예민한 감광판이 그 앞에 놓인 형상을 받아들이는 것처럼, 주님이 주시는 모든 것을 수용하는 마음입니다. 어떤 사람들은 이런 고요함이 자신의 내적인 빈곤함을 드러내기 때문에 견디지 못합니다. 하지만 지혜로운 자들에게 이 고요함은 백향목 궁전과 같습니다. 왕이신 하나님이 그 거룩한 궁전을 그분의 아름다움 가운데 거니시기 때문입니다.···저는 우리 대부분이 생각의 껍데기에 불과한 말에 대해서 지나치게 많은 신경을 쓰고 있다는 말에 동의합니다. 조용한 묵상, 고요한 예배, 말로 표현되지 않은 환희 이 모든 것이 내 것이 될 때 가장 값진 보물들이 내 앞에 있는 것입니다. 형제 여러분, 깨진 조개 껍데기들과 바닷가의 거품이 이는 파도 사이에서 재잘거리며 시간을 낭비해서, 여러분의 마음에 있는 깊은 바다 같은 기쁨과 생명을 빼앗기지 않도록 주의하시기 바랍니다.

　여러분이 목회에 정착하게 되었을 때, 특별한 경건의 기회들을 소중히 여길 것을 간곡히 부탁드립니다. 일상적인 기도만으로 영혼의 신선함과 활력을 유지할 수 없습니다. 스스로 약해졌다는 생각이 들면, 한 주일이나 가능하면 한 달 정도 홀로 지내십시오. 우리는 가끔 휴가(holidays)는 보내면서도, 왜 거룩한 날들(holy days)은 자주 갖지 않습니까? 예루살렘으로 여행을 떠날 시간을 내는 부유한 형제들에 대해서 듣습니다만, 그보다 덜 힘들면서 훨씬 유익한 하늘 도성으로의 여행을 떠날 시간을 우리라고 왜 낼 수 없겠습니까?… 참으로 신령한 형제들이 하루 이틀 함께 모여 정말 몸부림치며 뜨겁게 기도하는 시간을 갖는 것은 정말 좋은 일입니다. 목사들만 모일 수 있다면 여러 사람이 모인 것보다 훨씬 더 자유롭게 시간을 보낼 수 있습니다. 진심으로 온 교회를 위해 드리는 겸손과 간구의 시간도 우리에게 큰 유익이 될 것입니다. 메트로폴리탄 타버너클 교회에서 가진 금식과 기도의 시간들은 정말 값진 시간들이었습니다. 그때만큼 하늘 문이 활짝 열린 때가 없었고, 그때만큼 우리의 마음이 하나님의 영광에 가까이 간 적이 없었습니다. 뱃사람들이 육지에 닿을 것을 기대하는 것처럼, 저는 우리가 가질 특별한 경건을 위한 달(月)을 기대합니다. 특별 기도를 위한 여유를 얻으려고 공적 업무를 한동안 내려놓는다고 하더라도, 우리가 속한 교회에 오히려 큰 유익이 될 것입니다. 교제와 묵상이라는 황금의 강으로 나아가는 항해는 거룩하게 된 감정과 고양된 생각으로 좋은 보상을 받을 것입니다. 고독의 시간을 하나님과 보낼 때라면 우리의 침묵은 목소리보다 더 나을 것입니다. 이것이야말로 그 옛날 히에로니무스(Jerome)가 하늘로부터 내린 소명이라 생각한 목적을 이루기 위해 자신의 급한 업무들을 모두 내려놓았던 위대한 행위였습니다. 그에게는 우리 중 누구라도 욕심을 낼 만큼 큰 회중이 있었습니다. 하지만 그는 교인들에게 이렇게 말했습니다. "지금 신약성경이 번역되어야만 합니다. 여러분은 다른 설교자를 찾으십시오. 번역이 되어야 하기에 저는 이제 광야로 향합니다. 저는 그 일을 끝낼 때까지 돌아오지 않을 것입니다." 그는 원고를 가지고 떠났습니다. 기도하면서 열심히 수고해서 결국 라틴어 불가타 성경이라는 작품을 만들어냈습니다. 전반적으로 가장 훌륭한 성경 번역본이라고 할 수 있는 이 작품은 세상이 존재하는 한 계속해서 남아 있을 것입니다. 배움과 풍성한 기도의 시간이 불멸의 작품을 만들어낸 것처럼, 만일 우리가 때때로 교인들에게 "사랑하는 친구들이여, 우리의 영혼을 다시 새롭게 하기 위해 잠시 홀로 떠나야 할 것 같습니다"라고 말해야겠다고 느끼고 그렇게 말한다면, 우리가 끼칠 유익이 곧 명백해질 것입니다. 설사 라틴어 불가타 번역본은 아니더라도, 영혼의 불길이 계속해서 타오르는 불멸의 사역을 우리가 하게 될 것입니다.

8
설교자와 공적인 기도
Our Public Prayer

…자유로운 기도가 가장 성경적이며, 나아가 가장 탁월한 공적인 간구의 형식이라는 것을 확신하십시오. 하고 있는 일에 대한 믿음을 잃어버린다면 여러분은 그 일을 결코 잘 해낼 수 없을 것입니다. 따라서 여러분은 하나님의 말씀에 의해 보증되고 주님이 허락하신 방식으로 예배하고 있다는 것을 기억하십시오. 우리에게 매우 익숙한 "기도를 읽는다"(reading prayers)라는 표현은 성경에 나오지 않습니다. 성경에는 경건한 사상을 전달하기 위한 말씀들이 풍성하게 있지만, 그런 구절은 나와 있지 않습니다. 그런 것 자체가 존재하지 않았기 때문입니다. 사도들의 글 어디에서 우리가 예전(liturgy)이라고 부르는 관념을 만날 수 있습니까? 초기 그리스도인들의 모임 가운데 행해진 기도는 그 언어의 형식에 있어서 어떤 제약도 받지 않았습니다.…

예전적인 기도문 낭독보다 즉흥적인 기도를 더 영적이고 진지하게 함으로써, 즉흥적인 기도가 더 우월하다는 것을 증명하십시오. 청중이 보기에 우리 목회자가 기도보다 설교를 훨씬 더 잘 한다면 이는 참으로 안타까운 일입니다. 이것은 우리 주님의 모범을 따르는 것이 아닙니다. 주님은 사람들이 말하는 것과는 아주 다르게 말씀했습니다. 주님의 기도가 제자들을 감동시켰기 때문에, 그들은 "주님, 우리에게 기도를 **가르쳐** 주옵소서"(참고. 눅 11:1)라고 말했습니다. 공적인 기도를 하는 동안 우리의 모든 역량으로 에너지를 집중해야 하고, 우리의 전인이 최고로 활력 있는 지점에 이르러야 합니다. 그러면 성령이 거룩한 감화로 영혼에 세례를 베풀어주시는 것입니다. 하지만 아무렇게나 경솔하게 생명력 없이 기도의 탈을 쓰고 그저 이야기하는 것은 예배의 일부분을 담당할 수는 있겠으나, 사람들에게는 매우 지루한 것이요 하나님께는 가증한 것일 뿐입니다. 자유로운 기도가 보편적으로 한층 높은 수준으로 드려졌다면, 예전이라는 것은 생각조차 할 수 없었을 것입니다. 그래서 오늘날 수많은 기도 형식이 있는 것은 즉흥적인 기도가 미약해졌다는 것을 보여주는 좋은 증거가 됩니다. 우리의 마음이 마땅히 뜨거워야 함에도 실제로는 그렇지 못하다는 것입니다. (하나님과의 지속적인 교제가 유지되어야 합니다. 그렇지 않으면 우리의 공적인 기도는 생기 없는 형식이 될 것입니다.) 산의 계곡 높은 곳에 있는 얼음이 녹지 않으면, 아래로 흘러서 평지를 생기 있게 만들어주는 시냇물도 없습니다.

개인적인 은밀한 기도는 더 많은 공적인 업무를 위해 훈련을 받는 연병장과도 같습니다. 결국 정리가 안 된 상태로 사람들 앞에 서지 않기 위해서라도, 개인적인 기도를 소홀히 할 수 없습니다.…

오직 주님만 홀로 여러분의 기도의 대상이 되게 하십시오. 청중의 눈치를 보지 않도록 주의하십시오. 청중을 기쁘게 하기 위해 미사여구를 쓰지 않도록 주의하십시오. 기도가 "간접적인 설교"가 되어서는 안 됩니다. 기도를 사람들에게 보이기 위해 하는 것은 하나님을 모독하는 것과 다름없습니다. 세련된 기도란 보통 매우 사악한 기도입니다. 만군의 주님 앞에서 동료 인간들의 박수를 받기 위해서 깃털을 꽂고 겉만 번지르르한 말을 앞세우며 자기를 과시하는 것은 곧 죄인의 길에 들어서는 것입니다.…우리가 목표로 삼을 수 있는 것은 우리의 기도를 듣는 사람들의 마음 안에 열망과 갈망을 불러일으키는 것입니다. 하지만 이때에도 사용되는 모든 단어와 생각이 하나님을 향해야 하며, 오직 우리의 기도가 사람들의 마음에 감동이 되어 그들로 하여금 자신의 필요들을 가지고 주님 앞에 나아가도록 하는 정도로만 해야 합니다. 기도하는 가운데 교인들을 기억하십시오. 하지만 그들로부터 인정을 받기 위해서 여러분의 간구를 조작하지 마십시오. 위를 바라보십시오. 두 눈으로 하늘을 올려다보십시오.…

우리가 피해야 할 기도는 하나님께 무언가를 강제적으로 요구하는 식의 기도입니다. 이런 말을 써도 되는지 모르겠지만 말입니다. 한 사람이 하나님과 씨름을 하면서 "…당신이 내게 축복하지 아니하면 가게 하지 아니하겠나이다"(창 32:26)라고 말하는 것을 듣는 것은 기쁜 일입니다. 하지만 그것도 매우 부드럽게 해야지, 마치 우리가 하나님께 명령하고 강요하면 복을 얻어낼 수 있을 것처럼 허세를 부리며 말해서는 안 됩니다. 영원히 스스로 계신 분과 씨름을 하도록 허락을 받았지만, 우리는 여전히 사람에 불과하다는 것을 기억하십시오.…우리는 하나님을 "아버지"라고 부를 수 있다고 배웠습니다. 그러나 그분은 여전히 "하늘에 계신 우리 아버지"십니다. 하나님과의 친밀감이 분명 있을 수 있지만, 그것은 거룩한 친밀감입니다. 우리에게 담대함이 있지만, 그것은 하나님의 은혜로부터 나오는 것, 곧 성령의 역사입니다. 성난 왕 앞에서 뻔뻔하게 얼굴을 들고 있는 반역자의 담대함이 아니라, 사랑하기 때문에 두려워하고 두려워하기 때문에 또한 사랑하는 어린아이의 담대함입니다. 허세를 부리는 듯한 방식으로 하나님께 무례하게 말하지 않아야 합니다. 하나님은 우리가 대적으로 생각하고 공격해야 할 분이 아니라, 주님이자 하나님으로서 우리의 간청을 받으셔야 할 분입니다. 우리의 심령이 겸손하고 낮아져야 합니다. 그런 마음으로 기도합시다.

여러분이 기도하기로 공언을 하면, 기도에 대해서 말만 하지 말고 실제로 기도하십시오. 사업가들은 "무엇이든 그것만을 위한 자리가 있다"라고 말합니다. 설교 시간에는 설교를 하고, 기도할 때는 기도를 하십시오. 기도하는 데 도움이 필요하다는 것에 대해서 장황하게 말을 늘어놓는 것은 기도가 아닙니다. 사람들은 왜 즉시 기도하지 않고 변죽만 울리고 있는 것일까요? 자신이 마땅히 해야 할 것과 하고 싶은 것에 대해서 말만 하는 대신, 왜 하나님의 이름으로 그 일을 시작하지 못하는 것일까요? 철저하게 진지한 마음으로 여러분의 간구를 아뢰고, 여러분의 얼굴을 주님께로 향하게 하십시오. 교회의 크고 계속되는 필요를 채워주시기를 간구하고, 거룩한 열심을 가지고 현시대와 청중의 특별한 요구들을 아뢰십시오. 마음이 감동되는 대로 병든 자, 가난한 자, 죽어가는 자, 이교도와 유대인, 그리고 모든 소외된 계층의 사람들을 위해 기도하십시오. 여러분의 교인들이 모두 성도인 것처럼 생각하지 말고, 성도와 죄인 모두를 위해 기도하십시오. 젊은이와 노인을 위해, 은혜받는 자와 무관심한 자를 위해, 신실한 자와 타락한 자를 위해 기도하십시오. (좌로나 우로나 치우치지 말고, 진정한 기도의 밭을 일구십시오.) 죄의 고백과 감사의 기도를 진실하고 분명하게 하십시오. 간구할 때는 하나님이 계신 것을 진정으로 믿으며 기도의 효력에 대해서 전혀 의심하지 않는 것처럼 확신을 가지고 하십시오. 이 말씀을 드리는 이유는 너무 많은 사람이 형식적으로 기도하고 있으며, 그 기도를 듣는 사람으로 하여금 기도하는 것 자체는 매우 고상한 일이지만 결국 실제적인 결과만 놓고 본다면 기도는 매우 빈약하고 의심스러운 것이라고 생각하게 만들기 때문입니다. 한번 시험을 해서 하나님이 계시다는 확실한 증거를 얻은 자로서 기도하십시오. 그러면 여러분의 간구를 새롭게 하는, 의심할 수 없는 확신이 뒤따를 것입니다. 기도할 때 하나님께 기도를 해야지 이야기를 하거나 설교를 해서는 안 된다는 것과, 어떤 사람들처럼 꾸짖거나 불평하는 일이 있어서도 안 된다는 것을 기억하십시오.

설교를 하게 될 경우에는 특별한 일이 없는 한 여러분 스스로 기도를 인도하십시오. 저는 여러분이 목회 사역에서 크게 존경을 받게 되리라 믿습니다만, 그렇게 된다면 사람들에게 무언가 할 일을 줌으로써 그들을 존중하겠다는 생각으로 사람들을 지명해서 기도하게 할 수 있습니다. 하지만 여러분은 이런 관행을 공손하면서도 아주 확고하게 물리치십시오. 우리의 공적인 기도가 사람들의 칭찬을 위한 기회로 전락해서는 결코 안 됩니다. 이따금 기도와 찬양이 마치 설교의 서론쯤 되는 것으로 여겨져서 "예배의 준비"라고 불리는 것을 들은 적이 있습니다. 이런 일이 우리에게는 거의 없기를 바라지만, 만약 그것이 일반적인 현상이라면 매우 수치스러운 일이 아닐 수 없습니다. 저는 언제나 모든 예배 순서를 제 자신이 맡으려고 노력합니다. 그리고 그것이 교인들을 위해서도 좋다고 생각합니다. 저는 "어느 누구라도 기도 순서를 맡을 수 있다"라는 말을 믿지 않습니다. 결코 그렇지 않습니다. 기도야말로 예배 가운데 가장 중요하고 가장 유익하고 가장 존귀한 부분일 뿐만 아니라, 심지어 설교보다 더 비중 있게 여겨져야 한다는 것이 저의 확고한 신념입니다. 기도는 아무나 세워서 하게 하고, 설교는 유능한 사람을 선별해서 세우는 일이 있어서는 안 됩니다. 몸이 아프거나 특별한 경우에 목사를 대신해서 누군가 기도하게 하는 것은 목사 자신에게 위안이 될 것입니다. 하지만 주님이 여러분으로 하여금 자신의 사역을 사랑하도록 만드셨다면, 공적인 기도를 누군가가 대신하도록 하는 일이 자주 일어나서는 안 될 것입니다. 여러분이 예배를 다른 사람에게 맡겨야 하는 경우라면, 영성과 현재 준비된 상태에 대해서 온전한 확신을 가질 만한 사람에게 맡겨야 합니다. 부주의하게 은사도 없는 형제를 세우거나, 그로 하여금 공적인 기도를 인도하게 하는 것은 정말 부끄러운 일입니다.

> 우리가 하늘을 섬길 때 정성이 덜하게 해야 할까,
> 미천한 자기 자신들을 섬길 때보다?

기도는 가장 유능한 사람에게 맡기는 것이 옳고, 설교는 되도록 일찍 끝내는 것이 좋습니다. 무한하신 여호와가 우리의 가장 좋은 것으로 섬김을 받도록 하십시오. 거룩하고 위대하신 분께 드려지는 기도가 신중히 숙고되고, 각성된 마음과 영적 이해의 능력을 다해서 드려져야 합니다. 하나님과의 교제를 통해 성도들을 섬길 준비가 되어 있는 사람이야말로 그 자리에 있는 누구보다도 기도를 인도하기에 적합합니다. 그 자리에 다른 형제를 세우는 것은 예배의 조화를 깨뜨리고, 설교자가 설교를 위해 전열을 가다듬을 기회를 박탈합니다. 게다가 이렇게 해서 예배의 한 부분과 다른 부분이 비교되는 것처럼 느끼게 하는 것은 결코 용납될 수 없습니다. 만약 준비도 되지 않은 형제들이 제가 저 자신을 위해 해야 할 기도를 하기 위해 설교 전에 강단 위로 올라간다면, 왜 제가 기도하도록 허락되지 않았는지 이해할 수 없으면서도 그들이 설교하는 식으로 기도하는 것을 그저 물러나서 듣고 있을 수밖에 없을 것입니다. 저는 주님이 주신 가장 거룩하고 달콤하고 유익한 행위를 왜 제게서 빼앗아가는지 알 수 없습니다. 만약 선택할 수만 있다면 기도보다 차라리 설교를 다른 사람에게 넘겨주겠습니다. 저는 지금까지 여러분이 공적인 기도를 매우 소중하게 생각해야 하며, 그것을 올바로 실행하기 위해 필요한 은사와 은혜를 주님께 구해야 한다는 것을 강조하기 위해 많은 말씀을 드렸습니다.…

    영국 국교회(Church of England)가 주관하는 장례식에 참석한 적이 있습니다. 그런데 어찌나 어수선하고 급하게 진행을 하던지, 진행하는 사람의 머리에 방석을 던지고 싶은 충동을 억제할 모든 은혜를 잃을 지경이었습니다. 마음이 찢어지는 슬픔을 겪는 유족들 앞에서 마치 사례비를 적게 받았거나 다른 업무 때문에 최대한 빨리 예식을 끝내야 할 것처럼 아무 생각 없이 장례식을 빨리 진행하는 목사를 보고서, 저는 너무 화가 나서 도무지 무엇을 해야 할지 몰랐습니다. 그 사람은 자신이 어떤 결과를 초래하고 있는지, 그렇게 강렬하고 호되게 내뱉는 말들에서 무슨 선한 결과가 나올 것인지 생각이나 했는지 이해가 되지 않았습니다. 정말 아름다워야 할 장례식이, 단지 그저 기도문을 읽는 식으로 진행한 사람 때문에 무참히 짓밟히고 혐오스럽게 되는 것은 생각만 해도 정말 충격적입니다. 제가 이 말씀을 드리는 것은, 만약 그들이 우리의 기도를 너무 심하게 비판한다면 우리도 그들을 침묵시킬 엄청난 반격을 가할 수 있기 때문입니다. 하지만 다른 사람들의 잘못을 들추는 것보다 우리 자신의 잘못을 고치는 것이 훨씬 더 좋습니다.

우리의 공적인 기도가 본래 가졌어야 할 모습을 갖추기 위해서는 그 기도가 마음에서 우러나오는 것이어야 합니다.…그것은 참된 기도여야 합니다. 그것이 참된 기도라면 마치 사랑이 그렇듯 허다한 죄를 덮을 것입니다. 기도하는 사람의 속마음이 창조주 하나님을 향하고 있고, 기도 중에 그가 실수하는 것은 단지 교육이 부족해서이지 도덕적이거나 영적인 마음의 죄 때문은 아니라는 것을 여러분이 알 때, 그 사람의 허물없는 언행과 천박한 말들조차도 용납될 수 있습니다. 공적으로 기도하는 사람은 열심이 있어야 합니다. 졸린 기도만큼 사람들이 설교를 잘 듣지 못하게 준비시키는 것도 없기 때문입니다. 졸린 기도만큼 사람들이 하나님의 집에 오르기 싫어하게 만드는 것이 무엇이겠습니까? 여러분의 온 영혼을 이 훈련에 내던지십시오. 지금껏 여러분의 힘이 다른 어떤 것에 매여 있었다면, 이제는 대중 앞에서 하나님께 가까이 나아가는 일에 사용하십시오. 하나님의 능력으로 여러분이 온 회중을 이끌어 하나님의 보좌 앞에 나아갈 수 있도록 기도하십시오. 여러분 위에 임하신 성령의 권능으로 참석한 모든 사람들의 열망과 생각을 표현하고, 하나님의 보좌 앞에서 열정적으로 빛나고 있는 수많은 심장 소리를 대변하는 목소리가 될 수 있도록 기도하십시오.

그 다음으로, 우리의 기도는 적절해야 합니다. 회중의 모든 구체적인 상황에 대해서 기도하라고 하는 것이 아닙니다. 앞에서 말씀드린 것처럼, 공적인 기도가 그 주간에 일어난 사건이나 성도들의 출생과 사망과 결혼 소식을 알려주는 정보지가 될 필요는 없습니다. 하지만 목사는 회중 가운데 일어난 전반적인 움직임에 대해서 유념해야 합니다. 성도들의 모든 기쁨과 슬픔을 은혜의 보좌 앞에 똑같이 가져와서 하나님의 복이 양 떼의 모든 움직임과 활동과 거룩한 사업에 임하도록 간구하고, 그들의 부족함과 수많은 죄들을 하나님이 용서하시도록 구해야 합니다.

다음으로는, 부정적인 방식으로 표현해서, 기도를 길게 하지 말라는 말씀을 드려야겠습니다.…개인적으로 기도할 때는 아무리 길어도 지나치지 않습니다.…홀로 있을 때 기도의 무릎을 더 많이 꿇는 것은 좋습니다. 하지만 우리는 지금 설교 전후에 하게 되는 공적인 기도에 대해서 말하고 있습니다. 이 기도는 15분까지 가는 것보다 10분 이내로 하는 것이 더 좋습니다. 천 명 가운데 한 명 정도만이 기도가 너무 짧다고 불평할 수 있겠지만, 기도가 너무 길어서 지루하다고 불평하는 사람이 훨씬 더 많을 것입니다. "그는 내가 훌륭한 마음의 상태를 가질 수 있도록 기도했다"라고 조지 휫필드가 어떤 설교자에 대해서 말했습니다. 그리고 이어서 말하기를, "그런데 그가 거기서 멈추었더라면 훨씬 더 좋았을 것을, 그는 계속해서 기도함으로써 내가 그런 마음의 상태에서 벗어나도록 했다." 이런 면에서 큰 죄인이라 할 수 있는 몇몇 설교자들을 하나님이 그대로 두신 것은, 하나님의 풍성한 오래 참으심을 잘 보여줍니다. 장황한 연설로 하나님의 백성의 경건에 많은 상처를 입혔지만, 하나님은 은혜로 그들이 여전히 성소에서 섬길 수 있도록 해주셨기 때문입니다. 대중 앞에서 25분 동안이나 기도한 후에 하나님께 자신들의 "다 아뢰지 못함"을 용서해달라고 간구하는 목사들의 기도를 들어야 하는 사람들을 생각하면 참 슬픕니다. 너무 길게 기도하지 말아야 할 몇 가지 이유가 있습니다. 첫째는, 여러분과 성도들 모두를 지치게 하기 때문입니다. 둘째는, 기도를 너무 길게 하면 성도들이 설교를 들을 마음이 사라지기 때문입니다. 메마르고 지루하고 장황한 모든 기도는 집중하지 못하게 하며, 실제로 사람들의 귀를 닫아버립니다. 쳐들어가서 문을 열려고 했던 사람이 진흙이나 돌을 가지고 그 문을 막아버리려는 생각을 하겠습니까? 결코 그럴 수 없습니다. 입구를 깨끗이 비워놓아서 때가 되었을 때 복음의 무기가 사용될 수 있도록 해야 합니다. 장황한 기도는 같은 내용을 반복하거나 하나님이 요구하시지도 않은 불필요한 설명을 늘어놓습니다. 아니면 아예 설교로 전락해서, 목사가 눈을 감고 있는가, 아니면 뜨고 있는가 외에는 기도와 설교 사이에 어떤 차이도 찾을 수 없게 합니다. 기도할 때 웨스트민스터 신앙고백을 반복할 필요는 없습니다. 기도할 때 참석한 모든 사람의 경험이나, 심지어 여러분 자신의 경험을 나열할 필요도 없습니다. 기도할 때 성경 본문을 열거할 필요도, "이전의 주의 종들"이라는 제목 아래 다윗과 다니엘과 욥과 바울, 베드로 및 다른 사람을 인용할 필요도 없습니다. 기도할 때 정말 필요한 것은 하나님께 가까이 나아가는 것이지, 모든 사람들이 "아멘"이라는 말을 듣고 싶어 할 때까지 기도를 길게 할 필요는 없습니다.

한 가지 작은 조언은 꼭 말해야겠습니다. 마치려는 것처럼 하다가 다시 시작해서 또다시 5분간 기도하는 일은 하지 마십시오. 사람들이 이제 곧 기도가 끝날 것이라고 생각했다면, 또 다시 경건한 마음으로 기도에 임할 수 없습니다. 제가 아는 사람 중에 기도가 곧 끝난다는 희망을 줬다가 다시 시작하기를 두세 번 하는 사람이 있는데, 이는 매우 지혜롭지 못하며 불쾌하기까지 합니다.

또 한 가지 유념해야 할 사항은 저속한 표현을 사용하지 말라는 것입니다. 형제 여러분, 그런 저급한 것들을 완전히 끊어 버리십시오. 그것들을 사용하는 날들은 이제 지났습니다. 이렇게 겉만 번지르르하고 영적으로 질기며 투박한 것들은 아무리 비난받아도 지나치지 않습니다. 어떤 것은 순수한 창작물이기도 하고, 또 어떤 것은 외경에서 따온 것도 있으며, 성경 본문을 토대로 만들어진 것도 있습니다.… 예를 들어서 회중 가운데 가장 고상한 사람들이 자신들을 일컬어서 일반적으로 사용하지만, 돈 많고 비굴한 사람들도 흔히 사용하는 표현인 "주의 불쌍하고 무가치한 티끌"과 같은 경우, 마지막 두 단어가 그리 부적절한 것은 아닙니다. 그러나 어떤 사람은 이런 표현에 맹목적으로 영향을 받은 나머지 자녀들을 위해 기도하면서 "오 주님, 주의 티끌을, 주의 티끌의 티끌을, 그리고 주의 티끌의 티끌의 티끌을 구원해주옵소서"라고 외치기도 합니다.…

성경을 정확하게 인용하는 것이 목사들을 존경하는 이유가 되어야 합니다.… 여러분이 (저도 동의하는) 완전축자영감을 확고하게 믿는다면, 정확한 말씀을 제시할 수 있을 때까지 결코 성경을 인용해서는 안 됩니다. 성경의 단어 하나라도 바꾸면 본문에 담겨 있는 하나님의 의도를 완전히 놓쳐버릴 수 있기 때문입니다. 성경을 정확하게 인용할 수 없다면 왜 기도하는 중에 성경을 인용합니까? 마음 가운데 떠오르는 신선한 표현들을 사용하십시오. 그러면 성경 본문을 왜곡시키거나 생략하는 것보다 하나님이 훨씬 더 기쁘게 받아주실 것입니다. 성경을 왜곡시키거나 변질시키지 않도록 최선을 다하고, 모든 저속한 문구의 사용을 삼가십시오. 그것들로 인해서 자유로운 기도가 망가지기 때문입니다.

저는 여러분이 여기에 해당하지 않기를 바랍니다만, 어떤 사람들은 눈을 뜨고 기도하는 습관을 가지고 있습니다. 그것은 매우 부자연스럽고 어울리지 않으며 혐오스럽기까지 합니다. 가끔 눈을 떠서 하늘을 우러러보는 것은 적합하고 감동적일 수 있지만, 보이지 않는 하나님께 기도하면서 눈을 뜨고 응시하는 것은 매우 혐오스러운 일입니다. 가장 초기의 교회에서 교부들도 이런 부적절한 관행을 금지시켰습니다. 만일 기도할 때 몸동작을 사용한다면 아주 조금만 사용해야 합니다. 설교를 하는 것처럼 팔을 펴서 움직이는 것은 보기에 좋지 않습니다. 하지만 거룩한 감정이 강하게 밀려올 때 팔을 펴거나 손을 꽉 잡는 것은 자연스러우며 추천할 만합니다. 목소리는 내용에 맞아야 하고, 너무 시끄럽거나 고집부리는 것처럼 하지 말아야 합니다. 하나님께 말씀드리는 어조에 맞게 겸손하고 공경하는 마음을 가져야 합니다. 심지어 자연조차도 이를 가르쳐주지 않습니까? 하물며 은혜는 말할 것도 없을 것입니다.…

간구하는 기도의 흐름에 변화를 주십시오. 연약함 가운데 있는 교회, 교회의 타락, 교회의 슬픔, 교회의 위로, 바깥 세상, 이웃, 회심하지 않는 청중, 젊은이들, 민족 등 여러분이 관심을 가져야 할 많은 기도 제목이 있습니다. 매번 기도할 때마다 이 모든 제목을 위해서 기도하지 마십시오. 그렇지 않으면 여러분의 기도는 길고 지루해질 것입니다. 기도할 때 여러분의 마음에 떠오르는 그 주제에 집중하십시오. 성령이 여러분을 인도하신다면 기도로부터 이어지는 길이 있어서 예배 전체가 하나가 되고, 찬송과 설교와 더불어 조화를 이루게 할 것입니다. 가능하면 예배가 통일성을 유지하는 것이 좋습니다. 하지만 천박하지 않고 지혜롭게 하는 것이 중요합니다.…어떤 설교자들은 마지막 기도를 하면서 설교를 다시 되풀이하는데, 이는 별로 추천하고 싶지 않습니다. 청중에게는 교훈적일지 모르지만, 기도의 목적과는 완전히 동떨어진 것입니다.…

독사를 보면 피하는 것처럼, 공적인 기도를 하면서 거짓된 열정을 만들어내려는 모든 시도를 피하십시오. 진지하게 보이려고 애쓰지 마십시오. 성령의 인도하심을 따라 마음이 명령하는 대로 기도하십시오. 여러분이 무감각하고 마음이 무거운 상태라면 주님께 그렇게 말씀하십시오. 여러분의 무기력함을 고백하고 슬퍼하면서 소생되기를 바라는 것은 잘못된 게 아닙니다. 그것은 기뻐 받으실 만한 참된 기도입니다. 하지만 열정이 있는 척하는 것은 매우 수치스러운 거짓말의 또 다른 형태입니다. 진지한 사람들의 기도를 결코 모방하지 마십시오. 기도할 때 신음하거나 열정에 이끌려 강력한 목소리로 기도하는 사람을 알아도, 그들처럼 열정적으로 보이기 위해서 신음 소리를 내거나 큰 소리로 기도하지 마십시오. 모든 과정을 자연스럽게 하고 그 가운데 하나님의 인도를 구하십시오.

마지막으로,…여러분의 기도를 준비하십시오. "그게 대체 무슨 말입니까?"라고 놀라서 물으실 수도 있겠습니다만, 몇몇 사람들이 생각하는 것과 조금 다른 것을 말씀드리려고 합니다. 한번은 목사들의 모임에서 "목사들이 공적인 기도를 미리 준비하는 것이 옳은가?"라는 문제가 논의된 적이 있습니다. 어떤 사람들은 그것이 잘못된 것이라고 진지하게 주장했는데, 이 의견은 아주 적절했습니다. 또 다른 사람들은 그것이 올바른 것이라고 똑같이 진지하게 주장했는데, 그들의 견해도 무시되어서는 안 됩니다. 제가 보기에는 두 주장이 모두 옳습니다. 첫 번째 형제들은 기도를 준비하는 것이 표현들을 연구하고 기도의 흐름을 정리하는 것이라고 이해했습니다. 그들 모두가 이런 것들은 영적인 예배에 반대되는 것이라고 말했습니다. 영적인 예배에서 우리는 성령의 손 안에 우리를 내맡겨서 내용과 단어 사용에서 모두 성령의 인도함을 받아야 하기 때문입니다. 이 점에 대해서는 우리 모두가 동의합니다. 기도문을 미리 쓰고 간구의 표현들을 미리 준비해서 기도하려면, 차라리 예배 의식서를 사용하는 것이 낫습니다. 하지만 기도를 미리 준비하는 것을 찬성한 형제들은 기도 준비를 전혀 다르게 이해했습니다. 그들은 머리가 아닌 마음의 준비로 이해한 것입니다. 마음의 준비는 기도의 중요성에 대해서 미리 진지하게 생각하고, 사람의 영혼이 필요로 하는 것들에 대해서 묵상하며, 간구해야 할 약속들을 기억하는 것을 의미합니다. 그래서 깨끗하게 준비된 마음판에 적은 간구의 내용을 가지고 주님 앞에 나아오는 것입니다. 이것은 무턱대고 하나님을 찾는 것, 분명한 기도 제목이나 열망도 없이 아무렇게나 보좌 앞으로 나아가는 것보다는 훨씬 낫습니다. 어떤 사람은 이렇게 말합니다. "나는 기도할 때 결코 지치지 않는다. 왜냐하면 나에게는 언제나 분명한 기도 제목이 있기 때문이다." 형제 여러분, 여러분의 기도는 과연 이와 같습니까? 성도들의 간구를 인도할 적절한 마음의 자세를 갖추기 위해 애쓰고 있습니까? 주님 앞에 나아갈 때 분명한 이유를 가지고 가십니까?…그러므로 우리는 여러분이 진리의 말씀을 암송하는 경건한 습관을 갖기를 권합니다. 성경을 지속적으로 읽는 것은 여러분을 준비시켜서 언제나 참신한 간구를 하게 할 것입니다.…

여러분의 기도가 단순하고 진실하도록 하십시오. 성도들이 보기에 때로 설교가 평소보다 조금 못해도, 여러분의 기도가 모든 것을 보상한다고 느낄 것입니다.

9
목소리
On the Voice

목소리와 관련한 첫 번째 규칙은 목소리에 대해서 지나치게 많이 신경 쓰지 말라는 것입니다. 생각해보면 달콤한 목소리는 그것만으로는 아무런 내용도 없는 공허한 것이기 때문입니다.…

횟필드의 목소리에 마음의 능력이 없었다면 그가 청중에 끼친 영향력이 파가니니의 바이올린보다 더 오래 지속되지 않았을 것입니다. 여러분은 가수가 아니라 설교자입니다. 목소리는 단지 부차적인 문제일 뿐입니다.…

그렇다 하더라도, 목소리에 대해서 지나치게 무관심해서도 안 됩니다. 왜냐하면 훌륭한 목소리는 여러분이 원하는 결과를 얻는 데 큰 도움이 될 수 있기 때문입니다.…아주 존귀한 진리들이 변화 없는 단조로운 목소리로 전달되어서 크게 손상을 입을 수 있습니다. 한번은 매우 존경받는 목사의 설교를 들은 적이 있는데, 그는 안타깝게도 "주전자 속에 있는 불쌍한 꿀벌"처럼 중얼중얼거릴 뿐이었습니다. 이 표현은 저속한 비유이긴 하지만 참으로 정확한 묘사입니다. 그 순간 제 마음속에는 벌이 윙윙거리는 소리밖에 남아 있지 않았고, "그레이의 애가"(Gray's Elegy)를 풍자한 시 한 구절이 생각났습니다.

> 어렴풋한 실체는 시야에서 사라지고,
> 졸리게 하는 침묵만이 온 공기를 뒤덮네.
> 윙윙거리는 날갯짓으로 웅웅거리는 목사를 구원하소서.
> 딸랑거리는 소리가 졸고 있는 성도들을 더욱 깊이 재우네.

여러분은 확고한 가치를 지닌 교리를 자신의 마음으로부터 나오는 가장 적절한 언어로 전달해야 할 사람입니다. 그런 여러분이 주님이 연주하라고 주신 현(絃)이 많은 악기를 오직 하나의 현만으로 연주해서 목회적 자살을 해야 한다면, 이처럼 안타까운 일이 어디에 있겠습니까!…

하지만 여러분이 목소리에 주의를 기울일 때는, 오늘날 유행하는 것처럼 습관적으로 목소리를 꾸미는 가식에 빠지지 않도록 유념하십시오. 강단에서 보통 때처럼 자연스럽게 말하는 사람은 열 명에 한 명도 채 되지 않습니다. 이런 가식은 비단 개신교도들에게만 국한되지 않습니다. 아베 뮐루와(Abbe Mullois)는 이렇게 말합니다.

사람들은 모든 곳에서 말을 한다. 술집에서도 말하고 법정에서도 말한다. 그러나 더 이상 강단에서는 말하지 않는다. 왜냐하면 우리는 강단에서 오로지 부자연스럽고 인위적인 언어와 거짓된 목소리만을 듣기 때문이다. 이런 말하기 방식은 교회에서만 용납되고 있다. 불행하게도 교회에서는 이런 방식이 일반적이기 때문이다. 다른 어떤 곳에서도 이런 일이 용납되지 않을 것이다. 응접실에서 그렇게 말하는 사람이 있다면 어떻게 생각하겠는가? 틀림없이 많은 웃음을 유발할 것이다. 팡테옹(Pantheon)에는 방문객을 맞이하는 한 관리인이 있었다. 그는 동상의 아름다움에 대해서 설명하면서 많은 설교자들의 목소리를 그대로 재현해서 방문객들을 늘 유쾌하게 했다. 그들은 관리인이 보여주는 대상뿐만 아니라 말하는 방식에 대해서 매우 즐거워한 것이다. 자연스럽고 진실된 전달을 하지 못하는 사람이 강단에 서는 것을 허락해서는 안 된다. 거짓된 것은 무엇이든지 강단에서 제거되어야 한다.…오늘날과 같은 불신의 시대에는 거짓된 것은 무엇이든 치워버려야 한다.…자연스러움과 참됨을 버리는 순간 당신은 듣게 할 권리도, 믿게 할 권리도 포기하는 것이다.

…어떤 사람들은 강단에 서는 순간 자신의 원래 사람됨은 뒤로 남겨둔 채 교구의 직원처럼 사무적으로 변하기도 합니다. 자신을 다른 사람들과 다르다고 생각하며 바리새인처럼 스스로를 자랑스럽게 여깁니다. 그에 대해 하나님께 감사하는 것은 신성모독인데도 말입니다. 그들은 더 이상 육적이지 않은 자들처럼, 사

람으로서 말하지 않습니다. 오히려 자연스럽다거나 마음의 풍성함으로부터 말하고 있다는 평가를 두려워해서 우는 소리를 내거나 "음, 어" 하며 머뭇거리고, 낭랑하게 울리거나 시끄럽고 볼품없게 말합니다. 일단 가운을 입으면 얼마나 자주 그 가운이 설교자의 진정한 자아를 가리는 수의(壽衣)가 되며, 형식주의의 나약한 상징이 되는지요!… 강단에서의 모든 흉내는 거의 용서할 수 없는 죄라고 할 수 있습니다.… 저는 새뮤얼 존슨(Samuel Johnson, 18세기 영국의 시인·비평가·수필가·사전편찬자다—편집자주)식의 장중한 소리에서부터 작고 우아한 휘파람처럼 여린 소리에 이르기까지, 바산의 황소가 내는 으르렁거리는 소리에서부터 작은 새의 짹짹거리는 소리에 이르기까지 서로 다른 다양한 소리들을 들었습니다.… 저는 그런 소리들 자체를 나무라는 것이 아닙니다. 모든 피조물이 자기 자신의 목소리로 말하게 하십시오. 하지만 거룩하게 들리는 소리들은 십중팔구 부자연스럽고 일부러 꾸민 것에 불과합니다. 저는 그런 소리들이 곧 죽은 언어가 되기를 바랍니다. 이런 모든 소리는 바벨론의 것이지 결코 예루살렘 방언이 아닐 것입니다. 왜냐하면 예루살렘 방언이 가진 독특한 특징은 자기 자신의 목소리를 낸다는 것인데, 자기 자신의 목소리는 강단 밖에서나 강단 안에서나 언제나 동일합니다.… 저는 사람이 낼 수 있는 가장 좋은 목소리를 복음 선포에 사용해야 한다고 믿습니다. 그것은 우리가 진지한 대화를 나눌 때 사용하도록 자연이 가르쳐준 목소리입니다.…

다음으로, 여러분이 말할 때 사람들의 귀를 거슬리게 하는 특이한 버릇들을 가능하면 교정하십시오. 존 웨슬리는 "당신의 제스처나 억양이나 발음 그 무엇이든 어색하거나 꾸민 것들을 주의하라"라고 말했습니다. 분명히 이 부분은 선생으로서 지적하기는 쉽지만, 실천으로 옮기기는 훨씬 어렵습니다.…

자신을 죽이는 가장 확실한 방법 중 하나는 입이 아니라 목으로 말하는 것입니다. 이렇게 자연을 거슬러 잘못 사용하면, 자연으로부터 끔찍한 보복을 당하게 됩니다. 그러므로 벌을 받지 않으려면 그런 잘못을 저지르지 마십시오. 여러분이 말하는 가운데 자주 주저하며 멈칫거리는 습관이 있다면, 서서히 모습을 드러내는 아주 파괴적인 습관을 즉시 제거해야 합니다. 그런 습관은 도무지 쓸모가 없습니다. 비록 지금 이미 습관에 사로잡혀 있는 사람들은 즉시 그 사슬을 끊을 수 없지만, 이제 갓 설교에 입문한 여러분은 그런 괴로운 멍에를 메지 말아야 합니다. 말을 할 때 입을 열라는 말씀을 드려야겠습니다. 왜냐하면 많은 경우 분명하지 않은 발음은, 입을 반쯤 닫고 말하는 데 기인하기 때문입니다. 복음서 기자들이 우리 주님에 대해서 "입을 **열어** 가르치시되"라고 말한 것은 쓸데없지 않습니다. 이토록 탁월한 진리가 힘차게 행진할 수 있도록 문을 활짝 여십시오.… "알"(r) 발음을 제대로 하지 않는 사람들의 습관을 경계하시기 바랍니다. 그런 습관은 "베리 루이너스 앤 리디큘러스, 베리 뤳춰드 앤 리프리핸서블"(very ruinous and ridiculous, very wretched and reprehensible)

을 "베위 우이누스 앤 위디큘러스 베위 웨치드 앤 웨프웬서블"로 발음하게 합니다. 가끔 혀 짧은 소리로 발음하면서도 사람들의 마음을 얻는 운 좋은 사람들이 있기는 합니다. 그 사람이 조그맣고 애교가 있는 경우에는 그리 큰 문제가 되지 않겠지만, 어른스러움과 힘을 목표로 하는 사람에게는 큰 문제가 됩니다. 저는 엘리야가 아합 앞에서 말을 더듬었다거나, 바울이 아레오바고(Mars' Hill) 법정에서 사람들에게 머뭇거리며 말을 했으리라고 상상할 수 없습니다. 연약해 보이거나 눈물을 자주 흘리는 것과 말을 더듬는 스타일에 대해서는 특별한 연민이 있을 수도 있습니다. 더 나아가서 이런 것들이 강력한 열정의 결과로 나타나는 것이라면 심지어 숭고하다고도 말할 수 있습니다. 하지만 그런 습관을 타고나서 다듬어지지 않은 채로 말하는 사람들도 있습니다. 여러분은 그들을 모방할 필요가 전혀 없습니다. 여러분이 교육을 받아 자연스럽게 알고 있는 방식으로 말하십시오. 그러면 잘할 수 있을 것입니다. 그러나 교양을 갖추십시오. 미숙하고 무례하고 다듬어지지 않은 본성으로 말하는 것은 삼가야 합니다. 여러분이 잘 아는 것처럼 데모스테네스(Demosthenes)는 자신의 목소리 때문에 무한한 고통을 받았고, 본래부터 연약했던 키케로(Cicero)는 말하는 방식을 교정하기 위해 그리스로의 긴 여행을 감수했습니다. 우리는 그들보다 훨씬 더 고귀한 주제들을 가졌으니, 그들을 뛰어넘는 야망을 가져야 합니다.…

　　언제나 사람들이 들을 수 있게 말하십시오.…사람들이 들을 수 없는 설교자가 무슨 소용이 있겠습니까? 목소리를 내지 못하는 사람은 왕이신 분의 메시지를 선포하는 일을 더 적합한 다른 사람에게 넘기는 겸손이 있어야 합니다. 어떤 사람들은 목소리는 충분히 크지만 발음이 분명치 않습니다. 단어들이 서로 겹치기도 하고, 미처 발음하지 않은 채 넘어가기도 합니다. 발음을 명확하게 하는 것이 힘 있게 말하는 것보다 훨씬 더 중요합니다. 단어 하나 하나에 공정한 기회를 주십시오. 열정적으로 말하다가 단어의 허리를 부러뜨리거나, 급한 마음에 단어의 다리를 뭉개버리는 일이 없도록 하십시오. 덩치는 아주 커서 큰 소리를 낼 수 있는 사람이 속삭이거나 중얼거리는 것을 듣는 것은 참으로 고역입니다. 하지만 아무리 크게 소리를 지르더라도, 단어들을 적당한 간격을 두고 말하지 않으면 그가 무슨 말을 하는지 잘 알아들을 수 없을 것입니다. 너무 느리게 말을 하는 것은 끔찍한 일이며 능동적인 마음의 청중조차도 "경악"이라는 병에 걸리게 만듭니다. 한 시간에 1킬로미터 정도를 기어갈 만큼 느리게 말하는 사람의 연설을 듣는 것은 불가능합니다. 오늘 한 단어를 말하고 내일 또 한 단어를 말하는 식의 약한 불은 오로지 순교자들만 즐길 수 있습니다. 지나치게 빨리 말하면서 울고 마구 고함치고 떠들어대는 것도 용납할 수 없습니다. 그것은 오로지 바보들에게만 발휘할 수 있는 능력입니다. 그런 화법은 말씀의 군대를 폭도로 변질시키며, 사람의 지각 능력을 소리의 홍수 속에 익사시켜버리기 때문입니다.…

9 목소리

중간에 "휴우, 휴유" 하는 소리를 내지 않기 위해 미리 충분히 숨을 쉬어야 합니다. 이런 한숨은 다루는 주제에 대한 공감보다는 숨가쁜 설교자에 대한 안타까움만을 유발시키기 때문입니다. 청중은 설교자가 정말 숨을 쉬는지 알 필요가 없습니다. 숨을 쉬는 과정은 혈액 순환처럼 눈에 보이지 않아야 합니다. 숨을 쉬는 단순한 동물적 기능이 여러분의 설교를 중단시키는 것은 정말 꼴사나운 일입니다.

일상적인 설교에서 목소리를 최고로 높이는 습관을 갖지 마십시오.···소리를 크게 지른다고 해서 사람들이 그만큼 잘 듣는 것은 아닙니다. 오히려 너무 소리가 크면 사람들은 귀를 닫아버립니다. 그리고 시끄러운 소리는 반향음과 메아리를 만들어내기 때문에, 결과적으로 설교의 능력을 상당히 손상시킵니다.

여러분의 목소리를 청중에게 맞추십시오. 이만 명 앞에서 설교를 할 때는 목구멍을 열어서 최고로 큰 소리를 내야겠지만, 고작 이삼십 명이 모여 있는 작은 공간에서 그렇게 해서는 안 됩니다.···아무도 여러분의 설교를 듣고 있지 않는데 거리에서 말하는 것처럼 크게 이야기할 필요가 있습니까? 실내에서든 실외에서든, 가장 멀리 있는 청중이 여러분의 목소리를 들을 수 있을 만큼의 성량이면 충분합니다. 게다가 환자들이 있는 병실이나 매우 허약한 사람들이 있는 교회에서는 연약한 자를 생각해서 언제나 목소리의 크기에 주의해야 합니다. 환자의 병상 옆에 앉아서 "여-호-와-는-나-의-목-자-시-니"라고 크게 외치는 것은 정말 잔인한 일입니다. 여러분이 아무 생각 없이 그렇게 처신한다면 그 불쌍한 환자는 여러분이 아래층으로 내려가자마자 이렇게 말할 것입니다. "아이구, 머리 아파 죽겠구먼. 저 사람이 가니까 이제야 살 것 같네. 이렇게 아름답고 고요한 시편을 천둥번개가 치는 것처럼 외쳐댔으니 기절하지 않을 수 있겠어!"…

성량에 변화를 주어야 한다는 법칙에 유념하십시오. 옛 법칙은 처음에는 부드럽게 시작하고 점점 목소리를 높여서 마지막에 가장 큰 목소리를 내는 것이었습니다. 하지만 그런 모든 법칙을 이제 완전히 잊어버리십시오. 적절하지도 않고 오해를 유발할 가능성도 많습니다. 말하는 순간의 감정에 충실하게, 부드럽게 말하거나 크게 말하거나 하십시오. 더 이상 인위적이거나 변덕스러운 법칙을 따르지 마십시오. 인위적인 법칙은 정말 가증한 것입니다.…어떤 목사는 한 유명한 설교자를 모방하다가 설교를 시작할 때 너무 작은 목소리로 말하는 습관을 갖게 되었는데, 아무도 그가 무슨 말을 하는지 알아들을 수 없었습니다. 모두가 좋은 말을 하나라도 놓칠까 두려워하며 귀 기울여 들으려 했지만 아무런 소용이 없었습니다. 그들이 들은 것은 고작 거룩한 중얼거림뿐이었습니다. 그 목사가 말을 크게 할 수 없는 사람이었다면 그를 탓할 수 없습니다만, 잠시 후에 아주 낭랑한 목소리로 말을 이어감으로써 자신의 폐활량을 입증했으니 이 얼마나 우스운 일입니까? 설교의 처음 부분이 크게 말하지 않아도 될 만큼 별로 중요하지 않다면, 왜 삭제해버리지 않는다는 말입니까? 그

부분이 정말 가치가 있다면, 왜 분명하게 전달하지 않는다는 말입니까? 그 목사가 목표로 한 것은 어떤 특별한 효과였습니다. 그런 식으로 말을 해서 큰 효과를 본 사람을 알고 나서, 자신도 그 사람처럼 되려고 한 것입니다.…효과를 위해서 무언가를 해서는 절대로 안 됩니다. 설교 전문가들의 인정을 받기 위해 이리저리 뛰어다니는 개념 없는 사람들의 책략을 따르지 말아야 합니다. 성경에 나오는 농부들에게 메뚜기가 해로웠던 것처럼, 그런 사람들이야말로 참된 사역자에게 정말 해로운 존재입니다.…

설교의 서론은 허공에 대고 속삭이듯 말하기에는 너무나 중요합니다. 처음부터 주목할 수 있도록 담대하고 씩씩하게 말하시기 바랍니다. 처음부터 큰 목소리로 시작할 필요는 없습니다. 그러면 설교를 하는 중에 마음이 뜨거워져서 목소리를 높이고 싶어도 그럴 수 없게 됩니다. 그러나 처음부터 분명하게 말할 필요가 있습니다. 적절한 때에는 목소리를 줄이거나 심지어 속삭이는 것도 좋습니다. 부드럽고 느긋하고 진지한 목소리는 듣기에 좋을 뿐만 아니라 마음에 큰 감동을 줄 수 있기 때문입니다. 목소리를 낮추는 것에 대해서 두려워하지 마십시오. 거기에 힘을 실으면 크게 소리를 지를 때처럼 잘 들리기 때문입니다. 잘 들리게 하기 위해서 큰 목소리로 말할 필요는 없습니다.…설교가 잘 전달되게 하는 것은 목소리의 크기가 아니라 목소리에 실리는 힘입니다.…사람들이 여러분의 말을 잘 이해하도록 해서 그들에게 유익을 끼치고 싶다면, "무능한데 목소리는 크다"라는 비난을 피하십시오.…북소리보다는 종소리가 더 멀리까지 들리는 법입니다. 특이하게도 소리는 음악적일수록 더 멀리 퍼집니다. 필요한 것은 피아노를 세게 두드리는 것이 아니라, 가장 아름다운 화음을 만들어내는 것입니다. 결국 여러분은 큰 목소리를 내기 위해서 계속해서 긴장을 하지 않아도 됩니다. 그러면 청중의 귀와 여러분의 폐 모두가 안도감을 느낄 것입니다.…상식 있는 사람들처럼, 그냥 말할 때는 자연스럽게, 간청할 때는 열정적으로, 속삭일 때는 은밀하게, 호소할 때는 애처롭게, 선언할 때는 분명하게 하십시오.

폐활량의 적절한 사용 다음으로 중요한 것은 음의 고저를 조절하라는 것입니다. 어조를 자주 바꾸고, 말투에 항상 변화를 주십시오. 베이스 음과 아주 높은 음과 중간 음을 모두 내는 것이 좋습니다. 여러분의 설교를 듣는 사람들뿐만 아니라, 여러분 자신을 위해서도 그렇게 하십시오. 하나님은 우리를 긍휼히 여기셔서 다양함을 추구하는 우리를 위해 모든 것을 채워주십니다. 그러므로 우리도 형제들을 긍휼히 여겨서 천편일률적인 지루함으로 그들을 괴롭히지 말아야 합니다.…

여러분의 목소리가 아무리 음악적이라 하더라도, 동일한 화음을 계속해서 반복하면 청중은 멀리 떨어져서 듣고 싶어할 것입니다. 동료 인간에 대한 배려의 차원에서라도, 단조롭게 노래하듯 하기를 멈추고 말을 차근차근 하십시오.…여러분의 목청을 망가뜨리고 싶거든 쉽게 그렇게 할 수 있습니다. 하지만 목청을 보존하고 싶다면 지금 말씀드리는 것을 잘 기억하십시오. 저는 목소리를 자주 북에 비유하곤 했습니다. 북을 치는 사람이 항상 북의 한쪽 면만을 계속해서 때린다면 금방 구멍이 날 것입니다. 하지만 북의 전체 표면을 골고루 친다면 그 수명이 얼마나 오래 지속되겠습니까! 사람의 목소리도 마찬가지입니다. 항상 동일한 어조를 사용하면 그 음을 만들기 위해 가장 많이 사용되는 목청의 일부에 구멍이 생길 것이고, 곧 기관지염으로 고생하게 될 것입니다.… 배우나 변호사는 목소리를 손상시킬 기회가 많지만, 변호사가 목이 쉬거나 배우가 기관지염에 걸리는 일은 거의 없습니다. 그 이유는 간단합니다. 그들은 몇몇 설교자들이 하나님을 섬기는 것처럼 그렇게 엉성하게 사람을 위해 일하지 않기 때문입니다.…

저는 이따금 하는 설교가 많은 질병의 근원이라는 견해를 가지고 있습니다. 그런데 기쁘게도, 펜윅 박사(Dr. Peter Fenwick)가 저와 같은 의견을 명료하게 표현했더군요.…

> 지금까지 세상에 알려진 가장 사랑받는 연설가들의 사례는 규칙적이고 꾸준한 연설의 유익을 입증합니다. 저는 이 문제로 고생하는 모든 사람에게, 강단에서 사용하는 동일한 목소리로 하루에 한두 차례씩 큰 소리로 읽을 것을 강력하게 권합니다. 이때 특히 가슴과 목청에 주의를 기울이면서 모든 단어들을 분명하게 발음하는 것이 중요합니다.

…여러분, 또 한 가지 필요한 원칙은 **내용에 적합하게 여러분의 목소리를 맞추라는** 것입니다. 슬픈 내용을 말하면서 기쁜 목소리를 내서는 안 됩니다. 반면에, 하늘의 천사들의 곡조에 맞추는 것처럼 기쁘고 즐겁게 말해야 할 때 무겁게 질질 끌어서는 안 됩니다. 이 원칙에 대해서 더 이상 길게 말씀드리지는 않겠습니다만, 이것이 정말 중요하다는 것을 분명히 아십시오. 이 원칙을 잘 따른다면, 다루는 주제가 가치 있는 한 언제나 사람들이 주목할 것입니다. 항상 내용에 맞게 여러분의 목소리를 맞추십시오. 그리고 무엇보다 **모든 것이 자연스러워야 합니다.** 여러 가지 법칙이나 모델을 있는 그대로 모방하지 마십시오. 또한 다른 사람의 목소리를 흉내내지 마십시오. 여러분이 가진 고칠 수 없는 습관 때문에 다른 이들을 모방하려 한다면, 그들의 탁월함을 본받으십시오. 그러면 단점이 줄어들 것입니다.…모방은 극장에나 어울리고, 거룩한 인격으로 고양된 사람만이 성소에 어울립니다. 지루하겠지만 여러분이 이 원칙을 잊지 않도록 다시 한 번 말씀드립니다. 자연스럽게 말하십시오. 자연스러워야 합니다. 항상 자연스럽게 말하십시오.…

여러분의 목소리를 훈련시키는 데 힘쓰라는 말을 덧붙여야겠습니다. 이를 이루는 과정에서 따라오는 어떤 고통이나 수고에 대해서도 불평하지 마십시오. 우리에게 잘 알려진 것처럼, "아무리 천부적으로 타고난 재능이 있어도 수고와 연구를 통해서만 비로소 최고로 완벽한 경지에 이를 수 있습니다." 옷도 갈아입지 않고 일주일씩이나 작업에 매달렸던 미켈란젤로 (Michelangelo)를 생각해보십시오. 또한 부단한 연습으로 하프시코드의 모든 건반이 숟가락처럼 움푹 파이게 했던 헨델(Georg Friedrich Händel)을 기억하십시오. 여러분, 이렇게 열심을 낸 후에라도 어려움과 피로함을 결코 입 밖에 내지 마십시오. 입에 돌을 물고 말하기 연습을 했던 데모스테네스의 방법에는 어떤 유익도 찾기 어렵지만, 시끄러운 큰 파도 앞에서 변론한 그의 방법에는 큰 효용이 있습니다. 이렇게 해서 그는 소란스럽게 떠드는 시골 사람들 앞에서도 말하는 방법을 터득하게 된 것입니다. 또한 언덕에 오르는 중에 말을 함으로써 그의 폐가 고된 사용으로 힘을 더하도록 했습니다. 이렇게 해야 하는 이유는 자기 부인이 유익한 것만큼이나 분명합니다. 복되신 하나님의 영광스러운 복음을 전할 우리의 목소리를 완벽하게 하기 위해 모든 가능한 방법을 사용해야 합니다. 자음을 발음할 때 특별한 주의를 기울여서 모든 단어가 분명하게 발음될 수 있도록 하십시오. 자음은 단어의 표현들을 특징적으로 보여주기 때문입니다. 모든 자음을 충분히 발음할 수 있을 때까지 쉬지 말고 연습하십시오. 모음은 고유의 소리를 가지고 있기 때문에 모음 스스로 소리를 낼 수 있습니다.…여러분의 실수를 그대로 지적해줄 수 있는 친구를 구하십시오. 아니면 여러분을 날카롭게 주시하면서 거칠게 찔러대는 원수가 있다면 더 좋습니다. 이런 귀찮은 비판자가 있다는 것이 바보들에게는 견딜 수 없이 성가신 일이지만, 지혜로운 자에게는 얼마나 복된 일인지 모릅니다. 여러분 스스로를 끊임없이, 그리고 부지런히 교정하십시오. 그렇지 않으면 여러분은 느닷없이 오류에 빠지게 됩니다. 잘못된 소리가 자라나고, 나쁜 습관이 무의식 중에 생기게 됩니다. 그러므로 여러분 자신을 끊임없이 관찰하고 비판하십시오. 조금이라도 유익한 것이 있다면 결코 가볍게 여기지 마십시오. 하지만 여러분, 강단에서 멋이나 내려는 사람으로 전락하지 마십시오. 그들은 몸짓이나 목소리만 좋으면 다 된 것으로 생각합니다. 일주일 내내 설교를 준비한다고 거울 앞에 서서 원고를 반복해서 연습한다는 말을 들으면 정말 가슴이 아픕니다. 은혜롭게 보이는 자세를 연출한다면 은혜를 모르는 마음도 용서될 수 있다고 생각하는 것은 정말 안타까운 일입니다. 향수를 뿌린 세련된 설교자보다는 거친 시골을 순회하는 투박한 설교자가 훨씬 더 낫습니다.…

설교를 마친 후에는 목을 너무 단단하게 싸매지 않아야 목청을 보호할 수 있습니다. 개인적인 경험이라 약간 망설여지기는 하지만 조금이라도 도움을 드리기 위해 말씀드립니다. 혹시 여러분 중에 따뜻한 양모 목도리를 갖고 계신 분이 있습니까? 어머니나 누이에 대한 따뜻한 추억을 연상시키는 그 목도리를 아주 소중히 여기실지 모르겠습니다. 그렇다면 그것들을 옷장 맨 밑에 소중하게 보관하십시오. 그러나 그것을 여러분의 목에 감싸는 식으로 잘못 사용하는 일이 없도록 하십시오. 누구든 감기에 걸려서 죽고 싶은 사람이 있으면, 따뜻한 목도리를 목에 감게 하십시오. 그러다가 어느 날 밤 목도리를 잊는다면 그는 남은 평생 감기에 걸려 있게 될 것입니다. 뱃사람이 목에다 무언가를 감는 것은 거의 볼 수 없습니다. 아니요, 그는 언제나 목을 그대로 노출시키고 다닙니다. 깃을 접을 수 있는 옷을 입고, 넥타이를 매더라도 아주 느슨하게 해서 목 주위에 바람이 잘 통하도록 합니다. 저는 이 원칙을 철석같이 믿는 사람입니다. 그래서 14년 동안 한 번도 이 원칙을 어겨본 적이 없습니다. 이전에는 가끔 감기로 고생을 했었는데, 이 원칙을 지킨 이후로는 거의 감기에 걸린 적이 없습니다. 그밖에 다른 것이 필요하다고 생각되면 수염을 기르십시오. 그것이야말로 가장 자연스럽고, 성경적이고, 어른스럽고, 유익합니다.…여러분의 목에 문제가 생기면 좋은 의사와 상담을 하십시오. 그럴 수 없다면 제가 드리는 다음의 몇 가지 힌트에 주목하십시오. 마쉬멜로우 록(Marsh-mallow Rock)이나 커프노모어 로젠지스(Cough-no-more Lozenges), 풀모닉 웨이퍼스(Pulmonic Wafers), 야생 박하(horehound), 토근(ipecacuanha) 등의 수많은 진통 완화제들을 결코 복용하지 마십시오. 당장의 고통을 사라지게 함으로써 잠시 위안이 되기는 하지만, 이완시키는 특성 때문에 목을 상하게 만듭니다. 목을 좋게 하고 싶으면 속을 버리지 않을 범위 내에서 후추를 먹거나 수축성(astringent)이 있는 음식을 섭취하십시오. 너무 많이 먹으면 안 됩니다. 여러분의 목만큼이나 여러분의 위도 보호해야 한다는 것을 기억하십시오. 소화기관에 문제가 생기면 어떤 것도 제대로 할 수 없습니다. 수축성 있는 음식이 도움이 된다는 것은 상식입니다. 여러분은 가죽업자가 짐승의 가죽 조각을 설탕에 담가 두었다가 가죽을 만든다는 말을 들어본 적이 있습니까? 톨루발삼(tolu)이나 토근(吐根), 당밀(糖蜜)같은 것도 전혀 도움이 되지 않습니다. 오히려 해가 됩니다. 짐승의 가죽을 단단하고 강하게 만들려면, 오크나무 껍질 용액이나 물질을 수축시키고 강화시키는 수축제에 담가둡니다. 제가 처음 엑스터 홀(Exeter Hall)에서 설교를 할 때 제 목소리는 너무 약해서 그렇게 넓은 곳을 감당할 수 없었습니다. 그저 평범한 목소리에 지나지 않았고, 거리에서는 설교하지 못할 정도였습니다. 하지만 엑스터 홀에서 설교하는 동안(그곳은 길이에 비해 폭이 너무 넓어서 설교하기가 무척 힘들었습니다), 항상 제 앞에 칠리 식초와 물을 갖다놓고 목이 피로하거나 목소리가 갈라지려고 할 때마다 한 모금씩 마셨습니다. 그때마다 목에 새로운 힘이 생겼습니다. 목이 조금 이완될 때는 요리사에게 후추를 잔뜩 뿌린 쇠고기 곰국(beef-tea)을 부탁했습니다. 그리고 이제까지 이 방법이 놀라운 치유책이 되었습니다. 하지만 제가 약을 처방할 자격이 있는 것은 아니기 때문에, 의학적인 부분에 있어서는 돌팔이에게 거는 기대 이상은 제게 하지 마십시오.…

제가 더 이상 여러분께 드릴 말씀은 없습니다. 단지, 더 이상 말할 것이 하나도 없을 때까지 여러분의 가슴과 폐와 숨통과 후두 및 모든 발성 기관들이 남아 있기를 바랄 뿐입니다.

10
몸으로 하는 표현

Posture, Action, Gesture, Etc.

이번 강의의 주제는 설교 전달에서 자세, 제스처, 몸짓에 대한 것입니다. 저는 이 세 가지를 명확하게 구분하지는 않을 것입니다. 이들을 구분하기 위해서는 고도로 예리한 분석 능력이 있어야 할 뿐만 아니라, 이 세 가지는 아주 자연스럽게 서로 겹쳐서 나타나기 때문에 실제로 그렇게 할 수도 없습니다.…

설교 자체가 중요한 것입니다. 설교의 주제와 목표, 사람들에게 전달되는 설교에 담긴 정신, 설교자에게 임하는 거룩한 기름 부음과 청중에게 진리를 적용하는 하나님의 능력, 이것들이야말로 어떤 세부적인 사항보다 훨씬 더 중요한 것입니다. 자세와 몸짓은 비교적 덜 중요한 문제입니다. 하지만 미네르바(Minerva)의 동상에 있는 하찮은 신발조차 정확하게 조각되어야 한다면, 하나님을 섬기는 데는 아무리 사소한 것이라 할지라도 거룩한 주의를 기울여야 합니다.…

자세와 같은 부차적인 문제에서 드러난 실수는 사람의 마음 속에 편견을 주입시키고, 그렇지 않았다면 훨씬 더 환영받았을 목회가 그런 사소한 문제 때문에 타격을 받기도 한다는 것은 의심할 바 없는 사실입니다. 평균 이상의 능력을 소유한 사람이라도 어리석은 행동 하나 때문에 뒤쳐져서 계속 그 자리에 머무르기도 합니다. 그런 사례가 단 하나뿐이라 하더라도 무척 안타까운 일인데, 동일한 문제로 어려움을 겪을 수 있는 경우가 많이 있다는 것을 주의해야 할 것입니다. 현명한 사람들이 주의하지 않는 아주 사소한 괴벽이나 우스꽝스러운 몸짓을 일반 대중은 간과하지 않습니다. 사실 대다수의 청중은 시선을 주로 그런 것에만 고정시키고, 설교자를 조롱하려고 오는 사람들은 다른 것에는 신경도 쓰지 않습니다. 사람들은 특정 설교자들의 괴벽 때문에 혐오감을 느끼거나, 아예 관심을 다른 곳으로 돌려버리기도 합니다. 아니면 설교에 집중하지 않는 다른 구실을 대기 위해 이런 편리한 약점을 취하기도 합니다. 그렇기 때문에 사람들의 유익을 위한 우리의 노력을 그들이 거부하도록 우리가 도울 이유가 전혀 없습니다. 자신의 습관이 설교를 무디게 하거나 표적에서 벗어나도록 한다는 것을 알고서도, 의도적으로 그런 습관을 고집하려는 목사는 단 한 사람도 없을 것입니다. 그러나 움직임이나 자세나 손짓 같은 사소한 문제가 초래할 수 있는 결과 때문에 우리는 이 문제에 즉각적인 주의를 기울이는 것입니다.…강단에서 해야 하는 올바른 몸짓을 터득하는 것보다, 잘못된 습관을 버리는 것이 더 중요한 여러분의 의무입니다. 차라리 아무런 움직임이 없는 벙어리가 되는 것이, 몇몇 형제들이 그러는 것처럼 너무 능동적으로 움직여서 괴이한 몸짓을 사용하는 것보다는 더 낫습니다. 어떤 사람들은 갈수록 자멸하는 설교 스타일에 빠져들기도 합니다. 한 번 그런 잘못된 습관에 빠진 후에 거기서 빠져 나오는 것은 정말 드문 일입니다. 누구도 그들의 이상한 행동에 대해서 말하려 하지 않기 때문에 자신은 그것에 대해서 모르는 것입니다. 그들의 아내들이 몰래 그 행동을 흉내내지 않고, 남편의 어색한 행동 때문에 비웃지 않는 것이 놀라울 뿐입니다.…

설교에 적합한 몸짓을 익힐 생각까지는 없다고 하더라도, 괴상하거나 꾸며낸 몸짓을 말끔하게 정리할 만큼은 지혜로워야 합니다. 머리를 곱슬거리게 하고 향수를 뿌려 멋을 부리는 것부터 야생 짐승의 머리털처럼 엉클어진 머리를 관리하지 않는 것까지, 이상한 모습은 다양합니다. 거울 앞에 서서 자세를 연습하라거나 위대한 사람들을 모방하라거나 훌륭한 설교자들의 흉내나 내라고 권해도 안 되겠지만, 그렇다고 정반대로 통속적이고 어리석게 보이려고 노력할 필요도 전혀 없습니다. 자세와 태도는 설교라는 옷의 아주 작은 부분에 불과합니다. 나아가 문제의 본질이 옷에 있는 것도 아닙니다. 질긴 무명을 입은 사람도 그 옷과 잘 어울릴 수 있는 법입니다. 그래서 괴상한 자세와 태도로 전달되는 설교라 할지라도 그 설교 자체는 좋은 설교일 수 있습니다. 하지만 더 좋은 옷을 얻을 수 있는데도 굳이 거지의 옷을 입을 사람이 없는 것처럼, 진리를 공주처럼 차려입힐 수 있는데도 거렁뱅이처럼 초라하게 보이게 해서는 안 됩니다.

천성적으로 옷차림과 움직임이 매우 어색한 사람들도 있습니다. 제가 보기에 탓해야 하는 것은 시골 사람들 자체가 아니라, "성장 환경"이라 불리는 것입니다. 시골 사람들의 걸음걸이는 매우 무겁고 구부정합니다. 그들이 타고난 환경에 가장 적합하게 만들어진 것이기 때문입니다.…사람의 몸은 적절한 훈련을 통해서 적합한 형태의 모습과 편안한 상태를 획득할 수 있는데, 이는 다른 방식으로는 거의 얻을 수 없습니다. 훈련을 받으면 어깨가 내려가고 팔을 지나치게 흔들지 않으며, 가슴을 쭉 펴고 적절한 손동작을 할 수 있습니다. 한마디로 훈련은 우리로 하여금 의식적인 노력이 없이도 똑바로 걷고 말쑥한 모습을 갖추게 합니다. 이를 위해 어떤 노력이 필요하다면, 그것은 그 사람의 부자연스러움을 그대로 드러내는 것입니다. 아주 영적인 사람들은 너무 사소한 문제까지 신경을 쓴다고 저를 나무랄 수도 있겠지만, 이건 사소한 게 아닙니다. 저는 젊은이들이 어떻게 처신해야 할지, 어떻게 어색하지 않게 움직일 수 있을지 가르치는 것이 필수적인 교육의 일부가 되기를 바랍니다.

빈약한 표현력, 그 방면에 대한 능력이 없음을 자각하기 때문에 어색한 몸짓을 하게 되기도 합니다.…우리가 다른 이의 어색함을 목격할 때, 그것이 당사자가 피할 수 없는 것이라면 그냥 지나치거나 관심을 두지 않는 편이 좋습니다. 나아가 그런 환경에서도 정말 잘하고 있다고 그 형제를 칭찬해주어야 합니다. 겉으로 드러나는 어색함을 풍성한 사상과 적절한 언어로 극복해서 영혼이 육체에 대해 승리를 선포하게 하는 것은, 일개 목사에게 결코 작은 성취가 아니라는 것을 알아야 합니다. 그러나 우리 자신이 습관의 결함 때문에 고통받고 있다면, 그것을 극복하겠다고 결단합시다. 그것은 결코 불가능한 일이 아니기 때문입니다.…

　많은 경우, 두려움 때문에 어색함이 나타나기도 합니다. 어떤 사람은 천성 때문도 아니고 강단 때문도 아닌, 초조함 때문에 그렇게 됩니다. 어떤 사람에게는 청중 앞에 서는 것 자체가 큰 용기를 필요로 하고, 그들 앞에서 말하는 것은 정말이지 고통스러운 시련이기도 합니다. 심한 경련을 일으키고 부들부들 떠는 가운데 자세가 뻣뻣하게 굳는 것은 당연한 일입니다. 온 신경이 자극을 받고 몸 전체가 두려움에 떠는 것입니다. 특히 그들은 손을 어떻게 처리해야 할지 몰라 당황해하면서 손을 한시도 가만히 두지 않고 아무런 의미도 없이 이리저리 움직입니다. 차라리 옆구리에 손을 묶어놓을 수만 있다면 훨씬 더 편안하게 설교할 수 있을 정도입니다.…연습이 훌륭한 해결 방안이지만, 하나님을 신뢰하는 것은 훨씬 더 강력한 치유입니다. 목사가 사람들 앞에 서는 것이 익숙해지면 편안함을 느끼기 때문에 편안하게 설

수 있게 되고, 편안한 느낌을 갖게 되면 손이나 발과 같은 몸의 다른 부분도 편안해져서 더 이상 신경쓰지 않게 됩니다. 그러면 온 마음을 다해서 설교에 집중하게 되고, 진지한 사람에게 가장 어울리는 자세를 취하게 됩니다. 이것이야말로 가장 적절한 모습입니다. 의식적으로 고안되지 않은 몸짓, 즉 한순간이라도 생각 가운데 그런 몸짓을 해야겠다는 의식이 없이 취하게 되는 몸짓이 가장 좋은 것입니다. 예술의 최고의 경지는 바로 예술을 버리는 것입니다. 그래서 마치 산속에서 뛰는 산양처럼 자유롭게 움직이게 되는 것이 가장 좋습니다.

자세나 몸짓의 어색함은 가끔 다음에 해야 할 말을 찾지 못해서 나타나기도 합니다.…

목사의 설교하는 자세는 자연스러워야 하지만, 거칠어서는 안 됩니다. 목사의 자세는 품위와 교양을 갖추어야 합니다. 특히 설교자로서 부자연스러운 자세는 피해야 합니다. 그런 자세 때문에 발성기관이 방해를 받고 폐가 손상되기 때문입니다. 상식을 잘 활용해야 합니다. 그래서 성경책이나 강대상 위로 몸을 기대는 식으로 말하기 어려운 자세를 취해서는 안 됩니다. 바로 밑에 앉아 있는 사람들에게 은밀하게 말하듯이 몸을 앞으로 숙이는 것이 가끔은 용납되겠지만, 이런 행동을 습관처럼 하면 보기에 아주 흉할 뿐만 아니라 몸에도 해롭습니다. 응접실에서 말하면서 누가 허리를 굽힐 생각을 하겠습니까? 테이블 모서리에 호흡기관을 압박하면서 긴 대화를 나누는 것은 사람을 몹시 힘들게 하는 일입니다. 똑바로 서서 바른 자세를 유지하십시오. 그리고 어른스럽게 씩씩하게 말씀하십시오. 몇몇 설교자들은 반대 방향으로 잘못을 범하기도 합니다. 마치 천사들에게 말을 하거나 천장에 쓰인 글씨를 읽기라도 하는 것처럼 고개를 뒤로 젖히는 것입니다. 이런 행동도 좋지 않은 결과를 초래합니다. 가끔 숭고한 감정에 격앙되어 그렇게 하는 것이 꼭 필요한 경우가 아니라면, 결코 그런 자세를 취해서는 안 됩니다.…

설교자 중 너무나 많은 사람이, 마치 다리 난간에 걸터앉아서 강 아래에 있는 보트 위의 사람과 담소나 나누는 것처럼, 구부정한 자세로 축 늘어져 있는 것을 봅니다. 우리가 강단에 올라가는 것은 축 늘어진 자세로 편안하게 사람들을 보기 위해서가 아닙니다. 우리는 매우 엄숙한 사명을 갖고 그곳에 올라가므로, 우리의 자세도 그 사명에 합당한 것이어야 합니다. 우리가 경건하고 진지한 심령을 가지고 있다면, 부주의한 자세나 축 늘어진 둔한 모습을 결코 보이지 않을 것입니다. 그리스인은 심지어 농부나 목동도 아무런 의식 없이도 매우 품위 있는 자세를 취한다고 알려져 있습니다. 이탈리아인의 경우도 마찬가지라고 생각합니다. 또한 어디서든 로마 사람은 항상 예술가의 관찰 대상처럼 보입니다. 그가 스페인 광장의 계단에서 잠을 자고 있든, 카라칼라의 목욕탕에 앉아 있든, 머리에 한 꾸러미의 짐을 이고 있든, 노새를 타고 있든 말입니다. 물론 그들이 이것을 마음속에 의식해서 행동하는 것은 아닙니다.…우리로서는 그리스인이나 이탈리아인이 전혀 모방을 하지 않는다는 점 외에 그들을 모방하는 것은 참으로 어리석은 일입니다. 굳이 따라 하려면 그들의 경직되지 않은 자연스러운 행동을 따라 하는 것이 좋겠습니다. 그리스도인이 광대가 되어야 할 이유는 전혀 없지만, 목사가 천박하지 말아야 할 이유는 수없이 많습니다.…

이제 자세에 대한 언급은 그만하고, 설교할 때 취하게 되는 **몸짓(action)**에 대해서 더욱 분명하게 보기로 합시다. 이 문제도 부차적이지만 아주 중요한 문제입니다. 우리가 우선 기억해야 할 것은 몸짓이 과도해서는 안 된다는 것입니다. 이 점에서 육체적인 연습은 거의 도움이 되지 않습니다. 언제 몸짓이 과도한지는 쉽게 판단할 수 없습니다. 한 사람에게는 과해 보이는 것이 다른 사람에게는 지극히 정상적이고 적절해 보일 수 있기 때문입니다. 민족이 다르면 말할 때 사용하는 몸짓도 다릅니다. 영국인은 프랑스인에 비해서 말을 할 때 매우 조용하고 진지합니다. 그런데 프랑스 친구들을 한번 보십시오. 그들은 온몸을 사용해 말을 합니다. 어깨를 으쓱거리고 손가락을 움직이면서 매우 격렬한 몸짓을 합니다. 괜찮습니다. 프랑스인 설교자가 영국인 설교자보다 설교할 때 훨씬 더 열정적이더라도 별 문제가 되지 않습니다. 프랑스인의 일상적인 언어 습관이 그렇기 때문입니다. 프랑스인 목사가 실제로 그런지는 확실히 모르지만, 만약 사실이라면 그것은 민족적인 습관이라고 설명할 수 있겠습니다.… 민족들 사이에서 그렇다면 사람들 사이에서도 마찬가지입니다. 어떤 사람은 천성적으로 다른 사람보다 더 많은 몸짓을 사용합니다. 그것이 정말 자연스럽다면 잘못이라고 나무랄 수 없을 것입니다.…마르틴 루터는 주먹을 세게 내리치는 습관이 있었습니다. 아이제나흐(Eisenach)에 가면, 루터가 원고를 내리칠 때 깨뜨린, 7센티미터는 족히 되는 강단 위의 판자를 볼 수 있습니다. 이 전설의 진위 여부는 의심을 받기도 합니다. 기타를 그토록 멋지게 연주했다는 섬세한 손이 그렇게 거칠게 행동하지 않았으리라는 주장이 있기 때문입니다. 하지만 손이 그 사람의 성품을 나타내는 지표라고 한다면, 우리는 그 전설이 사실이라고 믿을 수 있습니다. 왜냐하면 루터 안에는 강인함과 부드러움이 매우 놀랍게 어우러져 있었기 때문입니다. 루터의 마음은 섬세함과 감수성으로 넘쳐났지만, 이런 특질은 그의 강인함을 위축시키지 않고 오히려 증대시켰습니다. 교황을 공격했던 그의 스타일로 미루어볼 때, 루터가 널빤지를 쪼갰다고 믿는 것은 그리 어렵지 않습니다. 동시에 우리는 루터가 여인과 같이 가냘픈 손으로 기타를 연주하는 모습도 쉽게 상상할 수 있습니다. 다윗도 하프 연주를 능숙하게 했지만, 팔로 강철 같은 활을 부러뜨리기도 했습니다.…성령의 능력으로 양심이 깨어나고 굳은 마음을 깨뜨리는 것을 목표로 하십시오. 이런 일을 하기 위해서는 성령의 능력이 필요합니다. 육신의 힘은 구원을 얻게 하는 하나님의 능력이 아닙니다.

어떤 일이라도 너무 과하면 여러분 자신이 터무니없는 사람으로 보이기 십상입니다.…허공을 치고 크게 소리를 지르는 것, 고함을 지르고 발을 동동 구르는 것은 아무것도 전달하지 못합니다. 자신이 말하려는 것을 진정으로 전달하는 사람일수록 천박한 열정을 드러내지 않는 법입니다.…사람의 몸짓에 칭찬할 것도 비난할 것도 없을 때 중용에 가장 가깝다고 할 수 있습니다. 그의 몸짓이 설교와 완벽하게 조화를 이루어서, 몸짓과 설교가 다른 것으로 생각되지 않기 때문입니다. 눈에 띄어 주의를 끄는 몸짓은 이미 균형을 잃고 지나친 상태일 가능성이 많습니다.…

몸짓은 표현력이 있어야 할 뿐만 아니라 적절해야 합니다. 우리가 언어로 하는 것만큼 몸짓으로 표현할 수는 없습니다. 하지만 몸짓이 훨씬 더 강력할 때도 있습니다. 아주 화를 내면서 문을 급하게 열고 그 문을 가리키는 동작은 "당장 이 방을 떠나시오!"라는 말만큼이나 강력합니다. 악수를 청했을 때 거절하는 행위는 악의가 있다는 노골적인 선언이기 때문에 가혹한 말보다 훨씬 더 오래가는 모멸감을 줄 것입니다. 어떤 주제에 대해서 침묵하라는 요구는 입술에 손가락을 가져다 댈 때 더 잘 전달됩니다. 고개를 흔드는 것은 불만의 뜻을 분명히 보여줍니다. 눈썹을 치켜세우는 것은 놀라움을 아주 강력한 방식으로 표현하는 것입니다. 이처럼 얼굴의 각 부분은 기쁨과 슬픔을 잘 보여줍니다. 어깨를 움츠리는 단순한 행위 안에 얼마나 많은 의미가 집약되어 있으며, 그런 움츠리는 동작 하나 때문에 얼마나 많은 불행이 초래되었던가요! 몸짓과 자세는 아주 강력하게 말할 수 있기 때문에, 우리의 몸짓과 자세가 정확한 메시지를 전달하는지 여부에 관심을 기울여야 합니다. 손가락으로 땅을 가리키며 "오, 하늘이여!"라고 외친 유명한 고대 그리스인을 모방해서도 안 되고, 죽어가는 병자들에 대해 설명하면서 손으로 강대상을 세게 내리치는 식의 행동을 해서도 안 됩니다.… "복음은 몇몇 사람들에게만 주어진 것이 아닙니다. 그 정신은 관대하고 넓습니다. 복음은 팔을 벌려서 모든 계층의 사람과 모든 민족을 포용합니다"라고 말하면서 두 손을 꼭 맞잡을 만큼 어리석은 사람이 여러분 중에는 없으리라 믿습니다. 또한 "형제 여러분, 여러분의 힘을 집중하십시오. 대장군이 전쟁의 날에 왕의 깃발 아래 군대를 모으십니다. 힘을 모으십시오!"라고 말하면서 팔을 벌린다면, 말과 동작이 조화를 이루지 못하는 것입니다. 적절한 지점에서 손짓을 사용해야 합니다. 어떻게 팔을 벌려야 퍼져나가는 것이 표현되고, 어떻게 팔을 오므려야 모이는 것이 표현되는지 알아야 합니다.

몸짓과 어조가 함께 말의 의미를 완전히 모순되게 할 수 있습니다.…설교자가 잘못 전달해서 성경의 언어가 힘을 잃어버리다니요!…벤디고(Bendigo)와 같이 호신술을 가르치는 사람들에게 배운 설교자가 참 많은 것 같습니다. 설교할 때 마치 싸울 준비가 되어 있는 사람처럼 두 주먹을 불끈 쥐고 있으니 말입니다. 그렇게 투쟁적인 모습으로 평화의 복음을 전하는 형제들을 보는 것은 기분 좋은 일이 아닙니다. 그런데도 복음 전도자가 두 주먹을 불끈 쥐면서 값없이 주시는 그리스도의 은혜에 대해 설교한다는 이야기를 드물지 않게 듣습니다. 두 주먹을 쥐면서 "나에게 오라"고 한 다음에, 그 주먹을 빙빙 돌리면서 "내가 너희에게 평안을 주리라"라고 말하는 것은 정말 우스운 일입니다. 그런 우스꽝스러운 생각은 표현하지 않는 것이 더 좋겠지만, 청중이 더 좋은 것들을 생각하게 하려는 진지한 설교자들이 그런 생각을 불러일으킬 때가 심심치 않게 있습니다.…

그렇게 어색한 손들도 일단 한 번 정복되면 가장 든든한 동지가 됩니다. 우리는 손을 사용해서 혀가 말할 수 있는 거의 모든 것을 말할 수 있고, 그럴 때 우리의 손은 일종의 조용한 음악과 같은 것이 되어서 우리가 하는 말에 매력을 한층 더할 수 있습니다. 아직 찰스 벨 경(Sir Charles Bell)이 쓴 『손』(The Hand)을 읽지 않았다면 반드시 읽어보시기 바랍니다. 그리고 다음 구절을 주목하십시오.

우리는 표현 수단으로서의 손에 대해서 반드시 언급을 해야 한다. 이는 공식적인 학위 논문들도 다루는 주제다. 하지만 우리가 굳이 권위 있는 증거를 찾으려 한다면 위대한 화가들을 증거로 삼을 수 있을 것 같다. 왜냐하면 그들은 모든 감정을 표현할 때 전체의 모습과 조화를 이루도록 손의 위치를 결정하기 때문이다. 예를 들어 귀도(Guido Reni)의 "막달라 마리아"(Magdalens)나, 라파엘(Raphael)의 "삽화"(cartoons), 레오나르도 다 빈치(Leonardo da Vinci)의 "최후의 만찬"에서 손이 말해주는 의미들을 부인할 사람이 어디에 있겠는가? 퀸틸리아누스(Quintilianus)가 말한 것처럼, 손이 표현할 수 있는 모든 것을 우리는 그 그림들 속에서 보는 것이다. 그는 이렇게 말한다. "몸의 다른 부분도 연설자를 돕지만, 손은 스스로 말한다고 할 수 있다. 손을 사용해서 우리는 묻고, 약속하고, 소원을 빌고, 거절하고, 위협하고, 간청하고, 두려움, 기쁨, 슬픔, 의심, 동의, 후회 등을 표현한다. 우리는 손으로 적절함과 많음을 보이기도 하고, 숫자와 시간을 나타내기도 한다."

얼굴, 그중에서도 특히 눈은 모든 적절한 몸짓에서 아주 중요한 역할을 합니다. 목사가 설교하면서 성도들을 바라보지 않는 것은 매우 불행한 일입니다. 자기가 바라보지도 않는 사람들에게 호소하는 것은 참으로 이상한 일입니다. 목사는 지금 사람들에게 십자가에 달리신 예수 그리스도를 바라보라고 간청하고 있습니다. 죄인들이 어디에 있는지 모릅니까? 그런데도 설교자의 눈이 책을 향하거나 천장을 바라보거나 빈 공간을 향해 있으면 어떻게 합니까! 특히 권면을 할 때는 여러분의 눈을 성도들에게 고정해야만 합니다. 교리의 숭고함을 설교하는 부분에서는 고개를 들어 위를 바라볼 수 있고, 여기저기를 둘러보는 게 필요할 때도 있을 것입니다. 하지만 강력하게 호소하는 시간에 청중을 바라보지 않고 다른 곳을 보는 것은 적절하지 않습니다.…

자세와 몸짓을 완벽하게 하려는 사람은 몸 전체의 움직임을 조절해야 합니다. 어느 경우에는 머리를 움직이는 것이 가장 적절한 반면, 다른 경우에는 손을, 또 다른 경우에는 몸통만을 움직여야 할 때도 있기 때문입니다.…

몸짓과 말을 일치시킵시다. 여러분의 몸짓이 여러분이 말하는 내용에 대한 주석과 실제적인 해설이 되도록 하십시오.…

지금까지 우리는 몸짓이 과도해서는 안 된다는 것을 말했고, 둘째로 그것이 적절해야 한다고 했습니다. 이제 세 번째 원칙은 다음과 같습니다. 몸짓과 손짓이 괴상한 것이 되어서는 안 됩니다. 이 원칙은 너무나 명백하기 때문에 이 문제에 대해 더 설명하지는 않겠습니다. 단지 괴상한 동작에 대한 몇 가지 사례를 제시하여, 여러분이 그와 동일한 경우뿐만 아니라 모든 유사한 경우도 피할 수 있게 하려고 합니다.…

괴상한 동작의 첫째 사례는 뻣뻣하게 경직된 몸짓이라 할 수 있는데, 이는 흔히 나타나는 현상입니다. 이런 몸짓을 하는 사람들은 유연함이라고는 찾아볼 수 없이 딱딱해 보입니다. 팔과 다리는 마치 철이나 단단한 금속으로 만들어진 것 같습니다. 딱딱하게 굳은 그들의 손과 발은 예술가들이 주로 사용하는 나무로 만든 해부 인형 같지만, 실질적으로는 그렇지도 않습니다. 그들은 이 모형만큼도 관절을 위아래로 자연스럽게 움직이지 못하기 때문입니다. 이런 형제들의 몸짓에는 둥글둥글한 모습이 전혀 없습니다. 모든 동작이 어색하고 날카로우며 기계적입니다.…몇몇 설교자들에게 거의 기형적으로 나타나는 이런 폐단은 분명히 어떤 형태의 신체적인 운동을 통해서 고칠 수 있을 것입니다.…정말 훌륭한 설교도 설교자의 어색한 행동 때문에 힘을 잃게 된다는 것은 분명합니다.…

괴상한 동작의 둘째 사례는 첫째 것과 크게 다르지 않은데, 아마도 규칙적이고 기계적인 몸짓으로 분류하는 것이 최선일 것입니다. 이 경우 사람들은 의지와 지성을 지닌 살아 있는 존재처럼 움직이기 보다는, 정확한 간격을 두고 움직이도록 미리 입력된 자동기계처럼 행동합니다. 메트로폴리탄 타버너클 교회 뒤에 가보면 어떤 집 위에 군인이 모양으로 된 풍향계가 달려 있는데, 강한 바람이 불면 이 군인은 양팔을 번갈아 들어올리게 되어 있습니다. 저는 그 풍향계를 보면 어떤 설교자들이 생각나서 자주 웃곤 했습니다. 그들은 양팔을 교대로 내밀거나, 한쪽 팔은 가만히 내려놓고 마치 바람이나 태엽에 의해서 움직이는 것처럼 다른 쪽 팔만 계속해서 들었다가 내렸다가 합니다. 팔을 계속해서 들었다가 내렸다가 하는 몸짓만 반복하지, 좌로나 우로나 움직이지도 않고 오로지 위아래로만 단조롭게 그 움직임을 계속합니다. 움직임 그 자체가 얼마나 거부감을 주는지는 중요하지 않습니다. 다만 아무런 변화 없이 계속해서 그 몸짓을 반복한다면 아마 견딜 수 없게 될 것입니다.…

손을 위아래로 움직이는 것, 톱질이나 펌프질이나 주먹질 모두 동작들이 고루 섞이면 견딜만할 뿐만 아니라 심지어 적절할 수도 있습니다. 하지만 하나의 동작만을 계속해서 반복하는 것은 지루하고 아무런 의미도 없습니다. 찻집에서나 볼 수 있는 고개를 계속 흔들어대는 중국 인형이나, 미용실 창문 옆에서 항상 똑같이 움직이는 밀랍 인형들은, 사람들을 은혜와 덕으로 인도하는 진지한 사명을 가진 사람들에게 결코 적합한 모델이 될 수 없습니다. 여러분이 정말 진실하고 실제적이고 진지해져서 단순한 움직임만을 반복하는 것이 불가능하게 되고, 여러분을 둘러싼 모든 것이 생명과 에너지와 집중된 역량과 강력한 열정을 나타내게 되기를 바랍니다.

괴상한 몸짓의 또 다른 형태는 지나치게 많은 몸짓이라 할 수 있겠습니다. 어떤 형제들은 신체적인 움직임이 부족해서 사역에서 실패할 일은 결코 없을 겁니다. 그들은 강단에 올라 열심히 설교하려고 할 때, 고된 일을 한 노동자처럼 곧 숨을 헐떡입니다. 폭풍이 지나가는 것처럼 강력하게 설교를 진행하리라 결심하지만 그 직전에 주저앉아 버리는 것입니다. 그들에게도 천국이 침노를 당하지만, 성경에 나온 의미와는 아주 다른 의미에서 그렇습니다.…

지나치게 많이 움직이는 몸짓은 대부분의 경우 이전 시대의 설교자들이 물려준 악습입니다. 마치 늙은 사냥꾼이 사냥개를 잊을 수 없는 것처럼, 선한 사람도 시장에서 일할 때 버릇을 떨쳐버릴 수 없는 것입니다. 이전에 바퀴를 만들었던 한 형제는 항상 바퀴를 만드는 몸짓을 하며 설교합니다. 여러분이 바퀴를 만드는 기술을 알고 있다면, 그 제작 과정이 그의 설교 가운데 가장 활기찬 부분에서 드러나고 있다는 것을 알게 될 것입니다. 다른 형제에게서는 기술자의 몸짓이, 또 어떤 형제에게서는 통을 만드는 몸짓이 나타나고, 어쩌면 식료품 상인의 몸짓이 나타나는 형제가 있을지도 모릅니다. 이전에 도살장에서 일했던 형제는 설교 중에 논쟁적인 부분이 나오면 어떻게 소를 쓰러뜨리는지를 몸짓으로 보여줄 것이 분명합니다. 저는 설교가 갈수록 힘을 더해가고 설교자가 뜨거운 마음으로 설교에 임하는 것을 보면서 이렇게 생각했습니다. "여기에 도살용 도끼가 있고 저기 살찐 소가 지나가고 있으니, 이제 소가 쓰러지겠구나."

이렇게 과거의 직업이 남긴 자취 자체는 결코 나무랄 일은 아닙니다. 오히려 젊었을 때부터 상아탑 안에만 안주해온 사람들의 용납할 수 없는 어색함보다는 훨씬 덜 해롭다고 할 수 있겠지요. 그런 분들도 때로는 상당한 노력을 하겠지만, 실용적인 직업을 가진 사람들에는 훨씬 못 미칩니다. 몸짓을 사용하는 데는 대학을 나온 사람들이 보통 사람들보다 훨씬 못합니다. 아마 너무 높은 교육을 받아서 자신감을 상실한 나머지 안절부절못하고 어색해지는지도 모릅니다.…

하지만 여기서 우리는 지나치게 많은 몸짓을 사용하는 또 다른 설교자의 경우를 간과해서는 안 됩니다. 우리는 그런 설교자를 마음의 눈으로 그려볼 수 있습니다. 아마도 그를 끊임없이 움직이는 설교자라 부를 수 있을 것 같습니다. 그는 손가락을 들어올리고 손을 흔들며 모든 단어마다 손뼉을 치는 등 항상 몸짓을 사용하며 말을 합니다. 잠시라도 가만히 있지 않습니다. 강조하려는 마음이 너무 지나쳐서 모든 단어를 강조하다 보니 어떤 것도 강조하지 못하는 결과를 가져와서, 결국 자신의 목적을 이루지 못하고 맙니다. 이 형제는 청중의 마음을 말이 아니라 움직임에 초점을 맞추게 합니다. 실질적으로 눈이 귀로부터 생각을 옮겨서 또 한 번 설교자의 목적이 좌절됩니다. 어떤 청중은 이런 끊임없는 움직임 때문에 굉장히 불안해하며 안절부절못하게 되기도 합니다. 당연하지요. 그렇게 끈질기게 두드리고 찌르고 흔드는 것을 보면서 어느 누가 견딜 수 있겠습니까? 다른 모든 일들에서뿐만 아니라, 몸짓에서도 "너희 [적절함]을 모든 사람에게 알게 하라"(빌 4:5, KJV).

지금까지 세 가지 형태의 괴상한 몸짓에 대해, 즉 경직된 몸짓, 기계적인 몸짓, 지나치게 많은 몸짓에 대해 말씀드렸습니다. 또한 단정하지 않은 목사들에 대해서도 잠깐 살펴보았습니다. 이제 두 가지 다른 몸짓에 대해서 말씀드리고 마치려고 합니다. 무술을 하는 듯한 몸짓도 괴상한 몸짓으로 분류되기에 충분합니다. 어떤 설교자들은 회중 앞에 설 때마다 항상 믿음의 선한 싸움을 하는 것처럼 보입니다. 그들은 칼싸움을 하는 듯한 모습으로 상상 속 적의 공격을 수비하기도 하고, 보이지 않는 적을 향해 단호한 결단으로 공격하는 자세를 취하기도 합니다.…

마지막으로 생각해볼 수 있는 괴상한 몸짓은 박자가 맞지 않는 몸짓입니다. 이 경우에 손동작과 입술이 박자가 맞지 않습니다. 손동작이 약간씩 늦게 나와서 몸짓 전체가 엉망이 되어버립니다. 그가 무엇을 하려고 하는지 처음에는 이해할 수도 없습니다. 아무런 리듬이나 이유도 없이 괜히 내려치고 두드리는 것 같습니다. 그런데 나중에 가서야 그의 지금 몸짓이 바로 전에 말했던 것과 일치한다는 것을 깨닫습니다. 그런 몸짓은 정말 이상한 결과를 초래하게 됩니다. 그것을 깨닫지 못하는 사람들은 당황하게 되고, 완전히 깨달은 사람들에게도 이상스러움은 전혀 사라지지 않습니다.…

하지만 이런 괴상한 몸짓들보다, 아니 그것들을 전부 합쳐 놓은 것보다 더 나쁜 것은 지나치게 세련된 티를 내는 스타일입니다. 그것은 정말이지 가증스럽고 역겨운 것입니다. 그런 스타일은 일반적인 저속한 사람들의 경우보다 훨씬 더 안 좋은 것입니다. 왜냐하면 세련되게 보이려는 것은 가식이고 저속의 극치이기 때문입니다.…

그렇게 얼빠진 세련됨에 신물이 난 후에는 차라리 "촌스럽고 조야한 모습"이 훨씬 더 신선하게 느껴질 것입니다. 연설가들은 보잘것없는 우아함을 지닌 무용수에게서보다, 병영이나 씨름판에서 몸짓을 배우라는 키케로의 권면은 아주 적절합니다. 용감함이 우아함에 희생되어서는 결코 안 됩니다. 노동자들에게 기독교의 진리를 가르치는 데는 격식을 차린 세련된 교사가 적합하지 않습니다. 영국의 기능공들은 어른스럽게 씩씩한 것을 좋아하고, 마음을 담아 자연스럽게 말하는 사람에게 귀를 기울입니다. 사실 어느 민족이든 노동자들은 외모에 맵시를 부리는 사람보다는, 그런 것에 대해 태만한 사람에게 훨씬 더 큰 감동을 받습니다.…

모든 낯선 태도와 음성과 복장은 우리와 사람들 사이를 가로막는 장애물이 됩니다. 사람들의 영혼을 구원하려 한다면 우선 사람처럼 말해야 합니다.…

만일 설교자의 세련된 행동과 고상한 체하는 예의 바른 모습들이 대중들을 공적 예배로부터 멀어지게 한다면, 하나님이 그런 것들로부터 우리를 구원해주시기를 원합니다. 오늘날에는 희망적이게도 이렇게 지긋지긋한 가식적인 모습이 현저하게 줄어들긴 했지만, 그래도 여전히 남아 있습니다.…목사는 단정하지 않은 것은 무엇이든 피해야 합니다. 그러므로 이런 최악의 오류를 피하기 위해 온 마음을 다하십시오. 쿠퍼(William Cowper)는 "내 영혼이 모든 가식을 혐오한다"라고 했습니다. 분별이 있는 사람이라면 누구나 그래야 할 것입니다. 주님의 말씀이 선포될 때는 그 어떤 속임수나 무대 효과도 견뎌낼 수 없습니다. 목사처럼 보이려고 맵시를 부리는 것보다, 누더기 옷을 입고 투박한 설교를 하더라도 거짓 없이 정직하게 설교하는 것이 훨씬 더 좋습니다. 종교적인 무대 위에서 연기를 하는 완벽한 배우가 되는 것보다는, 우아함에 관한 모든 규정을 어기는 것이 훨씬 더 낫습니다.…

이제 마지막 원칙이 남아 있는데, 그것은 다른 모든 것을 요약해줍니다. 여러분의 모든 몸짓을 자연스럽게 하십시오. 의도된 몸짓이라는 인상을 주어서는 절대로 안 됩니다. 기교는 차갑습니다. 오로지 자연스러움만이 따뜻합니다. 하나님의 은혜가 여러분을 모든 그럴듯함으로부터 자유롭게 하고, 무엇을 하든지 어디에 있든지 진실하십시오. 혹시 거칠고 교양이 없는 것처럼 보인다고 하더라도, 억지로 꾸미는 모습을 보여서는 안 됩니다. 여러분의 자세나 몸짓은 언제나 여러분 자신의 것이어야 합니다. 세련된 모습을 흉내 낸다든지, 열정적인 척한다든지, 감정을 조장한다든지, 다른 사람의 전달 방식을 그대로 따라 하는 것처럼 겉으로는 세련되어 보이지만 사실은 거짓된 모습을 갖추면 안 됩니다.

> 그러므로 모든 겉치레를 그만두고 그저 바라만 보라.
> 그리고 거울 앞에서 연습한 연극을 시작하라!

우리의 목표는 인위적이거나 억지로 꾸며낸 모습을 연출하는 것이 아니라, 있어서는 안 될 이상한 것들을 제거하는 것입니다. 필요 없는 나뭇가지를 잘라내면 되는 것이지, 그 나무가 어떤 형태를 갖추도록 하기 위해 가지를 다듬어서는 안 됩니다.…

하나님이 여러분을 보내신 것은 사람들을 웃게 만들기 위해서가 아니라 영혼을 구원하기 위해서입니다. 또한 여러분을 가르치는 분은 춤 선생이 아니라 바로 성령이십니다. 따라서 강단에서 보여지는 여러분의 태도는 단지 잠깐의 생각거리로 적당합니다. 사람들이 설교자의 태도에 대해서 말을 많이 하게 되면, 청중의 모든 생각을 설교의 내용에 집중시켜야 할 여러분의 사명은 성공하지 못한 것이기 때문입니다. 이런 결과를 초래한다면 아무리 훌륭한 몸짓이라도 당장 그만두라고 말씀드리고 싶습니다. 반대로 최악의 몸짓이라도, 그런 결과를 막을 수만 있다면 오히려 그것을 행하기를 권하겠습니다. 제가 정말로 말씀드리고 싶은 것은, 조용하고 품위 있으며 아주 자연스러운 움직임이 좋다는 것입니다. 그런 움직임은 사람들의 이목을 끌 가능성이 거의 없습니다. 전달과 관련된 모든 것이 하나가 되어야 합니다. 곧 모든 것이 조화를 이루어야 한다는 것입니다. 생각·정신·언어·어조·몸짓이 모두 하나가 되어, 그 전체가 우리 자신의 명예가 아닌 하나님의 영광과 사람들의 유익을 위한 것이 되어야 합니다. 그렇게 되기만 한다면, 혹시 자연스러워야 한다는 원칙을 어겼을까 걱정할 필요가 전혀 없습니다. 자연스럽지 않을 수 없을 테니 말입니다. 하지만 저에게는 한 가지 두려움이 있습니다. 여러분이 매우 존경받는 목사님을 흉내나 내는 어리석음에 빠져서 혹시 잘못된 길로 가지는 않을까 하는 두려움입니다. 각 사람의 몸짓은 자신에게 잘 어울려야 하고, 자신의 성품으로부터 자연스럽게 흘러나와야 합니다.···최근에 한두 명의 젊은 스펄전이 있다는 소문을 들었습니다. 만약 이것이 사실이라면, 그것이 제 아들들을 가리키는 말이었으면 좋겠습니다. 그들이야말로 태어나면서부터 그 이름을 가졌기 때문입니다. 여러분 중에 어느 누구라도 저를 단지 모방하려는 사람이 있다면 저는 그 사람을 육체의 가시로 여기고, 바울이 "[어리석은 자들을] 기꺼이 용납한다"(참고. 고후 11:19)고 질책했던 사람들과 동일한 부류로 생각할 것입니다. 하지만 모든 초보자는 반드시 어느 정도 모방하는 기간이 있어야 한다는 말이 있습니다. 그래서 화가들은 예술의 기초를 아직 습득하지 못한 동안에는 그들의 스승을 따르는 것이 정상이며, 그래서 어쩌면 처음 발을 들여놓은 그 학파의 화가로 평생 남게 될지도 모릅니다. 하지만 그가 점차 자신의 개성을 발전시켜서 실력을 쌓으면 자기 자신만의 스타일을 가진 화가로 성장하게 됩니다. 스승의 발아래 앉아서 만족하던 초창기 시절이 있었는데도 말입니다. 정말 설교도 이와 같습니다. 그래서 어느 누구도 모방하지 말라는 것은 너무 지나친 말입니다. 차라리 여러분이 발견할 수 있는 최고로 훌륭한 몸짓을 모방하고, 그것이 여러분 자신의 스타일로 올바로 형성되게 하라고 권면하고 싶습니다. 어느 한 사람에게서 받은 안 좋은 영향은 다른 사람에게 발견할 수 있는 탁월함으로 교정하십시오. 그러나 여전히 여러분 나름의 방식을 만들어가야 합니다. 천박한 모방은 원숭이나 하는 짓입니다. 그러나 다른 사람이 올바른 길로 인도할 때는 바로 그 길로만 그를 따르는 것이 신중한 사람의 지혜입니다. 과거의 훌륭한 모델을 따라 하거나 현대의 존경받는 설교자들을 그대로 모방하는 것 때문에 여러분 자신의 자연스러운 독특함을 잃어버리는 일이 있어서는 안 됩니다.

　결론적으로 말씀드리면, 다양한 형태의 괴상한 자세나 움직임과 관련된 저의 비판이 강단에 선 여러분을 괴롭히는 일이 없도록 하십시오. 두려움에 떠는 것보다는 차라리 그런 행동을 하는 것이 더 낫습니다. 두려움이야말로 여러분을 경직되게 만들고 어색하게 하기 때문입니다. 실수를 하든 안 하든 그냥 과감하게 행동하십시오. 차라리 이 부분에서 몇 가지 실수를 하는 것이 신경이 예민해지는 것보다 훨씬 낫습니다. 다른 사람이 하면 아주 이상해 보이는 것도 여러분이 하면 굉장히 자연스러워 보일 수도 있습니다. 그러므로 사람들의 말이 모든 경우에, 그리고 여러분 자신의 경우에 그대로 적용된다고 생각하지 마십시오.…

　여러분 자신이 되십시오. 어색하고 흉하게 보여도 여러분 자신이 되십시오. 최고의 옷감으로 만든 다른 사람의 옷보다는, 비록 소박해도 여러분 자신의 옷이 여러분에게 훨씬 더 잘 어울리는 법입니다. 여러분이 좋아한다면 스승의 옷 입는 방식을 따라 할 수 있겠지만, 스승의 옷을 빌려 입지는 마십시오. 그저 여러분 자신의 옷을 입는 것으로 만족하십시오. 무엇보다 설교의 내용을 풍성하게 하고, 또 그것을 열정적이고도 은혜롭게 전달하십시오. 그래서 사람들로 하여금 여러분이 어떻게 전달하고 있는지에 대해서는 신경도 쓰지 않게 하십시오. 사람들이 하늘로부터 내리는 풍성하고 달콤한 은혜를 맛보면, 그것을 담기 위해 여러분이 사용하는 바구니에 대해서는 아무도 신경을 쓰지 않을 것이기 때문입니다. 여러분의 육체가 연약하다는 말은 들어도 괜찮습니다. 하지만 여러분의 증거는 위엄과 능력이 차고 넘친다는 고백을 듣도록 기도하십시오. 하나님 앞에서 각 사람의 양심에 대하여 여러분 자신을 추천하십시오(참고. 고후 4:2). 그러면 자세와 태도의 문제는 거의 문제가 되지 않을 것입니다.

11
야외 설교

Open-Air Preaching

…야외 설교가 설교 자체만큼이나 오래되었다는 것은 거의 반론의 여지가 없는 사실입니다. 아담의 7대손인 에녹은 강단을 사용하지 않고 언덕에서 예언했으며, 공의의 설교자인 노아도 방주를 만들던 조선소에서 당대 사람들과 변론했을 것입니다. 분명히 모세와 여호수아도 수많은 사람에게 말씀을 전하기 가장 편안한 장소로 탁 트인 광장을 생각했습니다. 사무엘은 폭풍우가 치는 길갈의 어느 밭에서 설교를 마쳤으며, 그 설교를 통해 여호와는 백성을 꾸짖으시고 무릎을 꿇게 하셨습니다. 엘리야는 갈멜 산에 서서 우물쭈물하는 백성들을 향해 "너희가 어느 때까지 둘 사이에서 머뭇머뭇 하려느냐?"(왕상 18:21)라고 소리쳤습니다. 요나도 엘리야와 같은 마음으로 니느웨 길거리에서 곳곳마다 다니면서 "사십 일이 지나면 니느웨가 멸망하리라!"(욘

3:4)라고 소리 높여 경고했습니다. 에스라와 느헤미야의 말을 듣기 위해서 "수문 앞 광장에서…남자나 여자나 알아들을 만한 모든 사람"(느 8:3)이 모였습니다. 실제로 야외 설교의 사례는 구약 성경의 여러 곳에서 발견할 수 있습니다.

하지만 우리 자신이 가진 거룩한 믿음의 기원에까지만 거슬러 올라가는 것으로도 충분할 것 같습니다. 그곳에서 우리는 광야와 강가에서 소리 높여 외치는 세례 요한의 음성을 듣습니다. 우리의 모범이 되시는 주님도 산기슭이나 해변가나 길거리에서 많은 설교를 하셨습니다. 결국 우리 주님도 야외 설교자셨던 것입니다. 주님은 회당에서 침묵하지 않으셨지만, 들판에서도 동일하게 말씀했습니다. 주님이 왕실 예배당에서 말씀을 전하셨다는 기록은 없지만, 산상 설교와 평지 설교는 있습니다. 결국 우리 주님은 초기에 어느 누구도 따라 할 수 없었던 최고로 거룩한 설교를 야외에서 하셨습니다.

주님이 떠나신 후에 제자들은 실내에서, 특히 다락방에서 모였습니다. 그래도 설교는 가장 빈번하게 성전 뜰이나 탁 트인 공간에서 행해졌습니다. 거룩한 장소나 구별된 예배당 같은 개념은 그들에게 없었습니다. 그들이 성전에서 설교한 것은 그곳이 사람들이 많이 모이는 곳이었기 때문이었습니다. 하지만 그들은 동일한 열심을 가지고 "날마다 성전에 있든지 집에 있든지 예수는 그리스도라고 가르치기와 전도하기를 그치지 않았습니다"(행 5:42).…

중세의 암흑기가 쇠퇴할 때, 점차 기세를 상실해가던 교회의 탁월한 설교자들도 야외에서 설교했습니다. 또한 순회 수사들과 경건한 수도회의 창설자들도 그런 전통을 생생하게 지켰습니다. 라티스본의 베르톨드(Berthold of Ratisbon)는 보헤미아의 글라츠(Glatz) 근처 들판에서 거의 6만 명에서 10만 명이나 되는 청중 앞에서 설교했다고 합니다. 또한 순회 설교자로서 대단히 명성이 높았던 베르나르 추종자들(Bernards), 베르나르회(Bernardines), 안토니 추종자들(Anthonys), 토마스 추종자들(Thomases)이 있지만, 이들에 대해서는 구체적으로 언급할 시간이 없습니다.…

적그리스도가 온 세상을 뒤흔들기 시작했을 때 있었던 종교개혁 이전의 개혁자들, 예를 들어 바티칸의 문 앞에서 교황의 찬탈에 대해 비난했던 브레시아의 아놀드(Arnold of Brescia) 같은 사람도 야외 설교자였습니다.

만일 교회의 부흥이 종종 야외 또는 특이한 장소에서 행해진 설교로 인해 시작된 것이 아니라면, 적어도 그 둘이 함께 나타났다는 것은 쉽게 입증할 수 있을 것입니다. 개신교 교리에 대한 최초의 명백한 설교는 거의 야외 또는 예배당이 아닌 건물에서 이루어졌습니다. 교회 건물은 모두 교황의 소유였기 때문입니다. 물론 위클리프(Wycliffe)는 한동안 루터워스(Lutterworth)에 있는 교회에서 복음을 전했고, 후스(Huss)와 히에로니무스(Jerome)와 사보나롤라(Savonarola) 등도 교회의 체제와 관련하여 반(半)복음적인 설교를 한 것이 사실입니다. 그러나 복음을 온전히 깨닫고 선포하기 시작하면서부터, 그들은 다른 장소를 찾아야 했습니다. 종교개혁이 마치 그리스도가 갓 태어난 아기였을 때처럼 그 머리를 둘 곳조차 없었을 때, 천군(heavenly hosts)에 비교할 만한 한 무리의 사람들이 탁 트인 하늘 아래에서 복음을 선포했고, 목자들과 일반 성도들이 기쁨으로 그 복음을 들었습니다. 영국 전역에 "복음의 오크나무"(gospel oaks)라고 불리는 나무들이 남아 있습니다. 템스 강 건너편에도 "복음의 오크나무"라고 불리는 곳이 있습니다. 존 녹스가 영국에 잠깐 머물러 있는 동안 복음을 선포했다고 알려진, 서리(Surrey) 지역의 아들스톤(Addlestone)에 있는 그 오래된 오크나무의 길게 뻗은 가지 아래에서 저도 설교한 적이 있습니다. 거친 황무지와 외로운 언덕과 숲 속의 은밀한 장소들이 그렇게 설교를 위해 구별되었습니다. 전해지는 이야기들 속에는 동굴과 골짜기와 산꼭대기 같은 곳이 여전히 등장합니다. 그 옛날에는 신실한 사람들이 주의 말씀을 듣기 위해 모인 곳이 바로 그런 곳이었다고 말입니다. 그 옛날 설교자의 음성이 들린 곳은 그렇게 외롭고 고독한 곳만은 아니었습니다. 거의 모든 장터가 순회 설교자들을 위한 강단으로 사용되었으니 말입니다.… 이런 십자가의 복음을 듣기 위해서 사람들이 수없이 모여들었고, 군인들은 그들 사이에 섞여 있다가 혹 사람들이 설교자를 방해하려고 하면 칼로 그 설교자를 지켜주기도 했습니다.…

독일과 유럽의 여러 나라에서 종교개혁은 야외에서 대중들에게 행한 설교로 큰 지원을 받았습니다. 루터교 설교자들이 온 나라를 순회하면서 장터나 공동묘지에서, 그리고 산이나 들에서 사람들에게 이 새로운 가르침을 선포했다는 글들을 우리는 읽습니다.…

저는 와일리 박사(Dr. Wylie)의 『개신교의 역사』(History of Protestantism)에서 다음의 글을 인용합니다.

네덜란드에서 첫 야외 설교는 1566년 6월 14일 겐트(Ghent) 근교에서 행해졌다고 한다. 예전에는 수도사였으나 이제 우데나드(Oudenaarde)의 개혁파 목사가 된 헤르만 모데트(Herman Modet)가 당시 설교자였다.…두 번째로 큰 야외 설교는 다음 달 7월 23일에 행해졌는데, 사람들이 겐트 근교의 넓은 들판에 모였다. 그 당시에는 "하나님의 말씀"이 정말 소중히 여겨졌고, 사람들은 그 말씀 듣기를 열망하면서 이틀을 연속으로 서서 듣기도 했다. 그들이 모여 있는 모습은 예배를 위해 모인 평화로운 사람들보다는, 진을 치는 군대의 모습과 같았다. 예배하는 사람들 주위에는 수레와 마차를 따라 바리케이드가 설치되었고, 보초들이 그 입구를 지키고 있었다. 마차 위에 투박한 널판지로 만든 강단이 즉석에서 세워졌다. 모데트가 설교자였는데, 그 주위에 수천 명의 사람들이 모여 있었다. 그들은 창과 도끼와 총을 옆에 두고서, 회중을 지키고 있던 보초가 신호를 하면 곧바로 그 무기를 잡을 준비를 하고 있었다. 입구 앞에는 진열대가 마련되어 있었고, 행상인들은 원하는 사람 모두에게 금서(禁書)들을 공급했다. 지나가는 사람들을 세워서 복음을 듣게 하는 사람들이 길가에 자리를 잡고 있었다.… 집회가 끝나면 그 무리는 다른 지역으로 옮겨서 거기서도 똑같이 진을 치고 같은 기간 동안 머무르면서 서부 플랑드르(Flanders) 전역을 옮겨 다녔다. 이런 집회에서는 저지대 네덜란드어로 번역된 클레몽 마로(Clement Marot)와 테오도르 베자(Theodore Beza)의 "다윗의 시편"이 항상 울려 퍼졌다. 오천 명에서 만 명의 목소리가 부르는 히브리 왕의 시가 바람을 타고 숲과 들을 가로질러서 아주 먼 거리에까지 이르렀고, 밭을 가는 농부들과 길을 재촉하던 여행객들의 마음을 사로잡아 가던 길을 멈추고 그 소리에 귀를 기울이게 만들었다.

…종교개혁의 위대한 설교자들이 교회와 대성당에서만 설교를 했다면 종교개혁은 과연 어떻게 되었을까요? 여기저기로 다니던 복음 전도자들과 서적 행상인들이 없었다면, 나아가 사람들이 사는 곳 근처에 넓은 장소만 있으면 거기에다가 돌무더기를 쌓은 강단을 만들어 말씀을 전한 담대한 개혁자들이 없었다면 일반 성도들이 어떻게 복음을 접하고 배울 수 있었겠습니까?…
우리는 또한 폴스 크로스(Paul's Cross) 교회의 오래된 처마 밑에서 정기적으로 행해진 야외 설교 사역을 잊어서는 안 됩니다. 아주 유명한 집회였던 이 사역을 통해 수많은 사람들이 당대의 유명한 설교자들의 목소리를 들을 수 있었습니다. 왕들과 군주들도 교회 외벽에 만든 특별석에 앉아서 그날 설교자의 말씀 듣기를 주저하지 않았습니다.…

야외 설교가 없었다면, 그리고 여기 전나무로 되어 있는 이 서까래보다 훨씬 더 영광스러운 지붕 아래에서 행해진 설교가 없었다면 이 세상이 어떻게 되었을지 상상조차 할 수 없습니다. 휫필드가 야외 설교를 시작했을 때 영국은 정말 새로운 시기를 지나고 있었습니다. 웨슬리는 엡워스(Epworth)에 있는 아버지의 무덤 위에 서서 설교를 했는데, 교구 목사가 자신을 소위 신성한 경내로 들어오지 못하게 했기 때문입니다. 이에 대해서 웨슬리는 "교구 목사의 강단에서 3년 동안 설교한 것보다, 아버지의 무덤에서 3일 동안 설교한 것이 링컨셔(Lincolnshire) 교구민들에게 훨씬 더 큰 유익이 되었다고 나는 확신한다"라고 기록하고 있습니다. 그 후에 행해진 모든 야외 설교에 대해서도 실내에서 행해진 정기적인 설교와 비교해서 비슷하게 말할 수 있습니다. "어느 주일 오후 휫필드는 버몬지(Bermondsey) 교회에서 설교를 하게 되었는데, 천 명 정도 되는 사람들이 그곳에 들어올 수 없게 되자 휫필드는 야외 설교를 고려하게 되었다. 몇몇 친구들에게 이런 생각에 대해서 언급했지만 어느 누구도 지지하지 않았다. 오히려 그들은 그것을 '미친 생각'으로 여겼다."…휫필드가 자신의 고아원을 위해 브리스톨(Bristol)에 있는 교회들에서 설교하려고 하자 주교 관구의 상서관(chancellor of the diocese)이 가로막았고, 그는 결국 킹스우드(Kingswood)에 있는 광부들에게 설교하러 갔습니다. "어느 토요일 오후 처음으로 하난 마운트(Hannan Mount)에 섰다. 마태복음 5장 1절부터 3절까지를 가지고 말씀을 전했는데, 이백 명 이상이 말씀을 듣기 위해 모였다."…다음 날 일기에 그는 이렇게 기록합니다.

교회의 모든 문은 지금 닫혀 있고, 설사 열린다고 하더라도 말씀을 듣기 위해 오는 사람들의 절반도 채 수용하지 못할 것이다. 오후 세 시에 킹스우드에 있는 광부들에게 말씀을 전하러 갔다.…수백 명의 사람들이 깊은 양심의 가책을 느꼈으나, 다행히 건전하고 온전한 회심으로 집회를 마쳤다. 그 변화의 원인을 하나님의 손길이 아니라 다른 것으로 돌리려는 몇몇 사람들이 있었지만, 모든 사람이 그 변화를 볼 수 있었다. 그런 광경은 완전히 새로운 것이었고, 나 역시 이제 막 즉흥적인 설교자가 되었기 때문에 많은 내적인 갈등이 있기도 했다. 어떤 때는 이만 명이나 되는 사람들이 모였는데, 하나님 앞에서나 사람들에게 무슨 말을 해야 할지 몰랐다. 하지만 한 번도 완전히 홀로 남겨진 적이 없었다. 오히려 종종 행복한 경험을 통해 "그 배에서 생수의 강이 흘러나오리라"(요 7:38)는 주님의 말씀의 의미를 알게 되었다. 내 위로 탁 트인 하늘과 가까이 있는 들판의 광경, 수천 명의 사람들이 마차나 말이나 나무에 올라가 있는 모습, 때로는 모두가 감동을 받아 함께 눈물 바다를 이루는 광경, 거기에 더해 저녁 노을의 엄숙함이 한데 어우러지는 것이 나로서는 감당할 수 없을 만큼 가슴 벅찬 순간들이었다.

웨슬리는 자신의 일기에 이렇게 기록합니다.

> 1731년 3월 31일, 토요일. 저녁에 브리스톨에 도착해서 횟필드 씨를 만났다. 나는 들판에서 설교하는 이상한 방식에 대해 처음에는 이해할 수 없었는데, 이에 대한 본보기를 그가 주일에 보여주었다. 나는 평생토록 (아주 최근까지도) 예의와 질서를 그토록 고집한 나머지, 영혼을 구원하는 일도 교회에서 행해지지 않으면 죄가 된다고 생각했던 것이 분명하다.

후에 가장 위대한 야외 설교자 중 한 사람이 될 웨슬리조차 이런 생각을 가지고 있었던 것입니다!…

웨슬리와 횟필드가 이 나라에 복을 끼치던 긴 기간 동안 들판과 공원 같은 곳에서 행해진 위대한 집회들은 정말로 영광스러웠습니다. 야외 설교는 나무 위에서 노래하는 새들이 신앙의 진정한 봄날이 왔다고 증거하는 거친 노랫소리였습니다. 새장 안에 있는 새들이 더 아름답게 노래할지도 모르겠지만, 그들의 음악은 자연스럽지도 않고 다가올 여름을 확실히 담보해주지도 못합니다. 감리교도들을 비롯한 많은 사람들이 야외에서 예수님을 선포하기 시작한 날은 정말 복받은 날이었습니다. 그때 지옥의 문이 흔들렸고, 사탄에게 포로가 되었다가 자유롭게 된 자들이 수백 수천이었습니다.…

야외 설교의 가장 큰 유익은, 그렇지 않으면 한 번도 복음을 들어보지 못했을 수많은 사람들이 복음을 들을 수 있도록 한다는 것입니다. 복음의 명령은 "온 천하에 다니며 만민에게 복음을 전파하라"(막 16:15)는 것이지만, 사람들은 이 명령이 마치 "너는 예배 드릴 곳으로 들어가 그곳으로 들어오는 몇몇 사람들에게만 복음을 전하라"라는 것처럼 생각해서 그 말씀에 거의 순종하지 않습니다. "…길과 산울타리 가로 나가서 사람을 강권하여 데려다가 내 집을 채우라"(눅 14:23)는 말씀은 비록 비유의 일부이지만 문자적으로 해석할 가치가 있으며, 또 그렇게 함으로써 그 의미가 가장 잘 성취되기도 합니다. 우리는 실제로 거리와 길로 나가야만 합니다. 우리가 그들의 영역으로 다가가지 않으면 전혀 접할 수 없는 많은 사람들이 있습니다. 산울타리에 숨어 있는 사람들도 있고, 길가를 배회하는 사람들도 있으며, 좁은 골목길을 방황하는 사람들도 있습니다. 사냥꾼이 새들이 오기만을 기다리면서 집에 머물러 총을 겨누고 있을 수는 없습니다. 낚시꾼이 배 안에 그물을 팽개쳐놓고 고기를 잡으려고 해서는 안 됩니다. 상인들은 시장으로 갑니다. 그들은 고객들을 따라다니며 이윤을 추구합니다. 마땅히 우리도 그렇게 해야 합니다. 우리 중 몇몇 형제들은 오래된 벽으로 둘러싸인 곳을 잠시 떠나 예수님을 위한 산 돌들을 구함으로써 수백 명의 사람들에게 지속적인 유익을 끼칠 수 있는 데도 불구하고, 계속 아주 지루하게 설교해서 회중석을 비우고 방석에는 곰팡이가 피게 합니다. 그들이 르호봇에서 나와서 길모퉁이에서 방을 찾게 하고, 살렘을 떠나 소외된 영혼들의 평안을 구하게 하십시오. 그들이 더 이상 벧엘에서 꿈을 꾸지 않고 탁 트인 열린 공간을 하나님의 집으로 만들게 하며, 시온 산에서 내려오고 에논에서 올라가게 하십시오. 그들이 심지어 트리니티(Trinity) 교회와 세인트 아그네스(St. Agnes) 교회와 세인트 마이클-앤-올-에인젤스(St. Michael-and-All-Angels) 교회와 세인트 마가렛-패튼스(St. Margaret-Pattens) 교회와 세인트 베다스트(St. Vedast) 교회와 세인트 에텔부르가(St. Ethelburga) 교회와 같은 곳에서 나와서, 지식이 없어 멸망해가는 죄인들 중에서 새로운 성도들을 찾는 데 힘쓰게 하십시오.

저는 런던의 거리에서 행해진 설교가 성품이나 상황 때문에 예배당에서 만날 수 없는 사람들에게 대단한 복이 된 것을 알고 있습니다. 예를 들어, 폴란드에서 와서 영어를 전혀 이해하지 못했던 한 유대인 친구를 저는 알고 있습니다. 이 사람이 주일에 거리로 나갔는데, 수많은 사람들이 열정적으로 말씀을 증거하는 설교자에게 귀를 기울이고 있는 것을 보았습니다. 자기 나라에서는 사람들이 모여서 대화를 하면 러시아 경찰들이 경계를 하기 때문에 그런 광경을 한 번도 본 적이 없었던 터라, 그에게는 그 모습이 더 신기하게 보였습니다. 조금씩 영어를 배워가면서 그는 야외 설교 집회에 더 자주 참여하게 되었습니다. 사실 처음에는 영어를 배우고 싶은 마음이 훨씬 더 컸습니다. 이 유대인 친구가 들은 야외 설교를 토대로 평가할 때, 그가 배운 영어는 그리 탁월한 것이 아니었습니다. 그의 신학이 그의 영어보다 더 나았습니다. 하지만 그 "진정한 이스라엘 사람"에게는 언제나 거리 설교자들을 높이 칭찬할 이유가 있습니다. 얼마나 많은 외국인과 이방인들이 그런 식으로 성도들과 더불어 하늘나라의 시민이 되었는지 모릅니다. 로마가톨릭에 있다가 이런 방식으로 설교를 듣게 된 경우도 생각보다 많습니다.…불신자들도 거리 설교를 통해서 주님의 말씀에 계속해서 무릎을 꿇고 있습니다. 게다가 어떤 종교를 가졌는지 묘사할 수도, 상상할 수도 없는 괴상한 사람들이 거리의 전도자를 주목하고 있습니다. 그런 사람들은 예배당이나 모임 장소는 보는 것도 싫어하지만, 바깥에서는 무리 가운데 함께 서서 말씀을 들을 수 있고 종종 가장 크게 감동을 받기도 합니다.…

니느웨 길거리에서 요나가 말씀을 선포할 때 수많은 사람들이 들었습니다. 만약 요나가 강당을 빌려서 설교했다면 그들은 결코 요나의 존재조차 알지 못했을 것입니다. 세례 요한은 요단 강가에서 사람들의 관심을 끌었는데, 만약 그가 회당만을 고집했다면 그런 일은 결코 일어나지 않았을 것입니다. 만약 "하나님의 은혜의 복음이 '하나님께서 허락하시면'(Deo volente) 다음 주일 저녁 이곳에서 선포될 것입니다"라는 정통주의적인 광고로 장식된 강철 같은 공간에 스스로를 가두었다면, 도시마다 옮겨 다니며 어디서나 주 예수의 말씀을 선포한 사람들이 세상을 뒤엎는 역사는 결코 일어나지 않았을 것입니다.

만약 우리가 시골에 있는 형제들을 설득하여 일 년에 여러

차례 교회 바깥으로 나와서 들판이나 그늘진 숲 속이나 언덕이나 정원이나 공원에서 예배를 드리게 할 수 있다면, 보통의 청중에게는 훨씬 더 유익할 것이라고 저는 확신합니다. 단지 새로운 장소라는 이유만으로도 관심을 불러일으키고 각성시킬 수 있습니다. 잘 조는 사람들에게는 환경만 살짝 바꿔주는 것도 훌륭한 처방이 될 것입니다.…수년 동안 같은 장소, 같은 회중석, 같은 강단, 같은 특별석에 앉은 후에 변하는 것이라고는 그것들이 매주일 점점 더 더러워지고 낡아진다는 것뿐이지, 모든 사람이 영원 영원히 같은 자리에 앉습니다. 목사의 얼굴과 목소리와 어조가 1월부터 12월까지 언제나 똑같다면 결국 여러분은 거룩한 침묵만을 느낄 것이고, 마치 "무디고 냉랭한 죽음의 귀"(토마스 그레이[Thomas Gray]의 "시골 교회 묘지에서 쓴 비가"[Elegy Written in a Country Churchyard]의 한 구절이다—편집자주)에 말씀을 전하는 것처럼 생각될 것입니다. 방앗간 주인이 물레방아가 굴러가는 소리를 듣지 않으면서 듣는 것처럼, 기차에 석탄을 집어넣는 화부가 엔진이 덜커덕거리는 소리를 들으면서도 그것을 거의 깨닫지 못하는 것처럼, 런던에 사는 사람들이 끊임없이 들리는 길거리의 소음을 의식하지 못하는 것처럼, 수많은 성도들이 진지한 말씀을 듣고도 그런 식으로 아무런 감각도 없이 그저 당연한 말씀으로만 받아들이고 있습니다. 설교나 그 외 다른 순서도 너무나 일상적인 것이 되어서, 사람들이 그것을 의식조차 하지 못합니다. 그러므로 장소를 바꾸는 것이 유익할 것입니다. 그렇게 할 때 단조로움을 방지하고, 무관심을 흔들고, 생각을 불러일으키고, 수많은 방식으로 주목을 끌어서 선한 일을 행하려는 새로운 소망을 줄 수 있을 것입니다. 몇몇 예배당을 완전히 불태울 대형 화재도 그리 큰 재앙이 아닐 수 있습니다. 그로 인해서 옛 건물과 옛 좌석들이 그대로 있는 한 결코 움직이지 않을, 에베소에 있던 일곱 명의 잠자는 자들(전승에 의하면 로마 제국 황제 데키우스[Decius]의 때에 있었던 박해를 피해 일곱 명의 그리스도인 청년이 동굴로 들어갔는데, 황제 테오도시우스 2세[Theodosius II]의 때에 다시 동굴이 열리기까지 200년 가까이 기적과도 같은 잠에 빠져 있어서 박해를 피할 수 있었다고 한다─편집자주)과 경쟁하는 사람들이 깨어 각성하는 일이 일어난다면 말입니다.…

저에게 야외에서 설교할 위치를 선택하라고 한다면, 저는 앞쪽이 올라가 있는 곳이나 약간 떨어진 곳이 벽으로 막혀 있는 탁 트인 공간이 좋습니다. 물론 강단과 벽 사이에는 회중이 전부 운집할 수 있을 만큼 충분한 공간이 있어야 합니다. 하지만 저는 끝이 보이지 않는 공간에서 소리를 지르는 것보다, 회중의 맨 뒷부분이 보이는 것이 더 좋습니다.…

아브라함이라는 제 친구가 한번은 옥스퍼드셔(Oxfordshire)에 있는 거대한 대성당을 제게 보여주었습니다. 그 성당의 잔해는 여전히 "스펄전의 장막"(Spurgeon's Tabernacle)이라고 불리고 있는데, 민스터 러벨(Minster Lovell) 근처에서 사변형의 오크나무 형태로 보일 것입니다. 원래 그곳은 설교를 하기에 **최고로** 이상적이었습니다. 위치우드(Witchwood)의 울창한 숲 속에 정리된 곳이었고, 빽빽한 덤불 사이로 난 길을 통해 얼마든지 접근 가능한 곳이었기 때문입니다.…여기야말로 나무 기둥과 하늘 아치가 있는 참으로 웅장한 대성당이었습니다. 사람의 손으로 짓지 않은 여기 이 성전에 대해 우리는 참으로 이렇게 말할 수 있을 것입니다.

> 아버지여, 당신의 손이
> 이 고풍스러운 기둥을 만드셨고, 당신께서
> 이 신록의 지붕을 엮으셨습니다.

…여러분, 그곳은 예배하기에 정말 웅장한 곳이었습니다. 아치처럼 덮은 하늘 아래에서 도시의 소음으로부터 방해를 받지 않으며, 주위의 모든 것이 하나님과의 은밀한 교제를 돕는 그런 곳이었습니다.…드루이드교(고대 켈트족의 종교인데, 예배를 숲 속에서 드리면서 오크나무를 신목[神木]으로 숭배했다-역자주)의 성직자들처럼, 저는 아직도 오크나무 사이에서 예배하는 것을 참 좋아합니다. 올해에는 비둘기 한 마리가 제 머리 위에 있는 나무에 둥지를 틀었는데, 제가 설교하는 동안 새끼들을 먹이기 위해서 계속 이리저리 날아들었습니다. 얼마나 좋습니까? 사랑의 주님과 평강의 왕이 높임을 받으시는 곳보다 비둘기에게 더 편안한 곳이 어디에 있겠습니까? 사실 하늘 아치로 된 성당은 방수가 되지

않아서 은혜의 소나기 외에 다른 소나기가 내리기도 합니다. 하지만 이 또한 유익이 됩니다. 날이 좋으면 더 감사할 수 있고, 날씨가 궂을 때에도 더 진지하게 기도할 수 있기 때문입니다.…

여러분이 선택한 장소를 잘 살펴서, 그곳이 늪이 아닌지 확인하십시오. 설교하는 동안 누군가 미끄러져서 진흙탕에 넘어지는 광경을 보고 싶지는 않습니다.…언제나 청중이 불편함을 겪지 않게 하고, 차라리 여러분이 불편함을 감수하십시오. 우리 주님이 이미 그렇게 하셨습니다. 런던 거리에서도 청중의 편리함에 대한 관심은 그들을 설득하기 위해 필요한 중요한 것들 중의 하나입니다.

노르망디 포플러나무 근처는 최악의 장소이니 피해야 합니다. 이 나무들은 마치 바닷가의 소음처럼 끊임없이 쉿쉿하는 소리와 바스락거리는 소리를 냅니다. 포플러나무의 많은 잎사귀들도 마치 말 많은 사람의 혀처럼 계속해서 움직입니다. 그 소리는 그리 크지 않지만, 설교자가 가장 좋은 목소리를 내지 못하게 합니다. "뽕나무 꼭대기에서 걸음 걷는 소리"(참고. 삼하 5:24)는 그래도 괜찮습니다만, 포플러나무 및 다른 나무에서 나는 소음은 피해야 합니다. 그렇지 않으면 그것 때문에 고통받을지도 모릅니다.…

숙련된 설교자들은 할 수만 있다면 태양을 마주보면서 설교하지 않으려 하고, 청중도 동일한 상황에서 괴로움을 당하게 하는 것을 결코 원하지 않습니다. 따라서 그들은 야외 예배를 기획

할 때 이 점을 고려합니다. 물론 런던에서는 이 점을 걱정할 만큼 맑은 날이 그리 많지는 않습니다. 바람을 마주보면서 설교하려고 하지 마십시오. 전혀 도움이 되지 않습니다.…

사람들이 바깥에서 말씀을 듣게 하십시오, 그러면 그들은 곧 안으로 들어와 예배하게 될 것입니다. 강단이 없어도 됩니다. 의자 하나만 있으면 됩니다. 아니면 길 가장자리여도 좋습니다. 형식은 간소하면 간소할수록 더 좋습니다. 설교하는 것처럼 하지 않고, 주위에 있는 두세 사람에게 그저 이야기하는 것으로 시작하는 게 좋습니다. 오십 명에게 수사학을 동원하여 설교하는 것보다, 단 한 사람에게 개인적으로 이야기하는 것이 훨씬 더 유익합니다. 일부러 도로를 가로막지는 마십시오. 하지만 청중이 몰려들더라도 겁을 먹고 도망할 필요는 없습니다. 경찰이 곧 그들의 정체를 알려줄 테니 말입니다. 여러분을 필요로 하는 곳은 지나가는 행인들을 방해할 위험이 있는 번잡한 곳이 아니라, 아마도 여러분 자신의 신변이 위험에 빠질 수 있는 곳입니다. 그런 곳은 다른 사람들은 모르고 오직 경찰들만이 알고 있는데, 정숙함과는 거리가 먼 대도시의 중심부나 어두운 뒷골목입니다. 경찰들도 주로 직접 그 위험을 겪으면서 알게 되는 곳입니다. 사람들은 아프리카의 깊은 심장부를 발견하는 일에 대해서 말들을 합니다. 그러나 우리에게는 우범지대를 탐험할 사람들이 필요합니다. 북극 지역 같은 빈민가와 무법천지가 가까이에 있습니다. 십자가의 영웅들이여, 용감한 오른팔로 수많은 이교도들을 무찔렀을 때 시드(Cid, 기독교 옹호를 위해 무어인과 싸운 스페인의 영웅 루이 디아스 데 비바르[Ruy Diaz de Vivar, 1040-1099]의 칭호로 '경'[Lord]이라는 의미다—역자주)가 목격했던 것보다 훨씬 더 영광스러운 전장이 여기에 있습니다. "누가 나를 견고한 도시로 데려갈 것인가? 누가 나를 에돔으로 인도할 것인가?" 누가 우리로 하여금 빈민가와 도둑의 소굴을 예수님께 인도할 수 있도록 하겠습니까? 주님이 아니시라면 누가 이것을 할 수 있습니까? 모욕을 각오하고 이런 지역으로 들어가는 그리스도의 군사들은 옛 저항이 다시 성행할 것을 예상해야 합니다. 저는 갑자기 화분이 위층 창문에서 눈에 띄게 비스듬하게 떨어진 일을 알고 있습니다. 하지만 우리가 물에 빠져 죽게 되어 있다면, 화분에 맞아 죽지는 않을 것입니다.…

가끔 어떤 형제가 경찰에 감금되어 있다는 소식을 들을 때 저는 약간 기쁘기도 합니다. 그것이 그에게 유익하며 다른 사람들에게도 유익하기 때문입니다. 복음을 섬기는 사람(minister of the gospel)이 법의 종(servant of the law)에 의해 끌려가는 것을 보는 것은 멋진 일입니다! 그것은 그에 대한 연민을 불러일으킬 것이고, 그 다음으로 그의 메시지에 대한 연민이 생겨날 것입니다. 이전에는 그에게 전혀 관심을 갖지 않았던 사람들도 그가 석방될 때는 그의 말을 듣기를 열망할 것이고, 그가 다시 경찰서에 끌려가게 되면 그런 관심은 더욱 커질 것입니다. 이 세상에서 가장 악독한 사람이라도 자기에게 선한 일을 하기 위해 어려움을 겪는 사람에게는 존경심을 갖습니다. 나아가 그 사람에 대한 부당한 처우를 목격하게 되면 그를 보호하는 일에 앞장서게 됩니다.

저는 런던에서 야외 설교를 많이 하면 할수록 더 좋다고 생각합니다. 어떤 사람들에게는 그것이 성가신 일이 될지라도, 오히려 다른 사람들에게는 적절하게 실행되기만 한다면 복이 될 것입니다. 선포된 것이 복음이고 설교자의 심령이 사랑과 진리로 가득하다면, 그 결과는 의심의 여지가 없습니다. 물 위에 던진 빵은 여러 날 후에 분명히 다시 찾게 될 것입니다(참고. 전 11:1). 하지만 복음은 들을 만한 가치가 있는 방식으로 선포되어야 합니다. 단지 소리만 질러대는 것은 결코 유익하지 않고 오히려 해롭습니다.…

야외 설교의 방식에 대해서 말하자면, 분명히 실내에서 행하는 설교와 매우 달라야 합니다. 만약 어떤 설교자가 거리의 청중에게 적합한 설교 방식을 습득했다면 그것을 실내 설교에도 적용하는 것이 좋습니다. 설교에 대해 무엇보다 중요한 점은, 설교가 너무 길어서는 안 된다는 것입니다. 옥외에서 설교를 할 때 장황한 것은 바람직하지 않습니다. 주제를 발전시켜서 더 많이 말해야지, 그렇지 않으면 여러분의 청중이 항의할 것입니다.…

거리에서 설교하는 사람은 계속해서 활기를 유지하면서 많은 예화와 일화들을 소개해야 하고, 여기저기에서 기발한 표현이 많이 나와야 합니다. 한 가지 사항에 너무 오랜 시간을 할애하는 것은 금물입니다. 논증은 간단명료해야 하고, 금방 끝맺어야 합니다. 설교의 내용도 이해하기 힘든 것이어서는 안되고, 첫 번째 요점을 알아야만 두 번째 요점을 이해할 수 있는 그런 방식이어서도 안 됩니다. 청중이 계속해서 바뀌기 때문입니다. 각각의 논의가 그 자체로 완전해야 합니다.…

야외 설교에서는 짧은 문장과 짧은 표현이 더 적합합니다. 긴 문단과 긴 논증은 다른 기회로 미뤄두는 게 좋습니다. 조용한 시골의 청중을 위해서는 자주 말을 쉬며 침묵을 가진 후에 다시 시작하는 방식이 효과적입니다. 사람들이 호흡을 가다듬고 생각할 수 있는 시간을 주기 때문입니다. 그러나 런던 거리에서는 그렇게 하면 안 됩니다. 계속해서 앞으로 나아가야 합니다. 그렇지 않으면 다른 사람이 청중을 데리고 갈 것입니다. 보통의 야외 설교에서는 잠시 쉬는 것이 매우 효과적이며 설교자에게나 청중에게나 여러 측면에서 유익한 점이 많지만, 예배에는 전혀 관심을 갖지 않고 지나쳐가는 사람들에게는 빠르고 짧고 예리한 말씀이 가장 적합합니다.

거리에서 설교할 때는 시종일관 강력해야 합니다. 이를 위해서는 설교자의 생각과 말이 간결하며 집약적이어야 합니다.…속임수와 연극은 거리에 모인 회중에게 결코 용납되지 않습니다. 전달할 내용을 가지고 그들의 얼굴을 바라보고, 말하고 싶은 내용을 분명하고 담대하며 진지하고 정중하게 전한다면, 그들은 분명히 경청할 것입니다. 시간에 쫓겨 말하거나, 여러분의 목소리를 꼭 듣게 하겠다는 취지로 말하거나, 또는 여러분의 외모나 전달 방식에 대해 사람들의 평가를 들으려는 목적으로 설교해서는 결코 안 됩니다. "이야, 놀랍군! 그가 왜 장의사를 하지 않는지 모르겠군. 사람들을 그렇게 울게 만드니 말이야"라고 누군가 말합니다. 이것은 장례식에나 어울릴 목소리를 가진 침울한 형제를 두고 한 말입니다.…훌륭한 설교자라면 거리에서 농담을 듣고서도 필요할 때는 그것에 응수할 준비가 되어 있어야 합니다. 하지만 딱딱하고, 점잖은 척하고, 형식적이고, 거룩한 척하면서 장황하게 말하고, 더 우월한 척하는 모든 자세는 실제로 불쾌한 추근거림을 불러일으키는데, 이것은 상당 부분 설교자 자신이 자초한 일입니다.…자기 자랑이나 하는 사람은 당장 반대에 직면할 것이고, 초자연적인 경건함을 가식적으로 흉내나 내는 사람도 동일한 결과를 초래하게 됩니다. 여러분이 목사처럼 보이지 않으면 않을수록, 사람들은 여러분의 말에 더 귀를 기울일 가능성이 많습니다. 이미 목사라는 것이 알려졌다면, 여러분도 사람이라는 것을 알게 하는 것이 더 좋습니다.…

거리 설교자의 몸짓은 최고로 훌륭한 것이어야 합니다. 지극히 자연스러워야지, 억지로 꾸며낸 것이어서는 안 됩니다. 설교자는 거리에서 괴상한 방식으로 행동해서는 절대로 안 됩니다. 그런 행동은 설교자의 입지를 약화시킬 뿐만 아니라, 사람들의 공격을 초래하기도 합니다.…어떤 사람들은 천성적으로 괴상한 모습을 갖기도 하지만, 어떤 사람들은 그렇게 보이기 위해서 일부러 애쓰기도 합니다. 사악한 런던 사람들은 "정말 특이하다!"

(What a cure!)고 말하지만, 저는 단지 그런 악을 치료(cure)할 방법을 알고 싶을 뿐입니다.…

사람들이 잘 들을 수 있도록 말하는 것이 바람직하지만, 계속해서 큰 소리로 떠드는 것은 아무런 소용이 없습니다. 목소리를 최고로 크게 내는 것은 좋은 길거리 설교라고 할 수 없습니다. 젖 먹던 힘까지 다 쏟아서 소리를 질러대면, 마땅히 강조해야 할 부분에서 그렇게 할 수 없기 때문입니다.…조용하고 통찰력 있는 대화체의 설교 방식이야말로 가장 호소력 있게 보일 것입니다. 진지한 모습으로 호소하는 사람들은 크게 소리지르지 않습니다. 그럴 때 보통 바람은 적게 불고 비는 조금 더 많이 내립니다. 큰 소리를 지르지 않고 오히려 눈물을 흘립니다.…그러므로 무수한 사람들 사이에서 주님의 메시지를 선포하는 일에 성공하려는 여러분은 이제 지혜로워야 합니다. 여러분의 목소리를 상식에 맞게 사용하십시오.

저는 탁월한 단체인 야외 선교회(The Open-Air Mission)가 발간한 소책자에서 다음의 내용을 소개하고 싶습니다.

야외 설교자의 자격 요건

1. 좋은 목소리
2. 자연스러운 태도
3. 차분함

> 4. 성경과 일상적인 일들에 대한 지식
> 5. 어떤 청중에게라도 적응할 수 있는 능력
> 6. 훌륭한 설명 능력
> 7. 열정·신중함·상식
> 8. 넓고 사랑하는 마음
> 9. 자신의 모든 말에 대한 진지한 믿음
> 10. 목적을 성취하기 위해서 성령께 전적으로 의지하는 마음
> 11. 기도를 통한 하나님과의 긴밀한 동행
> 12. 사람들 앞에서 일관되게 거룩한 생활

이런 자격 요건을 모두 갖춘 사람이 있다면 여왕께서 그를 즉시 주교로 임명하시는 게 좋겠지만, 그중에 없어도 괜찮은 것은 하나도 없습니다.…

설교하는 것을 보면 어떻게 해서라도 방해하려는 사람들이 있습니다. 그들은 고의로 그렇게 하는데, 한번 그 시도가 성공하면 또다시 계속해서 방해합니다. 하나의 일관된 규칙은 항상 정중하고 부드러워야 한다는 것입니다. 일단 화를 내면 모든 것이 끝입니다. 또 다른 규칙이 있다면, 애초에 전달하려고 한 주제를 고수하고 결코 다른 주제로 빠지지 않는 것입니다. 그리스도만을 전하십시오. 십자가에 시선을 고정하고, 결코 논쟁이나 토론을 하지 마십시오. 잠시 벗어났을 때는 언제나 여러분의 유일한

주제로 곧 돌아올 수 있도록 주의하십시오. 그들에게 아주 오래된 이야기를 전하십시오. 사람들이 그 이야기를 들으려 하지 않는다면 이동하십시오. 하지만 현명하고 지혜롭게 해야 합니다. 하나의 목표를 갖되 여러 방식을 통해 그것을 추구하십시오. 약간의 재치가 종종 가장 훌륭한 자원이 되어 무리 가운데 놀라운 역사가 일어나기도 합니다. 그럴 때는 쾌활함이 필요합니다.…

사람들이 그리스도를 믿든 믿지 않든, 그리스도가 선포되어야 합니다. 그리스도의 구원하시는 능력에 대한 우리 자신의 경험이야말로 가장 훌륭한 논리요, 진지함이야말로 가장 탁월한 수사학입니다. 종종 말씀을 전하는 바로 그때 가장 적절한 말을 찾게 됩니다. 따라서 우리가 말씀을 전하는 바로 그 시간에 우리를 지도하시는 성령께 전적으로 의존해야 합니다. 야외 설교자의 소명은 비록 힘들지만 매우 존귀한 것이고, 수고스러운 만큼 유익하기도 합니다. 하나님만이 우리를 도우셔서 그 일을 계속하게 하실 수 있습니다. 하나님이 함께 계시면 어떤 것도 두려울 것이 없습니다. 만 명의 반역자들이 우리 앞에 있고, 마귀의 군대가 그 가운데 있을지라도 두려워서 떨 필요가 없습니다. 그들이 여러분을 대적하는 것보다, 하나님이 여러분을 위해 일하시는 것이 훨씬 더 크기 때문입니다.…

> 모든 사람들 곁에 지옥의 군대가 버티고 있지만
> 우리 모두가 지옥의 군대를 정복하리.

예수의 보혈로 그들을 무너뜨려

계속해서 정복하며 나아가리.*

---

* 찰스 웨슬리가 작사한 찬송가 "천사들이여, 행진하여 맞서라"(Angels Your March Oppose)의 가사 일부다—편집자주.

12
즉흥적인 설교
The Faculty of Impromptu Speech

…이제 말씀드리려는 것은 가장 참되고 철저한 형태의 즉흥적인 설교, 즉 특별한 준비나 노트 혹은 미리 준비한 생각 없이 즉각적으로 행하는 설교에 대한 것입니다.

첫째로 언급해야 하는 것은, 즉흥적인 스타일로 설교하는 것을 일반적인 원칙으로 삼는 것은 추천하지 않는다는 것입니다. 만약 그렇게 하는 사람이 있다면, 그는 분명 예배당을 텅 비게 만드는 일에 성공할 것입니다. 회중을 쫓아버리는 그의 능력이 확실히 드러날 것이기 때문입니다. 사전에 준비도 없이, 어떤 연구도 없이 마음에 즉각적으로 떠오르는 생각은 아무리 탁월한 사람으로부터 나온 것들이라 하더라도 매우 조잡할 수밖에 없습니다. 우리 중에 천재나 굉장히 박식한 사람들처럼 자기 자신에게 영광을 돌릴 만큼 뻔뻔한 사람은 없기 때문에, 미리 준비하지 않은 대부분의 주제에 대한 우리의 생각은 별로 주목할 만한 가치가 없는 것입니다. 교회는 교훈이 있는 사역에 의하지 않고서는 유지될 수 없습니다. 단지 시간을 때우는 언변으로는 충분치 않습니다. 어디에서나 사람들은 정말로 양육되기를 원하고 있습니다. 공적인 예배에서 어느 누구라도 나와서 말씀을 전할 수 있도록 해야 한다고 주장하는 새로운 종교지도자들이 아첨하는 말로 무지하고 말 많은 자들을 유인할 수 있을지는 몰라도, 보통은 얼마 지나지 않아서 시들어버리거나 소멸되고 맙니다. 왜냐하면 교회의 모든 회원으로 하여금 입의 역할을 하도록 하는 것이 성령의 뜻이라고 주장하는 가장 과격한 사람들도, 자기 자신은 기쁘게 떠들어대겠지만 다른 사람들의 터무니없는 말을 듣는 것에는 곧 싫증을 낼 것이기 때문입니다.···준비 없는 모든 사역의 방법은 실천적으로는 실패요, 이론적으로는 불건전한 것입니다. 성경도 즉흥적인 사역을 통해서 성도들에게 영적 양식을 공급해 주겠다는 약속을 하지 않으셨습니다. 우리가 스스로 할 수 있는 일인데도 행하지 않을 때, 성령이 우리를 대신하여 행하지 않으십니다. 우리가 연구할 수 있는데도 연구하지 않거나 신중한 사역을 할 수 있는데도 그렇게 하지 않는다면, 우리의 게으름과 기벽으로 인한 손실을 성령이 보충해주기를 바랄 권리가 우리에게 없는 것입니다. 섭리의 하나님이 때에 맞는 양식으로 백성을 먹이겠다는 약속을 하셨다고 해서, 우리가 연 연회에서 주님이 바로 그때 음식을 베풀어주실 것이라는 믿음으로 어느 누구도 음식을 준비하지 않았다면, 그 잔치는 분명 만족스럽지 못하고 굶주림이 어리석음을 나무랄 것입니다.⋯모든 설교는 설교자에 의해서 깊이 숙고되고 준비되어야 합니다. 나아가 할 수 있는 대로 모든 사역자는 하나님의 인도하심을 위해 온전히 기도하면서 자기의 본분인 말씀 연구에 깊이 집중하고, 독창적인 생각에 모든 정신력을 발휘하고, 얻을 수 있는 모든 정보를 수집해야 합니다. 설교자는 전체 주제를 다방면에 걸쳐 바라보면서 깊이 숙고하고 잘 씹어서 소화시켜야 합니다. 그래서 우선 설교자 자신이 말씀으로 배부른 다음에, 같은 양식을 다른 사람들을 위해 준비해야 합니다. 설교는 우리의 정신적인 생명소(lifeblood), 모든 지적이고 영적인 능력의 분출이어야 합니다. 다른 말로 하면, 우리의 설교는 마치 잘 다듬어지고 배열된 다이아몬드처럼 본래적으로 가치가 있고 수고의 흔적을 담고 있어야 합니다. 우리에게 아무 가치 없는 것을 주님께 바치는 것을 하나님은 금하십니다.

정말로 강력하게 여러분 모두에게 경고합니다. 설교문을 그냥 읽지 마십시오. 그러나 아주 건전하고 즉흥적으로 설교할 수 있는 능력을 배양하는 데 도움이 되는 방식으로 제가 권하고 싶은 것은 자주 설교문을 써보는 것입니다. 신문에 글을 기고하는 등 다른 형태로 글을 많이 쓰는 몇몇 사람에게는 그런 연습이 필요치 않을지 모릅니다. 하지만 여러분이 글을 많이 쓰지 않고 있다면, 최소한 여러분의 설교라도 몇 편 적어보고 그 내용을 조심스럽게 수정하는 연습을 하는 것이 좋습니다. 나중에는 그것을 집에 그냥 내버려두더라도 계속 설교문을 작성하다 보면, 여러분이 엉성한 스타일을 갖게 되는 일은 없을 것입니다.…

 마음속으로 설교를 학습하고 기억에 의존해서 반복하는 방법은 권하고 싶지 않습니다. 그것은 저급한 정신력을 아주 지루하게 연습시키는 것일 뿐만 아니라, 다른 우월한 능력들을 게으르게 방치하는 일이기도 합니다. 힘들지만 가장 바람직한 방법은 논의할 주제에 대한 내용을 마음에 저장해서, 그때 떠오르는 적절한 말로 그것을 전하는 것입니다. 이것은 즉흥적인 설교가 아닙니다. 표현되는 언어가 즉흥적인 것은 제가 바람직하다고 생각하는 바입니다. 그러나 그 내용은 연구와 노력의 결과입니다. 생각이 없는 사람들만 이것이 아주 쉬운 일이라고 생각하지만, 이런 방식이야말로 가장 수고스러우면서도 가장 효율적인 설교 방식입니다. 다른 주제로 넘어가야 하기 때문에 지금은 세세하게 말씀드릴 수 없지만, 그것은 나름대로 많은 장점을 가지고 있습니다.… 형제 여러분, 이 좋은 은사를 진지하게 사모하십시오. 그리고 그것을 얻는 일에 열심을 내십시오.

 지금 설명하고 있는 이 능력이 목사에게 얼마나 소중한지에 대해서 우리 모두가 잘 알고 있을 것입니다. 혹시 마음속에서 "그런 능력이 나에게 있다면 얼마나 좋을까! 그러면 이렇게 열심히 연구하지 않아도 될 텐데"라는 생각이 떠오릅니까? 그렇다면 여러분은 그런 능력을 가져서는 안 됩니다. 여러분은 그런 은혜를 받을 자격이 없으며, 그것을 위탁받기에 적당하지 않기 때문입니다. 만약 여러분이 빈둥거리면서 머리나 쉬게 할 베개로서 이런 은사를 구하고 있다면, 여러분은 정말 큰 실수를 하고 있는 것입니다. 이런 고귀한 능력을 갖게 되면 여러분은 그 능력을 증가시키고 유지하기 위해서 엄청난 노력을 들여야 하기 때문입니다.…

어떤 설교자들이 허세를 부리기 위해 강단이나 예배 준비실에서 설교할 본문을 받고 즉석에서 설교하는 것에 동의했다는 소리를 가끔 듣습니다. 그처럼 허영심이 강한 행위는 매우 역겨운 것이며, 심지어 신성모독에 가깝습니다. 그런 돌팔이 의사들의 연설을 듣는 것보다는 차라리 안식일에 마술 쇼를 보는 것이 더 낫습니다. 우리에게 은사가 주어진 것은 이런 것과 거리가 먼 다른 목적을 위해서입니다.…

즉흥적인 설교의 능력은 값을 매길 수 없을 만큼 귀중합니다. 왜냐하면 긴급한 순간에 설교자가 적절하게 설교할 수 있도록 하기 때문입니다. 그런 위기의 순간은 생깁니다. 완벽하게 준비된 모임에서도 사고는 일어나는 법입니다. 그런 돌발적인 사건은 미리 준비한 여러분의 생각을 빗나가게 만듭니다. 그러면 여러분은 지혜로운 사람이기에, 선택했던 주제가 적절하지 않다는 사실을 깨닫고 망설이지 않고 다른 주제로 바꿀 것입니다. 기존의 길이 막히면, 마차가 지나갈 수 있도록 새로운 길을 뚫는 방법 외에는 없습니다. 자갈로 깔아놓은 길이나 잘 갈아놓은 밭 위로 말을 몰 능력이 여러분에게 없다면, 여러분은 마부석에서

팅겨나오게 될 것이고 일행에게 큰 불행이 닥칠 것입니다. 공적인 모임에서 다른 형제들의 설교를 듣고서 그 내용이 너무 시시했다거나 지루했다거나 하는 생각이 들었을 때, 그들에게 내색하지 않고 조용히 그 실수를 시정하여 모임을 좀더 유익한 방향으로 이끄는 것은 정말 위대한 능력입니다. 그런 은사는 예견하기 어려운 일들이 많이 발생하는 교회 모임에서 특히 중요할 것입니다.…어떤 교회에서는 시끄러운 사람들이 일어나 말을 많이 하는 경우가 있는데, 그럴 때는 목회자가 기꺼이 설득력 있게 답변해서 나쁜 인상이 남지 않도록 하는 것이 매우 중요합니다. 그가 섬기는 주님의 마음으로 교회 모임에 참석하는 목회자라면, 성령께 전적으로 의존하고 확신하면서 별난 사람들에게도 답변할 능력이 있고, 편안하게 앉아서 감정을 조절하고, 매번 존경을 받으면서 조용한 교회가 되도록 합니다. 하지만 그런 준비가 안 된 목회자는 당황한 나머지 격한 감정에 사로잡혀 문제에 휘말리고, 그 대가로 슬픔과 후회만이 남게 됩니다.

　　이외에도 예정된 설교자가 도착하지 않았다거나 갑작스러운 병고로 인해서 설교를 요청받을 수 있습니다. 공개적인 모임에서 모두가 침묵하고 있는 상황에서 마음에 감동이 되어 설교해야 하는 경우도 있습니다. 또한 어떤 형태의 경건 모임 가운데에서도 갑작스러운 일들이 발생하는데, 그런 때의 즉흥적인 설교는 오빌의 금처럼 귀합니다. 이 은사가 이렇게 가치가 있는 것이라면, 그것을 어떻게 얻을 수 있을까요? 먼저 말씀드려야 할 것은 그 은사를 결코 얻지 못하는 사람들도 있다는 점입니다. 즉흥적인 설교에 천부적인 적응력을 지닌 사람들도 있습니다. 마치 시인의 경우처럼 말입니다. 시인은 타고난 것이지 만들어지는 것이 아닙니다. "기교가 연설자의 재능을 발전시키고 완벽하게 할 수 있을지 몰라도, 그 재능 자체를 만들어낼 수는 없는 것입니다"(보탱 신부[Abbé Bautain]). 모든 수사학 규칙과 연설 요령을 통달한다고 해서 달변가가 되는 것은 아닙니다. 그것은 하늘로부터 내려오는 은사입니다. 그 은사가 허락되지 않으면, 누구도 그것을 얻을 수 없습니다.…

당장 연구를 하지 않고 말씀을 전하려고 한다면, 평소에 많은 연구를 해야 합니다. 역설처럼 보이는 이 말에 대한 설명은 표면에 놓여 있습니다. 만약 제가 방앗간 주인이라고 합시다. 그런데 누군가 제 앞에 자루를 갖다놓고 5분 안에 고운 밀가루로 그 자루를 가득 채워달라는 요청을 받았다고 합시다. 제가 그렇게 할 수 있는 유일한 방법은, 자루를 열어 즉시 밀가루로 채워주기 위해서 방앗간의 밀가루 담는 통을 항상 가득 채워놓는 것밖에 없습니다. 그 요청은 갑작스러운 것이기 때문에 그때마다 밀을 갈아줄 수 없습니다. 미리 밀을 갈아놓아서 고객들에게 제공할 밀가루를 확보해야 하는 것입니다. 그러니 형제 여러분, 미리 갈고 있어야 합니다. 그렇지 않으면 밀가루를 얻을 수 없습니다. 영양이 가득한 음식으로 여러분의 마음의 생각을 먹여놓지 않으면 즉흥적으로 좋은 생각을 만들어낼 수 없습니다. 모든 이용 가능한 순간마다 열심을 다해야 합니다. 여러분의 마음을 풍성하게 가득 채워놓으면, 창고에 물건이 가득한 상인처럼 고객들에게 언제라도 물품을 제공할 수 있게 될 것입니다. 나아가 마음의 선반에 그 물건들을 잘 정리해놓으면, 시장에 가서 물건을 구입하고 분류하고 포장하고 준비하는 등의 번거로움이 없이 어느 때라도 필요한 물건을 꺼낼 수 있습니다. 설교문을 작성해서 기억해두는 사람보다 훨씬 더 노력을 기울이지 않으면, 그 누구도 즉흥적인 설교의 은사를 유지할 수 없다고 저는 생각합니다. 결국 자연스럽게 흘러넘칠 수 있기 위해서는 여러분이 먼저 가득 채워져 있어야 한다는 것을 예외 없는 원칙으로 삼으시기 바랍니다.

다양한 생각과 표현들을 수집해놓는 것도 굉장한 도움이 됩니다. 이 점에 있어서는 풍부함도 있고 빈곤함도 있습니다. 아주 많은 정보를 가지고 있고, 또 그것을 잘 정돈하고 충분히 이해하고 있어서 그에 대해 아주 익숙해져 있는 사람은, 막대한 부를 가지고 있는 왕처럼 좌우에 있는 군중에게 보물을 뿌려줄 수 있게 됩니다. 형제 여러분, 하나님의 말씀과 내적인 영적 삶 그리고 시간과 영원에 대한 엄청난 문제들을 친밀하게 접하는 것만큼 여러분에게 필수적인 것이 없습니다. 마음에 가득한 것을 입으로 말하는 법입니다(참고. 마 12:34). 하늘의 일을 묵상하는 데 익숙해지고, 성경을 연구하며, 여호와의 율법을 즐거워하십시오. 그러면 여러분이 이미 맛보았고 이미 다룬 경험이 있는 하나님의 선한 말씀을 선포하는 것이 결코 두렵지 않을 것입니다.…신학에 대한 무지는 우리 강단에서 결코 드물지 않습니다. 그러니 놀라운 일은 즉흥적인 설교자들이 별로 많지 않다는 게 아니라, 신학자들은 이렇게 희귀한데도 즉흥적인 설교자들이 이렇게 많다는 사실입니다. 위대한 신학자들이 있기 전까지는 위대한 설교자들이 나올 수 없습니다. 까치밥나무 덤불에서 전쟁 영웅을 길러낼 수 있겠습니까? 피상적인 학생들 가운데서 어떻게 영혼을 움직이는 위대한 설교자가 나올 수 있겠습니까? 만약 여러분이 유창하게 말하고 싶다면, 다시 말해서 자연스럽게 말씀이 흘러나오도록 하고 싶다면 모든 지식으로 충만하기 바랍니다. 특히 우리 주 예수 그리스도를 아는 지식으로 가득 채워지기 바랍니다.

다양한 표현도 즉흥적인 설교에 많은 도움이 된다는 것을 말씀드렸습니다. 사실 생각을 모아놓는 것 다음으로 중요한 것이 풍성한 어휘력입니다.…여러분은 언어의 달인이 되어야 합니다. 언어가 여러분의 요정, 여러분의 천사, 여러분의 벼락, 여러분의 꿀송이가 되어야 합니다. 단지 표현을 수집하기만 하는 사람은 굴 껍데기와 콩 껍질과 사과 껍질을 모으는 사람과 같습니다. 하지만 폭 넓은 지식과 깊은 사고를 가진 사람에게 언어는 금 사과를 가득 담은 은 쟁반과도 같습니다. 여러분의 생각의 마차를 잘 이끌 수 있는 훌륭한 표현들을 습득하도록 주의를 기울이십시오.

또한 저는 즉흥적으로 연설을 잘하려는 사람은 자기가 이해하고 있는 주제를 신중하게 선택해야 한다고 생각합니다.…어떤 모임에서 일어나 말씀을 전하려고 하면서, 전혀 모르는 주제에 대해서 영감을 받기를 바라는 것은 아무런 소용이 없습니다. 만약 여러분이 현명하지 않아서 그렇게 한다면, 여러분 자신이 아무것도 모른다는 사실을 스스로 폭로하는 결과를 가져오고 사람들도 전혀 감화되지 않을 것입니다. 하지만 어떤 주제에 대해서 충분히 이해하고 있다면, 누구라도 즉흥적으로 연설하지 못할 이유가 어디에 있겠습니까? 사업의 흐름에 정통하고 있는 상인이라면, 따로 생각할 시간을 갖지 않아도 자신의 사업에 대해서 충분히 설명할 수 있을 것입니다. 마찬가지로 우리는 거룩한 믿음의 중요한 원칙들에 대하여 마땅히 익숙해 있어야 합니다. 우리 영혼의 일용할 양식을 이루고 있는 주제들에 대해 설교하도록 부름을 받았을 때 당황해서는 안 되는 것입니다. 그럴 때 설교 전에 손으로 설교문을 작성하는 수고를 한다고 해서 무슨 유익이 있겠습니까? 즉흥적으로 설교문을 작성하는 것은 즉흥적인 설교보다 보잘것없을 가능성이 훨씬 많습니다. 설교문 작성이 유익한 것은 그것을 신중하게 수정할 수 있는 기회가 있기 때문입니다. 하지만 유능한 저자들이 자신의 생각을 곧바로 정확하게 표현할 수 있는 것과 마찬가지로, 유능한 설교자들도 그렇게 할 수 있을 것입니다. 친숙한 주제에 대해서 자기의 마음속에 점차 떠오르는 생각이 있다면, 그것은 결코 그의 맨 처음 생각이 아닐 것입니다. 어쩌면 마음의 열심으로 뜨거워진 묵상의 정수(精髓)일지도 모르겠습니다. 그 주제에 대해서 이전에 충분히 연구한 사람은 바로 그 순간에 연구를 하지 않아도 상당히 힘있는 선포를 할 수 있습니다. 반면에 설교문을 작성하기 위해서 앉아 있는 사람은 처음 떠오르는 생각을 그저 적기만 할 뿐이며, 그것도 모호하거나 지루한 생각일 가능성이 많습니다. 그 주제에 대해서 충분히 연구하지 않았다면 즉흥적인 설교를 하려 하지 마십시오. 이런 역설은 우리에게 매우 현명한 조언을 제공해줍니다.

언젠가 저도 굉장히 고생한 기억이 있습니다. 즉흥적인 연설에 익숙해져 있지 않았다면 그 일을 어떻게 감당할 수 있었을지 모릅니다. 한번은 어느 교회에서 설교하기로 되어 있었는데, 회중이 가득 차 있었습니다. 그런데 철로에 약간 문제가 생겨 기차가 연착하게 되어서 저는 시간에 맞춰 도착하지 못했습니다. 그래서 다른 목사가 설교를 하러 강단에 올라갔고, 제가 숨을 헐떡이며 그곳에 도착했을 때는 이미 그가 설교를 시작하고 있었습니다. 문을 지나 복도로 들어온 저를 바라보고 그는 설교를 멈추고 말했습니다. "이제야 오셨군요." 그리고 저를 바라보면서 계속 말했습니다. "제가 길을 열었으니 이제 목사님께서 오셔서 설교를 마쳐주세요." 저는 설교 본문이 어디이며 어디까지 진행했는지를 물었습니다. 그는 본문은 어디이고, 이제 막 첫 번째 대지를 마쳤다고 말했습니다. 저는 한치의 망설임 없이 그 지점부터 설교를 시작해서 끝까지 잘 마쳤습니다. 여러분 중에 저와 똑같이 하지 못했을 분이 계시다면 참 부끄러운 일일 것입니다. 그 당시 상황이 그 일을 정말 쉽게 해주었기 때문입니다. 우선, 그 목사님은 제 할아버지셨습니다. 둘째로, 본문은 "너희는 그 은혜에 의하여 믿음으로 말미암아 구원을 받았으니 이것은 너희에게서 난 것이 아니요 하나님의 선물이라"(엡 2:8)였습니다. 그런 상황에서 무슨 말을 해야 하는지 모른다면, 그는 발람이 타고 있던 당나귀보다 훨씬 더 어리석은 사람일 것이 분명합니다. "너희가 그 은혜로 인하여 구원을 받는다"라는 말씀은 구원의 근원을 나타내고 있는데, "믿음으로 말미암아"가 구원의 통로를 설명하고 있다는 것을 누가 모르겠습니까? 구원이 믿음으로 주어진다는 사실을 보이기 위해서 굳이 많은 연구를 하지 않아도 될 것입니다.…

다른 언어를 습득하는 것도 즉흥적인 연설을 위한 좋은 훈련이 됩니다. 단어의 유래와 설교의 규칙들과 관련해서 두 언어 사이의 차이점들에 주목하다 보면, 점점 화법과 태와 시제와 어형의 변화 등에 익숙해지게 됩니다. 결국 마치 노동자가 연장에 익숙해지면 매일 만나는 편안한 동료처럼 그것들을 다루게 되는 것과 같습니다. 베르길리우스(Virgil)나 타키투스(Tacitus)의 작품 일부를 가능한 한 빨리 번역한 후에 심사숙고하여 잘못된 부분을 수정하는 것보다 더 좋은 연습은 없습니다. 잘 모르는 사람들은 고전 연구에 시간을 쏟는 것을 낭비라고 생각하지만, 설사 그런 연구가 설교자들에게만 유익한 것이라 하더라도 그런 작품들은 모든 대학 기관에 그대로 보존되어야 마땅합니다. 두 언어 사이의 용어와 숙어들을 지속적으로 비교하면 표현 능력에 큰 도움이 된다는 것을 어느 누가 모릅니까? 게다가 이런 연습으로 인해서 우리의 마음이 정교하고 섬세한 의미를 분별할 수 있게 되고, 결국 두 언어 사이에 있는 서로 다른 점들을 구별할 수 있는 능력을 습득할 수 있게 된다는 것을 어느 누가 깨닫지 못합니까? 그리고 그런 능력이야말로 하나님의 말씀을 해석하는 자들과 그 진리를 즉흥적으로 선포하는 자들에게 필수적입니다. 여러분, 언어의 모든 장치들을 조합하고 또 풀어내는 법을 배우기 바랍니다. 모든 톱니바퀴, 바퀴와 나사와 작은 막대기 하나까지라도 주의 깊게 살피십시오. 그래야 위급한 상황이 발생해서 재빨리 앞으로 나아가야 할 경우에도 엔진을 작동하면서 거리낌이 없을 것입니다.

이런 능력을 습득하기를 바라는 사람은 그것을 연습해야만 합니다. 버크(Edmund Burke)가 말한 것처럼, 찰스 폭스(Charles Fox)는 조금씩 발전해서 역사상 가장 뛰어나고 강력한 논객이 되었습니다. 그는 자신의 성공이 말을 잘해야겠다고 어린 시절에 매일 밤마다 결단한 데서 비롯되었다고 합니다. 그래서 "나는 다섯 계절 동안 단 하루를 제외하고는 매일 밤 연습을 했는데, 그 하룻밤 연습하지 않은 것이 못내 후회스럽다"라고 말하고는 했습니다. 2년 동안 방에서 혼자 즉흥적인 설교를 연습했다고 우리 대학에 지원할 때 말한 어떤 사람처럼, 여러분도 처음에는 서재에 있는 의자와 책 외에는 어떤 청중도 없이 연습할 수도 있습니다. 함께 사는 학생들은 번갈아가며 청중과 설교자의 역할을 하면서 서로에게 큰 도움을 줄 수도 있습니다. 매번 마지막에는 서로 친근한 비평을 해줄 수 있으니 말입니다. 내용이 견고하고 또 서로에게 유익할 것을 원칙으로 삼는다면, 함께 나누는 대화도 큰 도움이 될 수 있습니다. 생각이 말과 연결되어야 한다는 것, 문제는 이것입니다. 자신의 은밀한 생각을 소리를 내어 사고하는 노력을 하면 도움이 될 것입니다. 이것이 저에게는 습관이 되었기 때문에 혼자서 기도할 때도 소리를 내서 기도할 수 있게 되었습니다. 소리를 내서 읽는 것이 조용히 읽는 것보다 훨씬 더 유익합니다. 마음속으로 설교문을 작성할 때도 제 자신에게 말하는 것을 통해 생각이 진전되는 데 도움을 얻기도 합니다. 물론 이것은 어려움의 절반 정도밖에 해결하지 못합니다. 청중 앞에 섰을 때 생기는 공포심을 극복하기 위해서는 많은 사람 앞에서 연습해야 합니다. 하지만 절반만 해결한다고 해도 상당한 진척이 있는 것입니다. 훌륭한 즉흥적인 설교라는 것은 단지 잘 훈련된 사상가의 발현일 뿐입니다. 정보를 가진 사람이 깊은 묵상을 하면서 자신의 생각이 입을 통해서 공중으로 뻗어 나올 수 있게 하는 것입니다. 할 수 있는 대로 혼자 있을 때 소리를 내어 생각하십시오. 그러면 여러분은 조만간 이 문제와 관련해서 성공을 위한 유리한 고지를 점령하게 될 것입니다.…

이미 말씀드린 연습 외에 **침착함과 자신감**을 가져야 할 필요에 대해서도 말씀드려야겠습니다.…젊은 설교자들이 이를 습득하기는 쉽지 않습니다. 젊은 설교자들인 여러분은 줄타기 곡예사 블론딘(Blondin)의 심정을 공감할 수 있지 않습니까? 설교를 할 때 가끔 여러분은 마치 공중에 높이 떠 있는 밧줄 위를 걸어가고 있는 것처럼 느끼지 않습니까? 안전하게 끝까지 갈 수 있을까 하는 두려움에 떨리지 않습니까? 때로는 멋진 균형 막대를 흔들어대고 청중 위에 시상을 떠오르게 할 만큼 은유적으로 반짝이는 장식들을 바라보다가도, 갑자기 떨어질지도 모를 위험천만한 일을 괜히 시작했다고 후회하지는 않았습니까? 과연 문장을 끝마칠 수 있을지, 주어에 적합한 동사를 찾을 수 있을지, 동사에 맞는 목적어를 제대로 사용할 수 있을지 의아해하면서 걱정한 적은 없습니까? 모든 것이 여러분의 침착한 마음과 당황하지 않는 태도에 달려 있습니다. 실패할 것에 대한 불길한 예감이나 사람들을 두려워하는 마음이야말로 여러분에게 해로운 것입니다. 하나님을 의지하며 나아가십시오. 그러면 모든 것이 순조롭게 진행될 것입니다. 문법적인 실수를 저질렀을 때 그것을 수정하기 위해서 다시 돌아가고 싶은 마음이 들면, 곧 또 다른 실수를 범하게 됩니다. 그러면 마치 그물에 걸린 물고기처럼 당혹스러운 상황에 처하게 됩니다. 여러분께만 조용히 말씀드립니다만, 실수를 수정하기 위해서 다시 앞으로 돌아가는 것은 언제나 좋지 않은 버릇입니다. 말에 실수를 범했을 때도 계속 진행하시고, 그것에 집착하지 마십시오. 한번은 제가 글쓰기를 배우고 있었을 때 아버지가 아주 좋은 규칙을 알려주셨는데, 이 규칙은 말하는 것을 배울 때도 똑같이 유익한 것입니다. 아버지는 "글을 쓸 때 철자를 잘못 썼다거나 틀린 단어를 사용해서 실수를 했더라도 X자로 지워서 그 부분을 어지럽게 만들지 말고, 어떻게 하면 앞으로 그런 실수를 저지르지 않을지에 집중해야 한다. 그리고 실수의 흔적을 절대로 남겨놓지 말아라"라고 말씀했습니다. 말할 때도 마찬가지입니다. 문장의 마무리가 좋지 않을 경우에는 다른 문장을 사용하여 끝내는 것이 좋습니다. 그것을 고치려고 다시 앞으로 돌아가는 것은 거의 도움이 되지 않습니다. 어쩌면 아무도 눈치 채지 못하고 있는데, 여러분만 그 잘못에 신경을 쓰는 것일 수도 있습니다. 그러면 청중이 그 내용에 집중하는 것이 아니라 단지 내뱉는 말에 마음을 쓰게 되는데, 설교자라면 결코 그런 실수를 범해서는 안 됩니다. 하지만 여러분의 말실수(lapsus linguae)가 드러났다고 하더라도 양식이 있는 사람이라면 젊은 초보 설교자의 실수를 용서할 것이고, 그런 작은 실수에 연연하지 않고 본래의 목적에 온 마음을 기울이는 여러분의 모습을 보면서 오히려 여러분을 존경하게 될 것입니다. 설교에 이제 갓 입문한 초보 설교자는 마치 말을 타는 것이 익숙하지 않은 기수와 같습니다. 그래서 말이 비틀거리면 자신이 말에서 떨어져 곤두박질치지 않을까 두려운 마음이 들기도 하고, 말이 약간 기운이 남아 있다면 멀리 도망가버리지 않을까 하는 생각이 들기도 합니다. 뿐만 아니라 친구의 눈길이나 작은 소년의 언급은 그를 마치 커다란 붉은 용의 등에 묶여 있는 것처럼 느끼게 해서 매우 비참한 지경에 이르게 합니다. 하지만 말을 잘 타는 사람은 전혀 위험을 느끼지 않습니다. 그리고 실제로 어떤 위험도 당하지 않습니다. 그에게는 용기가 있어서 모든 위험이 사전에 방지되기 때문입니다. 설교자가 "이런 상황은 나에게 아무렇지도 않아"라고 생각한다면, 보통은 정말 아무렇지도 않습니다. 두려워하기 때문에 생길 수 있는 위기를 그의 자신감이 막아주는 것입니다.…

강단이 편안하게 느껴져서 주위를 둘러보면서 마치 친형제에게 이야기하는 것처럼 성도들에게 말할 수 있게 되면, 즉흥적으로 하는 것도 가능해집니다. 하지만 그렇게 되기 전에는 즉흥적인 설교를 하는 것이 쉽지 않습니다. 젊은 형제들에게 겸손이며 미덕인 소심하고 내성적인 자세가, 강력하게 그리스도를 선포하는 동안에는 자신을 잊고 명성에 대해서 신경을 쓰지 않는 진정한 겸손으로 이어져야 합니다.

즉흥적인 설교를 거룩하고 효과적으로 실행하기 위해서, 목사는 어린아이처럼 성령의 즉각적인 도우심을 의지하는 마음을 키워야 합니다. 사도신경은 "성령을 믿사오며"라고 고백합니다. 많은 사람이 이를 참된 믿음의 조항으로 삼지 않는 것은 참으로 두려워할 일입니다. 일주일 내내 이리저리 다니면서 시간을 낭비하고 나서 성령의 도우심에 우리 자신을 내어 맡기는 것은 사악하고 뻔뻔스러운 일이며, 주님을 우리의 게으름과 방종을 위해 시중들게 만드는 것입니다. 물론 위급한 경우에는 상황이 상당히 다를 수 있습니다. 설교자가 아무런 준비 없이 설교하도록 불가피하게 요청을 받는다면, 그는 충만한 확신을 가지고 성령께 맡길 수밖에 없습니다. 그러면 하나님의 마음이 반드시 인간의 지성에 임하셔서 그를 연약함과 산만함으로부터 들어올리십니다. 그렇게 그를 높고 강하게 하셔서 인간의 능력을 초월한 하나님의 진리를 이해하고 표현할 수 있도록 하십니다.…성령은 항상 우리와 함께하시지만, 극심한 사역의 스트레스 속에서는 더욱 그렇습니다. 저는 여러분의 목회가 어느 정도 성숙하기 전에는, 어쩔 수 없는 경우가 아니라면 순전히 즉흥적으로 설교하지 않기를 진지하게 권합니다. 그러나 꼭 해야 하는 경우라면 언제든지 성령이 바로 그 시간 마땅히 말할 바를 알려주시리라는 것을 믿으며 하십시오.…

즉흥적인 설교를 지속적으로 연습해야 합니다. 그래서 적절한 기회가 주어질 때마다 오두막에서든지 작은 마을의 교실에서든지, 또는 길가에 서 있는 두세 사람에게든지 말씀을 전한다면, 여러분이 주는 유익이 모든 사람에게 알려질 것입니다.…

무엇보다 여러분의 혀가 머리를 앞지르지 않도록 주의해야 합니다. 유창하지만 내용은 빈약하거나, 말은 많은데 지루하거나, 계속 떠들어대지만 결국 아무것도 전달하지 못하는 잘못을 범하지 않도록 경계해야 합니다.…아무 의미도 없는 말들을 장황하게 늘어놓거나, 진부한 말들을 돌려서 말하거나, 모두가 다 아는 상식적인 내용을 지루하게 전하거나, 또는 자기 자랑을 거룩하게 포장해서 말하는 일이 얼마나 많이 일어나는지 모릅니다. 바로 이런 것들이 즉흥적인 설교를 욕먹게 하는 것입니다. 아무 가치도 없는 의견을 아름답게 표현하고 산뜻하게 포장한다고 해서 무슨 소용이 있겠습니까? 내용이 없으면 아무것도 기대할 수 없습니다. 연구를 하지 않고 행하는 즉흥적인 설교는 비가 없는 구름이나 물이 없는 우물과 같고, 그것을 소유한 자나 듣는 자 모두에게 해를 끼치는 치명적인 재주에 지나지 않습니다.…
이런 설교자들의 설교는 목수 스너그(Snug the Joiner, 윌리엄 셰익스피어의 희극 『한여름 밤의 꿈』[A Midsummer Night's Dream]의 등장인물이다—편집자주)가 사자의 역할을 하는 연기처럼 보입니다. "즉흥적으로 해도 괜찮아. 어차피 으르렁대는 것뿐이니까." 우리 자신이 시끄러운 소음이나 만들어내는 사람으로 전락해서 바울의 표현처럼 소리 나는 구리와 울리는 꽹과리가 되는 것보다는, 말 잘하는 은사를 잃거나 아예 갖지 않는 것이 차라리 훨씬 낫습니다.…

13
설교의 주제
Sermons: Their Matter

설교는 반드시 그 안에 진정한 가르침이 있어야 하며, 그것이 가르치는 교리는 견고하고 본질적이며 풍성해야 합니다. 우리가 강단에 올라갈 때는 단지 아무 이야기나 하려는 것이 아닙니다. 우리에게는 전달해야 할 지극히 중요한 교훈들이 있기 때문에 그저 시시한 이야기를 하고 있을 여유가 없습니다. 우리가 다뤄야 할 주제는 무궁무진합니다. 그러므로 만일 우리의 설교가 빈약하거나 본질적인 내용을 결여하고 있다면, 그것에 대해서 변명할 여지가 없습니다. 우리가 하나님이 보내신 대사로서 말한다면 설교할 것이 부족하다고 불평할 필요가 전혀 없습니다. 우리가 전할 메시지는 계속해서 넘쳐나기 때문입니다. 복음 전체가 강단에서 제시되어야 합니다. 이전에 성도들에게 전해졌던 믿음의 총체를 우리가 선포해야 합니다. 예수 그리스도 안에 있는 진리를 교훈적으로 선포해서, 사람들이 기쁜 소리를 단지 들을(hear) 뿐만 아니라 알게(know) 해야 합니다. 우리는 "알지 못하는 신"(행 17:23)의 제단을 섬기는 자들이 아닙니다. 우리는 말씀에 "주의 이름을 아는 자는 주를 의지하오리니"(시 9:10)라고 묘사된, 하나님의 예배자들에게 말씀을 전하는 사람들입니다.…
그리스도의 참된 종은 설교의 진정한 가치가 설교하는 자세나 방식에 있는 것이 아니라, 그것이 담고 있는 진리 자체에 있다는 것을 압니다. 그 무엇도 가르침이 없는 것을 보상할 수 없습니다. 이 세상의 모든 언변도 우리의 구원의 복음에 비하면 단지 바람에 나는 겨에 불과합니다. 씨 뿌리는 자의 바구니가 제 아무리 아름다워도, 그 안에 씨앗이 없으면 비참한 조롱거리가 될 뿐입니다. 역사상 가장 훌륭한 설교라 하더라도, 하나님의 은혜의 교리가 빠져 있으면 겉만 화려한 실패에 불과합니다. 마치 구름처럼 머리 위를 지나가지만, 메마른 땅에 단 한 방울의 비도 뿌리지 않습니다. 그러므로 간절하게 하나님의 은혜의 교리를 갈망하는 영혼들에게, 하나님의 은혜가 필요하다는 사실을 단지 기억만 하게 하는 것은 실망만 안겨주는 일입니다.…

　　여러분의 청중은 성경의 주제들에 대한 건전한 가르침을 갈망하고 있으며, 또 마땅히 여러분의 설교는 그런 것을 가지고 있어야 합니다. 그들에게는 성경에 대한 정확한 설명을 들을 권리가 있습니다. 여러분이 "천에 하나인 해석자"(참고. 욥 33:23)이며 하늘의 진정한 사자라면 청중을 풍성하게 해줄 것입니다. 무엇을 전하더라도, 감동을 주는 교훈적 진리가 결여되어 있으면 마치 빵에 밀가루가 없는 것처럼 매우 치명적이 될 것입니다. 표면적인 것이 아니라 견고한 내용을 다루고 있는가의 여부로 평가할 때, 많은 설교가 경건한 가르침이 되기에는 빈약한 수준에 머물러 있습니다.…형제 여러분, 여러분이 신학자가 아니라면 여러분은 목회 현장에서 아무것도 아닙니다. 세련된 문장을 잘 구사하는 훌륭한 수사학자는 될 수 있을지 모릅니다. 그러나 복음에 대한 지식과 그 복음을 가르칠 능력이 없다면, 여러분은 소리 나는 구리와 울리는 꽹과리에 불과합니다. 말을 많이 하는 것은 종종 자신의 신학적인 무지를 덮기 위한 무화과나무 잎사귀 역할을 합니다. 큰 소리로 떠드는 것이 건전한 교리를 대신하고 있으며, 견고한 사상 대신에 화려한 언변이 난무하고 있습니다. 절대로 이런 일들이 있어서는 안 됩니다.…

설교에서 다룰 주제가 풍성하다고 말한 것은 여전히 유효합니다. 그 다음으로 말씀드리고 싶은 것은 주제가 반드시 본문과 일치해야 한다는 것입니다. 설교의 주제는 원칙적으로 본문에서 솟아나야 하고, 그런 것이 분명하면 분명할수록 더 좋습니다. 설교는 최소한 언제나 본문과 밀접히 관련되어야 합니다. 영적으로 해석(spiritualizing)하고 적용(accommodation)할 때 상당한 자유로움이 허락되어야 하겠지만, 그런 자유가 방종으로 전락해서는 안 됩니다.…어떤 설교자들은 본문을 봉독하자마자 곧바로 무시해버리기도 합니다. 정해진 본문을 낭독함으로써 마땅한 예우를 다했다고 생각하기 때문에 더 이상 언급할 필요성을 못 느끼는 것입니다. 말하자면 모자를 들어서 성경 본문과 잠깐 인사를 나눈 뒤에, 바깥으로 나가서 새로운 들과 목장을 찾아 다니는 것과 같습니다. 그런 사람들은 대체 왜 본문을 정하는지 모르겠습니다. 본문을 정함으로써 자신의 영광스러운 자유가 제한될 수도 있는데 말입니다. 고삐 풀린 페가수스에 오르면서 왜 성경을 발판으로 삼는지 모르겠습니다. 영감된 하나님의 말씀은 수다쟁이가 여기저기를 마음대로 뛰어다니며 떠들어댈 수 있도록 돕기 위해서 주어진 것이 결코 아닙니다.

다양성을 유지하기 위한 가장 확실한 방법은 본문 속에 나와 있는 성령의 생각에 초점을 맞추는 것입니다. 완벽하게 똑같은 두 본문은 없습니다. 관련된 내용이나 본문의 취지가 똑같아 보이는 두 본문에 차이를 부여합니다. 성령의 궤적을 그대로 따라가십시오. 그러면 같은 말을 반복하거나 더 이상 다룰 내용이 없게 되는 일은 결코 일어나지 않을 것입니다. 그의 길에는 기름 방울이 떨어집니다(참고. 시 65:11).…

형제 여러분, 정해진 본문 말씀의 정확한 의미를 지키는 습관이 여러분에게 있다면, 저는 여러분이 계속해서 성령의 말씀, 곧 말씀 그 자체(ipsissima verba)를 붙들기를 권면합니다.…그런 후에 여러분이 다루는 주제를 풍성하게 해서, 영감된 말씀으로부터 자라나게 하십시오. 마치 제비꽃과 앵초가 잔디밭에서 자연스럽게 피어나고, 통에서 딴 생꿀이 뚝뚝 떨어지는 것처럼 그렇게 하십시오.

설교할 때는 언제나 무게 있고 정말로 중요한 가르침이 가득하도록 유념하십시오. 나무나 건초 또는 조약돌로 세우지 말고, 금과 은과 값진 보석들을 사용하십시오.…우리가 다루는 영혼들이 처한 위험은 영원과 관련된 엄중함과 관련되어 있지, 땅에서 난 화젯거리들에 대한 것이 아닙니다. 물론 나무나 건초로 집을 세울 수 있는 훨씬 매력적인 방법들도 여전히 있습니다. 그러므로 그런 것들에 현혹되지 않도록 마땅히 주의를 기울여야 합니다. 이런 경고는 특히 과장된 문장 사용을 달변으로 착각하거나, 라틴어를 사용해 말하면 마치 심오한 사상이라도 되는 것처럼 착각하는 사람들에게 필요합니다.…자칭 심오한 작가라는 사람이 쓴 설교문을 읽은 기억이 있습니다. 그는 굉장히 장황한 용어들을 사용하여 독자들을 압도했는데, 말하려는 내용은 결국 다음과 같이 줄일 수 있습니다. "사람에게는 영혼이 있습니다. 그 영혼은 다른 세상에서 살게 될 겁니다. 그러므로 그 영혼이 행복한 곳으로 가도록 주의를 기울여야 합니다." 이 가르침에 반대할 사람은 아무도 없을 것입니다. 하지만 사람들의 주목을 끌기 위해서 문장을 현란하게 장식하고 나팔을 불어댈 만큼 그 내용이 아주 신선한 것은 아닙니다.…강단에 올라가서 성도들에게 강물이나 큰 폭포수처럼 말을 쏟아내더라도, 그 안이 그저 진부한 내용으로만 채워져 있다면 이처럼 수치스러운 일도 없을 것입니다. 아무것도 아닌 내용을 예쁜 접시에 담아 시(詩)라는 파슬리로 장식을 하고 가식이라는 소스를 뿌려 허세를 부리며 전달하는 것보다는, 정육점에서 고깃덩어리를 가져다가 뼈째 아무렇게나 썰고 심지어 그것을 톱밥에 떨어뜨린 것같이 거칠고 준비되지 않은 상태로 진리를 사람들에게 제시하는 게 낫습니다.

여러분이 성령의 인도함을 받아서 복음의 내용을 이루거나 그 복음과 관련되어 있는 모든 교리에 대해서 분명하게 증언할 수 있다면 정말 좋겠습니다. 어떤 진리도 뒤에 감추어져서는 안 됩니다.···전체적인 조화를 원한다면 어떤 하나의 교리가 내는 목소리가 나머지 다른 교리들의 목소리를 압도하도록 내버려두면 안 되고, 또한 부드럽고 작은 소리가 다른 큰 소리들 때문에 묻히게 해서도 안 됩니다. 위대한 음악가가 지정해놓은 각각의 모든 음이 소리를 내야 합니다. 모든 음이 자기의 고유한 강약에 따라서 소리를 내야 하는 것입니다. 포르테(*forte*, 강하게)로 표시된 부분에서 부드러운 소리가 나면 안 되고, 피아노(*piano*, 약하게)로 표시된 부분에서 천둥처럼 큰 소리를 내서도 안 됩니다. 각각의 음에는 자기에게 지정된 고유한 역할이 있습니다. 조화로운 비율로 계시된 모든 진리가 여러분이 다루는 주제가 되어야 합니다.

형제 여러분, 강단에서의 설교를 통해서 중요한 진리를 다루기로 결심했다면, 진리의 가장자리만 영원히 맴돌고 있어서는 안 됩니다. 영혼을 구원하는 데 필수적이지도 않고, 심지어 실천적인 기독교에 중요하지도 않은 교리를 모든 예배 때마다 다루려고 하지 마십시오. 진리의 모든 측면을 합당한 비율로 전하십시오. 성경의 모든 부분이 유익하기 때문입니다. 여러분은 단지 진리를 선포해야 할 뿐만 아니라, 진리 전체를 전해야 합니다. 하나의 진리만을 계속해서 고집하지 마십시오. 코가 사람의 얼굴에서 중요한 일부이지만, 그림을 그릴 때 코만 그리면 그 사람의 얼굴을 만족스럽게 표현했다고 할 수 없습니다. 어떤 교리는 매우 중요할 수 있습니다. 하지만 그 가치가 지나치게 과장되면 조화롭고 온전한 사역에 치명적일 것입니다. 부차적인 교리들을 주요 주제로 삼지 마십시오. 복음이라는 그림에서 배경에 해당하는 항목들을 그리면서, 전면에 있는 위대한 목표물을 그릴 때처럼 두꺼운 붓을 사용하면 안 됩니다. 예를 들어, 타락후 선택설(sublapsarianism)이나 타락전 선택설(supralapsarianism)과 같이 어려운 문제나, 성자의 영원한 아들됨(eternal filiation)과 같이 첨예한 논쟁, 성령의 이중발출론(double procession)과 관련된 문제, 전천년설이나 후천년설(pre- or postmillenarian schemes)에 대해 어떤 사람들은 매우 중요한 문제라고 여길지 모릅니다. 그러나 바느질을 해서 일곱 명의 아이들을 부양해야 하는 저 경건한 과부에게는 이런 심오한 신비들이 큰 관심사가 될 수 없습니다. 그녀는 섭리의 하나님이 베푸시는 사랑의 호의(loving-kindness)에 대해 듣기를 원합니다. 그 여인에게 자기 백성을 향한 하나님의 신실하심에 대해 선포한다면, 그 여인은 삶의 전투에서 이길 수 있는 힘과 도움을 얻을 것입니다. 반면에 어려운 문제들은 그녀에게 혼란만 주고 졸리게 할 뿐입니다. 여러분의 돌봄을 필요로 하는 수백 명의 사람들이 있습니다. 우리에게 가장 중요한 주제는 바로 하늘로부터 온 복된 소식입니다. 예수님의 속죄하는 죽음을 통한 은혜의 소식, 모든 죄인의 괴수가 예수님을 믿을 때 임하는 은혜의 소식 말입니다.

복음을 전하는 데 우리의 모든 판단력, 기억, 상상력, 언변을 동원해야 합니다. 중요하지 않은 부차적인 생각에 몰두해서, 겨우 이따금씩 생각이 떠오를 때만 십자가의 복음을 전하는 일이 있어서는 안 됩니다.…그런 비천한 일에 정신이 팔려 있는 것은 하늘의 대사라는 지위에 전혀 어울리지 않습니다.…

한 번의 설교에서 지나치게 많은 주제를 다루지 마십시오. 모든 진리를 단 한 번의 설교에 담을 수는 없습니다. 설교는 신학 체계가 되어서는 안 됩니다. 너무 많이 담고 있으면, 청중이 말씀을 사모하기보다 진절머리를 내면서 집에 돌아가게 할 수 있습니다.…50가지의 생각을 한 귀로 듣고 한 귀로 흘리게 하는 것보다, 단 하나의 생각이라도 마음에 깊이 새기게 하는 게 훨씬 좋습니다. 열 개의 압정으로 느슨하게 박아놓고 뽑히는 것보다, 단 하나라도 긴 못으로 확실하게 박아놓는 게 훨씬 더 유익합니다.

정신의 건축을 위한 규칙을 따라서 설교의 주제가 잘 정돈되어 있어야 합니다. 기초 단계에서 실천적인 추론을 하거나, 교리들을 관석(topstone)으로 삼지 마십시오. 은유를 기초로 삼거나, 명제들을 꼭대기에 올려놓아서도 안 됩니다. 가장 중요한 진리가 먼저 나오고 덜 중요한 가르침들이 나중에 나오는 용두사미가 되어서는 안 됩니다. 생각이 계속해서 쌓이고 발전할 수 있도록 해야 합니다. 한 층의 가르침이 다른 층의 가르침으로 이어지게 하고, 하나의 추론이 다른 추론을 가능하도록 해야 합니다. 그래서 이 전체가 청중을 방 안으로 인도하여, 그곳에서 진리가 하나님의 빛 속에서 어슴푸레 비치는 것을 창밖으로 보게 해야 합니다. 설교에 모든 것을 위한 자리를 확보하고, 모든 것이 자기 자리에 있도록 하십시오.…

교리 설교는 분명하고 실수가 없어야 합니다.…어떤 사람들은 안개 속에서 생각하고 구름 속에서 설교합니다. 성도들은 빛을 발하는 안개가 아니라 진리의 견고한 육지(terra firma)를 원합니다.…목사는 결코 스스로 혼미해지면 안 됩니다. 그래야 성도들이 그의 말을 이해할 수 있습니다. 자기 자신도 이해하지 못하면서 다른 사람이 그것을 알아주기를 바랄 수는 없습니다. 성도들에게 정제된 진리와 순전한 성경의 교리를 가르치면서 분명하게 표현해서 불필요한 모호함이 없도록 한다면, 우리는 양들의 참 목자가 될 것이고 그 유익이 곧 드러날 것입니다.…

여러분의 가르침이 자라나고 진보하게 하십시오. 여러분의 가르침이 경험이 쌓이면서 더 깊어지고, 영혼의 진보와 함께 고양되게 하십시오. 새로운 진리를 설교하라는 것이 아닙니다. 저는 오히려 처음부터 잘 배워서 50년 동안 목회한 후에도 어느 하나의 교리도 철회해야 한다거나 놓쳤다고 한탄하지 않아도 되는 사람이 행복하다고 생각합니다. 제가 말씀드리고 싶은 것은, 우리의 깊이와 통찰이 갈수록 증가해야 한다는 것입니다. 우리에게 영적인 진보가 있다면 자연스럽게 그렇게 될 것입니다.… 목회 초년 시절의 사역보다는 원숙한 시절의 사역이 훨씬 탁월해야 합니다.…

"설교"(sermon)라는 말은 "찌르기"(thrust)를 의미한다고 합니다. 그렇기 때문에 우리는 설교할 때 에너지와 효력을 발휘해서 주제를 다루는 것을 목표로 해야 하고, 따라서 주제는 그런 일을 감당할 수 있는 것이어야 합니다. 단순히 도덕적인 주제를 선택한다면 나무로 만든 단검을 쓰는 것과 같을 것입니다. 하지만 계시된 위대한 진리들은 예리한 검과 같습니다. 양심과 마음을 찌르는 교리들을 설교의 주제로 삼으십시오.…그러므로 저는 여러분이 오래된 구식의 복음을, 오로지 그 복음만을 붙잡을 것을 강권합니다. 왜냐하면 그것이야말로 구원에 이르는 하나님의 능력이기 때문입니다.

제가 말씀드리고 싶은 모든 것은 이렇게 요약할 수 있을 것 같습니다. 형제 여러분, **그리스도를 전하십시오**. 언제나 영원토록 그리스도를 전하십시오. 그리스도가 복음의 전부이십니다. 그리스도의 인격과 직분과 사역이 모든 것을 아우르는 위대한 하나의 주제가 되어야 합니다. 세상은 여전히 구원자와 그에게 나아가는 길에 대해서 들어야 합니다. "믿음으로만 의롭게 된다는 것"은 지금보다 더 자주 날마다 개신교회의 강단에서 증언되어야 합니다. 이런 중심 교리와 좀더 일반적으로 관련되어 있는 은혜에 대한 다른 위대한 교리들이 함께 증거된다면, 우리의 교회와 시대에 더 유익할 것입니다.…우리는 철학이나 형이상학이 아니라 단순한 복음을 선포하도록 부름 받은 사람입니다. 인간의 타락, 거듭남의 필요성, 속죄를 통한 죄 용서, 그리고 믿음의 결과인 구원, 이런 것들이 우리가 전투에서 사용할 무기입니다. 이 위대한 진리들을 배우고 가르치는 일을 위해서 할 일이 많습니다. 하지만 동시에 그런 배움을 핑계로 선교 사역을 소홀히 하거나 선교에 대해 무지로 불구가 된다면 우리는 저주를 받을 것입니다. 저는 우리 중 누구라도 예언이나 교회 정치, 심지어는 조직신학에 대한 어떤 견해들 때문에 그리스도의 십자가에 대한 자랑을 멈추는 일이 결코 생기지 않도록 하기 위해 더욱더 주의하고 있습니다.…그리스도가 모든 것이 되는 사역이야말로 복된 것입니다.

14
빈약한 도구를 가진 사역자들에게
To Workers with Slender Apparatus

…좋은 서재를 교회의 필수적인 가구 가운데 하나로 생각해야 합니다. "식탁을 차리는"(참고. 행 6:2, KJV) 직분을 맡은 집사들은 당연히 주님의 성찬과 가난한 자들을 위한 식탁을 소홀히 여기지 않고, 목사의 식사를 위해 공급하는 음식에 신경을 써야 합니다. 거기에 더해 목사의 서재에 관심을 갖고, 새롭거나 표준이 되는 책들을 풍성하게 제공한다면 정말 지혜로운 것입니다. 그것이 돈을 잘 사용하는 것이고, 기대한 것보다 훨씬 더 생산적인 일이 될 것입니다. 교회의 지도자들은 강단의 능력이 감소하는 것에 대해서 이러쿵저러쿵 말만 많이 하는 대신, 강단의 능력을 회복시키기 위해서 합당한 수단을 사용해야 합니다.…

지식의 창고가 닫혀 있는 목사들로부터 은혜로운 설교를 기대해서는 안 됩니다.…

아주 적은 수의 책만을 구입할 수 있는 경우라면, 저의 첫 번째 권면은 **최고의 책을 구입하라**는 것입니다. 많은 돈을 쓸 수 없다면, 있는 돈이라도 잘 써야 합니다. 가장 좋은 책은 언제나 가장 저렴한 법입니다. 내용은 빈약한데 두껍거나 가격만 비싼 것은 그런 사치를 부릴 만큼 여유 있는 사람들을 위해 남겨두십시오. 물 탄 우유를 사지 말고 연유를 구하십시오. 그래서 여러분에게 좋은 대로 물을 부으면 됩니다.… 제임스 해밀턴(James Hamilton)이 종종 "바이블라인"(Bibline)이라고 부르던 것, 또는 책들의 진수라고 할 만한 책들을 선호하십시오. 정확하고 압축적이며 신뢰할 만한 표준적인 책들이 여러분에게 필요합니다. 반드시 그런 책들을 구하십시오.…

다음으로 말씀드리고 싶은 것은 소유하고 있는 **책들을 완전히 익히라**는 것입니다. 철저하게 읽으십시오. 책의 내용에 흠뻑 젖을 때까지 그 속에 자신을 담그십시오. 읽고 또 읽고 씹어서 소화하십시오. 책의 내용이 모두 여러분 자신의 것이 되도록 하십시오. 좋은 책은 여러 번 정독하고, 기록을 하며 분석하십시오. "개들이 나일 강물을 마시는 것처럼 한다"라는 오랜 금언이 있는데, 스무 권의 책을 대충 훑어보고 넘어가는 것보다 한 권의 책을 철저하게 마스터하는 것이 정신에 훨씬 더 영향력이 있다는 것은 공부하는 학생이라면 금방 이해할 것입니다. 배우는 것은 거의 없이 교만만 느는 것은 성급한 독서 때문입니다. 뇌가 작동하지 않을 때까지 그저 책들이 머리 속에 쌓일 뿐입니다. 어떤 사람들은 많이 읽느라고 묵상은 하지 않아서, 아예 생각할 수 없는 지경이 되기도 합니다.…

책을 읽을 때 "많은 책을 읽으려 하지 말고, 한 권의 책이라도 충분히 읽자!"(much, not many)를 모토로 삼으십시오. 읽을 뿐만 아니라 생각하고, 읽는 것에 비례해서 언제나 생각하십시오. 그러면 여러분의 서재가 초라해도 그리 큰 문제가 되지 않을 것입니다.

저는 여러 해 전에 한 작가가 「쿼털리 리뷰」(Quarterly Review)에 기고한 다음의 글에서 상당히 건강한 정신을 읽을 수 있었습니다.

> 한 끼 저녁 식사 값으로 노점상에서 싸게 구한, 정말 아끼는 단 한 권의 책을 우리에게 주십시오. 손때가 묻고, 책장 모서리가 잔뜩 접히고, 뒷표지가 갈라지고, 모서리가 무뎌지고, 여백에 기록을 하고 낙서를 하고, 더러워지고 구겨지고, 낡고 해지고, 그래서 쉽게 주머니에 들어가고, 난로에 그을려 검게 변하고, 풀잎에 묻은 이슬 때문에 축축해지고 숯에 그을리고, 숲 속에서 꿈꾸고 장작 앞에서 졸면서 처음부터 끝까지 읽고 또 읽은 그런 책이 있다면, 그것을 우리에게 주십시오. 수마일이나 이어지고 배불뚝이처럼 구부러져 있는 [옥스퍼드 대학의] 보들리 도서관(Bodleian)의 책장을 가득 메운 무수한 책들이 아니라, 바로 이 책 한 권과 그것을 물려받은 서너 명의 사람들에 의해 더 많은 결실이 맺혔습니다.

그러나 더 많은 책이 있어야겠다고 생각된다면, 저는 조금 더 현명하게 책을 빌려서 볼 것을 권합니다.… 책을 다시 빌리고 싶다면, 깨끗하게 읽고 즉시 반납하라는 것을 특별히 말씀드리고 싶습니다. 책을 반납하는 일에 대해서 말을 많이 할 필요가 없게 된다면 얼마나 좋겠습니까! 몇 달 전에 있었던 일인 것 같습니다. 어느 목회자를 만나서 이야기를 들었는데, 인간 본성에 대한 저의 견해를 상당히 고무시켰습니다. 그는 개인적으로 아는 사람들 중에 우산을 빌려갔다가 실제로 되돌려준 사람이 세 사람이 있다고 했습니다. 이런 말을 하기가 유감이지만, 저보다는 그 목회자가 더 양식 있는 사람들과 어울린 것 같습니다. 제가 개인적으로 아는 젊은이들 여럿은 책을 빌려갔다가 되돌려주지 않았으니 말입니다.…

이 땅에 책의 기근이 닥친다 해도, 여러분 모두가 가지고 있는 한 권의 책, 바로 여러분의 성경이 있습니다. 마치 물맷돌을 가진 다윗처럼, 성경을 가진 목사는 이미 전투 준비를 끝낸 것입니다. 어느 누구도 성경을 옆에 두고 물을 길을 우물이 없다고 말할 수 없습니다. 성경 안에 완전한 서재가 있고, 성경을 철저하게 연구하는 사람은 알렉산드리아의 도서관을 통째로 삼킨 사람보다 더 훌륭한 학자가 될 수 있습니다. 성경을 이해하는 것이 우리의 야망이 되어야 합니다. 가정주부가 바늘과 친숙하고, 상인이 장부와 친숙하며, 선원이 배와 친숙한 것처럼, 우리도 성경과 친숙해져야 합니다. 성경의 전체적인 흐름을 알아야 하고,

각 권의 내용과 세부적인 역사와 교리와 지침들, 그야말로 성경에 관한 모든 것을 알아야 합니다.…에라스무스(Erasmus)는 히에로니무스에 대해서 언급하며 물었습니다. "히에로니무스처럼 성경 전체를 마음으로 배우고 흡수하고 묵상한 사람이 또 누가 있단 말인가?"…뛰어난 기억력 덕분이기도 했겠지만, 그렇게 되기까지 필요했던 성경 연구가 매우 큰 도움이었을 것임에 틀림없습니다.…

성경은 우리 입에 꿀보다 더 달고, 우리의 "명철함이 노인보다 낫게"(참고. 시 119:100) 해줄 것입니다. 이 영감을 받은 말씀을 지속적으로 연구한다면, 거룩한 소재가 결코 모자라지 않을 것입니다. 정말 그렇습니다. 우리가 성경에서 찾을 수 있는 것은 소재뿐만이 아닙니다. 거기에는 예화들도 있습니다. 성경 자체가 가장 훌륭한 예화집이라고 할 수 있습니다. 여러분이 원하는 것이 일화, 직유, 알레고리 또는 비유라면 성경으로 돌아가십시오. 성경의 진리는 성경의 보고에서 꺼낸 보화들로 장식될 때 가장 아름답게 보입니다. 최근에 저는 열왕기와 역대기를 읽으면서 거기에 완전히 도취되었습니다. 눈을 뜨고 읽으면 그곳에도 시편과 선지서처럼 거룩한 교훈들로 가득합니다. 그래서 암브로시우스(Ambrose)는 "성경의 무한함이 너무나 좋다"라고 말했을 것입니다. 하나님의 책과 관련해서 아우구스티누스의 귀에 들렸던 것과 동일한 음성, 즉 "톨레, 레게"(Tolle, lege: 라틴어로 "집어 들라, 읽으라")라는 말을 저도 듣습니다. 여러분이 어느 한적한 마을에 머물면서 대화를 나눌 사람도 없고 읽을 만한 책도 거의 없을 때, 여호와의 율법을 주야로 읽고 묵상해보십시오. 그러면 여러분은 "시냇가에 심은 나무"(시 1:3)가 될 것입니다. 성경을 여러분의 오른편에 있는 사람으로, 매 순간 동행하는 친구로 삼으십시오. 그러면 하찮은 것들이 갖춰지지 않았다고 해서 여러분의 열악한 처지를 비관하거나 슬퍼하는 일은 없을 것입니다.

제가 진지하게 말씀드리고 싶은 사실은, 성경 연구를 위한 도구가 부족한 사람은 많은 생각으로 극복할 수 있다는 것입니다. 생각하는 것이 책을 소유하는 것보다 더 좋습니다. 생각은 영혼의 훈련과도 같아서, 발전하기도 하고 계발되기도 합니다. 어느 어린 소녀가 영혼이 무엇인지 아느냐는 질문에 대해 "예, 제 영혼은 바로 제 생각입니다"라고 답을 해서 모두가 놀랐다고 합니다. 이 말이 옳다면, 매우 초라한 영혼을 가진 사람들도 있습니다. 생각하지 않고 읽는 것은 마음에 전혀 유익이 되지 않습니다. 오히려 자신이 점점 지혜로워진다는 착각에 빠져 기만을 당하게 될지도 모릅니다.…생각은 연구의 근간입니다. 더 많은 목사들이 생각을 하게 된다면 이 얼마나 큰 축복이겠습니까! 오직 우리가 원하는 사람들은 계시된 하나님의 진리에 대하여 생각하는 사람들이지, 자신의 사상과 감정대로 종교를 진화시키는 몽상가들이 아닙니다. 오늘날 우리는 머리로 서고 발로 생각하는 사람들 때문에 고통을 받고 있습니다. 그들에게 묵상이란 고작 그럴듯하게 공상하는 것일 뿐입니다. 그들은 계시된 진리에 대해서는 생각하지 않고, 자기 자신의 온갖 어지러운 것들을 만들어냅니다. 거기에는 오류와 터무니없음과 우쭐거림이 거의 비슷한 분량으로 있는데, 그들은 이런 묵사발을 "현대 사상"이라고 부릅니다. 우리가 원하는 사람은 올바로 생각하려고 노력하면서도, 하나님의 생각들을 함께 생각하기 때문에 깊이 생각하는 사람입니다. 저는 여러분에게 예배당을 텅 비게 만드는 이 시대의 교만한 사상가들을 본받으라고 결코 말할 수 없습니다. 그들은 교양 있고 지적인 사람들에게 설교한다고 스스로를 칭송합니다. 정말 비참한 위선이 아닐 수 없습니다. 우리가 확실히 믿고 있는 바에 대한 진지한 생각은 이런 것과는 정말 다릅니다. 제가 거듭 권면하는 것이 바로 그런 생각입니다. 개인적으로 저는 메드웨이(Medway) 강가에 있는 오래된 오크나무 아래에서 홀로 보낸 여러 시간들, 여러 날들에서 많은 것을 얻었습니다. 다소 몸이 안 좋아져서 학교를 떠나 있을 때, 저는 상당한 여가를 누릴 수 있었습니다. 아주 좋은 낚시대로 무장해서 작은 물고기들을 잡기도 했고, 공상에 잠겨 한가로이 시간을 보내기도 했으며, 마음속에 궁금한 것들을 생각하기도 하고, 이미 알고 있는 내용들을 되새겨보기도 했습니다. 소년들이 생각하도록 만들려면, 수업 시간은 줄이고 생각할 기회를 더 많이 주는 것이 좋습니다. 학생들이 소화도 시키지 못하는 주입식 교육으로는 살만 찌게 하고 근육은 만들 수 없는데, 이는 육체보다는 정신적으로 더 비참한 일입니다. 성도들의 수가 적으면 여러분에게 도서를 충분히 공급할 수는 없겠지만, 여러분의 시간은 덜 빼앗길 것입니다. 따라서 여러분이 그 시간에 충분히 묵상을 한다면, 책만 많이 가지고 있으면서 조용히 묵상할 여유가 없는 다른 형제들보다 훨씬 더 나을 것입니다.

책이 없는 사람도 눈을 뜨고 있다면 많은 것을 배울 수 있습니다. 현재의 역사, 바로 코앞에서 벌어지는 사건들, 신문에 기록된 일들, 또는 일상적인 대화 주제들, 이 모든 것에서 많이 배울 수 있습니다. 눈으로 보는 것과 보지 않는 것 사이에는 정말 큰 차이가 있습니다. 눈으로 읽을 책이 없다면, 어디를 가든지 눈을 뜨고 바라보십시오. 바라볼 가치가 있는 것을 발견할 것입니다. 자연에서 배울 수는 없습니까? 모든 꽃이 여러분을 가르치기 위해 기다리고 있습니다. "백합화를 생각하여 보고"(눅 12:27), 장미에게 배우십시오. 개미뿐만 아니라 살아 있는 모든 것들이 여러분에게 교훈을 줄 수 있습니다. 모든 회오리바람 속에도 들어야 할 음성이 있고, 그 바람에 날리는 먼지에도 교훈이 있습니다. 아침 햇살을 가득 머금은 모든 풀잎에서 설교가 반짝이고, 나무에서 떨어지는 마른 낙엽처럼 교훈이 여러분 옆으로 날아갑니다. 숲은 도서관이고, 들판은 철학책입니다. 바위는 역사 기록이고, 강은 흘러가는 한 편의 시입니다. 눈을 가진 자들은 눈을 떠서 도처에 있는 지혜의 교훈을 찾으십시오. 위로 하늘에서, 밑으로 땅에서, 그리고 땅 아래 바다에서 교훈을 구하십시오. 이에 비하면 책은 아주 빈약한 것입니다.

더 나아가, 아무리 서재가 초라하더라도 여러분은 자기 자신에 대해서 공부할 수 있습니다. 여러분 자신은 아주 신비로운 책과 같은데, 그 책의 중요한 부분을 여러분은 아직 읽지 않았습니다. 자기 자신을 완전히 알고 있다고 생각하는 사람이 있다면, 그는 스스로를 기만하는 사람입니다. 여러분 자신의 마음이야말로 이 세상에서 가장 어려운 책이기 때문입니다. 언젠가 당혹감에 방황하고 있는 한 사람에게 이렇게 말한 적이 있습니다. "글쎄요. 저는 정말 당신을 이해할 수 없군요. 하지만 괜찮아요. 저는 제 자신도 이해할 수 없으니까요." 저는 정말 그렇게 생각합니다. 여러분 자신의 마음에 있는 갈등과 변화와 독특한 점들을 잘 살펴보고, 여러분이 경험한 이상한 일들에 대해서 주의를 기울이십시오. 마음의 부패와 거룩한 은혜의 역사를, 죄를 지으려는 경향과 거룩에 대한 열망을 모두 보십시오. 마귀와 얼마나 유사한 점이 많은지, 동시에 하나님과 얼마나 가까이 연합해 있는지 살펴보십시오. 하나님이 길을 가르쳐주시면 굉장히 지혜롭게 처신하다가도, 홀로 남겨졌을 때는 얼마나 어리석게 행동하는지 주목하십시오. 다른 사람들의 영혼을 돌보는 사람으로서 자기 자신의 마음에 대해서 연구하는 것이 얼마나 중요한 것인지 알게 될 것입니다. 자신의 경험이야말로 다른 사람들에게 처방해주는 약을 시험하는 실험실이 되어야 합니다. 주님께 가져간다면 여러분의 실패와 실수들을 통해서도 배울 수 있습니다. 죄가 하나도 없는 사람들은 불완전하여 죄를 짓는 사람들을 도무지 이해할 수 없습니다. 주님이 여러분의 영혼을 어떻게 다루시는지 연구하십시오. 그러면 주님이 다른 사람들을 다루시는 방식에 대해서도 더 많이 알게 될 것입니다.

　다른 사람들을 읽으십시오. 그들은 책들처럼 많은 교훈이 됩니다. 너무 가난해서 의학 교재를 살 수 없는 한 젊은 학생이 큰 병원에 간다고 가정해보십시오. 그런 상황이 그 학생에게는 커다란 손해가 될지도 모릅니다. 하지만 날마다 병원을 다니면서 수술이 진행되는 것을 보고 환자들의 증세를 관찰한다면, 그가 유리한 조건에서 공부하는 다른 학생들 못지않게 유능한 외과 의사가 되어도 놀랄 일이 아니라고 저는 확신합니다.…목사는 그가 알아야 하는 많은 것들을 실제 관찰을 통해서 배워야 합니다. 모든 지혜로운 목사들은 병원을 영적으로 둘러보았고, 질문자들과 위선자들과 신앙을 버린 사람들, 절망한 사람들이나 거만한 사람들을 다룬 경험이 있습니다. 다른 조건들이 동등할 경우, 하나님의 일에 대해 실제적이고 건전한 경험을 갖고 다른 사람들의 마음을 살펴보는 사람이 책에서 배운 것만을 알고 있는 사람보다 훨씬 더 유용하게 될 것입니다.…우리는 사람들의 영혼에 대해서 실제적으로 익숙해져야 합니다. 우리가 영혼에 대해서 많이 알면 알수록, 책을 많이 갖지 않은 데서 오는 불편함은 줄어들 것입니다.…

　경험이 많은 성도들에게 배우십시오. 우리 같은 젊은 사역자들이 그런 분들을 통해서 얼마나 깊은 가르침을 받을 수 있는

지요! 하나님의 연약한 백성은 그들에게 임한 주님의 섭리하시는 역사를 잘 드러낼 수 있습니다. 그분의 세우시는 은혜와 자기 언약에 신실하심에 대해 그들이 얼마나 기뻐하는지요! 얼마나 신선한 빛을 그들이 자주 약속들 위에 비추어서, 육적으로 지혜로운 이들에게는 감춰졌지만 순진한 마음의 사람들에게는 분명해진 의미들을 드러내는지요!…

질문하는 사람들로부터 얼마나 많은 것을 배울 수 있는지요! 저는 진리를 구하는 영혼들과 대화하는 가운데, 저 자신의 어리석음에 대해서 굉장히 많이 알게 되었습니다. 가난한 젊은 청년을 구주께로 인도하려고 애를 쓰다가 굉장히 난처한 상황을 겪은 적이 있습니다. 저는 그 친구를 굳게 잡았다고 생각했는데, 그는 불신앙의 간교한 솜씨로 계속해서 저를 속였습니다. 가끔은 정말 근심 가운데 질문을 하는 사람들이 정교한 기술로 소망을 대적하여 싸우는 것을 보고 놀라게 됩니다. 그들의 논쟁은 끝이 없고, 그들의 어려움도 셀 수 없이 많습니다. 그들은 계속해서 우리를 당혹스럽게 만듭니다. 마침내 하나님의 은혜로 그들을 빛 가운데로 인도할 수 있기 전에, 먼저 우리 자신의 무능함을 직시해야 합니다. 불신앙에서 비롯되는 이상한 심술궂음, 낙심한 사람들이 자기 감정이나 성경의 진술들을 근거로 제시하는 독특한 논리 속에서 여러분은 큰 교훈을 발견할 것입니다. 목회를 위한 실제적인 훈련을 위해서라면, 교실에서 최고의 강의를 일주일 동안 듣는 것보다 차라리 정신적으로 낙담한 가운데 신앙에 대해 많은 궁금증을 가진 사람들과 한 시간 동안 대화를 나누는 것이 더 좋다고 저는 생각합니다.

한 번 더 말씀드립니다. 임종의 자리에 많이 참석하십시오. 그 자리는 정말 밝게 비춰진 책과 같습니다. 바로 그곳에서 여러분은 신앙의 정수를 읽고, 그 안에 있는 비밀에 대해서 배우게 될 것입니다. 얼마나 비싼 보석들이 요단 강의 파도에 씻기는지요! 얼마나 아름다운 꽃들이 그 제방에서 피어나는지요! 영광의 땅에서 영원한 생수가 높이 솟고, 작은 물방울들이 흩날려 시내로 흘러갑니다. 저는 겸손한 사람들이 임종의 순간에 마치 영감을 받은 사람처럼 불가사의한 말을 하면서 하늘의 영광으로 환하게 빛나는 것을 본 적이 있습니다. 이런 것들은 해 아래에 있는 그 누구로부터 배운 것이 아닙니다. 분명 새 예루살렘 가까이에 앉아 있는 동안 들었을 것들입니다. 그들이 고통과 연약함 가운데 있을 때, 하나님이 그 귀에 대고 속삭이십니다. 그러면 그들은 성령이 드러내신 것들 중 일부를 우리에게 말해주는 것입니다.…

이 주제에 대해서 충분히 말씀드린 것 같습니다. 여러분이 더 많은 것을 원하신다면, 바로 지금이 청중이 지루해할 때보다는 여전히 갈망하고 있을 때 돌려보내는 것이 더 좋다는 어느 현인의 말을 제가 기억해야 할 때입니다. 그러므로, 안녕히 가십시오!

15
감은 눈과 닫은 귀
The Blind Eye and the Deaf Ear

저는 종종 목사는 한쪽 눈을 감고 한쪽 귀를 닫아야 한다고 말했는데, 몇몇 형제들이 호기심을 갖고 이에 대한 설명을 부탁했습니다. 그 형제들이 보기에, 그리고 제가 보기에도 더 잘 보이고 더 잘 들릴수록 좋을 텐데 말입니다. 이 말이 다소 이해하기 힘들기 때문에, 이제 여러분은 해석을 해야 합니다.

제가 의미하는 바의 한 부분을 솔로몬은 전도서 7장 21절에서 단순한 언어로 표현했습니다. "또한 사람들이 하는 모든 말에 네 마음을 두지 말라 그리하면 네 종이 너를 저주하는 것을 듣지 아니하리라." 다른 사본은 "너의 마음을 말해진 모든 것에 주지 말라"라고 합니다. 사람들이 하는 모든 말을 마음에 담거나 그 말이 무거운 짐이 되지 않게 하며, 그것들을 의식하거나 들은 것처럼 행동하지도 말라는 것입니다. 여러분이 사람들의 혀를 멈추게 할 수 없으니, 귀를 닫고서 그들이 하는 말에 전혀 마음을 쓰지 않는 것이 최선입니다. 이 세상에는 쓸데없는 잡담이 참 많은데, 그것에 대해 일일이 신경을 쓰는 사람은 다른 일을 할 수 없습니다. 그런 사람은 함께 사는 사람들조차도 자신에 대해서 항상 좋게 말하지는 않는다는 사실을 알게 될 것입니다. 주인이 자기 종들을 기분 나쁘게 한다면 그들이 아무리 충성스런 종들이라 하더라도 순간의 화를 참지 못하고 맹렬한 말을 쏟아낼 텐데, 그런 말은 듣지 않는 것이 차라리 더 낫습니다. 순간적인 분노 때문에 다른 사람에 대해서 안 좋은 말을 한 후에 후회하지 않은 사람이 어디에 있겠습니까? 정말 관대한 사람들은 순간적으로 내뱉은 격정적인 말에 대해서 마치 전혀 듣지 않은 것처럼 대합니다. 어떤 사람이 몹시 화난 상태라면, 쓸데없는 분쟁에 휘말리기 전에 그에게서 멀리 떨어져서 논쟁을 피하는 것이 현명합니다. 어쩔 수 없이 그런 성급한 말을 들었다면, 기억에서 지우도록 애쓰면서 다윗과 같이 "나는 못 듣는 자 같이 듣지 아니하고…나는 듣지 못하는 자 같아서 내 입에는 반박할 말이 없나이다"(시 38:13, 14)라고 말해야 합니다.…마을에 떠도는 소문이나 화난 친구의 경솔한 말에 대해서 우리가 할 수 있는 말은 이것입니다. 그런 말들은 듣지 마십시오! 여러분도 쓸데없이 화가 난 상태에서 그런 말들을 할 수 있기 때문입니다. 만일 내뱉은 모든 말에 대해서 책임을 묻는다면, 비록 가장 친한 친구에게 말한 것이라도 여러분을 매우 난처하게 할 것입니다.…

좀더 확대해서 말씀드린다면, 목회를 시작할 때 여러분의 마음이 깨끗한 종이인 상태로 시작할 수 있도록, 교회에 남아 있을지도 모르는 오랜 불화들에 대해서 눈과 귀를 닫으십시오. 여러분이 목회의 길로 들어서면, 가정의 불화나 교회의 분쟁에서 여러분이 자기편이 되기를 간절히 바라는 사람들이 기다리고 있습니다. 이런 사람들에게 눈과 귀를 닫고, 지나간 것은 이미 지나간 것일 뿐임을 그들이 분명히 알게 하십시오. 그리고 여러분이 전임자의 찬장을 물려받지 않은 것처럼, 그의 식은 고기도 먹지 않을 것임을 분명히 하십시오. 만약 극악한 부정이 있었다면 그것을 올바로 잡는 일에 힘쓰십시오. 하지만 단순한 반목에 불과하다면 다투기 좋아하는 당사자들에게 그것을 멈추도록 명하고, 여러분은 그 일에 전혀 관여하지 않을 것임을 분명하게 말하십시오.…당파와 파벌들에 대해서는 알려고 하지 말고, 모든 양 떼들의 목회자가 되어 모두를 똑같이 보살피십시오. 화평케 하는 자는 복이 있다고 했습니다. 화평케 하는 가장 확실한 방법은 분쟁의 불길을 그냥 내버려두는 것입니다. 부채질하지도 말고 휘젓지도 말고 기름을 붓지도 말고, 그냥 스스로 없어지도록 내버려두십시오. 한쪽 눈을 감고, 한쪽 귀를 닫고서 목회를 시작하십시오.…

교회 내의 소문들과 관련해서는 눈을 감고 귀를 닫는 것이 정말 좋습니다. 어느 교회든 마을이나 가정에서처럼 차를 마시면서 신랄하게 떠들어대는 사람들이 있기 마련입니다. 그런 말들은 결코 가만히 있지 않고, 경건하고 실천적인 사람들 주변을 맴돌면서 몹시 괴롭힙니다. 끊임없이 움직이는 것을 찾을 필요가 없습니다. 사람들의 혀만 보면 됩니다. 차를 마시는 모임이나 여전도회나 기타 다른 모임에서 사람들은 이웃 사람의 성격에 대해서 가혹한 비판을 일삼으며, 당연히 목사와 사모와 자녀들, 목사 사모의 장신구와 목사 딸의 옷에 대해서 칼을 들이대고, 지난 6개월 동안 그들이 머리 끈을 몇 개나 새로 샀는지에 대해서 등등 한도 끝도 없습니다.…사람들이 떠들도록 내버려두고, 결코 그 말을 듣지 마십시오. 하지만 한 사람에 대해서 너무 말을 많이 한 나머지 상황이 심각하게 돌아간다면, 그들을 불러서 진지하게 말하는 것이 좋습니다. 여러분은 사실을 분명하게 알아야 할 책임이 있고, 기억력이 별로 좋지 않으며, 생각해야 할 다른 많은 문제가 있고, 그런 일들에 대해서 실수하지 않도록 언제나 애를 쓰고 있다고 하십시오. 그렇기 때문에 말하고 싶은 것을 글로 잘 정리해주면 상황을 더 잘 이해할 수 있고, 그 문제에 대해서 더 숙고해보겠다고 말하십시오. 그러면 사람들은 그렇게 하지 않을 것입니다. 사람들은 아무렇게나 이야기하는 것을 좋아하면서도, 그것을 명확하게 하고 분명하게 밝히는 것은 굉장히 싫어하기 때문입니다.

저는 우리가 어떤 과정을 통해서든지 항간에 떠도는 소문을 잠재울 수 있다면 좋겠습니다. 하지만 인류가 지금 있는 그대로 존재하는 한, 그런 일은 일어나지 않을 것입니다.…고치지 못할 것은 참는 수밖에 없습니다. 참는 가장 좋은 방법은 아예 듣지 않는 것입니다. 한 오래된 성에 옛 주인이 새겨놓은 다음과 같은 글귀가 있습니다.

사람들이 말한다.
그들이 뭐라고 하는가?
그냥 말하도록 내버려두자.

다른 사람들의 말에 민감한 사람은 이 말을 가슴 깊이 새겨야 할 것입니다.…

소문을 퍼뜨리는 일에 무엇보다 여러분 스스로가 가담하지 말고, 여러분의 아내에게도 그런 일을 하지 말도록 일러두십시오. 어떤 사람들은 너무 말이 많아서, 웅변을 배우기 위해 소크라테스를 찾아온 한 젊은이를 상기시킵니다. 그는 철학자에게 인사한 후 쉬지 않고 말을 했는데, 소크라테스가 두 배의 수업료를 요구했습니다. 그 젊은이는 "왜 두 배를 내라고 하십니까?"라고 물었고, 소크라테스는 이렇게 답했다고 합니다. "자네에게 두 가지 기술을 가르쳐야 하기 때문이지. 하나는 자네의 혀를 묶어두는 기술이고, 다른 하나는 말하는 기술이네." 첫 번째 기술이 훨씬 더 어렵지만, 그것에 능숙하게 되는 것을 목표로 삼으십시오. 그렇지 않으면 큰 어려움을 겪고, 끝없이 문제를 일으키게 될 것입니다.

사람들에게 상처를 주는 모든 의심을 여러분의 마음을 다해서 피하고, 혹시라도 불쾌한 추론을 하게 할 수 있는 모든 일들에 대해서 눈을 감고 귀를 닫으십시오. 의심은 자신에게 고통을 줄 뿐만 아니라, 다른 사람들도 못 믿게 합니다. 일단 의심을 하기 시작하면 불신의 요소들이 계속 생기고, 결국 여러분의 그 의심이야말로 불신의 주된 원인이 됩니다. 의심 때문에 친구에서 원수로 변한 사람들이 얼마나 많은지 모릅니다. 그러므로 불신의 눈으로 사람들을 봐서도, 쓸데없는 말에 귀를 기울여서도 안 됩니다.…다른 사람들을 사랑하는 데 도움이 되는 것을 찾으려는 것이 아니라면, 더 이상 묻지 않는 게 더 좋습니다. 앞으로 분쟁의 세월이 시작되게 할 것을 드러낼 수 있기 때문입니다. 물론 저는 지금 훈육이 필요한 사안들에 대해 말하는 것이 아닙니다. 그런 것들은 철저하게 밝히고 담대하게 처리해야 합니다. 제가 지금 말씀드리고 있는 것은, 여러분을 주로 괴롭히는 개인적인 문제들에 대한 것입니다. 여러분에 관해 말하는 내용에 대해서는, 친구든 적이든 모르거나 알려고 하지 않는 게 가장 좋습니다. 우리를 칭찬하는 사람은 우리를 공격하는 사람만큼 오해하는 것일 수 있고, 사람의 판단 때문에 어떤 사람을 반대자로 여기는 것일 수도 있습니다. 우리가 하나님의 인정을 받고 그것을 깨끗한 양심으로 확증하고 있다면, 사람들이 우리를 칭찬하든지 비방하든지 무관심할 수 있습니다. 이런 경지에 이르지 못한다면, 우리는 장성한 사람이 아니라 단지 어린아이에 불과한 것입니다.

어떤 사람들은 유치하게도 다른 친구들이 자기를 어떻게 생각하는지 알고 싶어서 안달입니다. 그러다가 조금이라도 자기에 대해 부정적이거나 비판하는 내용을 들으면 그 사람을 당장 원수로 여깁니다. 우리는 교황이 아니기 때문에 당연히 청중이 우리를 무오한(infallible) 존재로 여겨주기를 바라지 않습니다. 정말 공정하고 합리적인 평가에 대해서 분노하고, 정직한 친구를 마치 흠집 내기를 즐기는 반대자로 간주하는 사람들을 종종 봅니다. 한편에서의 이런 오해는 다른 편에 분노를 야기시켜서 결국 분쟁으로 이어집니다. 그러니 온화한 인내야말로 얼마나 더 좋은 것입니까! 여러분은 비판을 참을 수 있어야 합니다. 그렇지 않으면 여러분은 교인들을 앞에서 이끌기에 적합하지 않습니다. 나아가 여러분을 비판하는 사람들을 도무지 살려둘 수 없는 대적으로 간주해서도 안 됩니다. 그렇지 않으면 자신이 소인배에 불과하다는 것을 여러분 스스로 입증하는 꼴이 됩니다. 적나라하게 비판하는 것을 자신의 의무라고 생각하는 사람들이 여러분을 비판할 때, 오히려 그들을 두 배나 더 친절하게 대하십시오. 그것이 현명한 것입니다. 어쩌면 그는 정직한 사람이고, 그렇게 대접받을 자격이 있는 사람일 테니 말입니다. 초기에 여러분을 목회자로 적합하게 여기지 않던 사람들도, 여러분이 은혜 안에서 성장하고 목회를 위한 자질을 갖추어가는 것을 보면서 가장 든든한 후원자가 될지도 모릅니다. 그러므로 의심을 솔직하게 표현한다고 해서 그를 대적으로 여기지 마십시오. 그 사람의 염려가 아주 근거 없지 않다는 것을 여러분이 더 잘 알지 않습니까? 너무 지나친 비판이라고 생각되는 것에 대해서는 귀를 닫고, 설교를 더 잘 하는 일에 정진하십시오.…

저도 저에 대해 어떤 불만이 있다는 것을 알았을 때 어쩔 수 없는 경우가 아니라면 그에 대해 의식하지 않으려고 했고, 오히려 반대로 저를 대적하는 사람들을 향해서 더욱 예의 바르고 친절하게 대했습니다. 그랬더니 더 이상 그 문제가 제기되지 않았습니다. 만약 제가 그렇게 선량한 사람을 적으로 취급했다면, 그 역시 저의 반대자로서 자신에게 맡겨진 소임에 최선을 다했을 것입니다. 하지만 저는 그가 그리스도인이라고 생각했고, 그가 적절하다고 느끼면 저를 싫어할 권리가 그에게 있다고 생각했습니다. 나아가 그가 저를 정말 싫어한다고 하더라도, 그것이 그가 불친절하다는 의미는 아닙니다. 그래서 저는 그 사람을 대할 때, 비록 나의 친구는 아닐지라도 주님의 친구로 생각하고 대했습니다. 그리고 그에게 일을 맡겨서 제가 그를 신뢰하고 있다는 것을 은근히 알려주고, 그가 편안하게 느끼도록 했습니다. 그랬더니 점점 그의 마음을 얻게 되었고, 저의 동료일 뿐만 아니라 가까운 친구도 되었습니다.…어떤 형제가 한번 심하게 여러분을 비판했어도, 그가 그 일을 기억하게 하지 마십시오. 그 형제가 조금 더 편안해 보인다면, 괜히 과거의 아픈 경험을 들추지 마십시오. 만약 그가 올바른 정신을 가진 사람이라면 자신을 이처럼 관대하게 대한 목사를 앞으로는 결코 괴롭히지 않을 것이고, 전혀 교양이 없는 사람이라면 그 사람과 논쟁을 해도 아무런 소용이 없습니다.…

의심하는 삶을 사는 것보다 백 번 속임을 당하는 것이 훨씬 더 낫습니다. 그것은 정말 참을 수 없는 일입니다. 자기를 대적하여 음모가 꾸며지고 있고 자기의 약점들이 널리 알려지고 있다고 믿는 목사는 한밤중에 떨어지는 낙엽 소리에도 도둑이 들었다고 생각하며 침실을 살펴보는 구두쇠와 마찬가지로 비참합니다.…의심은 단지 불안의 근원일 뿐만 아니라 도덕적인 악행이고, 그것을 품은 사람의 성품을 해롭게 합니다. 의심은 왕들이 폭정을 하게 하고, 남편이 질투하게 하며, 목사가 쓰라린 고통을 맛보게 합니다. 그런 고통이 마음에 있으면 목회적 관계에 있던 모든 긴밀한 유대감이 사라지고, 부식시키는 산(酸)처럼 목회 사역을 좀먹을 것입니다. 그래서 결국 목회를 복이 아니라 저주가 되게 합니다. 한번 이 끔찍한 악이 목사의 가슴 속에 있는 인간적인 친절함이라는 젖을 마르게 하면, 그는 목회보다 수사관의 일에 더 적합하게 됩니다. 그는 거미처럼 자기의 줄을 치기 시작하고 이리저리 흔들리는 망을 만들어서, 심지어는 아주 작은 벌레에 이르기까지 그에게 접근하는 모든 것에 대해 경계합니다. 그는 거미줄의 한가운데 앉아서 모든 감각과 신경을 곤두세우고 쓰라린 상처를 안고 흥분한 상태로, 불타는 장작을 자기에게 끌어오면서 마치 희생하는 순교자처럼 결국 불에 타서 죽게 될까 걱정하고 있습니다. 아무리 신실한 친구라도 그런 상황에서는 안전할 수 없습니다. 정말 조심해서 그런 공격을 피하더라도 그런 사람의 불신에서 제외되는 것은 아니며, 오히려 교활하고 비겁한 사람으로 생각될 것입니다.…

형제 여러분, 자기 자신에 대한 사랑을 부인함으로써 이런 악행을 피하십시오. 사람들이 여러분에 대해 어떻게 말하고 생각하는지는 사소한 문제로 여기고, 그들이 주님을 어떻게 대하는지에 대해서만 주의를 기울이십시오. 여러분이 천성적으로 그런 문제들에 대해 민감하다면, 여러분도 그 연약함에 빠지지 말고 다른 사람들도 그 부분을 가지고 장난치지 못하게 하십시오. 만일 교인들이 여러분에 대해서 말하는 모든 정보를 수집하기 위해 돈을 써가면서까지 스파이를 고용한다면, 그것이야말로 여러분의 직분을 크게 손상시키는 것이 아니겠습니까? 만일 참견하기 좋아하는 사람들이 교회의 모든 풍문을 여러분에게 보고하는 것을 묵인한다면, 마찬가지로 여러분의 직분을 비참하게 만드는 것입니다. 그런 사람들을 멀리하십시오. 그렇게 이간질과 잡담을 좋아하면서 분쟁을 야기하는 심부름꾼들을 혐오해야 합니다. 그런 사람들은 여러분의 가정과 관련된 온갖 소문과 여러분의 입에서 나오는 모든 말을 사람들에게 퍼뜨릴 뿐만 아니라, 자기 마음대로 포장해서 말을 지어내기도 합니다. 도둑질한 물건을 받는 사람과 도둑질한 사람이 똑같이 범죄를 저지른 것처럼, 소문을 듣는 사람도 그런 악행에 똑같이 참여한 것임을 기억하십시오. 들어주는 사람이 없다면 말을 만들어 퍼뜨리는 사람들도 없을 것입니다. 수요가 공급을 창출한다는 것은 당연한 이치입니다. 그러므로 여러분이 나쁜 상품을 구매한다면 이 수요가 공급을 창출하고, 거짓을 만들어내는 공장은 온종일 가동될 것입니다. 거짓말을 지어내고 싶은 사람은 없습니다. 다만 비방과 모략을 즐겁게 듣고 기꺼이 믿는 사람은 자신과 같은 부류의 사람들을 만들어낼 것입니다.…

형제에 대한 신뢰가 없는 사람들의 말을 믿지 않는 법을 배우십시오. 다른 사람을 의심하게 만드는 사람들을 의심하십시오.…

여러분에 대한 것이 아닌 말은 결코 듣지 않는 지혜에 대해서 한두 마디 덧붙일 필요가 있겠습니다. 몰래 엿듣는 사람은 비열한 사람이며, 밀고자보다 나을 것이 없습니다. 어쩌다가 우연히 듣게 되었다고 말하는 사람은 마땅히 들었어야 했을 내용을 넘어서 그 이상을 들은 것으로 간주할 수 있습니다.…

듣는 사람들은 자신에 대한 좋은 말은 거의 듣지 못한다는 흔한 금언이 있습니다. 남의 말을 몰래 엿듣는 것도 일종의 절도라고 할 수 있지만, 이때 훔친 것들은 결코 도둑에게 유익이 되지 않습니다. 은밀한 방식으로 얻은 정보는 유익하기보다는 오히려 더 해로운 것입니다.…은혜와 평화가 우리의 사명입니다. 우리는 정죄하는 증거를 탐문하는 검사들이 아니라, 사랑으로 허다한 허물을 덮어주는 친구들입니다.…

여러분 자신에 대한 의견이나 소문에 대해서도 눈을 감고 귀를 닫는 것을 원칙으로 삼으십시오. 공인이라면 공개적인 비판을 감수해야 합니다. 대중이 무오하다고 볼 수는 없기 때문에, 공인은 공정하지도 않고 즐겁지도 않은 방식으로 비판받을 수 있다는 것을 예상해야 합니다. 정직하고 공정한 평가에 대해서는 마땅히 충분한 주의를 기울여야 합니다. 하지만 편견으로 가득한 신랄한 비판, 유행을 따르는 사람들의 경박한 흠집 내기, 무지한 자들의 어리석은 말들, 반대자들의 격렬한 협박과 같은 것에 대해서는 귀를 닫아버리는 것이 훨씬 더 안전합니다. 우리가 증언으로 사람들이 잘 짓는 죄악들에 대해서 정죄하는데도, 그들이 우리를 인정하리라고 기대할 수는 없습니다. 만약 그들이 우리를 칭찬한다면 우리가 목표를 이루지 못했다는 것을 보여줄 뿐입니다. 우리는 본성적으로 교인들로부터 인정받고 싶어 합니다. 그런데 그들이 우리를 크게 존경하지 않는 것을 보여주는 말을 할 때, 화를 내지는 않더라도 매우 실망하려는 유혹을 받습니다. 바로 여기에 함정이 있는 것입니다.… 만약 성도들이 여러분의 의견에 동의한다면, 그것은 여러분의 한심한 허영심만을 부추길 뿐입니다. 만약 성도들이 여러분과 다르게 생각한다면, 그들의 칭찬을 듣고 싶어하는 여러분은 상처를 받을 것입니다. 어떤 경우든 모두 여러분 자신에 대한 것이고, 걱정하기에는 한심한 일입니다. 장성한 사람에게 어울리게 행동하고, 어린 아이가 새 옷을 차려 입고 "내 멋진 외투를 보라!"라고 말하면서 사람들의 칭찬을 구하는 것처럼 해서 여러분 자신의 품위를 떨어뜨리지 마십시오. 아첨하는 말은 유쾌한 만큼 해롭다는 것을 이제는 알게 되지 않았습니까? 그것은 마음을 나약하게 할 뿐만 아니라, 비방하는 말에 대해 더욱 민감하게 합니다. 칭찬이 여러분을 기쁘게 하는 만큼, 비난은 여러분을 고통스럽게 할 것입니다. 게다가 여러분의 보잘것없는 자아에 대한 사소한 관심 때문에 주 예수를 영화롭게 하는 위대한 목표를 포기하는 것은 범죄입니다. 다른 이유가 전혀 없다고 하더라도, 이 자체가 여러분에게 매우 심각한 문제이어야 합니다. 교만은 치명적인 죄이며, 더 빠르게 자라게 하려고 굳이 살수차를 동원하지 않아도 잘 자라납니다. 여러분의 허영심을 부추기는 표현들은 잊으십시오. 허영을 조금이라도 즐기는 모습을 여러분에게서 발견하면, 겸손한 마음으로 그 죄를 고백하십시오.…종이 부당하게 높여지는 것을 볼 때 선하신 하나님이 그에게 은밀한 채찍을 가하신다는 것을 저는 잘 알고 있습니다. 그렇기 때문에 가장 친절한 친구들일지라도 그들의 칭찬을 들어서 여러분의 육체를 만족시키려고 해서는 안 된다는 것을 진정으로 엄숙히 경고합니다. 그들은 분별력이 없기 때문에, 여러분이 그들에게 주의해야 합니다.

매주 가차없이 비판할 분별력이 있는 친구 하나가 수천 명의 무분별한 추종자들보다 여러분에게 훨씬 더 큰 복이 될 것입니다. 여러분에게 그 친구의 비판을 감내할 수 있는 충분한 지각과, 그것에 대해서 감사할 수 있을 만큼 충분한 은혜가 있다면 말입니다. 제가 서리 가든즈(Surrey Gardens)에서 설교하고 있었을 때, 어떤 유능한 비평자가 매주 저의 잘못된 발음을 비롯해서 다른 실수들에 대해 목록을 만들어서 제게 보내주었습니다. 그는 결코 이름을 밝히지 않았는데, 그것이 그분에 대해서 제가 가진 유일한 불만이었습니다. 제가 그분에게 진 큰 빚에 대해서 감사의 인사를 할 수 없었기 때문입니다. 이 기회를 빌어서 그분에게 진 빚을 고백하려고 합니다. 그분은 매우 친근한 방식으로, 그리고 저에게 유익을 주고자 하는 분명한 열정으로 제가 부정확하게 말한 모든 것을 빠짐없이 적어주었습니다. 이런 지적 중에는 그가 잘못 알고 있는 부분도 있었지만, 대부분의 경우는 그의 말이 옳았습니다. 그의 지적 덕분에 저는 많은 실수를 깨닫고, 다시는 그런 실수를 저지르지 않을 수 있었습니다. 매주 보내주는 그의 메모를 저는 큰 기대감을 갖고 기다렸습니다. 그 덕분에 훨씬 나아질 수 있었다고 저는 생각합니다. 간혹 제가 두세 주 전에 사용한 문장을 반복한 경우에, 그는 "설교에서 동일한 표현을 주의하십시오"라고 하면서 숫자와 페이지를 언급했습니다. 한번은 제가 너무 자주 "빈 손 들고 앞에 가"(Nothing in my hands I bring, 토플레디가 작사한 찬송가 "만세 반석 열리니"의 3절 첫 소절이다-편집자주)라는 구절을 인용했다고 하면서, "우리는 당신의 손에 정말 아무것도 없다는 것을 충분히 알았습니다"라고 덧붙였습니다.…솔직하고 정직한 판단은 돈으로도 살 수 없습니다. 그러므로 공짜로 그것을 얻을 때 최대한 활용합시다. 물론 자격 없는 사람의 판단은 가장 나쁜 것입니다. 어리석고 경솔한 비판은 우리를 괴롭히기만 하기 때문에, 그런 말들에 대해서는 눈을 감고 귀를 닫는 것이 좋습니다.

여러분에 대한 거짓 소문들에 대해서는 대체로 귀를 닫아버리십시오. 불행하게도 거짓말쟁이들이 아직 멸종되지 않았습니다. 그들은 여러분이 그렇게 혐오하는 범죄를 저질렀다고 여러분을 기소할지도 모릅니다. 그것 때문에 비틀거리지 마십시오. 이런 시험은 정말 최고의 사람들에게도 닥치는 것이며, 심지어 우리 주님도 독을 담고 있는 거짓 혀를 피하지 않으셨습니다. 대부분의 경우 그런 것들은 자연스럽게 죽어 없어지도록 하는 게 가장 현명합니다. 엄청난 거짓말은 마치 물 밖에 있는 큰 물고기와 같아서, 알아차리지 못했더라도 이리저리 부딪히고 뒤집히고 퍼덕거리다가 이내 죽음에 이르고 맙니다. 그런 것에 반응하는 것은 오히려 더 오래 살 수 있도록 힘을 공급해주는 것입니다. 거짓은 대개 자기 주변에 스스로의 반증을 지니고 있어서, 자기 스스로 그것에 찔려서 죽습니다. 어떤 거짓말은 특히 굉장히 이상한 냄새를 갖고 있어서 정직한 코에 그 부패함을 곧 드러냅니다. 여러분이 방해를 받는다면, 그런 것들의 목표가 일부 달성된 것입니다. 하지만 조용히 참고 견딘다면 악의를 실망시켜서 부분적이나마 승리를 얻고, 여러분을 돌보시는 하나님이 그것을 곧 완전한 구원으로 바꾸실 것입니다. 흠이 없는 여러분의 삶이야말로 최고의 방어가 될 것입니다. 그래서 그것을 본 사람들은 여러분을 비방하는 사람들이 원하는 것처럼 여러분이 정죄받는 것을 쉽게 허락하지 않을 것입니다. 다만 여러분이 스스로 싸우는 것은 피하십시오. 그러면 여러분을 비방하던 자들은 십중팔구 자신의 악의로 인해 아무것도 얻지 못한 채 스스로 분하게 여기며, 다른 사람들로부터도 멸시를 당하게 될 것입니다. 비방하는 자들을 고소하는 것은 정말 지혜롭지 못한 일입니다. 그리스도가 사랑하시는 종 하나를 기억하는데, 그는 젊은 시절 매우 예민한 사람이었습니다. 한번은 거짓으로 기소를 당하자 그 사람에 대해서 소송을 제기했습니다. 거짓으로 기소를 한 사람이 사과를 해서 모든 혐의가 벗겨졌고 그것으로 충분했지만, 그는 이 사건을 신문에 실을 것을 요구했습니다. 그 결과는 그의 처사가 얼마나 지혜 없는 것이었는지를 여실히 드러내었습니다. 명예 훼손에 대해서 들어보지 못한 수많은 사람들이 무슨 일이 일어난 것인지를 묻고 그 사건에 대해서 이런저런 말들을 했는데, 대개는 그 사람이 어떤 경솔한 행동을 했기 때문에 고소된 것이 아닌가 하는 평가를 받은 것입니다.…우리는 마귀와 그 졸개들의 표적이 되기에 아주 좋은 위치에 서 있기 때문에, 침묵함으로써 우리의 결백을 옹호하고 우리의 명성은 하나님께 맡기는 것이 우리가 할 수 있는 최고의 처신입니다. 하지만 이런 일반적인 원칙에도 예외가 있습니다. 분명하고도 명확한 공개적인 비난이 목사에게 제기되면, 그는 반드시 가장 명확하고 투명한 방식으로 답변해야 합니다. 모든 의혹에 대해 답변을 거부하는 것은 실제적으로 자신의 유죄를 인정하는 것과도 같습니다. 대개의 경우 일반 대중들은 답변을 거부하는 것을 유죄의 증거로 간주하기 마련입니다.…어떤 경우든지, 비방하는 자들을 어떻게 다룰지에 대해서 주님의 도움을 구해야 합니다. 그러면 문제에 대해서 결백은 입증되고, 거짓은 유죄 선고를 받을 것입니다.…

형제 여러분, 우리가 눈을 감고 귀를 닫는 것은 **다른 교회와 다른 목사들과** 관련해서도 여러분에게 유익이 될 것입니다. 저는 한 형제가 다른 사람들의 일에 참견하다가 혼쭐날 때 언제나 고소함을 느낍니다. 자기 일에나 신경을 쓰지, 왜 다른 사람의 교구에까지 참견을 하는지 모르겠습니다. 저는 여러 교회의 교인들로부터 자기 교회의 문제에 대해서 중재해달라는 부탁을 종종 받습니다. 하지만 그들이 권위를 갖고 와서 저를 공식적인 중재자로 임명하지 않는 한, 저는 그 부탁을 거절합니다.…우리 교회들에서 일어나는 내부적인 갈등은 마치 남녀 사이의 다툼과도 같습니다. 상황이 악화되어 크게 싸우게 될 때, 그 둘을 중재하는 사람은 격렬한 싸움의 희생양이 될 것입니다.…

더러운 옷은 집에서 빨라는 속담을 우리는 잘 압니다. 저는 여기에 또 한 줄을 덧붙여서 말씀드리겠습니다. 이웃의 빨래가 비누 거품 속에 있을 때는 그 이웃에게 전화하지 마십시오. 이것이야말로 우리 친구들에게 마땅한 처사요, 평화를 증진시키는 데 최고의 방편이 될 것입니다.…자기들이 야기하고 있는 불행에 대해서는 전혀 모르는 외부의 목사들이 한 교회 안에 있는 사소한 불화에 부채질해서 오히려 큰 불이 되는 경우가 얼마나 많은지 모릅니다.…한 가지 조언을 드린다면, "아무것도 알려고 하지 마십시오." 그리고 양쪽의 이야기를 다 듣기 전에는 어떤 문제에 대해서 일절 말하지 마십시오. 게다가 그 문제가 우리의 소관이 아닌 경우에는, 이편이나 저편의 이야기를 아예 듣지 않는 것이 가장 좋습니다.

제가 한쪽 눈을 감고 한쪽 귀를 닫고 있다고 한 것, 그리고 한쪽을 감은 눈과 한쪽을 닫은 귀가 제가 가진 최고의 눈과 귀라는 것이 이 정도면 충분히 설명되지 않았나요?

16
목회자의 건강과 목회
The Minister's Fainting Fits

…강한 자가 항상 기운찬 것은 아니고, 지혜로운 자가 항상 준비되어 있는 것도 아니며, 용감한 자가 항상 용맹스러운 것도 아니고, 기뻐하는 자가 항상 행복한 것도 아닙니다.…

비록 모든 목사에게는 아니라고 하더라도, 대부분의 목사에게 두려운 침체의 시기가 찾아온다는 사실은 굳이 위대한 목사들의 전기를 인용하지 않아도 쉽게 입증할 수 있습니다. 루터의 삶만 살펴보아도 수천 가지 사례가 등장합니다. 그는 결코 연약한 사람이 아니었는데도 말입니다. 그의 위대한 정신은 종종 환희의 칠층천(七層天)에도 있었지만, 때로는 절망의 경계에 머물러 있기도 했습니다.…온갖 사례를 나열하는 대신, 이런 일들이 허용되는 이유에 대해서 숙고해보도록 하겠습니다. 빛의 자녀들이 왜 캄캄한 어둠 속을 걷게 됩니까? 새벽을 깨우는 사자들이

도대체 왜 어두운 밤 가운데 거하게 될까요?…

　우리가 때때로 중압감에 빠지는 것은 불가피한 일입니다. 선한 사람들에게는 이 땅에서의 환난이 약속되어 있는데, 목사들의 경우 다른 사람보다 더 큰 환난의 몫을 담당하기도 합니다. 고통당하는 주의 백성과 공감하는 법을 배워서, 고통받는 양 떼들에게 합당한 목자가 되기 위해서 말입니다. 육체를 떠난 영들이 말씀을 선포하도록 보냄을 받을 수 있었겠지만, 그들은 이 육체 가운데 신음하며 무거운 짐을 지고 있는 사람들의 심정에까지 이를 수 없었을 것입니다. 천사들도 복음 전도자로 임명 받을 수 있었겠지만, 하늘에 속한 그들의 속성 때문에 무지한 자들에 대한 동정심을 가질 자격이 없었을 것입니다. 대리석을 재료로 사람을 만들어 복음을 전하게 할 수 있었겠지만, 그들은 감정과 감각이 없기 때문에 오히려 우리의 연약함에 대한 비웃음과 우리의 부족함을 흉내 낸 것에 불과했을 것입니다. 모든 지혜에 뛰어나신 하나님이 사람들을, 즉 모든 감정의 지배를 받는 사람들을 은혜의 그릇으로 선택하셨습니다. 그렇기 때문에 이런 눈물이 있고, 이렇게 당혹스럽고 넘어지는 일들이 있는 것입니다.

　게다가 우리 대부분은 이런저런 면에서 육체적으로 건강하지 않습니다. 물론 아파서 하루 종일 누워본 기억이 없다고 말하는 노인들을 여기저기에서 만나기도 하지만, 우리 대부분은 육체적이든 정신적이든 여러 형태의 연약함을 가지고 살고 있습니다.…특히 정신적인 질병에 대해 온전한 사람이 어디 있겠습니까? 우리 모두가 조금씩은 균형을 잃고 있지 않습니까? 어떤 사람들은 우울한 기분을 마치 자기의 개성에 필수적인 듯 가지고 있는 것 같습니다. 그들에 대해서는 "우울함이야말로 그들의 가장 큰 특징이다"라고 말할 수 있겠습니다. 그들은 훌륭한 정신을 갖고 고귀한 원칙을 따라 살면서도, 은(銀)빛 내면은 잊고 어두운 구름만 기억하는 경향이 있습니다.···이런 연약함이 있다고 해서 목사가 특별한 쓰임을 받는 데 지장이 되는 것은 아닙니다. 어쩌면 그 목사의 특별한 섬김의 사역을 위해 하나님이 지혜로 그런 연약함을 그에게 필수적인 조건으로 부과하신 것일 수도 있습니다. 어떤 식물들은 늪지에 살기 때문에 약에 쓰이는 성분을 지니게 되고, 또 다른 식물들은 어두운 그늘 때문에 특별한 성분을 갖기도 합니다. 태양의 빛을 받아 귀한 열매를 맺기도 하지만, 달빛을 통해서도 열매를 맺습니다. 보트는 돛뿐만 아니라 밸러스트(ballast, 무게 중심을 잡기 위해 배나 열기구의 바닥에 까는 자갈이나 짐이다-편집자주)도 필요로 합니다. 마차 바퀴에 있는 제동장치는 내리막길을 내려갈 때 전혀 장애가 되지 않습니다. 어쩌면 굴속에 있는 사자처럼 잠들어 있을 영혼을 고통이 깨워서 재능을 발전시키기도 합니다. 어떤 사람들은 날개가 부러지지 않았다면 구름 속에서 길을 잃어버렸을지도 모릅니다. 입에 감람나무 가지를 물고 노아의 방주에 길을 알려주기 위해 선택된 비둘기들 중에도 그런 일이 있었을 수 있습니다. 하지만 육체와 정신이 있는 곳에 영적인 침체를 야기하는 원인이 있기 때문에, 어두움의 때에 마음이 그것들에 굴복하는 것도 놀라운 일은 아닙니다. 많은 경우에 목격하게 되는 정말 놀라운 일은, 그런 순간에도 몇몇 목사들이 얼굴에 미소까지 머금으면서 계속 자신의 일을 해나간다는 것입니다. 내면의 삶이 기록될 수 있었더라면 사람들이 그것을 볼 수 있었을 것입니다.…"애통하는 자는 복이 있나니"(마 5:4)라고 하신 분은 슬픔을 아는 분이었습니다. 그러므로 눈물이 은혜로 젖을 때, 아무도 그들 자신을 주님과 다른 사람으로 여기지 않도록 하십시오. 우리는 복음의 보배를 질그릇에 갖고 있는 사람들입니다. 아무도 그릇 여기저기에 흠이 있다고 해서 놀라지 않게 하십시오.

우리의 사역이 진지하게 수행될 때, 우울증에 빠지도록 하는 공격에 우리가 노출됩니다. 바닥까지 낙심해보지 않은 사람이 어떻게 영혼의 무게를 감당할 수 있겠습니까? 사람들의 회심에 대한 강력한 열망이 완전히 만족되지 않으면(언제 그럴 수 있을까요?), 영혼을 두려움과 실망으로 소진시킵니다. 소망을 가진 사람들이 변절하고, 신실한 자들이 차가워지고, 가르치는 자들이 자기의 특권을 악용하고, 죄인들이 더 담대하게 죄 가운데 거하는 것을 보십시오. 이런 것들이 우리를 땅바닥에 떨어뜨리기에 충분하지 않습니까?…사람들이 우리가 전하는 것을 믿지 않고 하나님의 팔이 드러나지 않을 때, 어떻게 슬퍼하지 않을 수 있습니까? 공부를 많이 하면 육체가 피곤해지는 것처럼, 모든 정신적인 일은 우리를 지치게 하고 우울함에 빠뜨리는 경향이 있습니다. 하지만 우리의 사역은 정신적인 노동 이상의 것입니다. 그것은 마음의 일, 우리의 가장 깊은 곳에 있는 영혼의 수고입니다.…예수님을 위해 우리의 삶을 소진하는 것이야말로 우리의 의무이자 특권입니다. 우리는 잘 보존된 상태의 살아 있는 박제(living specimens)와 같은 사람이어서는 안 됩니다. 오히려 불에 타 없어져야 하는 산 제물(living sacrifices)이어야 합니다. 스스로를 소비하고 또 소비해야지, 장래를 위해 우리의 육체를 소중히 보존하거나 돌보아서는 안 됩니다. 신실한 목사가 겪는 영혼의 고통은 때때로 마음과 육체가 모두 연약해지는 탈진의 상태를 가져오기도 합니다. 모세의 팔도 기도하는 중에 점점 무거워졌고, 바울도 "누가 이 일을 감당하리요?"(고후 2:16)라고 외쳤습니다. 심지어 세례 요한도 침체 상태를 겪은 것으로 보이고, 사도들도 놀람과 두려움의 감정을 모두 가졌습니다.

교회에서의 우리의 위치가 이런 상태를 야기하기도 합니다. 사역을 위해 온전히 준비된 목사에게는 다른 사람들을 능가하면서 남들과 구분되는 자기 자신만의 정신이 있습니다. 성도들 중에 그를 가장 사랑하는 사람이라도, 그가 가진 고유한 생각과 근심과 유혹을 알 수 없습니다. 군대에서는 많은 동료가 어깨를 나란히 하고 함께 걷습니다. 하지만 계급이 올라감에 따라 그와 어깨를 나란히 할 수 있는 사람의 수도 줄어듭니다. 많은 병사가 있지만 대위는 그보다 적고, 대령은 더 적으며, 대장은 단 한 명만 있습니다. 교회에서도 마찬가지입니다. 주님이 세우셔서 지도자가 된 사람은 그가 높은 위치에 있는 만큼 외로운 사람이 됩니다.… 하나님의 사람들은 동료들보다 더 높이 올라가서 하늘의 것들과 더 가까이 교제하지만, 연약한 순간에는 사람들에게 공감을 얻지 못한다고 느낍니다. 겟세마네 동산에서의 주님처럼, 그들은 곁에서 잠자고 있는 제자들에게 헛되이 위로를 구합니다. 그들은 적은 무리의 형제들이 보이는 반감에 충격을 받고, 짓누르는 온갖 무거운 짐을 가지고 자신만의 은밀한 고뇌로 돌아갑니다. 가장 가까운 동료들도 잠을 자고 있으니 그럴 수밖에 없는 것입니다. 만군의 주님을 위한 열심이 동료들보다 더 큰 영혼이 겪는 고독은 견뎌본 사람만 알 수 있습니다. 사람들이 미쳤다고 생각할 수 있기 때문에 감히 드러낼 수도 없습니다. 하지만 불이 올라와 뼈를 녹이는 것처럼 고통스럽기 때문에 숨길 수도 없습니다. 이 영혼은 오직 주님 앞에서만 안식을 찾습니다. 우리 주님이 제자들을 둘씩 짝을 지어서 보내신 것은 사람 안에 무엇이 있는지 아셨기 때문입니다. 하지만 바울과 같은 사람을 위해서는 협력자가 없었던 것 같습니다. 바나바나 실라, 혹은 누가조차 이방인의 사도 중에서 히말라야 산의 정상과도 같았던 이 사람과 상대하기에는 너무 낮은 언덕에 불과했습니다. 지금 많은 형제들이 외로움을 느끼는 것으로 알고 있는데, 이 외로움이야말로 우울함이 자라나는 토양입니다. 그러므로 목회자들의 친교 모임이나 동료들과의 거룩한 교제는 하나님이 주시는 복과 함께 이런 함정을 피하도록 우리를 도울 것입니다.

오래 앉아 있는 습관이 어떤 체질에 무기력함을 일으키는 경향이 있음은 의심할 수 없는 분명한 사실입니다. 버튼(Robert Burton)은 『우울의 해부』(Anatomy of Melancholy)에서 슬픔의 원인에 대하여 한 장을 할애하는데, 다루는 수많은 저자들 중 하나를 인용하면서 다음과 같이 말합니다.

> 학생들은 자신의 몸을 소홀히 대한다. 하지만 다른 사람들은 자신의 도구들을 아낀다. 화가는 붓을 씻고, 대장장이는 망치와 모루와 작업장을 아낀다. 농부는 쟁기를 고치고, 도끼의 날이 무뎌지면 갈아서 날카롭게 한다. 매를 부리는 사람이나 사냥꾼은 자기의 매, 사냥개, 말, 개 등을 특별히 돌본다. 음악가는 악기의 현을 잘 관리한다. 오직 학자들만 자신이 매일 사용하는 도구, 즉 자기의 뇌와 정신을 소홀히 한다.

…열심히 책을 읽거나 펜으로 글을 쓰면서 한 자세로 오래 앉아 있는 것은 그 자체로 육체에 무거운 짐을 지우는 것입니다. 여기에다가 우리 몸이 환기가 거의 되지 않는 방에서 근육의 움직임도 없이 오랫동안 앉아 있으면서 마음은 수많은 근심으로 짐을 지고 있으면, 자연스럽게 우리는 부글부글 끓는 무기력의 솥을 준비하는 모든 요인을 갖추는 꼴이 됩니다. 특별히 안개가 낀 어둑어둑한 시기에는 더욱 그렇습니다.

담요로 하루를 감싸고

썩은 산림에 물방울이 떨어질 때

잎사귀는 진흙에 짓밟히네.

아무리 어떤 사람이 천성적으로 새처럼 유쾌한 성품을 지녔어도, 그렇게 죽을 것 같은 열악한 상황에서 여러 해를 견디는 것은 거의 불가능합니다. 자연은 창문 밖에서 건강을 위해 그를 부르면서 기쁨을 주려고 손짓하고 있는데도, 그는 서재를 감옥으로, 책들을 감옥의 교도관으로 만들고 있는 것입니다. 야생화 사이에 벌들이 윙윙거리는 소리, 숲 속에서 산비둘기가 구구 우는 소리, 산 속에서 새들이 노래하는 소리, 실개천 사이를 흐르는 물소리, 소나무 사이를 지나가는 바람 소리, 이 모든 것을 잊어버린 사람은 자신의 마음이 노래하기를 잊고 영혼이 잘 자라지 않아도 이상해할 필요가 없습니다. 언덕에 올라 신선한 공기를 마시거나 몇 시간이라도 바닷가의 그늘진 곳을 조용히 거니는 것은, 힘들게 일하느라 반쯤 죽어서 고생하고 있는 목사들에게 머리에서 거미줄을 걷어내는 것과 같습니다. 바다의 신선한 공기를 한입 가득 머금거나 바람을 맞으며 산책을 한다고 해서 은혜가 영혼에 공급되는 것은 아닙니다. 그러나 그렇게 함으로써 몸에 산소가 공급되는데, 이것은 은혜 다음으로 가장 좋은 것입니다.

> 답답한 공기 안에서는 마음도 답답하니,
> 모든 바람이 절망을 날려버리네.

수풀과 토끼들, 시냇물과 숭어들, 전나무와 다람쥐들, 앵초와 제비꽃, 농가의 안뜰, 갓 베어낸 건초 더미, 향기 좋은 들풀, 이런 것들이야말로 우울증에 가장 좋은 약이요, 침울한 사람들에게 가장 확실한 강장제요, 심신이 지친 사람들에게는 가장 좋은 회복제가 됩니다. 그런데 그럴 수 있는 기회도 부족하고, 그렇게 하고 싶은 마음도 없어서 이렇게 좋은 치료제들을 소홀히 한 나머지, 학생들은 자기가 지른 불에 희생양이 되고 있는 것입니다.

제가 경험한 바에 의하면, 우울한 상태에 빠지게 되는 가장 위험한 때는 다음과 같은 간단한 목록으로 요약될 수 있습니다. 첫째, 무엇보다 대단한 성공의 시기를 꼽을 수 있습니다. 오랜 숙원이 드디어 이루어질 때, 우리가 하나님께 큰 영광을 돌릴 때, 즉 큰 승리를 쟁취했을 때, 바로 그런 때 우리는 침체에 빠지는 경향이 있습니다. 특별한 은총 가운데 우리 영혼이 다시 없는 황홀경을 맛보면서 말할 수 없는 기쁨에 즐거워할 것이라고 생각하기 쉽지만, 대체로 정반대의 일이 벌어집니다. 주님은 자신의 군사들이 승리에 대한 환희를 맛보는 위험에 빠지도록 내버려두시지 않습니다. 주님은 이런 시험을 견딜 수 있는 사람이 거의 없다는 것을 아시기 때문에, 그들의 잔에 쓴맛을 부으십니다.…고난이 지속되는 동안에는 그 위기만큼 힘도 지속됩니다.

하지만 고난이 끝나면 인간의 본성적인 연약함이 모습을 드러냅니다. 야곱은 은밀하게 견디며 밤새 씨름을 할 수 있었지만, 아침이 되어 싸움이 끝난 후에는 다리를 절름거려야만 했습니다. 그가 과도하게 스스로 자랑하지 못하도록 하신 것입니다.…사람은 아무것도 섞이지 않은 순수한 행복을 감당할 수 없습니다.…부흥을 이루어 우리의 발이 공중으로 높이 떠올라 빙빙 돌고, 사람들의 인기를 얻어서 높이 들려지며, 영혼을 구원하는 일에 성공하여 사람들의 칭찬을 받게 되면, 우리는 바람에 나는 겨가 될 수밖에 없습니다. 그러므로 자비로운 은혜의 징계가 강한 동풍을 일으켜 우리의 허영심의 배를 난파시켜서, 파선하고 벌거벗고 버려진 우리는 만세 반석이신 그리스도 위로 밀려 올라가게 되는 것입니다.

큰 업적을 이루기 전에도 동일한 우울함이 어느 정도 나타나는 것이 보통입니다. 우리 앞에 놓인 어려움을 보면 우리의 마음이 안에서 가라앉아버립니다.…제가 런던에서 처음 목회할 때도 같은 것을 겪었습니다. 저의 성공이 저를 질리게 했습니다. 그때까지 저를 뽐내게 했던, 사역에서의 성공이 활짝 열릴 것에 대한 생각이 저를 가장 깊은 곳으로 빠지게 했습니다. 그런 상태에서는 오직 탄식의 찬송(*miserere*)만 흘러나올 뿐이었지, 영광의 찬송(*gloria in excelsis*)은 부를 수 없었습니다. 제가 누구이기에 이런 상태로 그렇게 많은 회중을 계속해서 인도할 수 있을까요? 차라리 세상에 전혀 알려지지 않은 저의 고향 마을로 돌아가거나 미국으로 이민을 가서, 한적한 곳에 조용히 둥지를 틀고 그곳에서 할 수 있는 일로도 충분히 만족하며 살 수 있을 것 같았습니다. 바로 그때 휘장이 올라가고 저의 평생의 사역이 드러나고 있었습니다. 도대체 그 일이 무엇이 될지 몹시 두려웠습니다. 제가 믿음이 없기를 바라지는 않았습니다. 하지만 저는 두려웠고, 제가 무자격자라는 생각으로 가득했습니다. 은혜로운 섭리가 저를 위해 준비한 일을 저는 그토록 두려워한 것입니다.…주님이 저의 사역을 위한 큰 복을 예비하실 때마다 이런 침체 상태가 저를 엄습합니다.

장기간의 끊임없는 사역 중에도 이런 고통이 찾아올 수 있습니다. 항상 활을 당기기만 하면 부러질 수 있습니다. 우리의 몸을 위해 잠이 필요한 것처럼, 우리의 정신에도 쉼이 필요합니다. 주일은 목회자들이 수고하는 날입니다. 그렇기 때문에 다른 날을 정해서 쉬지 않으면 쓰러질 것입니다.…휴식 시간은 결코 시간 낭비가 아닙니다. 오히려 새로운 힘을 모으는 절약입니다. 여름에 잔디를 깎는 사람을 보십시오. 해가 지기 전에 깎아야 할 잔디가 참 많습니다. 그런데도 그는 일을 하다가 잠깐씩 휴식을 취합니다. 그 사람이 게으른 것입니까? 그는 적당한 돌을 찾아서 위아래로 낫을 갈기 시작합니다. 흥얼거리며 콧노래를 부르기도 합니다. 이렇게 콧노래를 부르는 것이 귀중한 시간을 낭비하는 것이라고 할 수 있습니까? 낫을 갈면서 콧노래를 부르는 시간에 잔디를 깎았다면, 얼마나 더 많이 깎을 수 있었겠습니까? 하지만 그는 연장을 날카롭게 하고 있습니다. 그런 후에 자기 앞에 줄지어서 자라고 있는 잔디를 훨씬 더 힘차게 깎을 수 있는 것입니다. 잠깐 멈추고 휴식을 취하면 우리의 마음도 더 큰 일을 감당할 수 있도록 준비됩니다. 어부들이 그물을 손질해야 하는 것처럼, 우리도 가끔은 정신적인 소모로부터 회복하고 앞으로의 사역을 위해 도구들을 정비해야 합니다. 갤리선의 노예들처럼 단 하루의 휴일도 없이 날마다 노를 젓는 것은 유한한 인간에게 어울리지 않습니다. 물레방아를 돌리는 개울은 계속해서 흘러가지만, 우리는 휴식을 취하고 쉼을 가져야 합니다. 쉬지 않고 계속 경주를 하면, 숨을 쉴 수도 없게 될 것입니다. 심지어 짐을 지고 가는 짐승들도 때때로 짐을 내려놓고 풀을 뜯어야 합니다. 바다도 썰물 때 잠깐 쉬었다가 들어옵니다. 땅도 겨울 동안에는 쉼을 갖습니다. 그러므로 하나님의 대사로 높임을 받은 사람도 휴식을 취하지 않으면 쓰러지고, 등불을 손질하지 않으면 곧 불이 꺼지며, 힘을 비축해놓지 않으면 너무 일찍 늙게 될 것입니다. 때때로 휴가를 갖는 것이 지혜입니다. 가끔은 일을 조금 덜 함으로써 결국 더 많이 하게 됩니다. 아무런 휴식도 없이 계속해서 일을 하는 것은 이 "무거운 진흙" 육체에서 해방된 영혼에게는 가능할지 모릅니다. 그러나 이 장막에 거하는 동안에 우리는 가끔 일을 멈추고, 거룩한 쉼과 신성한 여가를 통해 주님을 섬겨야 합니다. 잠깐 동안 일을 내려놓고 쉬는 것이 정당하다는 것에 대해서 연약한 양심이 의심하지 않도록 하고, 오히려 다른 사람들의 경험으로부터 적절한 휴식을 취하는 것이 꼭 필요한 의무라는 사실을 배우도록 하십시오.

때로는 치명적인 한 번의 타격이 목사를 쓰러뜨리기도 합니다. 가장 믿었던 형제가 배신을 합니다. 유다가 자신을 믿었던 사람에게 뒷발길질할 때, 설교자의 마음은 좌절합니다. 우리는 모두 육신의 무기를 찾기 위해 서두르는 경향이 있는데, 바로 이런 성향으로부터 우리의 많은 슬픔이 생겨납니다.…분쟁, 분열, 비방과 어리석은 비난은 종종 거룩한 사람들을 엎드러지게 하고, "뼈를 찌르는 칼같이"(시 42:10) 되게 합니다. 거친 말이 예민한 사람들의 마음에 큰 상처를 주기도 합니다. 탁월한 목사 중 많은 사람이 그들의 성품과 영성으로 인해서 극도로 예민합니다. 그들은 너무나 예민해서 이 세상을 견딜 수 없을 정도입니다.…경험에 따르면 우리의 심령은 거친 공격을 당해서 강퍅해지기도 하는데, 이는 우리의 싸움 중에 불가피한 것입니다. 처음에는 우리가 이런 일들로 인해서 비틀거리다가, 나중에는 큰 어두움의 공포 가운데 모든 것을 포기합니다. 참된 목회자들이 겪게 되는 시험들은 결코 적지 않습니다. 그런데 신앙을 고백하기는 하지만 은혜를 모르는 사람들 때문에 생기는 시험이, 철천지원수의 더러운 공격보다 더 견디기 힘듭니다. 마음의 평안과 삶의 고요함을 추구하는 사람들은 목회 사역에 임하지 말아야 합니다. 그런 사람이 목회에 임하게 되면, 오히려 목회에 혐오감을 갖고 도망가게 될 것이 분명합니다.…

이런 불행이 우리에게 일어나지만, 우리가 그 이유를 모를 때도 있습니다. 그러면 그것을 극복하는 게 훨씬 더 어렵습니다. 이유도 없이 찾아오는 우울함은 논리적으로 설명이 되지 않습니다. 다윗의 수금에서 울리는 아름다운 연주도 그것을 누그러뜨릴 수 없습니다. 마치 안개와 싸우는 것처럼 모양도 없고 무엇이라고 규정할 수도 없는, 구름이 잔뜩 낀 희망 없는 상태에 빠지고 맙니다. 명확한 이유도 없이 곤경에 빠지는 것이 불합리해 보이기도 하고 심지어는 죄악처럼 생각되기 때문에, 이런 상황에서는 자기 자신을 동정할 수도 없습니다. 그러나 그 사람은 심령의 가장 깊은 곳에서 곤경을 당하고 있는 것입니다. 그런 우울함을 보고 비웃는 사람들이 그 슬픔을 한 시간만이라도 느끼게 된다면, 그들의 비웃음은 연민으로 바뀔 것입니다. 결단을 통해서 그런 상태를 떨쳐버릴 수 있을지도 모릅니다. 하지만 전인(全人)이 무기력해져 있는데 어떻게 결단할 수 있겠습니까? 그런 경우에는 의사와 목사가 힘을 합쳐서 문제를 해결하려고 하겠지만, 해야 할 일이 너무 많아서 그들의 능력이 미치지 못할 것입니다. 쇠로 된 나사가 수수께끼처럼 소망의 문을 잠그고 우리 영혼을 우울한 감옥 속에 붙들어놓는다면, 우리는 그것을 떨쳐버릴 하늘의 손길이 필요합니다. 그런 손길이 우리에게 나타날 때, 우리는 사도 바울과 함께 이렇게 외칠 수 있습니다. "찬송하리로다 그는 우리 주 예수 그리스도의 하나님이시요 자비의 아버지시요 모든 위로의 하나님이시며 우리의 모든 환난 중에서 우리를 위로하사 우리로 하여금 하나님께 받는 위로로써 모든 환난 중에 있는 자들을 능히 위로하게 하시는 이시로다"(고후 1:3-4).… 극심한 두려움에 고통받고 견딜 수 없는 악몽에 시달리게 될 때, 우리에게 필요한 것은 오직 의의 태양이 솟아서 어둠을 일으킨 악한 것들을 물리치는 것입니다. 이것이 아니고는 영혼의 악몽을 물리칠 수 있는 것은 아무것도 없습니다.…

왜 사망의 음침한 골짜기를 왕이신 예수님의 종들이 그렇게 자주 걷게 되는지 묻는다면, 그에 대한 대답은 쉽게 찾을 수 있습니다. 이 모든 것이 우리 주님의 역사하시는 방식에 도움이 되기 때문입니다. 그리고 주님의 역사하심은 다음과 같이 요약될 수 있습니다. "…만군의 여호와께서 말씀하시되 이는 힘으로 되지 아니하며 능력으로 되지 아니하고 오직 나의 영으로 되느니라"(슥 4:6). 목회를 위해 온갖 도구들이 사용되겠지만, 그것들의 본질적인 연약함이 분명하게 드러날 것입니다. 영광이 나뉘어져서는 안 됩니다. 위대한 일을 행하는 분이신 하나님께 마땅히 돌려져야 할 존귀가 희미해져서도 안 됩니다. 사람이 자기 자신을 비우고 겸손해질 때, 성령으로 가득 채워질 것입니다. 자기 자신을 마치 비바람에 흩날리는 메마른 잎사귀와 같이 생각할 때, 비로소 쇠로 만든 강력한 벽이 되어 진리의 원수들을 대적할 수 있습니다. 사역자에게는 교만을 감추는 것이 정말 어렵습니다. 계속되는 성공과 사그라지지 않는 기쁨이 넘친다면, 우리의 연약한 머리는 감당할 수 없을 것입니다. 포도주를 물에 섞어서 우리를 어지럽게 하지 못하게 해야 합니다. 제가 증언할 수 있는 것은, 주님 때문에 공개적으로 높임을 받는 사람들은 대체로 은밀한 시련을 견뎌야 하거나 특별한 십자가를 져야 한다는 것입니다. 그래야 무슨 수를 써서라도 자기 스스로를 높여서 마귀의 올무에 빠지게 되는 일을 막을 수 있습니다.…

종들이 넘어지는 모습을 통해 하나님은 영광을 받으십니다. 왜냐하면 하나님이 그들의 발을 다시 세우실 때, 그들이 하나님을 높이게 되기 때문입니다. 심지어 먼지 속에 엎드러져 있는 동안에도 그들의 믿음은 하나님께 찬송을 올려드립니다. 그들은 더욱 아름답게 하나님의 신실하심에 대해 말하고, 그의 사랑 안에서 더욱 견고하게 세워집니다. 이 그릇에서 저 그릇으로 옮겨져서 자기 자신의 공허함과 주변에 있는 모든 것의 허무함을 직시하지 못했다면, 몇몇 연로한 설교자들처럼 성숙한 사람들이 생겨날 수 없었을 것입니다. 용광로와 망치와 줄로 인해 하나님께 영광을 돌립시다. 이 땅에서 괴로움으로 가득한 삶을 살았기 때문에 하늘에서는 더욱 충만한 복을 누릴 것이고, 역경의 학교에서 연단을 받았기 때문에 이 땅이 더 아름답게 경작될 것입니다.

지혜는 영혼의 문제로 인해 낙심하지 말라고 가르칩니다. 그것을 이상한 일로 여기지 말고, 오히려 일상적인 목회 경험의 일부로 생각하십시오. 우울함의 힘이 일반적인 경우보다 훨씬 강력하게 느껴져도, 그것으로 인해서 여러분의 유용함이 끝났다고 생각하지 마십시오. 여러분의 담대함을 버리지 마십시오. 담대함은 여러분이 큰 상을 얻게 합니다(참고. 히 10:35). 원수의 발이 여러분의 목 위에 있어도, 다시 일어나 그를 무너뜨릴 것을 기대하십시오. 성도들을 결코 버리지 않으시는 주님 앞에, 현재 우리의 모든 짐을 과거의 죄와 미래에 대한 두려움과 함께 내려놓으십시오. 하루하루, 아니 순간 순간을 사십시오. 재능이나 느낌을 신뢰하지 마십시오. 대단한 자극보다는 여러분의 작은 믿음에 더 신경을 쓰십시오. 오직 하나님만을 의지하고, 갈대와 같은 사람의 도움을 의지하지 마십시오. 친구들이 여러분을 실망하게 해도 놀라지 마십시오. 이 세상은 정말 절망시키는 것들로 넘쳐납니다. 사람 안에 불변성이 있을 것이라고 기대하지 마십시오. 오히려 여러분이 변덕스러움을 예상한다면, 실망할 위험이 없을 것입니다. 예수님도 제자들에게 버림받으셨습니다. 그러므로 여러분의 교인들이 다른 스승을 찾아 떠나더라도 놀라지 마십시오. 그들이 여러분과 함께 있었을 때 여러분의 전부가 아니었던 것처럼, 그들이 여러분을 떠났어도 모든 것이 여러분을 떠난 것은 아닙니다. 촛불이 타고 있는 동안 온 힘을 다해 하나님을 섬기십시오. 그래야 촛불이 잠시 꺼져 있는 동안에 덜 후회하게 됩니다. 여러분이 아무것도 아니라는 사실에도 만족하십시오. 사실이 그렇기 때문입니다. 혹시라도 공허감 때문에 여러분의 마음이 큰 고통을 느낄 때, 여러분은 주님 이외에 다른 것으로 충만하게 되기를 꿈꿨다는 사실에 대해 스스로를 꾸짖으십시오. 현재의 상급은 조금만 쌓아두십시오. 그것을 순례의 길 위에서 주어지는 보증으로 여기고 감사하면서, 이후에 주어질 보상의 기쁨을 기대하십시오. 보이는 결과가 여러분 앞에 없을 때도 두 배의 열심으로 계속해서 주님을 섬기십시오.…무엇이라도 하나님의 거룩한 부르심이 우리를 강권하여 걷게 하신 그 길에서 우리를 벗어나게 하지 맙시다. 누구든지 오십시오. 강단은 우리의 망루이며, 목회 사역은 우리가 치를 전쟁입니다. 하나님의 얼굴을 볼 수 없을 때도, 그의 날개 그늘 아래에서 하나님을 신뢰하는 것이 우리의 모습이 되게 합시다.

17
사역자의 평소 대화
The Minister's Ordinary Conversation

이제 다룰 주제는 목사가 여러 부류의 사람들과 교제하면서 마음 편히 있을 때 하는 일반적인 대화에 관한 것입니다. 다른 사람들과 함께 있을 때 목사는 어떻게 말을 해야 할까요? 무엇보다 먼저, 목사라는 분위기를 풍기지 않아야 합니다. 지나치게 격식을 차리지 말며, 형식적이고 까다롭고 가식적인 것 일체를 피해야 합니다. "인자"(Son of Man, 사람의 아들)는 아주 고귀한 호칭입니다. 에스겔에게 그 호칭이 주어졌고, 그보다 더 위대한 분에게도 같은 호칭이 주어졌습니다. 그러므로 천국의 대사는 인자 이외의 다른 존재가 되지 않도록 하십시오. 실제로 목사는 더욱 단순하고 겉치레가 없을수록 거룩하신 아기 예수님을 닮아간다는 것을 기억하십시오. 지나치게 목사처럼 보이려고 노력하면서 사람의 모습을 보이려고 하지 않는 경향이 있습니다. 하지만 여러분이 진정한 사람의 모습이 될수록, 더욱 주의 종이 마땅히 가져야 할 모습을 갖출 수 있습니다. 학교 교사와 목사들은 대개 그들만의 독특한 모습이 있습니다. 잘못된 의미로 그들은 "다른 사람들…과 같지 않습니다"(눅 18:11). 그들은 너무 자주 얼룩덜룩한 새들처럼 다른 사람들과 편안하게 지내지 못하고, 뭔가 어색하고 특이합니다. 점잖게 걸어가는 홍학과 어둠 속에서 눈을 깜박거리는 올빼미와 품위 있게 생각에 잠겨 있는 황새를 보았을 때, 어쩔 수 없이 저는 가르치고 설교하는 위엄 있는 형제들을 떠올려야 했습니다. 그들은 언제나 구석지고 어두운 곳에만 놀라울 정도로 익숙합니다. 점잖고, 격식을 차리며, 위엄 있고, 권위 있고, 스스로 절제되어 있는 그들의 태도는 쉽게 습득될 수 있습니다. 그러나 그것이 정말 습득할 만한 가치가 있는 것일까요?

…제가 아는 어떤 형제들은 머리부터 발까지, 가운과 목소리, 태도, 넥타이, 신발에 이르기까지 정말 완벽하게 "목사 냄새를 풍겨서" 인간적인 모습이라고는 전혀 찾아볼 수 없습니다. 신학교를 갓 졸업한 한 젊은 목사가 어리석게도 가운을 입고 거리를 지나가는 모습을 본 고교회파에 속한 다른 사람이 상당히 만족해하면서 신문에 기고하기를, 그 젊은 목사가 성직자의 모자를 쓰고 스위스와 이탈리아를 횡단했다고 썼습니다. 바보 모자를 쓰고 그렇게 자랑스러워 할 어린아이도 그리 많지 않았을 것입니다. 우리 중 누구도 옷차림을 그렇게까지 하고 다닐 사람은 없겠지만, 그와 유사한 모습이 우리의 태도에 나타날 수 있습

니다. 어떤 사람들은 자기의 영혼을 휘감은 것처럼 하얀 넥타이를 묶고 다니기도 합니다. 그들의 어른스러움이 딱딱한 헝겊 조각 때문에 꽉 조여졌습니다. 어떤 형제들은 자신의 모습이 인상적이라고 생각하면서 스스로 우월감에 도취되어 있기도 합니다. 하지만 그것은 그저 불쾌감을 줄 뿐이고, 스스로를 낮추신 예수님을 따르는 자로 자처하는 사람들의 말과 행동에 분명히 모순되는 일이기도 합니다.…그들의 이마에는 "내게 가까이 하지 말라 나는 너보다 거룩함이라"(참고. 사 65:5)라는 말이 새겨져 있습니다.

한번은 어느 유명한 목사가 사치에 탐닉해 있다는 이유로 한 거만한 동료에게 비난을 받았습니다. 비용이 문제가 된 것입니다. 그는 이렇게 대답했습니다. "그래요, 좋습니다. 목사님 말이 맞을 수도 있겠네요. 하지만 목사님이 격식을 차리는 데 쓴 것에 비하면, 저는 제 연약함을 위해서 절반도 채 쓰지 않았다는 것을 기억하세요." 제가 강력하게 반대하고 있는 것이 바로 이것입니다. 지독하게 목회적 격식을 차리는 것 말입니다. 제가 엄숙하게 권면합니다만, 만약 여러분이 그런 것에 탐닉해 있다면 "가서 요단 강에 몸을 일곱 번 씻고"(왕하 5:10) 여러분에게서 그것을 없애십시오. 노동자들이 목사들을 일관되게 멀리하는 한 가지 이유는, 그들이 목사들의 인위적이고 인간답지 못한 모습을 끔찍이 싫어하기 때문이라고 저는 생각합니다. 강단에서나 강단 바깥에서나 우리가 진짜 사람처럼 행동하고 정직한 사람으로서 자연스럽게 말하는 것을 그들이 본다면, 우리 주위로 사람들이 몰려들 것입니다.…목사들이 목회 사역 중에 저지르게 되는 큰 악행은, 바로 스스로 목사답게 보이기 위해 인위적으로 복음을 전하는 것입니다. 대중의 마음을 얻기 위해서 우리는 거룩함뿐만 아니라 인간성도 유지해야 합니다. 누구나 가식적인 모습을 분별할 줄 압니다. 사람들은 그런 것에 속아 넘어가지 않습니다. 그러므로 형제 여러분, 모든 허풍을 버리고 여러분의 발로 걸으십시오. 성직자처럼 보이려는 태도를 버리고, 여러분 자신의 모습을 진실하게 보이십시오.

하지만 목사는 어디에 있든지 자신이 목사이며, 지금 근무 중이라는 사실을 늘 기억해야 합니다. 경찰이나 군인은 비번일 때가 있지만, 목사는 결코 그렇지 않습니다. 심지어 쉬면서 여가를 보내고 있는 동안에도 우리는 삶의 위대한 목표를 여전히 추구해야만 합니다. 왜냐하면 우리는 "때를 얻든지 못 얻든지"(딤후 4:2) 근면하도록 부름을 받은 사람들이기 때문입니다.…저는 뉴포레스트(New Forest)에 있는 뷸리(Beaulieu)라는 마을에서 어떤 방을 보았는데, 거기에는 거미줄이 전혀 없었습니다. 목사라면 그 방과 같아야 합니다.…마찬가지로 우리의 마음에 어떤 게으른 습관도 있어서는 안 됩니다.

런던 시내에 있는 짐꾼들을 위한 공공 휴게소에 가면 이런 문구를 읽을 수 있습니다. "편히 쉬십시오. 그러나 빈둥거리지는 마십시오." 이 말에는 우리가 주목할 만한 교훈이 담겨 있습니다.…정상적인 생활을 할 수 없을 만큼 마음이 지쳐 있을 때의 잠이 게으름이 아닌 것처럼, 휴식을 취하는 것은 결코 게으름일 수 없습니다. 적당한 시간 동안 잠을 자는 것에 대해 누구도 게으름을 피우는 것이라고 말하지 않습니다. 빈둥거리며 깨어 있는 것보다, 부지런히 잠을 자는 것이 훨씬 더 좋습니다. 휴식을 취할 때나 여가 시간을 보낼 때도 선을 행하도록 준비되어 있으십시오. 그렇게 진정한 목사가 되십시오. 그러면 여러분이 목사라는 것을 떠들고 다니지 않아도 될 것입니다.

강단 밖에서 목사는 사교적인 사람이어야 합니다.…사람들로부터 멀리 떨어져 있으면, 어떻게 그들에게 유익을 끼칠 수 있겠습니까? 우리 주님은 결혼식에서 세리와 죄인들과 함께 식사하셨어도, 동료들과 구별되는 것을 영광으로 삼으면서 스스로 거룩한 척했던 바리새인들보다 훨씬 더 순결하셨습니다. 목사 중에는 자신이 청중과 똑같은 사람이라는 사실을 듣고 깨달을 필요가 있는 사람도 있습니다. 다시 한 번 말씀드리지만, 주교들, 참사원들, 부주교들, 교구 목사들, 지방 감독들, 심지어는 대주교들까지도 결국은 사람일 뿐이라는 것은 분명한 사실입니다. 하나님은 지상의 한 거룩한 모퉁이를 그들만을 위한 사제석으로 따로 구별하셔서 거기에 자기들끼리 거하도록 하지 않으셨습니다.

교회 뒤뜰이나 앞마당에서 거룩한 대화를 나누는 일이 회복된다면 결코 잘못된 일이 아닙니다. 저는 우리의 옛 예배당 바깥에 큰 상록수가 있고, 그 주위로 사람들이 앉을 수 있는 의자가 둥그렇게 놓인 것을 보고 싶습니다. 사람들은 이렇게 말할 것입니다. "여기 와서 앉으세요. 여러분, 설교에 대해서 이야기해봅시다. 곧 목사님도 오셔서 우리와 함께 이야기를 나누실 겁니다. 거룩하고 즐거운 이야기를 함께 나누어봅시다." 사람들이 모든 설교자와 함께 이야기를 나누고 싶어하는 것은 아닙니다. 한 시간을 함께 이야기하고 싶은 설교자는 따로 있습니다. 저는 환한 얼굴로 초대하는 듯한 목사와 친구가 되는 것을 참 좋아합니다. 그의 현관문 앞에는 "환영합니다"(salve)라는 글귀가 쓰여 있습니다. 그에게는 "개조심"(cave canem)이라는 폼페이 식의 경고문이 전혀 필요하지 않은 것 같습니다. 꿀통 주변에 파리들이 몰려드는 것처럼, 어린아이들이 주변에 몰려드는 사람을 보십시오. 이런 사람이야말로 선한 사람의 최고의 표본입니다.…그렇게 여러분은 어린아이들에게 누가 자신의 친구인지 금방 알아볼 수 있는 본능이 있음을 알게 될 것입니다. 그렇기 때문에 어린아이들의 친구는 사귈 만한 가치가 있는 사람입니다. 가족 구성원 각각에게, 어른과 어린 소년과 소녀, 그밖의 모든 사람에게 말할 거리를 준비하십시오. 미소와 마음이 담긴 말들이 무슨 일을 이룰 수 있을지 아무도 모릅니다. 많은 일을 사람들과 더불어 해야 하는 사람이라면, 그들을 사랑하고 함께 있는 것을 편하게 생각해야 합니다. 상대방에 대한 상냥함이 전혀 없다면, 차라리 장의사가 되어 죽은 사람이나 묻는 게 훨씬 더 낫습니다. 그런 사람은 살아 있는 사람에게 어떤 영향도 끼치지 못할 것이기 때문입니다.…큰 규모의 회중에게 말씀을 전하려면 그만큼 넓은 마음을 가져야 합니다. 해안에 있는 장엄한 항구들이 큰 선박도 정박할 수 있는 공간을 갖고 있는 것처럼, 그의 마음도 그렇게 넓어야 합니다. 마치 배들이 항구로 들어가는 것처럼, 어떤 사람이 넓고 관대한 마음을 갖고 있을 때 사람들은 그에게로 가서 닻을 내리고 깊은 우정 안에서 평안을 느낍니다. 그런 사람은 공적으로나 사적으로나 항상 마음이 따뜻합니다. 그는 냉담하거나 의심스러운 사람이 아니라 벽난로처럼 따뜻한 사람입니다. 그래서 그에게 다가갈 때 교만이나 이기심 따위가 여러분을 오싹하게 만들지도 않습니다. 그는 여러분을 영접하기 위해 언제나 문을 열어놓고 있고, 그와 함께 있으면 즉시 마음이 편안해집니다. 여러분 모두 그런 사람이 되시기를 진심으로 바랍니다.

또한 목사는 매우 쾌활한 사람이어야 합니다. 저는 언젠가 로마에서 본 어떤 수도사들처럼 우리가 행동해야 한다고 생각하지 않습니다. 그들은 음산한 목소리로 서로에게 유익한 정보를 제공하듯, "형제여, 우리는 곧 죽을 사람입니다"라고 인사했습니다. 이에 대해서 상대방도 "그렇지요. 우리는 곧 죽을 사람입니다"라고 화답했습니다. 물론 이 게으른 사람들이 자기들이 모두 곧 죽을 사람이라는 것을 그와 같은 권위를 가지고 확신하는 것에 대해서는 기쁘게 생각합니다. 또한 전체적으로 볼 때, 그것이 이들이 할 수 있는 최고의 일인지도 모릅니다. 하지만 그런 일이 발생하기 전까지는 좀더 편안한 형식의 인사를 하는 것이 나을 것입니다.

목사들의 근엄한 모습을 통해 더 큰 감동을 받는 사람들도 분명히 있을 것입니다. 저는 한 로마가톨릭 신부의 깡마르고 초췌한 모습을 보고 로마가톨릭 신앙에 어떤 대단한 게 있을 것이라고 확신한 사람 이야기를 들은 적이 있습니다.… 확실히 말씀 드리는데, 저는 뼈를 은혜의 증거로 언급하는 성경 구절을 단 한 번도 본 일이 없습니다.… 세상에서 가장 유명한 악당 중에도 마치 메뚜기와 석청만 먹고 사는 사람처럼 금욕적인 외모를 갖고 있는 사람들이 있습니다. 우울한 외모를 은혜로운 마음의 표징으로 여기는 것이야말로 쉽게 저지르는 일반적인 오류입니다. 저는 영혼을 구원하는 일을 하려는 모든 사람이 쾌활할 것을 권합니다. 천박하고 시시해 보이라는 것이 아니라, 다정하고 행복한 마음을 가지라는 것입니다. 파리들도 식초보다는 꿀에 더 많이 모이는 법입니다. 더 많은 영혼을 천국으로 이끄는 사람은 얼굴에 천국의 향기를 담고 있는 사람이지, 외모에서부터 지옥(Tartarus)의 냄새를 풍기는 사람이 아닐 것입니다.

젊은 목회자 여러분, 사실 다른 모든 분도 마찬가지입니다만, 사람들과 함께 있을 때 모든 대화를 혼자 독점하지 않도록 주의하십시오. 사역자들은 사람들을 가르치는 능력이 있고 말할 준비가 이미 되어 있기 때문에 쉽게 대화를 독점하는 경향이 있습니다. 그러나 계속해서 가르침만 받는 것을 누구도 좋아하지 않는다는 것을 기억하십시오. 자기들도 대화에 참여해서 말하고 싶어합니다. 어떤 사람들은 말을 많이 하는 것에서 큰 즐거움을 얻기도 합니다. 그러니 말하는 기쁨을 얻게 하는 것이 그들에게 유익할 것입니다.

한번은 어떤 사람과 한 시간 가량 대화를 나눈 적이 있습니다. 그는 제가 참 매력적이고, 대화를 하면서 많은 교훈을 얻는다고 저를 칭송했습니다. 하지만 분명히 말씀드릴 수 있는 것은, 사실 저는 거의 말을 하지 않았다는 것입니다. 단지 그 사람이 혼자 이야기하도록 하고 그것을 잘 들었을 뿐입니다. 인내를 실천하면서 그에게 좋은 인상을 남겼고, 그에게 말할 수 있는 다른 기회도 얻었습니다. 식탁에서 혼자 음식을 다 먹어치우는 것도 잘못이지만, 식탁의 대화를 독점하는 것도 잘못입니다. 우리는 스스로를 현인으로 생각해서 우리 앞에서는 심지어 개도 입을 못 열게 해서는 안 됩니다. 절대로 그렇게 하지 마십시오. 모든 사람이 자기가 가진 것으로 참여하게 하십시오. 그러면 대화에 양념을 치려고 여러분이 전하는 경건한 말씀들에 대해 더 좋게 생각할 것입니다.

여러분이 몇몇 모임에 가게 되는 경우가 있는데, 특히 어느 지역에 처음 부임하여 정착할 때 그 모임에 있는 모든 사람은 목사인 여러분의 위엄에 경탄할 것입니다. 게다가 새로운 목사가 왔다는 소식에 다른 사람들도 초대되어 그곳에 옵니다.…영웅 숭배도 일종의 우상 숭배이므로 결코 장려되어서는 안 됩니다.… 목사들은 오랫동안 숭배를 받지는 않을 것입니다. 목사를 숭배하는 어리석은 사람들은 곧 목사에게 등을 돌리는 경향이 있기 때문입니다. 비록 그들이 목사를 돌로 쳐죽이지는 않더라도, 가능한 한 불친절과 경멸의 자세를 갖고 목사를 대할 것입니다.

한편으로는 "모든 말을 혼자서 하지 말고, 자신이 중요한 존재인 척하지도 마십시오. 그것은 사기 행위와 같습니다"라고 충고드리지만, 그렇다고 **얼간이처럼 행동해서도 안 됩니다**. 사람들은 여러분의 공적인 설교를 통해서만이 아니라, 사석에서의 개인적인 모습을 보면서 여러분과 여러분의 사역을 평가할 것입니다. 저는 많은 젊은 목회자들이 친교실에서의 경솔한 행동 때문에 강단 사역까지 망쳐버린 경우를 보았습니다. 사람들과 함께 있을 때 보인 어리석음과 경솔함 때문에, 선한 일을 하려는 모든 소망을 잃어버린 것입니다. 생명이 없는 통나무처럼 되지 마십시오.…

대화의 흐름을 바꿔서 유익하게 되도록 이끄십시오. 사교적이고 즐거우면서도, 무엇인가 결실이 남도록 노력하십시오. 바람에 씨를 날려버리고 쟁기로 바위를 갈면서 시간과 힘을 낭비할 이유가 어디에 있습니까? 여러분이 있는 곳에서 이루어지는 모든 대화의 내용에 대해 결국 여러분이 지는 책임이 매우 크다는 사실을 잊지 마십시오.… 그러므로 대화의 배가 올바른 방향으로 나아갈 수 있도록 잘 조종해야 합니다. 이 일을 거칠게 힘으로 하지 마십시오.…대화에 여러분의 마음이 있고 재치가 깨어 있다면, 이 일은 충분히 쉽게 이루어질 것입니다. 게다가 하나님의 인도하심을 구하며 기도한다면 말입니다.

…예수님을 위해서 거룩한 수다쟁이가 되는 것은 신실한 설교자가 되는 것만큼 열매를 맺는 사역이 될 수 있습니다.…

아마도 이쯤에서 한 가지 규범을 말씀드리는 것이 좋을 것 같습니다. 물론 제 말을 듣고 있는 존경할 만한 여러분에게는 별로 필요 없는 내용이라는 생각도 듭니다. 부자들의 지원을 얻어내기 위해 그들의 식사에 자주 드나들지 말고, 다과회나 오락 모임을 즐겨 찾는 사람이 되지도 마십시오. 가난하고 병들고 방황하는 주님의 백성이 여러분을 필요로 할 때, 여러분이 부자들과 어울려 춤이나 추고 다닐 수야 없지 않겠습니까?…목회 사역에 갓 입문하는 아들 목사에게 쓴 "늙고 사랑받는 아버지 목사가 그의 친애하는 아들에게"라는 유명한 편지는 통쾌하게 비꼬는 내용으로 되어 있는데, 다음 발췌 대목은 지금 우리가 말하는 부분에 꼭 맞습니다.

…너희 마을로 이사 오는 모든 그럴듯한 사람들, 특히 부자들과 영향력 있는 사람들을 예의 주시해라. 그들을 초대하고 응접실에서의 헌신으로 그들의 마음을 얻도록 해라. 그렇게 함으로써 주님의 목적을 가장 효율적으로 섬길 수 있으니 말이다. 사람들은 돌봄을 필요로 하고, 응접실에서의 능력에 비하면 강단에서의 능력이 하찮은 것

이라는 나의 확신이 사실임을 나의 오랜 경험은 보여준다. 우리는 하나님의 말씀과 기도를 통해 예수회 사람들의 행위를 본받고 거룩하게 여겨야 한다. 그들은 강단이 아니라 응접실을 통해 성공했다. 응접실에서는 속삭일 수도 있고, 사람들의 아주 사소한 개인적인 생각도 들을 수 있다. 강단은 정말이지 불편한 장소다. 물론 하나님의 큰 능력과 기타 등등이 있는 곳이기는 하지만 말이다. 응접실이 바로 누가 성공한 목회자인지 말해준다. 목회자가 훌륭한 설교자라 할지라도, 완벽한 신사 목회자만큼은 성공을 기대할 수 없는 법이다. 그가 그 외에 무엇이라 하더라도, 먼저 신사가 되지 못하면 교양을 중요하게 여기는 사회에서는 성공에 대한 기대조차 할 수 없다. 나는 섀프츠베리 백작(Anthony Ashley Cooper Earl of Shaftesbury)의 책 『성격들』(Characteristics)에 묘사된 사도 바울의 성격을 항상 좋아했다. 사도 바울은 정말 훌륭한 신사였더구나. 너에게 말해주고 싶은 것이 바로 이것이다. 너도 신사가 되거라. 이런 말까지 할 필요는 없겠지만, 점점 늘어가는 부유한 중산층을 회심시킬 소망을 가질 수 있는 것은 오직 이 방법뿐이라는 생각이 드는구나. 우리의 신앙이 좋은 양식과 취향을 가졌다는 것을 보여주어야 한다. 또 우리는 강렬한 자극과 흥분은 싫어한다는 것을 알려주어야 한다. 아, 그리고 사랑하는 아들아, 네가 쓰임 받기를 원한다면 골방에서 기도할 때, 품위 있는 사람이 되게 해달라고 기도하거라. 누가 나에게 첫 번째 의무가 무엇이냐는 질문을 한다면, 품위를 지키라고 말하고 싶다. 두 번째 의무가 무엇이냐고 물어도 품위를 지키라고 할 것이고,

세 번째 의무에 대한 대답 역시 품위를 지키라는 것이다.

…지각 있는 대화는 십중팔구 논쟁으로 흐르기 쉽습니다. 여기서 많은 훌륭한 사람들이 어려움을 겪습니다. 지각 있는 목사는 **논쟁을 할 때 특히 온화함을 유지합니다.** 무엇보다 목사는 화를 내는 것이 기세가 있는 것이라거나, 분노를 갖고 말하는 것이 능력 있는 것이라는 식으로 잘못 생각해서는 안 됩니다. 캘커타의 한 군중 속에 서 있던 어떤 이교도가, 선교사와 브라만교도가 논쟁하는 것을 듣고 있었습니다. 그런데 그는 두 사람이 사용하는 언어는 몰라도 누가 옳고 그른지는 알 수 있다고 했습니다. 먼저 성질을 부리는 사람이 틀렸다는 것입니다. 대부분의 경우 그런 판단은 매우 정확합니다. 사람들과 논쟁하는 것을 피하십시오. 여러분의 의견을 말씀하고, 다른 사람들의 의견도 들으십시오. 지팡이가 구부러져 있는 것을 보고 사람들에게 그것이 구부러져 있다는 것을 알리고 싶으면, 그 옆에 똑바른 막대기를 가져다놓으십시오. 그것으로 충분할 것입니다. 하지만 일단 논쟁에 휘말리게 되었을 경우에는, 매우 견고한 논증을 제시하되 정말 부드러운 말을 사용하십시오. 사람의 이성에 호소해서 설득할 수 없는 경우가 자주 있지만, 그의 마음을 얻으면 얼마든지 설득할 수 있습니다.…

마지막으로, 모든 온화함과 함께 목사는 원칙에 있어서 확고하고, 어떤 사람과 함께 있든지 그 원칙들을 담대하게 말하고 변호해야 합니다. 좋은 기회가 생기거나 그런 기회를 만들 수 있다면, 그것을 이용하는 데 주저하지 마십시오. 원칙에 있어서는 강하고, 목소리는 진지하고, 마음은 다정하게 해서 사람답게 말하십시오. 그리고 그런 특권을 가진 것에 대해 하나님께 감사하십시오. 과묵할 필요가 없습니다. 절대로 그래서는 안 됩니다. 열광주의자들의 정신 나간 공상, 유토피아를 원하는 개혁자들의 거친 꿈들, 마을 사람들의 어리석은 잡담이나 경솔하고 무의미한 말들 모두가 그 원칙들을 듣고 깨우쳐야 합니다. 그리스도가 그들에게도 선포되어야 하지 않겠습니까? 간섭한다는 비난을 듣거나 독실한 신자로 보이는 것이 싫다고, 그리스도의 사랑의 메시지를 전하지 않고 있어서야 되겠습니까? 우리의 신앙이 금기시되고, 최고로 고상한 주제들이 금지되어서야 되겠습니까? 어느 사회든 그런 것이 규칙이라면 우리는 준수하지 않을 것입니다. 우리가 그 규칙을 깨뜨릴 수 없다면, 문둥병이 덮친 집을 사람들이 떠나는 것처럼 우리도 그런 사회를 떠날 것입니다. 입에 재갈을 물리는 데 동의할 수 없습니다. 그래야 할 이유가 전혀 없기 때문입니다. 주님과 함께 갈 수 없는 곳이라면 그 어디라도 가지 않을 것입니다. 죄를 지을 자유가 다른 사람들에게 있는 한, 그들을 책망하고 경계할 자유를 우리도 포기하지 않을 것입니다.

지혜롭게 사용한다면 우리의 일반적인 대화는 선을 위한 강력한 수단이 될 수 있습니다. 단 한 마디의 말이 여러 생각을 불러일으킬 수 있고, 이를 통해 우리의 설교로 결코 도달할 수 없는 사람들을 회심으로 이끌수 있습니다.…

정직하고 좋은 땅에는 물론이고, 바위와 길가에도 씨를 뿌리도록 합시다. 그러면 마지막 큰 날에 기쁨으로 수확하게 될 것입니다. 어쩌다가 의외의 기회에 물에 던져둔 빵이 여러 날이 지난 후에 다시 발견될 수 있기를 바랍니다(참고. 전 11:1).

18
청중의 주의를 끌려면

Attention!

이제 다룰 주제는 설교학과 관련된 책들에서 거의 찾기 어려운 주제입니다. 이토록 중요한 주제, 한 장 이상을 할애해서 다뤄야 내용이 그동안 간과되었다는 것은 정말 놀라운 일입니다.…지금껏 간과된 주제는 바로 어떻게 청중의 주목을 얻고 또 그것을 계속 유지할 것인가 하는 것입니다. 반드시 청중이 주목하게 해야 합니다. 그렇지 않으면 어떤 일도 일어나지 않습니다. 나아가 그것을 계속해서 유지해야 합니다. 그렇지 않으면 말만 계속하게 될 뿐, 어떤 선한 결과도 못 얻을 것입니다.

우리 영국 장교들은 군의 발표문 가장 윗줄에 "주목!"(AT-TENTION)이라는 말을 항상 대문자로 써놓는데, 우리의 설교 위에도 바로 그런 단어가 필요합니다. 우리는 진지하고 솔직하고 깨어 있어서 지속적으로 주목하는 청중이 필요합니다. 사람의 마음이 멀리 떠나 방황하고 있으면 진리를 받아들일 수 없습니다. 소극적인 청중도 마찬가지입니다.… 청중이 자신에게 주목하든 말든 거의 신경을 쓰지 않는 설교자들도 있습니다. 그들은 주어진 시간 동안 말만 하면서, 사람들이 자기 말을 듣고 영원을 얻는지 아니면 헛되게 듣고 있는지에 대해서는 별로 중요하게 생각하지 않습니다. 그런 목사들은 차라리 일찍 죽어 교회 마당에 묻혀서, 무덤의 비석 위에 새겨질 성경 구절을 통해 설교하는 것이 더 좋습니다. 어떤 설교자들은 천사들의 주목을 끌기라도 할 것처럼 천장의 환기 장치를 바라보며 말하기도 하고, 또 다른 설교자들은 생각에 몰두하려는 듯 책을 내려다보기도 합니다. 어떤 이들은 자신을 위한 청중이 있다는 사실로 인해 상당히 존경받고 있다고 느낍니다. 왜 이런 사람들은 차라리 들판에 나가서 별들한테나 설교하지 않습니까? 만일 설교가 청중과 전혀 관련이 없다면 정말 그렇게 설교해도 될 것입니다. 설교가 독백이라면 혼자서 외롭게 설교하는 것이 더 좋을 것입니다. 하지만 합리적인 설교자라면(모두가 합리적이지는 않습니다) 모든 청중, 젊은이로부터 노인에 이르기까지 모든 사람의 관심을 끄는 게 필수적이라고 느낄 것입니다. 어린아이들조차도 설교에 집중할 수 있도록 해야 합니다. 여러분은 "누가 어린아이들을 산만하게 만든다는 말입니까?"라고 말할 수도 있습니다. 저는 대부분의 설교자들이 그렇게 하고 있다고 말씀드리고 싶습니다. 예배 시간에 아이들이 조용히 하지 않는 것은, 아이들의 잘못이 아니라 우리의 잘못일 때도 자주 있습니다.

어린아이들을 위해서 짧은 이야기나 비유들을 넣을 수 있지 않습니까? 위층에 앉아 있는 소년이나 아래층에 있는 여자아이가 몸을 꼬기 시작하면, 차례로 그들의 시선을 끌고 미소를 보낼 수 없습니까? 저는 자주 강단 바로 앞에 앉아 있는 고아 소년들과 눈으로 말합니다. 우리는 모든 사람이 우리에게 눈을 고정시키고 우리에게 귀를 열기 원합니다. 저는 심지어 앞을 못 보는 맹인이라도 얼굴을 제게로 향하고 보지 않으면 신경이 쓰입니다. 청중 중에 뒤돌아서서 속삭이거나 꾸벅꾸벅 졸거나 시계를 보는 사람이 있으면, 제가 그들에게 영향을 끼치지 못하고 있다고 생각하고 그들의 마음을 사로잡을 다른 방법을 강구하게 됩니다. 이런 상황에 대해서 제가 불평하는 경우는 거의 없습니다. 혹시 불평하더라도 대부분은 제 자신에 대해서 합니다. 사람들의 주목을 이끌어내는 방법을 모른다면, 그들의 주목을 받을 자격도 없는 것입니다.

물론 여러분이 쉽게 주목을 이끌어낼 수 없는 회중도 있습니다. 그들은 아예 관심조차 갖고 있지 않습니다. 그들을 꾸짖어도 아무런 소용이 없습니다. 그것은 마치 새를 잡으려고 나무를 던지는 것과도 같습니다. 사실 대부분의 경우 책망해야 할 사람은 따로 있는데, 바로 여러분 자신입니다. 예배에 참석하는 것이 그들의 의무일 수도 있습니다. 하지만 그들을 예배에 나오도록 하는 것은 더더욱 여러분의 의무입니다. 여러분은 물고기가 낚시 바늘에 걸려들게 해야 합니다. 물고기가 오지 않으면, 책망은 물고기가 아니라 낚시꾼이 받아야 하는 것입니다. 그들이 잠깐 동안 잠잠히 서서, 주 하나님이 그들의 영혼을 향해 하시는 말씀을 듣게 하십시오.…집중하는 게 쉽지 않은 사람들도 있다는 것을 기억하십시오. 그들 중 많은 이들이 설교 내용에 전혀 관심이 없고, 복음이 자신에게 특별한 가치가 있다고 고백할 만큼 마음에 은혜의 체험이 있었던 것도 아닙니다.…어쩌면 그들 중에는 한 주일 내내 업무에 시달리고 찌들어 있는 사람들도 많을 것입니다. 그들은 자신의 짐을 주님께 맡겨야 합니다. 하지만 여러분은 항상 그렇게 합니까? 여러분은 많은 걱정거리에서 항상 쉽게 벗어날 수 있습니까? 여러분은 집에 있는 병든 아내와 아픈 자녀들을 잊을 수 있습니까? 일상적인 업무에서 오는 근심과 걱정으로 무거운 짐을 진 채 하나님의 집에 오는 사람들이 많이 있습니다. 농부는 밭을 갈거나 씨를 뿌릴 일에 대해서 생각합니다. 주일에 비가 오면 어린 밀을 어떻게 돌볼지 생각하게 되는 것입니다. 상인들은 부도난 수표들이 눈에 아른거립니다. 가게 주인들은 자신의 빚이 얼마나 되는지 늘 생각합니다. 여자들의 옷차림이나 남자들의 구두에서 나는 삐걱거리는 소리가 많은 사람의 주의를 산만하게 만드는 것에 대해서는 놀랄 필요도 없는 것입니다.…그러므로 여러분의 설교와 주제가 사람들의 주의를 끌 수 있을 만큼 충분히 영향력이 있어야 합니다. 그래서 그들이 집착하고 있는 땅으로부터 끌어올려져서 하늘로 더 가까이 갈 수 있도록 해야 합니다.

　장소와 공기 때문에 회중이 집중하기 힘들 때가 자주 있습니다. 예를 들어, 지금 이 방처럼 꽉 막혀 있고 모든 창문이 닫혀 있어서 충분히 숨쉴 수 있는 공기가 들어오지 못하는 곳에 있으면, 다른 것에 대해서는 생각할 겨를이 없게 됩니다. 계속해서 다른 사람의 폐에서 나오는 공기를 들이마시면, 생명의 모든 기능이 제대로 작동할 수 없게 됩니다. 그래서 상한 마음을 갖게 되는 것이 아니라, 오히려 머리만 지끈지끈 아플 뿐입니다. 설교자에게 하나님의 은혜 다음으로 가장 중요한 것은 바로 신선한 공기입니다. 하늘의 창이 열리도록 기도하십시오. 그러나 우선 예배당 창문을 여는 것부터 시작하십시오.…

　가끔은 청중의 태도 자체가 집중하기에 어려운 경우도 있습니다. 주의를 기울이는 습관이 전혀 되어 있지 않은 것입니다. 예배에는 참석하지만 설교자의 말에는 집중하지 않습니다. 그들은 교회에 들어오는 모든 사람을 둘러보는 것이 습관처럼 되어 있고, 아무 때나 교회에 들어옵니다. 때로는 발을 쿵쾅거리며 들어오기도 하고, 구두를 딸각거리기도 하고, 문을 쾅 닫기도 합니다. 한번은 쉬지 않고 주위를 이리저리 둘러보는 사람들에게 설교한 적이 있습니다. 어쩔 수 없이 임시 방편으로 이렇게 말했습니다. "여러분, 지금 들어오는 사람이 누구인지 알고 싶으시죠? 하지만 그렇게 두리번거리면 제가 설교하는 데 몹시 거슬립니다. 괜찮으시다면, 누군가 들어올 때마다 제가 설명을 해드리죠. 그러니 여러분은 그냥 앉아서 저를 보시고 최소한의 예의를 갖추어주시기 바랍니다." 마침 한 남자가 들어왔는데, 그는 제가 설명을 해도 무안해하지 않을 친구였습니다. 그래서 저는 "아주 존경할 만한 신사가 들어와서 이제 막 모자를 벗었습니다"라고 설명했습니다. 그렇게 한 번 하고 나니, 더 이상 그런 식으로 설명할 필요가 없다는 것을 깨달았습니다. 왜냐하면 제가 하는 행동에 사람들이 매우 충격을 받았기 때문입니다. 그래서 저는 그들에게 그렇게 어리석은 일을 하게 만든 장본인이 당신들이니, 더 큰 충격을 받은 사람은 사실 저라고 일러주었습니다. 그렇게 해서 그들은 한동안 이 문제로부터 치유되었습니다. 이 문제가 영원히 사라지면 얼마나 좋을까요? 그러면 그들의 목사에게 커다란 기쁨이 될 텐데 말입니다.

…청중의 주목을 끌기 위한 첫 번째 황금률은, 언제나 들을 가치가 있는 말을 하라는 것입니다. 대부분의 사람에게는 좋은 말을 듣고 싶어하는 본능이 있습니다. 또 다른 비슷한 본능이 있는데, 그것은 사람들이 그저 말뿐인 것은 주의 깊게 들으려 하지 않는다는 것입니다. 여러분은 이 사실을 잊지 말아야 합니다. 목사 중에 생각에 비해서 말이 너무 많은 비중을 차지하는 사람들도 있다는 것은 결코 심한 비판이 아닙니다. 만일 실제로 그들에게 어떤 생각이 있더라도, 그들의 말 때문에 생각이 가려집니다. 온갖 쓸데없는 말을 산더미처럼 쏟아내기 때문에, 어쩌면 한두 가지 핵심이 있어도 그것이 어디에 있는지 말하기 어렵

습니다.…

보물처럼 귀하고 기억할 가치가 있는 것을 청중에게 주십시오. 그들에게 유익한 것, 가장 좋은 곳에서 가져온 가장 좋은 것들을 주십시오. 하나님의 말씀에서 나오는 견고한 교리 말입니다. 하늘에서 금방 내려온 신선한 만나를 공급해야지, 공장에서 1년 내내 똑같은 모양으로 만들어지는 빵처럼 항상 같은 것을 싫증 날 만큼 주어서는 안 됩니다. 충격적이며 한밤중에라도 듣고 싶어서 일어나게 만드는, 그것을 듣기 위해서라면 50마일이라도 걸어서 갈 만큼 가치가 있는 것을 전하십시오. 여러분에게는 충분히 그럴 능력이 있습니다. 형제 여러분, 그렇게 하십시오. 계속해서 그렇게 하십시오. 그러면 청중은 여러분이 바라는 모든 주의를 여러분에게 기울일 것입니다.

여러분이 전하는 유익한 내용은 분명하게 정리되어 있어야 합니다. 이것은 매우 중요합니다. 좋은 내용들을 어수선하게 산더미처럼 쌓아놓을 수도 있습니다. 어렸을 때 바구니를 들고 상점에 가서 차(茶) 1파운드, 겨자 4분의 1파운드, 쌀 3파운드를 사는 심부름을 한 적이 있습니다. 돌아오는 길에 사냥개들이 떼를 지어 있는 것을 보고, 그것을 피해서 (소년이었을 때 늘 그래 왔던 것처럼) 울타리를 넘고 웅덩이를 건너서 집으로 돌아왔습니다. 그런데 집에 도착해보니, 차와 겨자와 쌀이 모두 한데 어지럽게 뒤섞여 있었습니다. 그날 이후로 저는 튼튼한 상자에 물건들을 잘 정리할 필요성을 깨달았습니다. 설교 또한 동일한 맥락에서 생각할 수 있습니다. 그래서 저는 설교할 때, 비록 오늘날 유행이 지난 것처럼 보이더라도 아직까지 첫째, 둘째, 셋째로 구분하는 방식을 유지하고 있습니다. 겨자 맛이 나는 차를 누가 마시고 싶어하겠습니까? 마찬가지로, 머리인지 꼬리인지도 구별할 수 없는 어수선한 설교를 누가 듣고 싶어하겠습니까? 설교는 브라이트 씨가 가지고 있는, 머리와 꼬리가 비슷하게 생긴 스카이 테리어(Skye terrier)처럼 되어서는 안 됩니다. 논리적이고 질서 정연하게 정리된 진리를 사람들에게 제시하십시오. 그래야 쉽게 기억하고, 더 잘 받아들일 수 있습니다.

뿐만 아니라 명확하게 말하도록 주의하십시오. 다루는 주제가 아무리 탁월해도, 듣는 사람이 그것을 이해하지 못하면 아무 소용이 없기 때문입니다. 이해할 수 없는 표현이나 청중에게 맞지 않는 방식으로 말하는 것은 알 수 없는 나라의 언어로 말하는 것과 같습니다. 가난한 사람에게는 그의 수준에 맞게 올라가고, 교육을 받은 사람에게는 그의 이해 수준에 맞게 내려가라고 말하면, 제가 표현을 이렇게 뒤틀어서 말한 것 때문에 웃는 분들도 있을지 모르겠습니다. 하지만 품위 있는 사람들을 위해 세련되게 말하는 것보다는, 무식한 사람들에게 명확하게 말하는 것이 제 생각에는 더 수준을 높이는 것입니다. 어쨌든 이것이 둘 중에 말씀을 전하기가 더 어려운 경우이고, 주님이 말씀하신 방법이기도 합니다. 여러분은 청중과 함께할 수 있는 길을 따라 걷는 것이 현명합니다. 높은 말 위에 올라타서 청중의 머리 위로 다녀서는 안 됩니다. 우리의 주님이며 선생이신 분은 설교자들의 왕이셨습니다. 하지만 한 번도 사람들이 이해할 수 없는 어려운 내용을 말씀하신 적이 없습니다. 우리 주님은 말씀의 위엄과 영광에 있어서 그 누구도 감당할 수 없는 분이었는데도 말입니다. 그분의 용어들과 표현들은 마치 "거룩한 아이 예수"(holy child Jesus)가 말하는 것과 같았습니다. 여러분의 마음에 좋은 내용을 담아서 분명하게 정리하고 명확하게 표현한다면, 여러분은 분명히 사람들의 귀와 마음을 모두 얻을 것입니다.

또한 전달 방법에 대해서도 주의를 기울이십시오. 청중의 주의를 끄는 것을 목표로 삼으십시오. 여기서 말씀드리고 싶은 것은, 설교문을 그저 읽기만 하지 않는 것을 원칙으로 삼으라는 것입니다.… 제가 지금까지 들어본 최고의 읽는 설교는 종이 맛이 나고 제 목구멍에 걸리는 것이었습니다. 제 소화 기능이 그렇게 많은 종이를 녹일 정도로 좋지는 않기 때문에, 당연히 그 맛을 즐길 수 없었습니다.…

여기서 말씀드리고 싶은 것은, **청중이 여러분의 말씀을 주의 깊게 듣기를 원한다면, 완전히 즉흥적인 설교를 하지 말라는 것입니다.** 그것은 설교문을 그저 읽는 것만큼이나 좋지 않으며, 어쩌면 그보다 더 나쁠 수도 있습니다. 사전에 아무런 연구도 없이 원고를 즉흥적으로 쓴 것이 아니라면 말입니다. 강단에 올라가서 처음 머리에 떠오르는 생각을 말하는 식이어서는 안 됩니다. 대부분의 경우 맨 처음에 떠오르는 생각들은 시시하거나 공허한 것에 불과하기 때문입니다. 청중에게 필요한 것은 많은 기도와 수고를 통해 준비된 설교입니다. 사람들은 전혀 가공되지 않은 날음식을 원하지 않습니다. 음식은 적절하게 요리가 되어서 사람들이 먹기에 알맞게 준비되어야 합니다. 우리는 말씀 자체가 스스로 드러날 수 있도록, 우리의 영혼으로부터 말씀을 전해야 합니다. 마치 전문적인 작가가 할 수 있는 한 최선을 다해서 준비하는 것처럼, 우리도 설교문을 그렇게 철저하게 준비해야 합니다. 말씀을 잘 전하기 원한다면, 실제로 더욱 잘 준비해야 합니다. 제 생각에 가장 좋은 방법은 내용을 즉흥적으로 말하는 것이 아니라, 단어 사용 및 표현을 즉흥적으로 하는 것입니다. 다시 말해서 주제는 충분히 숙고해서 준비하되, 언어는 그 순간 떠오르는 대로 표현하는 것입니다.…

주목을 끌기 위해서 가능한 한 즐거운 태도를 견지하십시오. 예를 들면, 단조로운 음성을 고집하지 마십시오. 계속해서 목소리에 변화를 주어야 합니다. 말하는 속도도 다양하게 해야 합니다. 그래서 번개처럼 빠르게 질주하다가도, 곧 고요한 웅장함 가운데 앞으로 나아가듯 조용하고 나직하게 말해야 합니다. 말의 강약에 변화를 주고 강조할 부분은 강조하되, 노래하는 것처럼 하지는 마십시오. 목소리의 억양에 변화를 주어서, 때로는 베이스 음을 사용하고 천둥이 치게 하십시오. 다른 때는 여러분이 평상시 말할 때처럼 입술을 사용해서 말하고, 설교가 대화처럼 되게 하십시오. 무엇이든 변화를 주어야 합니다.… 이 부분에 대해서는 더 이상 길게 말씀드리지 않겠습니다. 왜냐하면 설교자들은, 말하는 방식이 매우 불완전해도 설교의 내용만으로 충분히 청중의 주목을 끌고 유지하는 법을 알고 있기 때문입니다.…

모세는 말이 어눌한 사람이었지만 모두가 그의 말에 귀를 기울였다는 사실을 우리는 기억합니다. 바울도 언변이 보잘것없다는 평가를 받았기 때문에, 아마 이와 비슷한 약점으로 고생했던 것 같습니다. 그러나 그것은 단지 그의 원수들의 비난에 불과했기 때문에, 확실하지는 않습니다. 여러 교회에서 바울이 보인 권능은 대단했습니다. 그러나 그도 설교가 길어졌을 때는 늘 청중의 주목을 유지할 수 없었습니다. 적어도 한 사람이 졸다가 심각한 일을 당했으니 말입니다. 방법이 전부는 아닙니다. 그러나 좋은 내용을 가지고 있으면서 제대로 전달하지 못한다면, 정말 안타까운 일이 아닐 수 없습니다. 마치 왕이 쓰레기차를 타서는 안 되는 것처럼, 영광스러운 은혜의 교리가 아무렇게나 전달되어서는 안 됩니다. 왕같이 고귀한 진리들은 황금 마차를 타야 합니다. 가장 고귀한 준마에 진리를 태우고, 은나팔을 불어서 아름다운 멜로디를 울리는 가운데 거리를 행진하게 해야 합니다. 사람들이 주목하지 않을 때, 우리의 불완전한 언변을 핑계하게 하지 마십시오. 하지만 우리가 표현상의 어눌함을 교정할 수 없다면, 내용을 풍부하게 해서 부지런히 그 부족함을 보충해야 합니다. 우리는 모든 기회에 우리의 최선을 다해야 합니다.

원칙적으로, 서론을 너무 길게 끌지 마십시오. 집은 작은데 현관만 크게 만드는 것은 언제나 우스운 일입니다. 어느 훌륭한 여성 그리스도인이 한번은 존 하우(John Howe)의 설교를 들었습니다. 그런데 서론에만 한 시간이 걸리자, 그 훌륭한 목사가 식탁보를 깔아놓는 데 너무 오래 걸려서 그만 식욕도 사라졌다고 그녀는 말했습니다. 저녁 식사가 끝까지 나오지 않을 것 같았던 것입니다. 여러분, 식탁을 빨리 차려서 수저와 그릇 놓는 소리가 더 이상 들리지 않게 하십시오.…저는 설교의 서론을 작성할 때, 관청의 소식을 알리는 관원이 종을 흔들면서 "오, 여러분! 여기 공지 사항이 있습니다"라고 소리치는 것과 같게 하려고 노력합니다. 서론은 자기에게 새로운 소식이 있음을 알려서 사람들이 자기의 말을 경청하게 하는 것입니다. 이를 위해서는 서론에 뭔가 충격적인 내용이 있어야 합니다. 마치 신호탄으로 전투 개시를 알리는 것처럼, 청중을 깜짝 놀라게 할 한 방을 날리면 좋습니다. 처음부터 목소리를 높여서 긴장하게 하지 마십시오. 모든 것이 자연스럽게 진행되도록 설교를 시작해야 합니다. 너무 거창한 서론으로 시작해서 다음 내용을 무색하게 하지 말고, 더 좋은 내용으로 가는 하나의 단계 정도로 시작하는 것이 좋습니다. 처음 시작을 생동감 있게 하십시오.

설교를 하면서 반복하지 마십시오. 전에 어느 목사의 설교를 들었는데, 그는 열 문장 정도를 말한 다음에 습관적으로 "이미 살펴본 것처럼"이나 "앞에서 말씀드린 것을 다시 반복하자면"과 같은 말을 했습니다. 그런데 그가 말한 것 속에 특별히 좋은 내용이 없었기 때문에, 그것을 반복하는 것은 단지 땅의 황량함을 더 분명하게 드러내는 것밖에 되지 않았습니다. 내용이 정말 좋았고 여러분이 그 내용을 이미 강조해서 말했다면, 구태여 반복할 이유가 어디에 있습니까? 혹시 그것이 사사로운 문제였다면, 두 번 반복할 이유가 어디에 있습니까? 물론 몇 문장을 가끔 반복하는 것은 매우 설득력이 있을 수도 있습니다. 무엇이든 가끔 하는 것은 좋지만, 그것이 습관처럼 되면 매우 해로울 수 있습니다. 조만간 반복될 것을 알면서 처음 말할 때 귀를 기울일 사람이 어디 있겠습니까?

나아가서, 동일한 생각을 다른 말로 바꾸어 거듭 반복해서도 안 됩니다. 모든 문장에 신선한 내용이 있게 하십시오. 망치를 가지고 똑같은 못만 계속 박아서는 안 됩니다. 여러분이 가지고 있는 성경은 너무나 큽니다. 사람들이 그 길이와 넓이를 누리도록 하십시오. 그러나 형제 여러분, 매번 설교할 때마다 반드시 신학의 모든 내용을 전달하거나 교리를 요약해야 한다고는 생각하지 마십시오.…제가 아는 어떤 목사의 설교는 출판되어 나올 때마다 마치 신학의 내용을 총정리한 것을 읽는 듯한 느낌을 주는데, 그런 것은 강단보다는 강의실에나 적합한 것입니다. 일반 대중이 듣기에는 지루하고 답답하기 때문입니다. 청중은 학문적인 정의의 뼈대를 있는 그대로 원하는 것이 아니라, 육질과 풍미를 맛보고 싶어합니다. 신학적인 정의와 차이들도 물론 좋습니다. 하지만 그런 것들이 주를 이루는 설교를 보면, 온갖 중요한 차이점들로만 이루어진 한 젊은 목사의 설교가 생각납니다. 어떤 나이 많은 집사가 그 목사의 설교에서 한 가지 중요한 차이점이 빠진 것을 발견했는데, 그것은 곧 살과 뼈를 구분하지 못했다는 것입니다. 설교자들이 이것을 구분하지 못하면, 다른 모든 차이점들도 아무런 의미가 없게 될 것입니다.

청중의 주목을 계속 유지하기 위해서, 설교가 너무 길어지지 않게 하십시오. 어느 경험 많은 설교자가 한 시간 동안 설교한 젊은 목사에게 말했습니다. "젊은 친구, 자네가 무엇에 대해서(about) 설교하든 신경 쓰지 않겠네. 하지만 언제나 40분 정도만(about) 설교했으면 좋겠네." 설교할 때는 40분이나 45분을 넘기지 않는 것이 좋습니다. 만일 이 시간 동안 다 말할 수 없다면, 도대체 언제 말할 것입니까? 어떤 사람은 "주제에 합당하게 하기" 원한다고 말하기도 합니다. 하지만 듣는 사람들에게도 합당하게 해야 하지 않겠습니까? 아니면 적어도 그들에게 약간의 긍휼이라도 베풀어서 너무 오랫동안 붙들고 있지 않으면 안 될까요? 설교의 주제는 여러분에게 불평하지 않지만, 사람들은 불평할 것입니다. 어느 시골 지역에서는 특히 오후만 되면 농부들이 소젖을 짜러 가야 합니다. 한번은 어느 농부가 제게 와서, 아마도 우리 신학교 출신인 젊은 목사에 대해 크게 불평했습니다. "목사님, 그분께 네 시까지만 주어졌는데, 네 시 반까지 계속 설교를 하고 있었습니다. 모든 소가 젖을 짜주기를 기다리고 있는데 말이죠! 자기가 소라면 그런 대우를 좋아했겠습니까?" 그 말에는 분명히 일리가 있었습니다. 동물 학대 방지 협회(Society for the Prevention of Cruelty to Animals)가 마땅히 그 젊은 죄인을 고발하면 좋을 뻔했습니다. 농부들이 온통 소 생각으로 가득한데, 어떻게 말씀을 들어서 유익을 얻을 수 있겠습니까? 여러분의 설교가 10분을 초과하면 어머니들은 당연히 아기가 울거나 불이 꺼질 것이라고 걱정하면서, 더이상 여러분의 설교에 마음을 쏟지 않을 것입니다. 여러분이 그들에게 할애된 시간보다 10분을 더 길게 붙들고 있으면, 그들은 그것을 여러분이 자기들에게 행한 부당한 처사로 여깁니다. 여러분과 회중 사이에는 일종의 도덕적인 합의가 있습니다. 그것은 곧 그들을 한 시간 반 이상 붙들어놓아서 지치게 하는 일이 없게 하겠다는 것입니다. 그래서 그보다 더 오래 그들을 붙들고 있는 것은 계약 파기에 해당하며, 결코 저질러서는 안 되는 부정직한 행위를 실제적으로 범하는 것입니다. 간결함이야말로 우리 모두에게 미덕입니다. 우리가 사람들의 신뢰를 얻을 수 있는 기회를 놓치지 맙시다. 설교를 어떻게 줄여야 하는지 제게 물으시면, 저는 더 잘 **연구하라**고 말씀드리고 싶습니다. 연구하는 데 더 많은 시간을 할애하면, 강단에서는 더 적은 시간이 필요할 것입니다. 대체로 말할 내용이 없을 때 더 길게 말하게 됩니다. 내용을 아주 잘 준비한 사람은 아마도 40분을 넘기지 않을 것입니다. 말할 내용이 그보다 적을 때는 50분 가까이 설교하게 되고, 말할 내용이 전혀 없는 경우에는 거의 한 시간 이상이 필요할지도 모릅니다. 이런 사소한 문제들에 주의를 기울이십시오. 그러면 청중의 주목을 유지하는 데 도움이 될 것입니다.…

우리의 일생이 우리가 하는 말에 무게를 더하는 것이 되어야 합니다. 그래야 세월이 흐른 뒤에도, 오래 지속된 성품에서 나오는 도무지 저항할 수 없는 설득력을 행사할 수 있고, 그래서 양 떼들의 주목뿐만 아니라 애정 어린 존경도 받게 됩니다. 우리의 기도와 수고와 눈물로 그들이 영적으로 강건하게 되면, 우리는 더 이상 그들에게 주목을 받지 못할까 두려워할 필요가 없습니다. 의에 굶주린 청중과, 그들의 영혼을 먹이는 데 전력을 다하는 목사가 하나님의 말씀을 공통 관심사로 삼을 때 가장 아름다운 조화를 이룰 것입니다.

청중의 주목을 끄는 또 다른 지침이 필요하다면, 여러분 스스로 흥미를 가지라고 말씀드리고 싶습니다. 그러면 여러분은 다른 사람들의 흥미도 끌게 될 것입니다.…여러분이 다루는 주제가 여러분 자신에게 정말 중요한 문제가 되어서, 그것을 전달하는 데 여러분의 모든 역량이 발휘되도록 해야 합니다. 그래서 그 주제가 여러분을 사로잡은 것을 사람들이 보면, 그들도 서서히 그 주제에 사로잡힐 것입니다.

말해야 하는 중요한 것을 전혀 갖고 있지 않다고 느끼는 설교자에게 사람들이 주목하지 않는 현상이 이상하게 여겨집니까? 설교자가 온 마음을 다해서 말씀을 전하지 않는데, 사람들이 귀를 열고 경청하지 않는 것이 이상합니까? 설교자 스스로가 자신이 다루고 있는 내용을 허구로 생각하면서 시간을 낭비하고 있는 것을 사람들이 알게 될 때, 그들의 생각이 자기들에게 진짜 중요한 문제들로 뻗어나가는 것이 놀랍습니까?…동시에, 여러분에게 말할 것이 전혀 없다면 그저 진지한 태도만으로는 청중의 주목을 유지할 수 없습니다. 북 치는 소리를 들으려고 계속 문 앞에 서 있을 사람은 없습니다. 무슨 일이 벌어지는지 보기 위해서 문밖으로 나오기는 하겠지만, 그것이 별 볼 일 없다는 것을 알면 다시 문을 쾅 닫고 들어가면서 "당신 때문에 나오기는 했는데, 마음에 들지는 않는군요"라고 말할 것입니다. 먼저 말할 내용을 가지십시오. 그리고 그것을 진지하게 전하십시오. 그러면 청중이 여러분의 발 앞으로 모여 여러분의 말에 귀를 기울일 것입니다.

많은 청중을 위해서 설교할 때 많은 예화를 쓰는 것이 좋다는 것은 굳이 말씀드리지 않아도 되는 분명한 사실입니다. 이 점에 대해서는 우리 주님이 친히 모범이 되십니다. 나아가 대부분의 위대한 설교자들은 직유, 은유, 알레고리, 일화 등을 상당히 자주 사용했습니다. 하지만 지나치지 않도록 주의하십시오.… 여러분이 말하는 일화에는 어느 정도 신선함과 독창성이 있어야 합니다. 눈을 크게 뜨고 정원과 들판에서 여러분의 손으로 직접 꽃을 따서 모으십시오. 그것이 다른 사람으로부터 시든 꽃을 빌려오는 것보다 훨씬 더 좋습니다. 다른 사람의 꽃다발이 아무리 한때 아름답고 화려했더라도 말입니다.…실제적인 교훈을 주고, 견고한 교리를 가르쳐야 합니다. 그렇지 않으면 여러분은 청중이 여러분의 예화에 흥미를 잃는 것을 보게 될 것이고, 그들은 영적으로 씹어먹을 만한 것을 갈망하게 될 것입니다.

여러분의 설교에 테일러 신부(Father Taylor)가 말하는 "놀람의 힘"(surprise power)이라는 것을 배양하십시오. 그 안에는 청중의 주목을 이끌어내는 놀라운 능력이 있습니다. 여러분이 말하리라고 누구나 예상하는 것을 말하지 마십시오. 상투적인 방식에서 벗어나는 참신한 문장들을 사용하십시오. "구원은 전적으로 은혜로 인한 것이며"를 말한 다음에 항상 "인간의 공로에 의한 것이 아닙니다"라는 말을 덧붙이지 말고, 약간 변화를 주어서 "구원은 전적으로 은혜로 인한 것이며, 자기 의(self-righteousness)가 머리를 숨길 곳은 전혀 없습니다"라는 식으로 말하는 것이 좋습니다.… 저는 작년 이맘때쯤 지중해 연안의 멘토네 해변에 앉아 있었습니다. 조수 간만의 차가 거의 없어서 파도는 부드럽게 일어났다가 사라졌고, 바람도 잔잔했습니다. 파도가 제 발 앞에서 나른하게 왔다갔다 반복하는데, 신경도 쓰지 않고 있었습니다. 그런데 갑자기 완전히 새로운 열정에 사로잡힌 것처럼 엄청나게 큰 파도가 일어나더니 저를 완전히 덮쳐서 흠뻑 젖고 말았습니다. 조금 전까지 조용히 있었던 제가 얼마나 빨리 일어섰는지 여러분은 쉽게 상상하실 수 있을 것입니다. 저의 백일몽도 그렇게 빨리 끝나고 말았습니다. 저는 옆에 있던 동료 목사에게 말했습니다. "이 파도는 설교를 어떻게 해야 하는지 잘 보여주고 있네. 사람들이 전혀 예상하지 못한 것으로 깜짝 놀라게 해서 그들을 깨워야지." 형제 여러분, 불시에 청중을 놀라게 만드십시오. 맑은 하늘에서 천둥이 떨어지게 하십시오. 모든 것이 고요하고 환할 때 비바람이 몰아치게 해야 합니다. 그런 대조를 통해서 놀라움이 더욱 커질 것입니다. 하지만 설교하는 동안 여러분 자신이 잠을 잔다면 아무런 소용이 없다는 사실을 기억하십시오. 그것이 가능한 일일까요? 당연히 가능합니다. 매 주일 그런 일이 일어나고 있습니다. 설교를 하면서도 반쯤 졸고 있는 목사들이 참 많습니다. 실제로 그들은 한 번도 깨지 않습니다. 아마도 바로 코앞에서 폭탄이 터지지 않는 한, 깨어나지 않을 것입니다. 무기력한 구절들과 진부한 표현들, 아주 지루한 내용이 설교의 대부분을 차지합니다. 그들은 사람들이 왜 그렇게 졸면서 앉아 있는지 의아해하지만, 저는 전혀 이상하게 생각하지 않습니다.

말을 하다가 잠시 멈추는 것이 청중의 주목을 이끌어내는 데 큰 도움이 됩니다. 가끔 말고삐를 잠깐 당겨주면 마차에 타고 있는 승객들은 잠에서 깨어납니다. 방앗간 주인도 물방아가 돌아가는 동안에는 잠에 빠질 수 있으나, 어떤 식으로든 물방아가 멈추면 일어나서 "대체 무슨 일이지?"라고 외칠 것입니다. 찌는 듯 더운 어느 여름날에 어떻게 해도 졸음을 물리치기 어려울 때는, 설교를 짧게 하고 보통 때보다 찬양을 좀더 많이 하고 한두 형제를 불러서 기도하게 하십시오. 어떤 목사는 사람들이 자는 모습을 보고 강단에서 내려와서 "여러분이 쉬고 있는 것을 보니 저도 쉬어야겠다는 생각이 듭니다"라고 말했다고 합니다.…어떻게 멈출지 알아야 합니다.…청중이 집중하지 않을 때는, 설교는 은(銀)과 같고 침묵이 금(金)입니다. 마치 요람을 흔들어주면 아이들이 잘 자는 것처럼, 평범하고 흔해 빠진 주제로 계속 지루하게 하는 설교는 사람들이 더 깊은 잠에 빠지게 합니다. 요람을 갑자기 잡아당기십시오. 그러면 잠이 달아날 것입니다.

제가 다시 한 번 말씀드립니다. 사람들이 설교 내내 주목하게 하려면, 우리가 말하고 있는 내용에 대해 그들이 스스로 관심이 있다고 느끼게 하십시오.…저는 지금껏 아주 희한한 이야기들을 다 들어보았지만, 누구도 물려받을 유산에 대해 기록한 유언이 낭독되는 동안 졸았다는 말은 들어본 적이 없습니다. 재판관이 판결문을 읽는 동안 피고가 졸았다는 말도 들어보지 못했습니다. 자신의 운명이 걸려 있는 순간에 조는 사람이 어디에 있겠습니까? 사람들은 자신과 관련된 일에 주목합니다. 실질적인 내용에 대해 설교하십시오. 현재적이고 절박한 개인적인 문제들을 설교의 주제로 삼으십시오. 그러면 사람들은 여러분이 말하는 것을 진지하게 경청할 것입니다.

불을 켜거나 헌금 바구니를 돌리거나 창문을 연다는 핑계로 참석자들이 통로를 지나다니는 일이 없도록 막으십시오. 집사들과 관리인들이 본당 여기저기를 돌아다니는 것은 용납되어서는 안 될 끔찍한 일입니다. 여러분은 부드럽지만 매우 단호하게, 그들이 이리저리 돌아다니는 것을 멈추도록 요청해야 합니다.

지각하는 것도 고쳐져야 합니다. 그들이 깨달을 수 있도록 매우 부드럽게 충고하고 타일러야 합니다.…

시작할 때 말씀드린 청중의 주목을 끌 수 있는 황금률은 항상 들을 만한 가치가 있는 말씀을 전하라는 것이었습니다. 이제는 다이아몬드와 같은 법칙을 말씀드리면서 결론을 맺으려고 합니다. 그것은 곧 여러분이 하나님의 성령으로 옷 입으라는 것입니다. 그러면 청중이 주목을 하는지 여부에 대해 묻지도 않게 될 것입니다.…하나님이 말씀하실 때 사람들은 분명히 듣게 되어 있습니다. 비록 하나님이 듣는 이들과 똑같이 연약한 사람을 통해서 말씀한다고 하더라도, 진리의 위엄이 청중으로 하여금 설교자의 목소리를 듣도록 하기 때문입니다. 여러분은 초자연적인 능력을 믿고 의지하십시오. 다시 한 번 말씀 드립니다. 완벽한 언변을 갖추십시오. 모든 지식을 연마하십시오. 여러분의 설교가 내용적으로나 표현적으로 빈틈이 없도록 하십시오. 이것은 마땅히 여러분이 해야만 하는 것입니다. 그러나 동시에 여러분은 사람이 중생하거나 성화되는 일에 관해 "…만군의 여호와께서 말씀하시되 힘으로 되지 아니하며 능력으로 되지 아니하고 오직 나의 영으로 되느니라"(슥 4:6)라는 말씀이 기록되어 있다는 사실을 기억해야 합니다. 때때로 여러분은 두루마기를 입거나 하나님의 성령으로 충만하게 되는 것처럼 열정에 휩싸여 있다는 것을 느끼지 않습니까? 그럴 때 사람들은 여러분의 말씀을 경청했고, 곧 믿음을 갖게 되었습니다. 하지만 위로부터 내려오는 능력이 여러분에게 임하지 않는다면, 여러분은 단지 멋진 악기로 연주하는 음악가나 맑은 음성으로 달콤한 노래를 부르는 가수에 불과한 것입니다. 그러면 그들이 귀로 들을지는 몰라도, 마음의 변화는 결코 일어나지 않습니다.…

    사랑하는 형제 여러분, 어떻게 해서라도 반드시 사람들을 회심시켜서 하나님께 영광 돌리는 일에 힘쓰십시오. 여러분의 마음의 소망이 완전히 충족될 때까지 멈추지 마십시오.

3부

一

스펄전의
설교

설교 1

믿음의 표지
Marks of Faith

"예수께서 이르시되 너희는 표적과 기사를 보지 못하면 도무지 믿지 아니하리라."
요한복음 4:48

여러분은 누가가 데오빌로에게 보낸 편지에서 예수님이 **행하고 가르치기** 시작하신 일들에 대해 말하는 것을 기억하실 것입니다. 마치 예수님의 행함과 가르침 사이에 어떤 관련이 있는 것처럼 말입니다. 실제로 그 둘 사이에는 가장 밀접한 방식으로 **관련**이 있었습니다. 예수님의 가르침은 행함에 대한 설명이었고, 행함은 가르침에 대한 확증이었습니다. 예수 그리스도는 결코 "내가 말한 대로 행하라. 그러나 내가 행한 대로 하지는 말라"라고 말씀하신 적이 없습니다. 예수님의 말씀과 행위는 서로 완벽하게 조화를 이루었습니다. 예수님은 자신이 **말씀하신** 것에 대해 정직한 분이었다는 것을 여러분은 잘 아실 것입니다. 왜냐하면 예수님이 **행하신** 일들이 바로 그런 확신을 우리 마음에 주기 때문입니다. 뿐만 아니라 여러분은 예수님이 가르치신 것들이 분명한 진리라는 것을 알게 되었는데, 예수님이 권위 있게 말씀했기 때문입니다. 예수님이 행하신 기적들을 통해 입증되고 드러난 권위 말입니다.

그리스도 안에서 형제 된 여러분! 마지막 날 우리의 일대기가 쓰여지게 된다면, 하나님은 우리가 한 모든 말뿐만 아니라, 우리가 말하고 행한 모든 것의 역사를 기록하게 하실 것입니다! 선하신 성령이 우리 안에 거하셔서, 마지막에 우리의 행함이 우리의 말과 모순되는 것으로 보이지 않기를 빕니다. 설교하는 것과 실천하는 것은 별개의 일입니다. 만약 설교와 실천이 함께 가지 않는다면, 설교자 자신이 책망을 받을 뿐만 아니라 또한 그의 잘못된 실천이 많은 사람을 잘못된 길로 인도하여 책망을 받게 할 것입니다. 여러분이 하나님의 종이라는 고백을 한다면, 그 고백대로 사십시오. 만약 다른 사람들을 복된 길로 인도해야겠다는 생각이 든다면, 여러분 스스로 모범을 보일 수 있게 하십시오. 여러분이 다른 사람들에게 가르치려는 것을 자신이 먼저 배우지 않았다면, 여러분은 가르칠 권한이 없습니다.

이렇게 해서 서론적인 이야기는 충분히 한 것 같습니다. 이제 본론으로 들어가보겠습니다. 제가 보기에 우리가 읽은 본문의 이야기는 세 가지 요점을 제시하고, 그 요점들은 각각 세 가지 별도의 내용으로 이루어집니다. 제가 이 이야기를 통해 언급하고 싶은 것은, 첫째로 믿음의 세 단계, 둘째로 믿음을 약화시키는 세 가지 질병, 마지막으로 여러분의 믿음과 관련된 세 가지 질문입니다.

―――∞―――

1. **믿음의 세 단계**에 대한 것으로 시작합시다.

물론 믿음의 삶은 더 정확하게 다섯 또는 여섯 단계의 성장 과정으로도 나눌 수 있습니다. 그러나 본문의 이야기는 세 가지 단계를 말하고 있으며, 우리는 오늘 아침에 이 관점을 따르려고 합니다.

가버나움에 한 왕의 신하가 살고 있었습니다. 어느 날 그는 유명한 선지자이며 설교자인 한 사람이 갈릴리와 유대에 있는 도시들을 계속 돌아다닌다는 소문을 들었습니다. 그 유능한 설교자는 탁월한 웅변술로만 청중을 끌어들이는 게 아니라, 자신의 사명을 확증하는 아주 자비로운 기적으로 사람들의 마음을 사로잡고 있다는 것이었습니다. 이 신하는 이런 일들을 마음에 담아두기는 했지만, 그것이 자신에게 어떤 실제적인 도움이 될 것이라고는 거의 생각하지 않았습니다. 어느 날 그의 아들이 병들었습니다. 아마도 아버지의 마음에 더 없이 소중한 외아들이었겠지요. 병은 호전되지 않고 오히려 점점 악화되었습니다. 아들은 열 때문에 뜨거운 숨을 내쉬었고, 마치 몸속의 모든 수분이 증발하고 얼굴의 건강한 혈색이 사그라지는 것 같았습니다. 아버지는 가능한 모든 의사들에게 도움을 청했지만, 모두가 아들을 보고 살아날 희망이 없다고 말했습니다. 아무 약도 소용이 없다는 것입니다. 아들은 죽음의 문턱에 와 있습니다. 죽음의 화살이 그의 몸속으로 들어가 아들의 심장을 거의 관통하고 있었습니다. 아들은 단순히 죽음에 가까이 이른 게 아니라, 거의 죽었습니다. 저 탐욕스러운 궁수의 날카로운 화살에 맞아 병들게 된 것입니다. 아버지는 이제 나사렛 예수가 행한 기적들에 대해 들은 이야기를 떠올리며 생각합니다. 그의 마음속에 아주 작은 믿음이 생깁니다. 아주 작은 믿음이었지만, 자신이 귀로 들었던 이야기가 사실인지 확인하기 위해 모든 노력을 기울이도록 하기에는 충분한 것이었습니다.

예수 그리스도가 가나에 다시 오셨습니다. 25에서 30킬로미터 정도의 거리입니다. 아버지는 전속력으로 달려가 예수님이 계신 곳에 도달합니다. 그의 믿음이 이제 어느 정도 단계에 이르러서, 주님을 만나자마자 부르짖기 시작합니다. "주님, 제 아이가 죽기 전에 와주십시오." 주님은 위로의 말씀을 하시는 대신에, 그의 믿음 없음을 꾸짖으며 말씀합니다. "너희는 표적과 기사를 보지 않으면 도무지 믿지 않을 것이다." 하지만 그는 그런 꾸중에 전혀 개의치 않습니다. 왜냐하면 전심으로 소원했던 바람이 있기 때문입니다. 그는 말합니다. "주님, 제 아이가 죽기 전에 와주십시오." 그의 믿음은 이제 기도로 간구하는 단계에 이르러서, 주님이 오셔서 아들을 고쳐주시기를 간곡히 청하고 또 청합니다. 주님은 형언할 수 없이 사랑스러운 눈길로 그를 바라보시며 말씀합니다. "돌아가라. 네 아들은 살아 있다." 어떤 증거도 주어지지 않았지만, 아버지는 그 말씀을 믿고 기뻐하면서 만족해서 급히 돌아갑니다. 그는 이제 간구하는(seeking) 단계에서 벗어나 의존하는(relying) 단계, 즉 믿음의 두 번째 단계에 이르렀습니다. 그는 소유하지 않은 것 때문에 더 이상 울지도 않고, 간구하지도 않습니다. 여전히 눈으로 보고 만질 수 없지만, 그 선물이 자기에게 주어질 것을 믿고 신뢰합니다. 돌아오는 길에 그를 보고 종들이 기쁜 마음에 서둘러 말합니다. "주인님, 아이가 살아 있습니다." 그는 열이 내리기 시작한 때를 서둘러 묻습니다. 그에게 돌아온 대답에 의하면, 일곱 시 정도에 열이 내렸습니다. 그의 믿음은 계속 자라고 있었습니다. 그는 드디어 세 번째 단계에 이릅니다. 집으로 돌아가 완전히 회복된 아이를 만납니다. 아이는 아버지의 품에 안겨 입 맞춥니다. 그는 이 아이가 정말 한때 병약하고 창백하며 아픈 아들이었는지를 확인하기 위해 아이를 계속 바라보면서도 여전히 굉장히 기뻐합니다. 그의 믿음은 의존에서 온전한 확신(full assurance)으로 자라났습니다. 그리하여 그와 온 집안이 다 믿게 됩니다.

제가 단지 줄거리로만 말씀드린 이 이야기에서 여러분은 믿음의 세 단계를 보실 것입니다. 이제 각각의 단계를 좀더 자세히 살펴보도록 하겠습니다.

믿음이 마음속에 처음 생길 때, 그것은 겨우 겨자씨 하나와 같습니다. 하나님의 사람들은 거인으로 태어나지 않습니다. 그들은 처음에는 갓난아기입니다. 즉 그들이 은혜 안에 있는 갓난아기이듯, 그들이 가진 은혜도 그들처럼 유아기에 있습니다. 하

하나님이 처음 주실 때의 믿음은 겨우 어린아이와 같습니다. 달리 말씀드리면, 그것은 불이 아니라 불똥과 같습니다. 곧 꺼져버릴 것만 같은 불똥이지만, 느부갓네살의 용광로에 있는 맹렬한 불길처럼 부채질로 불을 붙여서 화염으로 타오를 때까지 계속 살아 있습니다. 이야기 속에 등장하는 불쌍한 남자가 그에게 주어진 믿음을 갖게 되었을 때, 그 믿음은 아주 낮은 수준의 믿음이었습니다. 이것이 간구하는(seeking) 믿음입니다. 바로 믿음의 첫 번째 단계인 것입니다. 이 간구하는 믿음이 그의 행위를 유발시킨 것에 이제 주목하십시오. 하나님이 간구하는 믿음을 주시면, 사람은 신앙에 대해 더 이상 소극적이지 않습니다. 사악한 반율법주의자들(Antinomians)과 함께 팔짱을 끼고, "만약 내가 구원을 받아야 한다면 구원을 받을 것이고, 저주를 받아야 한다면 저주를 받을 것이다. 그렇기 때문에 나는 그냥 가만히 있겠다"라고 말하지 않습니다. 그는 하나님의 집에 올라가야 하는지 말아야 하는지에 대해 이전처럼 개의치 않거나 무관심하지 않습니다. 그는 간구하는 믿음을 갖게 되었습니다. 그 믿음은 그로 하여금 은혜의 수단에 참여하게 하며, 하나님의 말씀을 찾게 하고, 영혼을 위해 마련된 모든 축복의 통로들을 사용하는 데 부지런하게 합니다. 들어야 할 설교가 있습니다. 간구하는 믿음은 10킬로미터쯤 걸어야 하는 거리도, 자신이 있는 곳의 불편함도 감내할 수 있는 힘을 줍니다. 그는 "아, 내가 하나님의 말씀을 들을 수만 있다면"이라고 말할 뿐입니다. 한 마디도 놓치지 않으려고 몸을 앞으로 숙여서 집중하는 것을 보십시오. 그는 "내가 놓친 말씀 한 문장이 바로 나에게 필요한 그 말씀일 수도 있어"라고 말합니다. 얼마나 진지한지, 가끔이 아니라 자주 하나님의 집에 가는 그의 열심을 보십시오. 그는 열심히 말씀을 듣고 예배에 참여하는 가장 진지한 사람이 됩니다. 간구하는 믿음은 우리를 행동하게 합니다.

간구하는 믿음은 어떤 것에 대해서는 매우 약하지만, 무엇보다 기도할 수 있는 위대한 힘을 우리에게 줍니다. 이 신하가 얼마나 진지한 사람이었는지 보십시오. "주님, 제 아이가 죽기 전에 와 주십시오." 그렇습니다. 간구하는 믿음은 영혼 속에 들어가서 사람이 기도하도록 합니다. 그는 이제 아침에 일어나거나 밤에 잠자리에 들 때 몇 마디 중얼거리는 것에 만족하지 않습니다. 가능하면 업무 중에 15분이라도 시간을 내어서 은밀한 곳에서 하나님께 부르짖습니다. 아직 그는 "내 죄가 용서받았습니다"라고 말할 수 있는 믿음을 가진 것은 아니지만, 그리스도가 자신의 죄를 용서하실 수 있는 분이라는 것을 알 정도의 믿음은 갖고 있습니다. 그가 원하는 것은 정말 **자신의 죄**가 여호와의 등 뒤로 던져져 버렸다는 사실을 아는 것입니다. 이 남자는 때로 기도할 여유가 없지만, 간구하는 믿음은 그로 하여금 다락방이나 건초 창고에서, 톱질 구덩이에서나 울타리 뒤에서, 심지어 길을 걸으면서도 기도하게 합니다. 사탄은 수많은 어려움을 일으키지만, 간구하는 믿음은 우리가 자비의 문을 두드리게 만듭니다. 지금은 여러분의 믿음이 아직 평안을 주지 않고 아직은 아무 정죄가 없는 곳에 있게 하지 않더라도, 믿음이 더욱 자란다면 그렇게 되게 할 것입니다. 그러나 여러분들의 믿음은 길러지고 돌봄을 받고 훈련되어야 합니다. 그렇게 되면 아무리 작은 자라도 강하게 될 것이며, 간구하는 믿음은 더 높은 수준에 이르고, 자비의 문을 두드리는 여러분들은 들어가서 예수님의 식탁에서 환영받을 것입니다.

여기서 제가 추가해서 말하고 싶은 것은, 이 사람의 경우에 간구하는 믿음은 단지 진지하게만 기도하도록 하지 않고, 끈질기게 기도하게 했다는 점입니다. 그가 처음 간구했을 때 돌아온 답변은 명백한 거절이었습니다. 그는 마음이 상해서 돌아서면서 "주님이 나를 거부하셨구나"라고 말하지 않았습니다. 아니요, 결코 그렇게 하지 않았습니다. 그는 다시 요청했습니다. "주님, 내 아이가 죽기 전에 와주십시오." 그가 어떻게 그렇게 말할 수 있었는지 저는 알 수 없습니다. 하지만 눈에서 눈물을 흘리며 애원하는 마음으로 두 손을 모은 채 영혼을 움직이는 말로 표현했을 것이라고 확신합니다. 마치 그는 이렇게 말한 것 같습니다. "주님이 오셔서 제 아이를 살려주시지 않으면 주님을 보내드리지 않겠습니다. 오, 제발 와주십시오. 제가 어떤 말씀을 드려야 주님이 오시게 할 수 있을까요? 저는 아이를 향한 아버지의 마음밖에 더 이상 드릴 말씀이 없습니다. 저의 언변은 탁월하지 않지만, 제 눈에서 흐르는 눈물이 제 입의 말을 대신합니다. 제 아이가 죽기 전에 제발 와주세요." 간구하는 믿음으로 드리는 이 기도는 얼마나 강력합니까! 저는 얍복 강가에서 야곱이 소유했던 것과 같은 힘으로 때때로 하나님께 간구하는 사람에 대해 들었습니다. 저는 영혼의 고통으로 신음하던 죄인이 은혜의 문에 있는 기둥들을 붙들고, 안으로 들어갈 수 없다면 깊게 박혀 있는 기둥들을 곧 뽑기라고 할 듯 이리저리 흔드는 것을 보았습니다. 그는 하늘나라에 들어가기를 거부한 것이 아니라 기둥들을 끌어 올리고 잡아당기며 애쓰고 노력하고 힘을 다했는데, 이는 천국이 침노를 당하고 침노하는 자가 빼앗으리라는 것을 알았기 때문입니다(마 11:12). 만일 여러분이 하나님께 냉담한 기도를 드리고 있다면, 어떤 평안도 누리지 못한 것이 당연합니다. 여러분의 기도를 소원의 용광로 속에서 뜨겁게 달구십시오. 아니면 그 기도가 하늘 위로 불타오를 것이라고 생각하지 마십시오. 여러분들이 정통의 냉랭한 형식으로 그저 "하나님이 죄인인 제게 은혜로우시기를"이라고만 말한다면, 결코 은혜를 받지 못할 것입니다. 마음으로 느껴진 감정의 괴로움으로 "하나님이 죄인인 제게 은혜로우셔서 구원하시지 않는다면, 저는 멸망합니다"라고 울부짖는 사람이 예복을 얻습니다. 모든 단어에 마음을 집중하고, 모든 문장에 자기가 가진 힘을 쏟아붓는 사람이 하늘의 문으로 통하는 길을 얻습니다. 일단 간구하는 믿음이 주어지면, 그 믿음이 우리가 이런 일을 할 수 있게 합니다. 분명히 이곳에도 이미 그 단계에 이른 분들이 있습니다. 저는 많은 분의 눈에 눈물이 흐르기 시작해서, 서둘러서 그것을 닦는 것을 보았습니다. 저는 마치 그들의 영혼에서 "오, 나는 그 의미를 알고 있어요. 나는 하나님이 여기까지 나를 인도하셨다는 것을 믿어요"라고 말하는 표지와 같은 것을 보았습니다.

여기서 저는 간구하는 믿음의 연약함과 관련해서 한마디 하겠습니다. 이 믿음은 많은 일을 할 수 있지만, 많은 실수를 범하기도 합니다. 간구하는 믿음의 결점은 아는 것이 거의 없다는 점입니다. 그렇기 때문에 이 불쌍한 사람은 "선생님, 와주십시오"라고 말한 것입니다. 하지만 주님이 굳이 오실 필요도 없습니다. 주님은 오시지 않고도 기적을 행하실 수 있습니다. 그럼에도 우리의 가여운 친구는 주님이 오셔서 아들을 보시고, 손을 그 위에 올리시고 그를 향해 몸을 굽히지 않으면 아들을 구하지 못할 것이라고 생각했습니다. 마치 엘리야가 했던 것처럼 하지 않는다면 말입니다. 그래서 그는 "오, 와주십시오"라고 말한 것입니다. 여러분의 경우도 마찬가지입니다. 여러분은 구원하는 방법에 대해 거의 명령하듯 하나님께 말해왔습니다. 여러분은 하나님이 엄청난 확신을 부어주시면 정말 믿을 수 있으리라고 생각합니다. 아니면 여러분은 꿈을 꾸고 환상을 보기 원하거나, "아들아, 너의 죄가 사하여졌다"라는 음성을 듣기 바랄 수도 있습니다. 보십시오, 이것이 여러분의 잘못입니다. 여러분의 간구하는 믿음은 기도하게 할 정도로 강력하기는 하지만, 어리석은 욕망을 마음에서 없앨 정도로 강하지는 않습니다. 여러분은 표적과 기사를 보기 원하고, 그렇지 않으면 믿으려 하지 않습니다. 오, 만약 예수님이 신하에게 너의 아들이 나음을 받았다고 말씀한다면, 주님이 직접 오시는 것만큼이나 여러분에게 합당하지 않겠습니까? 그는 "오, 나는 그것을 생각조차 하지 못했습니다"라고 말합니다. 마찬가지로, 만약 예수님이 불쌍한 죄인인 당신에게 오늘 아침 이 예배당에서 평안을 주기로 하신다면, 그것이 율법의 채찍 아래 한 달간 있는 것만큼이나 당신에게 적당하지 않겠습니까? 여러분이 이 문들을 통과하면서 단지 그리스도를 신뢰하게 되고 평안을 찾게 된다면, 그것이 바로 구원이 아닙니까? 비록 우리가 물과 불을 통과해야 하고, 우리의 모든 죄악이 우리의 머리를 타고 가게 되더라도 말입니다(시 66:12). 이 믿음은 여러분으로 하여금 기도하게 한다는 점에서 대단히 탁월하지만, 전능자가 복을 주시는 방식을 여러분이 경솔하게 규정하게 한다는 점에서 약간의 결점이 있는 믿음이기도 합니다. 이런 식으로 간구하는 믿음은 여러분이 하나님의 절대 주권을 반대하도록 하기도 하며, 약속된 은혜를 받는 방식에 있어서 하나님께 명령하도록 하기도 합니다.

    이제 믿음의 두 번째 단계에 대해 말씀드리겠습니다. 주님이 팔을 펴시고 말씀했습니다. "가라, 네 아들은 살아 있다." 그 신하의 얼굴 표정이 어땠을까요? 순간 얼굴이 환하게 밝아지면서 깊은 주름들이 다 사라져버렸습니다. 눈물로 가득했던 눈은 다른 종류의 눈물, 즉 기쁨의 눈물로 가득 차게 됩니다. 그는 손

뼈을 치며 조용히 물러납니다. 그의 마음은 감사로 충만하며, 그의 영혼은 확신으로 가득 찹니다. "어찌하여 그렇게 기쁘십니까?"라고 물으면, "왜냐고요? 내 아들이 나았거든요"라고 답합니다. "글쎄요, 하지만 당신은 아들이 나은 것을 보지 못했잖아요." "그러나 주님이 아들이 나았다고 말씀했고, 나는 주님을 믿습니다." "그렇지만 당신이 집에 가보면, 당신의 믿음은 착각이었고 당신 아들은 시체가 되어 있을 수도 있지 않나요?" "아니요"라고 그가 말합니다. "저는 그분을 믿습니다. 예전에 제가 그분을 믿고 그를 찾았다면, 이제 저는 그분을 믿고 그를 만났습니다." "그래도 당신에게는 아들이 나았다는 어떤 증거도 없을 텐데요." "아니요"라고 그가 말합니다. "저는 어떤 증거도 필요하지 않습니다. 거룩하신 선지자의 말씀 한마디면 충분합니다. 그분이 말씀했고, 저는 그 말씀이 진리라는 것을 압니다. 그분은 제게 아들이 살았으니 이제 집으로 가라고 말씀했습니다. 저는 지금 집으로 가고 있고, 저의 마음은 평안하고 안심이 됩니다."

자, 주목하시기 바랍니다. 여러분이 그리스도의 말씀을 그대로 믿는 두 번째 단계의 믿음에 도달하면, 믿는다는 것이 얼마나 행복한지 알게 될 것입니다. 그리고 여러분의 믿음이 여러분의 영혼을 구원할 것입니다. 불쌍한 죄인이여! 그리스도의 말씀을 그대로 믿으십시오. "주 예수 그리스도를 믿는 자는 구원을 받으리라." "하지만"이라고 누군가 말합니다. "그런데요, 제게는 어떤 증거도 없잖아요." 그럼에도 불구하고 믿으십시오. "하지만"이라고 또 다른 사람이 말합니다. "제 마음에 전혀 기쁨이 없는 걸요." 일단 믿으십시오. 결코 우울해하지 마십시오. 기쁨은 나중에 반드시 올 것입니다. 이것이 바로 수많은 반대에도 불구하고 그리스도를 믿는 영웅적인 신앙입니다. 주님이 여러분에게 믿음을 주실 때, 여러분은 말할 수 있습니다. "저는 혈육과 의논하지 않습니다. '믿어 구원을 받으라'라고 말씀하신 분이 믿을 수 있는 은혜를 제게 주셨습니다. 그러므로 저는 제가 구원받았다고 확신합니다. 제가 제 영혼을 그리스도의 사랑과 보혈과 능력에 맡길 때, 말씀을 믿음으로 주님을 영화롭게 하는 것은 바로 저의 믿음입니다. 비록 제 양심이 제 영혼에 어떤 증거도 주지 않고, 의심이 저를 짓누르며, 두려움이 저를 괴롭히더라도 말입니다. 비록 감각에 모순되고, 이성에 어긋나며, 현재 감정이 그것을 거짓이라고 하더라도 말입니다." 오! 자기를 무조건적으로 따르는 추종자가 있는 것은 고귀한 일입니다. 그 사람은 세상에서 보편적으로 인정되는 사실과 모순되는 말을 합니다. 그가 일어서서 그것을 사람들에게 말할 때, 사람들은 욕하고 야유하면서 그를 멸시합니다. 그러나 그에게는 다음과 같이 말하는 제자가 있습니다. "나는 선생님을 믿습니다. 나는 그분의 말씀이 진리라고 믿습니다." 그런 존경을 받는 사람에게는 무언가 존귀한 것이 있습니다. 그는 다음과 같이 말할 것입니다. "나는 이제 적어도 한 사람의 주인이다." 그러므로 모든 모순되는 것들에도 불구하고 여러분이 그리스도의 편에 서고 그분이 말씀하는 것을 그대로 믿을 때, 여러분은 보좌 앞의 그룹들과 스랍보다 더한 존경을 그분께 드리는 것입니다. 용기를 내어 믿으십시오. 그리스도를 신뢰하십시오. 그러면 여러분은 구원받을 것입니다.

믿음의 두 번째 단계에서 사람은 마음의 고요와 평화를 누리기 시작합니다. 저는 가나와 가버나움 사이의 거리가 몇 킬로미터쯤 되는지 정확히 알지 못하지만, 훌륭한 주석가들은 25킬로미터 또는 32킬로미터쯤 된다고 합니다. 이해하기 쉽도록 킬로미터라는 단위로 나중에 환산된 것이겠지요. 분명한 것은, 이 선한 남자가 아들을 보기 위해 집으로 가는데 오랜 시간이 걸리지는 않았으리라는 것입니다. 일곱 시(유대인의 시간 체계에서 일곱 시는 현대의 시간으로 오후 한 시다—편집자주)에 주님은 "너의 아들이 살았다"라고 말씀했습니다. 그리고 본문을 통해서 확실히 알 수 있는 것은, 그가 종들을 다음 날까지 만나지 않았다는 사실입니다. 왜냐하면 종들이 "어제, 일곱 시에 열이 내렸습니다"라고 말하기 때문입니다. 여러분은 이로부터 어떤 결론을 내리시겠습니까? 저는 이렇게 추론해봅니다. 그 신하는 아들이 살았고 회복되었다는 것을 확신한 나머지, 그렇게 급하게 서두르지 않은 것입니다. 그는 그리스도가 고치지 못하셨다면 늦지 않게 다른 의사를 찾아야 할 것처럼, 곧바로 집으로 돌아가지 않았습니다. 대신에 예수님이 주신 진리의 말씀을 확고히 믿으며, 여유롭고 평온하게 자신의 길을 갔습니다. 교부들은 "믿는 자는 조급해하지 않는다"라고 말했습니다. 이 경우에도 그 말은 적용됩니다. 그는 서두르지 않았습니다. 여행할 거리가 단지 25킬로미터밖에 되지 않았지만, 그가 집에 도착할 때까지 아마도 열두 시간 또는 그 이상이 걸린 것 같습니다. 다른 모든 기초가 무너져 내리는 모래와 같아도, 그리스도의 말씀을 있는 그대로 받아들여서 소망의 근거로 삼은 사람은 든든한 반석 위에 서 있는 것입니다. 형제자매 여러분, 여러분 중 몇몇은 이 경지에까지 이르렀습니다. 여러분은 지금 그리스도를 그의 말씀대로 믿고 있습니다. 이제 세 번째이자 가장 고귀한 믿음의 단계까지 얼마 남지 않았습니다. 하지만 만약 그 길이 너무나 멀다면, 계속해서 여기에 머무십시오. 그저 우리의 주인이신 주님을 믿으십시오. 계속해서 그를 신뢰하십시오. 주님이 여러분을 잔칫집에 데려가지 않으셔도, 계속해서 주님을 신뢰하십시오. 아니요, 주님이 여러분을 성이나 지하 감옥에 가두셔도, 계속해서 주님을 신뢰하십시오. "하나님이 나를 죽이려고 하셔도 나는 주님을 신뢰하겠습니다"(욥 13:15, KJV)라고 말하십시오. 주님이 고통의 화살로 여러분의 살을 찌르셔도, 계속해서 주님을 신뢰하십시오. 그러면 머지않아 여러분의 의가 빛같이 나타날 것이며, 여러분의 영광이 타오르는 등불같이 드러날 것입니다.

    이제 서둘러서 세 번째이며 가장 고귀한 단계의 믿음에 대해 다루어야 합니다. 종들이 그 신하를 만났습니다. 아들이 나았습니다. 그는 집에 도착해서 아들을 꼭 껴안고, 아들이 정말 완전히 나은 것을 확인합니다. 계속해서 본문은 말합니다. "자기와 그 온 집이 다 믿으니라." 하지만 여러분은 50절에서 그가 믿었다고 한 것을 보았습니다. "…그 사람이 예수께서 하신 말씀을 믿고…." 몇몇 주석가들은 이 남자가 언제 믿음을 갖게 되었는지를 알지 못해서 매우 당황했습니다. 훌륭한 주석가인 칼뱅의 언급은 언제나 영향력이 있고 탁월합니다. 칼뱅에 의하면, 이 남자는 우선 한 가지 일에 대해 그리스도를 의지(rely)하는 믿음만을 갖고 있었습니다. 그는 그리스도가 하신 말씀을 믿었습니다. 그리고 나서 그는 그리스도를 마음속에 영접하는 믿음을 가져서 그의 제자가 되었고, 메시아로 신뢰(trust)했습니다. 저는 가장 높은 단계의 믿음을 설명할 때 이 사례를 인용하는 것이 틀리지 않다고 생각합니다. 예수님이 아들이 나을 것이라고 말씀하신 바로 그 순간에 그는 자기의 아들이 나았음을 알았습니다. "그리고 이제 제가 믿습니다"라고 말합니다. 다시 말해서, 그는 신앙의 온전한 확신으로 믿었습니다. 그의 마음은 모든 의심에서 벗어났고, 나사렛 예수를 하나님의 그리스도로 믿었습니다. 그분은 하나님이 보내신 선지자이심이 틀림없었습니다. 그의 마음속에는 더 이상 어떤 의심과 염려도 없었습니다. 아아, 저는 이런 마음의 상태를 원하는 많은 불쌍한 사람들을 알고 있습니다. 하지만 그들은 처음부터 그 상태에 도달하기를 원합니다. 그들은 마치 가장 낮은 곳에는 한 발도 내딛지 않고 사다리를 오르려는 사람과 같습니다. 그들은 "오, 나에게 온전한 믿음의 확신이 있다면, 내가 하나님의 자녀라는 것을 믿게 될 텐데!"라고 말합니다. 아니요. 그렇지 않습니다. 그리스도의 말씀을 있는 그대로 믿고 신뢰하십시오. 그 후에 비로소 여러분이 하나님의 자녀라는 성령의 증거를 마음속에서 느끼게 될 것입니다. 확신은 꽃입니다. 우선 씨앗을 뿌려야 합니다. 비록 그 씨앗이 초라하고 볼품없더라도 믿음의 씨앗을 뿌려야 합니다. 씨앗을 뿌리십시오. 그러면 조만간 꽃을 보게 될 것입니다. 말라비틀어진 작은 믿음의 씨앗이 위로 싹을 틔우면, 여러분은 온전한 믿음의 확신 가운데 열매를 맺게 되는 것입니다. 하지만 여기서 제가 말씀드리고 싶은 것은, 이 사람이 온전한 믿음의 확신을 갖게 되었을 때 그의 집이 또한 믿었다는 것입니다.

자주 인용되는 성경 구절이 하나 있는데, 저는 아직까지 그것이 제대로 인용되는 것을 들어본 적이 없습니다. 어떤 사람들은 저자에 대해서 잘 모르면서 인용된 구절만 기억하고, 또한 성경에 대해서 잘 모르면서 인용된 구절만 기억하기도 합니다. 말씀드린 그 구절은 다음과 같습니다. "주 예수를 믿으라. 그리하면 네가 구원을 받으리라." 여기에 어떤 말들이 생략되었습니까? 바로 "…와 네 집이"라는 말입니다. 제가 보기에 이 뒷부분의 말은 앞부분만큼 소중합니다. "믿으라. 그리하면 너와 네 집이 구원을 받으리라"(행 16:31). 아버지의 믿음이 그 가정을 구원합니까? 그렇기도 하고, 그렇지 않기도 합니다. 예, 어떤 면에서는 아버지의 믿음이 그 가정을 구원합니다. 즉 아버지가 믿음을 갖고 자신의 가정을 위해 기도하면, 하나님이 그의 기도를 들으시고 온 가족이 구원을 받게 됩니다. **아니요, 또 다른 면에서는** 그렇지 않습니다. 아버지의 믿음이 자녀의 믿음을 대신할 수 없기 때문입니다. 자녀들도 믿어야 합니다. 바로 이런 두 가지 의미에서 저는 "그렇기도 하고, 그렇지 않기도 하다"라고 말씀드린 것입니다. 한 사람이 믿게 되면 그의 자녀들도 구원받으리라는 소망이 있습니다. 아니요, 이미 약속이 있습니다. 아버지라면 모든 자녀가 구원받는 것을 볼 때까지 안심할 수 없습니다. 만약 안심하고 있다면, 그는 아직까지 올바로 믿지 않고 있습니다. 여전히 많은 사람이 오로지 자기 자신의 구원을 위해서만 믿습니다. 만약 제가 약속을 받는다면, 저는 그 약속이 가진 풍성함을 있는 그대로 믿을 것입니다. 저의 믿음이 약속처럼 풍성하지 못할 이유가 어디에 있습니까? 이제 뭐라고 기록되었는지 보십시오. "믿으라. 그리하면 너와 네 집이 구원을 받으리라." 제게는 자녀들을 위해 하나님께 요구할 권리가 있습니다. 기도하며 하나님께 나아갈 때, 저는 간구할 수 있습니다. "주님, 제가 믿으면 저뿐만 아니라 저의 집이 구원을 얻으리라고 말씀했습니다. 주님이 저를 구원하셨지만, 저의 집도 구원하시기까지 주님의 약속은 아직 이루어지지 않은 것입니다."…

―――

2. 이제 오늘 주제의 두 번째 부분으로 와서, **믿음이 걸리기 쉬운 세 가지 질병**에 관해서 살펴보겠습니다. 이 세 가지 질병은 각각 서로 다른 믿음의 단계에서 나타납니다.

첫 번째 질병은 간구하는 믿음과 관련되어 있습니다. 간구하는 믿음의 힘은 우리를 기도의 자리로 이끕니다. 그리고 여기에서 질병이 발생합니다. 기도를 시작하려는 순간, 우리는 기도하려는 마음이 충만함을 멈추기 쉽기 때문입니다. 마귀가 우리의 귀에 얼마나 자주 이렇게 속삭이는지 모릅니다. "기도하지 마. 그게 무슨 소용이 있다고. 너의 기도가 천국에까지 이르지 못한다는 것을 잘 알잖아." 또는 기도 응답을 받았다고 생각할 때 사탄은 "이제 기도하지 않아도 돼. 이미 구한 것을 얻었으니 말이야"라고 말합니다. 또는 한 달 정도 기도한 후에 복을 받으면, 사탄은 "자비의 문 앞에서 얼쩡거리다니 참 어리석구나. 가버려! 가버리라고! 그 성문은 못으로 박아서 굳게 닫혀 있기 때문에, 너의 기도 소리는 절대 들리지 않을 거야"라고 속삭입니다. 오, 친구들이여! 그리스도께 간구하는 동안 이 질병에 걸린다면, 그것을 대적하는 기도를 하고 힘써 싸우십시오! 결코 기도하기를 멈추지 마십시오. 사람이 부르짖을 수 있는 한, 결코 진노의 강에 빠지지 않습니다. 여러분이 하나님께 자비를 간구할 수 있는 한, 그 자비는 결코 여러분에게서 멀어지지 않을 것입니다.

오, 사탄이 여러분을 골방 밖으로 내치지 못하게 하십시오. 그가 어떻게 하든, 여러분은 골방으로 들어가야 합니다. 기도하기를 포기하는 것은 영원한 형벌을 확증하는 것이며, 은밀한 간구를 그만두는 것은 그리스도와 천국을 부인하는 것입니다. 계속해서 기도하십시오. 하늘의 복이 지체되는 것 같지만 결국 임할 것입니다. 하나님의 때에 그 복이 여러분에게 임할 것입니다.

믿음의 두 번째 단계에 있는 사람들, 곧 그리스도를 암암리에 신뢰하고 있는 사람들에게 발생할 수 있는 질병은 표적과 기사를 보고 싶어하는 질병인데, 그렇지 않으면 믿으려고 하지 않습니다. 농촌 지역에서 일했던 사역 초창기에, 저는 자기가 그리스도인이 된 이유를 표적과 기사를 보았기 때문이라고 생각하는 사람들을 계속해서 만났습니다. 그 이후로도, 진지하고 경건한 사람들이 왜 자신들이 구원받았다고 생각하는지에 대한 이유로 정말 말도 안 되는 이야기를 했습니다. 제가 들은 말은 이렇습니다. "저는 저의 모든 죄가 사함을 받았다는 것을 믿습니다." "왜요?" "사실은 말이죠, 하루는 제가 뒷마당에 누워 있는데 아주 커다란 구름을 보았습니다. 저는 생각했지요. 만약 하나님이 원하신다면 그 구름을 사라지게 하실 수 있을 거라고요. 그런데 정말 그 구름이 사라졌답니다. 그래서 또 그 구름과 함께 나의 죄도 사라졌다고 생각했습니다. 그 이후로 저는 한 번도 의심을 하지 않습니다." 저는 한숨을 쉬며 그에게는 충분히 의심해볼 만한 이유가 있다고 생각했습니다. 그런 생각 자체가 완전히 잘못되었기 때문입니다. 제가 어떤 사람들의 머릿속에 들어 있는 온갖 상상을 말씀드리면, 여러분이 웃기는 하시겠지만 전혀 도움은 되지 않을 것입니다. 사람들이 자신이 그리스도를 믿는 것처럼 보이기 위해 쓸데없는 이야기와 괴상한 공상을 꾸며댄다는 것은 분명합니다. 오, 사랑하는 여러분! 꿈이나 상상 외에 여러분이 그리스도 안에 있다는 것을 믿을 만한 더 좋은 이유가 없다면, 여러분은 다시 시작해야 합니다. 자기의 괴상한 상상에 사로잡힌 사람들이 처음에는 두려워했다가 확신을 갖게 되고, 결국 회심하는 일도 있다는 것을 저도 인정합니다. 그러나 만약 여러분이 이런 것들을 하나님이 보여주시는 표적으로 의존하고, 이런 것들을 여러분이 구원받은 증거로 여긴다면, 여러분은 헛된 꿈과 망상에 사로잡혀 있는 것입니다. 차라리 모래 위에 집을 짓고, 허공에 성을 쌓으십시오.

아니요, 그리스도를 믿는 사람은 그리스도가 그것을 말씀하기 때문에, 그리고 그것이 성경에 기록되어 있기 때문에 그리스도를 믿습니다. 꿈을 꾸었기 때문에 믿는 것이 아닙니다. 어떤 음성을 들었다고 믿는 것도 아닙니다. 아마도 그것은 새가 노래하는 소리였을 가능성이 많습니다. 하늘에서 천사를 보았다고 생각했기 때문도 아닙니다. 그것은 특이한 모양의 아지랑이일 가능성이 많습니다. 아니요, 우리는 정말 표적과 기사를 보려는 욕망을 없애야 합니다. 표적과 기사가 나타나면 감사하십시오. 그러나 그런 것들이 나타나지 않아도 "모든 죄는 사함을 얻으리라"(마 12:31)라는 말씀을 단순하게 신뢰하십시오. 기이한 표적으로 약간의 위안을 찾은, 마음이 연약한 사람들에게 상처를 주기 위해 이 말씀을 드리는 것이 아닙니다. 오히려 여러분 중에 누구라도 기만당하지 않게 하려고, 정직하게 말씀드리는 것입니다. 제가 엄숙하게 경고하는 것은, 여러분이 보았거나 꿈꾸었거나 들었다고 생각하는 그 어떤 것도 의지하지 말라는 것입니다. 여러분이 주의를 기울인다면 성경이야말로 여러분에게 확실한 증거가 되는 말씀입니다. 마치 어두운 곳을 환하게 밝히는 빛처럼 말입니다. 주님을 신뢰하십시오. 인내하며 기다리십시오. 여러분의 모든 확신을 주님이 여러분의 모든 죄악을 담당시키시는 곳, 바로 예수 그리스도에게 두십시오. 그러면 이런 표적과 기사가 있든지 없든지 여러분은 구원받을 것입니다.

안타깝게도 몇몇 그리스도인들은 표적과 기사를 보기 원하는 이같은 오류에 빠졌습니다. 그들은 부흥을 간구하는 특별 기도 모임에서 만날 수 있습니다. 그런데 사람들이 기절해서 쓰러지지도 않았고, 괴성을 지르거나 시끄럽게 하지도 않았기 때문에 아마 부흥이 오지 않았다고 생각했나 봅니다. 하지만 우리는 하나님이 주기로 작정하신 방식으로만 하나님의 은사를 볼 수 있습니다! 우리는 아일랜드 북쪽 지역에 임한 부흥을 갈망하는 것이 아닙니다. 우리는 특정한 방식의 부흥이 아니라, 부흥 자체가 좋기 때문에 부흥을 갈망합니다. 주님이 다른 방식으로 부흥을 허락하신다면, 우리는 눈에 보이는 이런 이적들이 없는 것을 더욱더 기뻐해야 합니다. 우리는 성령이 영혼 안에 일하시는 곳에서 늘 기꺼이 진정한 회심을 봅니다. 나아가 성령이 육체 안에도 일하기를 작정하신다면, 우리는 그것도 기꺼이 볼 것입니다. 사람의 마음이 새로워지는데 큰 소리를 지르지 않는 것이 무슨 상관입니까? 사람의 양심이 되살아나는데 기절하지 않는 것이 무슨 상관입니까? 그들이 그리스도를 만난다면, 다섯 주나 여섯 주 동안 움직이지도 않고 의식도 없이 누워있는 일이 일어나지 않는다고 해서 어느 누가 서운해할까요? 표적과 기사가 없어도 받아들이십시오. 저로서는 그런 표적과 기사를 전혀 갈망하지 않습니다. 제게 하나님의 방식으로 하나님의 일이 이루어지는 것을 보여주십시오. 참되고 전적인 부흥 말입니다. 표적과 기사가 없어도 우리는 아무런 문제가 없습니다. 왜냐하면 그것들은 분명히 신앙이 투철한 사람들에게는 필요하지 않고, 단지 신앙이 없는 사람들의 웃음거리가 될 뿐이기 때문입니다.

  두 가지 질병에 대해서 말했으니, 이제 마지막 질병에 대해서 말씀드릴 차례입니다. 세 번째 질병은 가장 고귀한 믿음의 단계, 곧 온전한 확신을 획득하는 과정에서 생기는 관찰의 부족입니다. 오늘 본문에 나오는 신하는 아들이 낫기 시작한 때와 시간에 대해서 세심한 조사를 했습니다. 그가 확신을 얻을 수 있었던 것은 바로 그것 때문이었습니다. 하지만 우리는 일하시는 하나님의 손을 마땅히 해야 하는 만큼도 관찰하지 않습니다. 훌륭한 청교도 선조들은 비가 오면 하나님이 하늘의 병마개를 막아놓지 않으셨다고 말했습니다. 오늘날은 비가 오면 구름이 많아졌기 때문이라고 생각합니다. 선조들은 건초 더미를 말리려고 할 때, 주님이 명령하셔서 햇빛이 나오기를 간구했습니다. 아마도 우리는 더 지혜롭기 때문에, 그런 일은 자연이 알아서 해준다고 생각하면서 이를 위해서는 기도할 필요가 없다고 여깁니다. 그들은 모든 폭풍 가운데, 아니 모든 티끌 가운데 하나님이 계신다고 믿었습니다. 그들은 모든 것 속에 현존하시는 하나님에 대해서 말했습니다. 하지만 우리는 그런 일들을 자연 법칙으로 말합니다. 마치 법칙이라는 것이 그것을 만들어낸 누군가가 없이도 그저 되는 것처럼, 온 세상을 작동하게 하는 어떤 비밀스런 능력이 없어도 되는 것처럼 말입니다. 우리가 확신을 갖지 못하는 것은 충분히 관찰하지 않기 때문입니다. 여러분이 날마다 하나님의 섭리를 바라보기만 한다면, 기도가 응답되는 것을 알아차릴 수만 있다면, 여러분의 기억의 책 어딘가에 여러분을 향한 하나님의 계속되는 자비를 기록할 수만 있다면, 그렇게 할 수 있다면 저는 여러분도 오늘 본문 속의 아버지처럼 온전한 믿음의 확신으로 인도될 것이라고 믿습니다. 왜냐하면 그는 예수님이 말씀하신 바로 그 시간이 아들에게 치료가 임한 시간이라는 것을 알아차렸기 때문입니다. 그리스도인 여러분, 깨어 있으십시오. 하나님의 섭리를 찾는 사람에게는 목격해야 할 섭리가 결코 부족하지 않을 것입니다.

세 가지 질병, 곧 기도를 멈추는 것, 표적과 기사를 보려고 하는 것, 하나님의 분명한 손을 관찰하기를 게을리하는 것에 대해 주의하십시오.

---

3. 이제 마지막 세 번째 부분에 이르렀습니다. 여러분의 믿음과 관련해서 여러분께 드릴 세 가지 질문을 짧게나마 진지하

게 말씀드리겠습니다.

    첫째, 여러분은 "나는 믿음이 있다"라고 말합니다. 정말 그렇기를 바랍니다. 금이 없으면서 금을 갖고 있다고 말하는 사람이 많이 있을 것입니다. 실제로는 헐벗고 가난하고 비참한 지경에 있으면서, 스스로 부유하고 재산이 늘고 있다고 생각하는 사람이 많이 있을 것입니다. 그러므로 저는 믿음이 있다고 스스로 말하는 사람들에게 우선 묻고 싶습니다. 여러분의 믿음은 여러분을 기도하도록 만드는 믿음입니까? 배운 기도를 앵무새처럼 재잘거리는 기도가 아니라, 살아 있는 아이의 울부짖음과 같이 부르짖습니까? 하나님께 여러분의 필요와 갈망을 아룁니까? 하나님의 얼굴을 **찾고**, 하나님의 자비를 **구합니까**? 기도하지 않고 사는 사람은 그리스도가 없는 영혼을 가진 것입니다. 그런 믿음은 착각이며, 거기서 기인하는 확신도 파멸시키는 꿈에 불과합니다. 죽음과 같은 잠에서 깨어나십시오. 여러분이 기도에 벙어리로 있는 한, 하나님도 응답하실 수 없기 때문입니다. 여러분이 기도의 골방에서 살지 않는다면, 하나님을 향해서도 살 수 없을 것입니다. 이 땅에서 무릎을 꿇지 않는 사람은 하늘에서도 온전히 설 수 없을 것입니다. 이곳 아래에서 천사와 씨름하지 않는 사람이 하늘로 들어가는 것은, 바로 그 천사에 의해 위에서 저지당할 것입니다.

    물론 저는 오늘 기도하지 않고 사는 몇몇 사람들에게 말하고 있습니다. 여러분은 회계 사무소에서 보낼 시간은 많으면서,

골방에서 보낼 시간은 전혀 없습니다. 가정 기도는 한 번도 드리지 않았겠지만, 그 부분에 대해서는 말하지 않겠습니다. 개인적인 기도도 소홀히 했으니 말입니다. 여러분은 때때로 지켜야 할 약속 시간이 다 되어서야 아침에 일어납니다. 도대체 기도는 어디에 있습니까? 기도할 수 있는 특별한 기회가 있을 때, 여러분은 왜 참여하지 않습니까? 여러분에게 기도는 몰두하기에 너무 값비싼 일종의 사치품인가 봅니다. 하지만 마음에 참된 믿음이 있는 사람은 온종일 기도합니다. 계속 무릎을 꿇고 있다는 말이 아닙니다. 장사를 하거나 가게에 있거나 회계 사무소에 있거나 어디에 있든지, 그의 마음은 작은 공간, 잠깐의 공백을 찾습니다. 그러면 그는 뛰어 올라 하나님의 품에 안긴 다음에 다시 내려옵니다. 새롭게 된 후에 일상 업무로 돌아가서 사람들을 다시 만나는 것입니다. 그저 아침에 향로에 향을 채우는 정도가 아니라, 하루 종일 약간의 계피와 유향을 담아놓아서 언제나 신선도를 유지할 수 있도록 하는 기도, 그런 절규하는 기도가 살 길이요, 참되고 진정한 신자가 붙들어야 할 끈인 것입니다. 만일 여러분의 믿음이 여러분을 기도하게 하지 않는다면, 기도와 전혀 관련이 없다면, 그런 믿음은 갖다 버리십시오. 그래서 여러분이 다시 시작하도록 하나님이 도우시기를 빕니다.

    그래도 여러분은 "나는 믿음이 있다"라고 말합니다. 그런 분들께 두 번째 질문을 드립니다. 그 믿음이 여러분을 순종하게 합니까? 예수님이 신하에게 "가라"라고 하셨을 때, 그는 한 마디도 하지 않고 돌아갔습니다. 주님 곁에 머물러서 말씀을 듣고 싶은 마음이 아무리 간절했어도, 그는 순종했습니다. 여러분의 믿음은 여러분을 순종하게 합니까? 오늘날 가장 유감스러운 부류의 그리스도인들이 있습니다. 저는 상인들이 자신의 경험에 대해 말한 것을 들었습니다. 그들은 자신의 소견을 따르면서 하나님을 두려워하지 않는 많은 사람들이, 거래를 할 때는 정직하고 공정하게 하는 것을 보았다고 합니다. 반면에 그 상인들은 자기들을 그리스도인이라 공언하는 사람들도 알고 있는데, 적극적으로 속임수를 쓰지는 않지만 약간 양다리를 걸칠 수 있는 사람들이라는 것입니다. 그래서 지불해야 할 어음에 대해 시간을 잘 지키지 않는 것 같습니다. 규칙적이지도 않고, 정확하지도 않습니다. 실제로 종종 여러분은 그리스도인들이 부정을 저지르고, 신학 교수들이 세상적인 사람들도 경멸할 행위로 스스로를 더럽히는 것을 봅니다. 누가 사실인 것을 숨길 수가 있겠습니까? 여러분, 저는 오늘 아침 하나님의 종으로서 증언합니다. 사람을 기쁘게 하기 위해 단 한 마디 말이라도 바꾸는 일이 없이 정직하게 말하겠습니다. 만약 여러분이 사업을 하면서 정직한 사람의 품위에 못 미치는 행동을 할 수 있다면, 여러분은 그리스도인이 아닙니다. 만약 하나님이 여러분을 정직하게 만들지 않으셨다면, 여러분의 영혼도 구원하지 않으셨습니다. 만약 여러분이 계속해서 하나님의 도덕법에 불순종하며, 만약 여러분의 삶이 모순되고 음란하다면, 만약 여러분의 대화가 세상 사람들조차 싫어할 만한 것과 섞여 있다면? 여러분은 하나님의 사랑이 여러분 안에 없다는 것에 대해 확신해도 좋습니다. 저는 완벽함을 요구하는 것이 아니라, 정직함을 요구하는 것입니다. 만약 여러분의 신앙이 여러분을 일상생활에서 조심스럽고 기도하는 사람으로 만들지 않았다면, 만약 여러분이 실제로 그리스도 예수 안에서 새로운 피조물이 되지 않았다면, 여러분의 믿음은 공허한 이름뿐이어서, 소리나는 구리와 울리는 꽹과리와 같습니다.

이제 여러분의 믿음에 대해 한 가지 질문만 더 드리면 됩니다. 여러분은 "내게 믿음이 있다"라고 합니다. 여러분의 믿음이 여러분의 가정을 축복하도록 여러분을 이끌었습니까? 롤런드 힐(Rowland Hill)은, 누구나 그리스도인이 되면 그가 기르는 개와 고양이도 그 때문에 더 좋아져야 한다고 재미있게 말한 적이 있습니다. 또 제 생각에 제이 씨(Mr. Jay)가 항상 그렇게 말했던 것 같은데, 그리스도인이 되면 모든 관계가 개선된다는 것입니다. 이전보다 더 좋은 남편이 되고, 더 훌륭한 교사가 되고, 더 좋은 아버지가 되어야 합니다. 그렇지 않으면 그의 신앙은 진짜가 아닙니다. 친애하는 형제 그리스도인 여러분, 여러분은 여러분의 가정을 축복하는 것에 대해 한 번이라도 생각해보신 적이 있습니까? "나는 내 신앙을 비밀로 한다"라는 말을 들은 적이 있습니다. 신앙이 혹시 도둑맞지는 않을지 너무 염려하지 마십시오. 자물쇠나 열쇠로 잠글 필요도 없습니다. 그런 사람이 가진 믿음은 사탄이 와서 빼앗아가려고 유혹할 정도도 되지 않기 때문입니다. 경건함을 자기에게만 비밀로 유지할 수 있는 것은, 그가 가진 경건함이 그토록 미천하기 때문입니다. 그런 정도의 신앙은 자기에게도 확신을 주지 못하고, 다른 사람에게도 전혀 축복이 되지 않을 것입니다.

하지만 여러분은 종종, 자기 자녀들의 구원에 대한 관심이 우범지대에 사는 가난한 아이들에 대해 갖는 관심 정도밖에 안 되는 아버지들을 만납니다. 그들은 아들이 잘 성장하고, 딸이 편안하게 시집가는 것을 보기를 원합니다. 하지만 그들의 회심에 대해서는 전혀 신경을 쓰지 않는 것 같습니다. 물론 아버지는 예배에 출석하고, 그리스도인들의 모임에도 참석합니다. 그리고 자식들이 성공하기를 소망합니다. 자식들이 그의 소망으로부터 유익을 얻을 것은 분명합니다. 대단한 유산을 상속받게 되겠지요. 아버지가 이 세상을 떠날 때 자식들에게 그가 할 수 있는 최고의 정성을 남겨주리라는 것은 명백합니다. 그리고 그들은 계속해서 부를 쌓게 되겠지요. 하지만 그는 자식들이 구원을 받을지 못 받을지에 대해 전혀 염려하지 않은 것 같습니다. 그런 것도 신앙이라고 할 수 있겠습니까! 그런 것은 거름 더미에나 던져 버리십시오. 개들에게나 주십시오. 고니야처럼 나귀같이 매장되게 하십시오(참고. 렘 22:19, 24). 진 밖으로 내다버리십시오. 부정한 것에 대해 하는 것처럼 말입니다. 그것은 하나님이 주신 신앙이 아닙니다. 자기 집안을 돌보지 않는 사람은 이교도나 여관 주인보다 더 나쁩니다.

그리스도 안에 형제 된 여러분, 여러분의 모든 자녀가 구원받을 때까지 결코 만족하지 마십시오. 하나님으로 하여금 자기의 약속을 기억하시도록 하십시오. 그 약속은 여러분과 여러분의 자녀 모두에 대한 것입니다. 자녀에 해당하는 신약성경의 그리스어 단어는 유아들이 아니라, 장성했든 아니든 자녀들과 손자들을 포함한 여러분의 모든 후손을 말합니다. 자녀뿐만 아니라, 증손들도 구원받기까지 간구하기를 멈추지 마십시오. 저는 오늘 여기에, 하나님이 약속에 대해 매우 신실하시다는 증거로 서 있습니다. 하나님은 우리 집안의 네다섯 세대 이전에 우리 할아버지의 할아버지의 기도, 곧 그의 자녀들이 마지막 세대에 이르기까지 하나님 앞에서 살기를 원한다는 간구를 기쁘게 들으셨습니다. 하나님은 이 가정을 결코 황폐하게 하지 않으셨고, 세대를 이어서 하나님의 이름을 경외하고 사랑하도록 인도하기를 기뻐하셨습니다. 여러분에게도 그런 일이 있기를 원합니다. 여러분이 구하는 것은 하나님이 주실 준비가 된 바로 그것입니다. 스스로의 약속을 철회하시지 않는 한, 하나님은 거절하실 수 없습니다. 하나님은 여러분의 믿음의 기도에 대한 응답으로 여러분과 자녀들의 영혼 모두를 회복하기를 거부하실 수 없습니다. 누군가 이렇게 말합니다. "하지만 당신은 내 아이들이 어떤 아이들인지 알지 못하잖소." 사랑하는 여러분, 물론 저는 알지 못합니다. 하지만 여러분이 그리스도인이라면, 그들이 하나님이 복을 주기로 작정하신 자녀들이라는 것은 알고 있습니다. "오, 하지만 그들은 정말 제멋대로 구는 녀석들이고, 제 마음을 아프게 합니다." 그렇다면 하나님이 그들의 마음을 깨뜨려달라고 기도하십시오. 그러면 그들이 여러분의 마음을 더 이상 아프게 하지 않을 것입니다. "하지만 그들은 나의 흰 머리카락을 슬픔으로 채워서 무덤까지 가져가도록 할 텐데요." 그렇다면 하나님이 그들의 눈을 슬픔으로 채워서 그들을 간구의 자리로, 그리고 십자가 앞으로 나아가게 해달라고 기도하십시오. 그러면 그들은 여러분을 무덤으로 인도하지 않을 것입니다. 여러분은 또 말하겠지요. "하지만 제 아이들의 마음은 정말 굳었습니다." 여러분 자신의 모습을 보십시오. 여러분은 그들이 구원받을 수 없다고 생각하지만, 여러분 자신의 모습을 보십시오. 여러분을 구원하신 분이 그들도 구원하실 수 있습니다. 기도로 하나님께 나아가 "주님, 제게 복을 주지 않으시면 보내드리지 않겠습니다"(창 32:26)라고 말씀하십시오. 혹 여러분의 자녀가 죽음의 문턱에 있어도, 그들이 죄악 때문에 형벌의 문턱에 있다고 생각되더라도 간구하십시오. 신하가 그랬던 것처럼 "주여, 제 아이가 멸망하기 전에 내려오소서. 당신의 자비로 그를 구원하소서"라고 계속해서 간구하십시오.

그러면 지극히 높은 하늘에 계시는 하나님이여, 주님은 주님의 백성을 결코 거절하지 않으실 것입니다. 하나님이 자신의 약속을 잊으시리라는 생각을 우리가 꿈에라도 하게 하지 마십시오. 주님의 모든 백성의 이름으로, 우리의 손을 주님의 말씀 위에 가장 엄숙한 모습으로 올려놓고, 주님의 언약을 따라 주님께 서약합니다. 주님은 주님을 경외하고 주님의 명령을 따르는 이들의 자녀의 자녀에게 당신의 은혜가 있으리라고 말씀했습니다. 주님은 이 약속이 우리와 우리의 자녀들에 대한 것이라고 하셨습니다. 주님, 주님이 자신의 언약을 부인하지 않으실 것을 우리는 압니다. 우리가 이 아침에 거룩한 믿음으로 주님의 말씀에 의지해서 간구합니다. "말씀하신 대로 행하소서." 아멘.

설교2

바람에 나는 겨
The Chaff Driven Away

"악인들은 그렇지 아니함이여 오직 바람에 나는 겨와 같도다."
시편 1:4

그러면 악인(ungodly)은 누구입니까? 공개적이고 의도적으로 죄를 짓는 사람들입니까? 하나님의 이름을 헛되이, 망령되이 일컫는 사람들, 또는 사람의 관습과 국가의 법을 어기는 사람들, 결코 자유를 맡길 수 없는 사람들을 말하는 걸까요? 물론 그런 사람도 포함되지만, 여기서 주로 말하려는 사람은 아닙니다. 그런 사람은 "죄인"(sinners)이나 "거만한 자"(scorners)의 범주에 속하겠지만, "악인"이라는 말로 나타내고 싶은 또 다른 부류의 사람이 있는 것입니다. 그러면 악인은 누구입니까? 하나님의 존재를 부인하거나, 외적인 종교 행위를 등한시하거나, 모든 거룩한 것들을 비웃고, 천사들이 두려워 떠는 일들을 가지고 농담하는 그런 사람들입니까? 확실히 그런 사람들도 포함되지만, 그들은 본문이 말하려는 특정한 사람들이 아닙니다. 그들은 냉소적이고 매우 해로운 존재들입니다. 그들의 불법은 그들을 향한 심판을 앞질러나가고, 그들의 죄악은 의의 보좌 앞에서 아우성치고 있습니다. 그러나 "악인"이라는 말이 의도하고 있는 또 다른 부류의 사람이 있습니다. 그러면 그들은 누구입니까? 형제 여러분, 장담컨대 그에 대한 대답은 여러분을 두려움에 떨게 할 것입니다. 지금 이곳에는 거만한 자라고 불릴 사람이 많지 않으리라 믿습니다. 아마 공개적인 난봉꾼이나 반역자 부류에 속한 사람들도 거의 없을 것입니다. 하지만 오늘 예배에 참석한 사람들 중에서 공정하게 악인(ungodly)으로 분류될 수 있는 이들이 얼마나 많은지요! 이것이 의미하는 바가 정확하게 무엇일까요? 다시 한번 그 차이점들을 살펴보고, 성경에서 악인이 의미하는 것이 무엇인지 더 정확하게 규정하도록 하겠습니다.

우리는 때때로 사람들에 대해 비종교적(irreligious)이라는 말을 합니다. 분명히 비종교적인 것만으로도 충분히 나쁘다고 할 수 있습니다. 하지만 종교적이라는 것만으로 충분히 좋은 것은 아닙니다. 어떤 사람은 종교적이면서도, 경건하지 않을 수 있습니다. 종교적인 사람은 많이 있습니다. 마치 외적으로 율법을 준수하는 면에서는 나무랄 데 없는 사람처럼 말입니다. 이들은 히브리인 중의 히브리인, 가장 엄격한 부류의 바리새인입니다(빌 3:5). 그들은 규정에 대해서 철저하며, 교회법을 결코 어기지 않고, 종교 체계에 대해서 굉장히 정확한 사람들입니다. 하지만 이 모든 것에도 불구하고, 그들은 악인의 무리에 속한 자들로 분류될 수 있습니다. 왜냐하면 종교적(religious)이라는 것과 경건하다(godly)는 것은 전혀 별개의 일이기 때문입니다. 믿음의 표지(mark)라는 측면에서 보면, 경건하다는 것은 하나님께 시선을 늘 고정하고, 모든 일에서 그분을 인정하며 신뢰하고 사랑하고 섬기는 것을 의미합니다. 반면 악인(ungodly)은 일상적인 업무에서 하나님께 시선을 두지 않고, 마치 하나님이 없는 것처럼 이 세상을 살아갑니다. 모든 외적인 종교의식에 참여하지만 그 핵심으로 나아가지 못하고, 결코 은밀한 마음과 깊은 비밀들에까지 미치지 못합니다. 그들은 세례와 성찬을 보지만, 그 안에서 하나님은 보지 못합니다. 설교를 듣고, 예배당으로 기도하러 나아오고, 많은 회중의 한복판에서 머리를 숙이기도 합니다. 하지만 그들에게는 하나님의 임재가 없고, 드러난 하나님도 없습니다. 그들은 하나님의 음성을 듣지 못하고, 하나님의 보좌 앞에 엎드려 절하지도 않습니다.

　의심할 바 없이, 여기에 있는 많은 이가 자신이 그리스도의 보혈을 의지하지 않고, 성령의 감화를 받지 않았으며, 하나님을 사랑하지 않는다고 고백해야만 합니다. 그런 분들은 삶의 흐름과 방향이 하나님을 향해 있다고 말할 수 없습니다. 왜 그럴까요? 여러분은 지난 엿새 동안 여러분의 모든 시간을 들여 일했습니다. 물론 부지런히 일하는 것은 옳은 일입니다. 하지만 여러분 중에 얼마나 많은 분이 그러는 사이에 하나님을 잊고 살았습니까? 여러분은 자기 자신을 위해 장사를 했지, 하나님을 위해서

가 아니었습니다. 의인은 모든 일을 하나님의 이름으로 합니다. 최소한 이것이 그의 일관된 소망입니다. 먹든지 마시든지, 또는 무슨 일을 하든지 그는 모든 일을 주 예수의 이름으로 하기를 갈망합니다. 하지만 여러분은 가게에서 하나님을 생각하지 않았습니다. 동료들과 거래할 때 하나님을 인정하지 않았습니다. 여러분은 사람들 앞에서 마치 하나님이 전혀 계시지 않는 것처럼 행동했습니다.

그리고 아마 오늘도 여러분의 마음이 주님을 사랑하지 않는다는 것을 여러분은 고백해야 할지도 모릅니다. 단 한 번도 하나님과 교제하지 않았습니다. 여러분은 한적한 곳을 찾지 않습니다. 은밀한 개인적인 기도를 좋아하지 않습니다. 때때로 아버지와 대화를 나누지 않는다면, 하나님의 자녀들은 결코 행복할 수 없습니다. 하나님의 자녀들은 하나님께 매달리는 것을 좋아합니다. 그들은 하나님이 바로 자신의 생명이고 사랑이고 모든 것이라고 생각합니다. 그들은 매일 "주님, 저를 바로 당신께 이끌어 주십시오. 주님이 제게 오시거나, 저를 주님 인도해주십시오"라고 간구합니다. 그들은 하나님을 더 알기를 갈망합니다. 더욱더 하나님의 형상을 반영하기를 소원합니다. 하나님의 율법을 지키려고 애쓰며, 성령으로 충만하게 되는 것을 자기들의 소망으로 삼습니다. 하지만 여러분은 이런 일들을 소망하지 않습니다. 여러분에게는 그런 갈망이 없습니다. 여러분이 알코올에 중독되지도 않았고, 거짓 맹세하지도 않으며, 도둑도 아니고, 매춘부도 아닌 것은 맞습니다. 이 모든 일에 대해서는 나무랄 데가 없지요. 하지만 여러분은 악인(ungodly)입니다. 이 세상을 하나님 없이 살아가기 때문입니다. 하나님은 여러분의 친구가 아니고, 여러분의 도움도 아닙니다. 여러분에게는 하나님께 나아가려는 마음의 의도가 없습니다. 그러면 하나님의 자녀가 아닌 것입니다. 여러분은 "양자의 영을 받지 않았으므로, 아바 아버지라 부르짖을" 수 없습니다(참고. 롬 8:15). 여러분은 하나님이 있으나 없으나 잘 살 수 있을지도 모릅니다. 사실 하나님에 대해 진지하게 생각하면, 여러분은 마음속에 즐거운 감정이 촉발되기는커녕 오히려 두려움을 느낍니다. 여러분은 악인입니다. 그렇다면 오늘 아침 제가 말하는 모든 사항이 여러분에게 해당된다는 사실을 유념하십시오. 주위를 둘러보면서 얼마나 옆에 있는 사람과 잘 맞아떨어지는지 놀랍다고 말하지 마십시오. 재산을 사치스럽고 방탕하게 낭비하는 흐리터분한 건달에 대한 것이 아니라, 바로 여러분 자신에 대한 말씀입니다. 만일 여러분이 거듭나지 않았다면, 만일 여러분이 성령에 참예한 자가 아니라면, 만일 여러분이 하나님과 화목하지 못하다면, 만일 여러분이 죄 용서를 받지 못했다면, 만일 오늘 여러분이 그리스도가 살아 계신 교회의 살아 있는 일원이 아니라면, 이 성경에 기록되어 있는 모든 저주는 여러분에게 해당됩니다. 그 저주 중에서 특별히 일부를 번개처럼 쏟아내는 것이 제가 이 아침에 감당하려는 엄숙한 사명입니다. 제가 하나님께 기도하는 것은 이것입니다. 이 말씀이 여러분의 영혼에 적용되어 여러분이 지극히 높으신 하나님 앞에서 두려움에 떨게 되며, 온 마음을 다해 찾으면 분명히 만나게 될 하나님을 여러분이 찾게 되기를 기원합니다.

여러분은 오늘 본문이 세 부분으로 나누어질 것을 이미 아실 것입니다. 첫 번째 부분은 두려움을 주는 부정입니다. "악인들은 그렇지 않음이여." 다음에는 아주 끔찍한 비교가 등장합니다. "그들은 겨와 같다." 다음 세 번째 부분은 무서운 예언입니다. "바람에 나는."

첫째로, 여러분은 두려움을 주는 부정을 보고 있습니다. 라틴어로 된 불가타 역본과 아랍어 역본, 그리고 그리스어역 구약성경인 70인역은 첫 번째 문장을 "악인은 그렇지 않습니다. 그럴 수 없지요"라고 번역합니다. 이들 번역본은 이 문장에 이중의 부정 진술이 나온다고 이해하고 있기 때문입니다. "악인은 그렇지 않습니다. 그럴 수 없지요." 이 부정문이 무엇을 의미하는지 이해하기 위해서 여러분은 3절을 읽어야 합니다. 의인은 "시냇가에 심은 나무가 철을 따라 열매를 맺으며 그 잎사귀가 마르지 아니함 같으니 그가 하는 모든 일이 다 형통하리로다"라고 말씀합니다. "악인은 그렇지 않습니다. 그럴 수 없지요."

악인은 "심은 나무"와 같지 않습니다. 그들을 굳이 나무에 비유한다면 "두 번 죽어 뿌리째 뽑힌" 나무이거나, 생명이 있는 것에 비유해야만 한다면 우연히 사막에 심겨져서 도무지 자랄 수 없는 나무와 같을 것입니다. "심은 나무"와 같다는 것은 그리스도인만이 갖는 독특한 특징입니다. 말하자면 그의 위치와 문화에서 수행되는 특별 섭리가 있다는 것입니다. 심긴 나무와 자생한 나무의 차이점을 여러분 모두 잘 알고 있습니다. 정원에 심겨진 나무는 농부가 찾아와서 주변의 땅을 파고, 거름을 주고, 손질을 하고, 가지를 치고, 열매를 기대합니다. 그것은 소중한 재산이자 특별한 관리의 대상입니다. 숲 속에 있는 야생 나무, 평원 위에 저절로 뿌려진 나무는 어느 누구의 소유도 아닙니다. 아무도 돌보지 않습니다. 번개가 쳐서 산산조각이 난다고 해도, 마음이 무너져 내릴 사람이 없습니다. 돌풍이 불어서 모든 잎이 시들해져도, 누구 하나 우는 사람이 없습니다. 그것은 어느 누구의 재산도 아닙니다. 어느 누구의 지붕도 보호해주지 않습니다. 아무도 돌보지 않습니다. 차라리 죽게 내버려두십시오. 왜 거기 서서 땅 속 영양분을 빨아 먹고 아무런 열매도 맺지 못합니까?

물론 악인들은 일반 섭리의 대상이기는 합니다. 심지어 모든 것이 하나님의 명령대로 되었습니다. 하지만 의인들 위에는 특별 섭리가 임합니다. 그들은 심긴 나무입니다. 일어나는 모든 일들이 합력하여 선을 이룹니다. 주 하나님이 그들의 보호자이십니다. 땅이 그들을 위한 소산을 내도록 하나님이 감찰하십니다. 하늘과 이슬과 깊은 바다의 온갖 소중한 것들, 태양이 이끌어내는 소중한 과실들, 달이 산출하는 온갖 소중한 것들, 이 모든 것이 그들의 기업입니다. 그들 주위에 있는 모든 것을 하나님이 돌보십니다. 전염병이 온 땅에 창궐하더라도, 하나님이 그들에게 도움이 된다고 판단하시지 않는 한, 가지 하나라도 다치는 것이 허락되지 않습니다. 전쟁이 일어나도 하나님이 자녀들을 위해 방패를 들어 올리시는 것을 보십시오. 기근이 오면 먹여주시고, 궁핍한 날에 채워주십니다. 머리털까지 세신 바 되고, 하나님의 천사들이 지키고 보호해준다는 것, 그리고 여호와가 그의 목자이시기 때문에 부족함이 없다는 것을 앎이 그리스도인들에게 정말 영광스러운 일이 아닙니까? 물론 이것은 자주 저에게 위로가 되는 교리입니다. 무슨 일이 일어나도 모든 것 안에 섭리가 있다는 생각에 의지할 수만 있다면, 무엇이 더 필요하겠습니까? 크고 작은 일들 가운데 확실히 있는 섭리는 모든 하나님의 자녀에게 해당되는 것입니다. 주님의 오른손이 심으신 모든 나무에 대해서 "나 여호와가 그것을 지키리라. 모든 순간에 물을 주고, 다치지 않도록 밤낮으로 지키리라" 하고 말할 수 있을 것입니다. 의인들 위에는 열 개의 눈동자만 있는 것이 아니라, 밤낮으로 지켜보시는 전지하신 분의 눈동자가 있습니다. 주님이 의인의 길을 아십니다. 그들은 심긴 나무와 같습니다. 악인인 여러분은 그렇지 않습니다. 여러분을 위한 특별 섭리는 없습니다. 여러분은 누구에게 무거운 짐을 가져가십니까? 진노의 날에 여러분의 피난처는 어디에 있습니까? 전쟁이 일어날 때 여러분의 방패는 어디에 있습니까? 어둠이 주위에 몰려들 때 누가 여러분을 위해 태양이 됩니까? 어려움이 주변을 에워쌀 때 누가 여러분을 위로합니까? 여러분을 품을 영원한 팔이 없습니다. 여러분을 위해 고동칠 연민하는 심장이 없습니다. 여러분을 바라볼 사랑스러운 눈길이 없습니다. 여러분은 홀로 남겨진 것입니다! 홀로! 홀로! 사막의 황무지처럼, 아니면 어느 누구도 관심을 갖지 않는 숲 속의 나무처럼 말입니다. 결국 날카로운 도끼가 높이 들려지는 때가 오면 나무는 쓰러지고 말겠지요. "악인은 그렇지 않습니다. 그럴 수 없지요." 정말 두렵게 만드는 부정입니다. 악인은 하나님의 특별 섭리의 대상이 아닙니다.

의인은 "시냇가"에 심긴 나무와 같습니다. 시냇가에 심긴 나무는 이제 뿌리를 내리고, 곧 충분한 영양분을 섭취합니다. 저 멀리 메마른 사막에 심긴 나무는 가뭄의 때를 맞이합니다. 가끔씩 뚝뚝 떨어지는 뇌운에 의존하며 부족한 빗방울을 증류할 뿐입니다. 하지만 시냇가에 심긴 나무는 필요한 것을 1년 내내 공급받습니다. 가뭄도 모르고, 궁핍한 때도 없습니다. 뿌리는 넘치도록 흐르는 영양분을 빨아들이기만 하면 됩니다. "악인은 그렇지 않습니다. 그럴 수 없지요." 악인에게는 기쁨과 위안과 생명을 빨아들일 강물이 없습니다. 신자라면 어떤 일을 만나든지 말할 수 있습니다. 땅이 그를 져버리면 하늘을 바라보겠노라고 말입니다. 사람이 배신하더라도 그는 거룩하신 분 예수 그리스도를 바라볼 것입니다. 세상이 흔들려도 그의 기업은 높은 곳에 있습니다. 만약에 모든 것이 사라져도, 그에게는 결코 없어지지 않을 몫이 있습니다. 그는 말라버릴 수도 있는 개울가에 심긴 것도 아니고, 그보다 못한 사막 한가운데 있는 것도 더더욱 아닙니다. 시냇가에 심긴 것입니다. 사랑하는 형제 여러분, 여러분과 저는 이것이 무엇을 뜻하는지 잘 알고 있습니다. 우리는 그리스도의 풍성함의 강물을 마신다는 것이 무엇인지 잘 압니다. 골수와 기름진 것(시 63:5)을 먹고 만족함을 누린다는 것이 무엇인지 잘 압니다. 우리의 창고는 다함이 없고 우리의 부는 결코 소진되지 않기 때문에, 우리는 말할 수 없는 기쁨과 충만한 영광을 누릴 수 있을 것입니다. 우리에게는 헤아릴 수 없는 부와 결코 빼앗길 수 없는 보물이 있습니다. 우리를 결코 실망시키지 않는 것에 우리가 의지할 수 있다는 것이 우리의 영광입니다. 우리는 시냇가에 심긴 나무입니다.

하지만 여러분과 같은 악인은 그렇지 않습니다. 그럴 수 없지요. 가뭄의 시기가 여러분에게 임할 것입니다. 지금은 여러분이 기뻐할지 모르나, 고통의 때에 무엇을 하시겠습니까? 뜨거운 열이 여러분을 이리저리 뒹굴게 하고, 여러분의 몸과 마음이 고통으로 신음하게 되고, 죽음이 여러분을 응시하고, 여러분의 눈이 흐려질 때 말입니다. 요단 강이 넘칠 때 여러분은 무엇을 하시겠습니까?(참고. 렘 12:5) 오늘이야 여러분에게 기쁨이 있지만, 그때 여러분의 기쁨은 어디에 있겠습니까? 지금이야 여러분에게 우물이 있습니다. 하지만 이들이 모두 막혀서 못 쓰게 되고, 여러분의 가죽 부대가 마르고, 깨진 물통은 마지막 물방울까지 완전히 빌 때, 그때 여러분과 같은 악인은 무엇을 하시겠습니까? 이 부정은 분명히 여러분에 대한 끔찍한 위협으로 가득합니다. 지금은 약간의 환희와 환락이 있을 수 있고, 현재는 약간의 유쾌함을 즐길 수 있지만, 뜨거운 바람, 곧 고통의 바람이 몰려올 때, 여러분은 무엇을 하시겠습니까? 그리고 무엇보다 싸늘한 죽음의 바람이 여러분의 피를 얼릴 때, 여러분은 무엇을 하시겠습니까? 그때 여러분은 도대체 어디를 바라보시겠습니까? 더 이상 친구들을 바라볼 수도, 가정의 편안함을 바라볼 수도 없을 것입니다. 죽음의 순간에는 그토록 사랑하는 아내의 품속에서 위안을 찾을 수도 없습니다. 그때 여러분은 모든 부나 보물에서도 평안을 찾을 수 없을 것입니다. 여러분의 과거 삶이 아무리 좋아 보여도, 여러분이 악인이라면 과거를 회상한들 아무런 위로도 되지 않을 것입니다. 앞을 보아도 위로를 얻지 못할 것입니다. 왜냐하면 미래에는 "무서운 마음으로 심판을 기다리는 것과 맹렬한 불"만 있을 것이기 때문입니다(참고. 히 10:27). 악인 여러분, 이 문제에 대해 한번 진지하게 생각해보십시오. 오늘 본문의 첫 문장이 요한계시록에 나오는 파멸의 나팔 소리(계 8:6 이하)처럼 울리고, 일곱 대접(계 16:1)과 같은 참혹함이 있는 것보다 더 나쁜 것은 없을 것이기 때문입니다.

의인은 "철을 따라 열매를 맺는다"라고 했습니다. "악인은 그렇지 않습니다. 그럴 수 없지요." 악인들은 열매를 맺지 못합니다. 혹시 쪼글쪼글한 포도 열매가 포도나무 여기저기에 맺혀 있다고 해도, 제철에 열린 게 아니기 때문에 따뜻한 태양빛을 받아 무르익을 수 없고, 결국 시들시들해져서 아무런 가치가 없게 됩니다. 악인들이라도 명확한 죄를 짓지 않으면 아무 문제가 없을 것이라고 많은 사람들은 생각합니다. 오늘 설교와 관련된 다른 말씀을 짧게 드리겠습니다. 성경 본문을 한번 읽어보십시오. "여호와의 사자의 말씀에 메로스를 저주하라 너희가 거듭거듭 그 주민들을 저주할 것은 그들이 와서 여호와를 돕지 아니하며 여호와를 도와 용사를 치지 아니함이니라 하시도다"(삿 5:23). 첫째, 메로스가 행한 일이 무엇입니까? 아무것도 없습니다. 둘째, 메로스는 저주를 받습니까? 그렇습니다. 거듭거듭 저주를 받습니다. 무엇 때문에 저주를 받습니까? 아무 일도 하지 않았는데? 그렇습니다. 아무 일도 하지 않았기 때문에 저주를 받은 것입니다. "너희가 거듭거듭 그 주민들을 저주하라"라고 하는 이유는 그들이 행하지 않았기 때문에, 왜냐하면 "그들이 와서 여호와를 돕지 아니하며 여호와를 도와 용사를 치지 아니함이니라." 메로스가 하나님을 대적하여 싸웠습니까? 아닙니다. 메로스가 칼과 방패와 창을 들고 지극히 높으신 하나님을 대적하여 싸우기 위해 나갔습니까? 아닙니다. 메로스가 한 일이 무엇입니까? 아무것도 없습니다. 그런데도 저주를 받았습니까? 그렇습니다. 그곳 주민들과 더불어 거듭거듭 저주를 받았습니다. "그들이 와서 여호와를 돕지 아니하며 여호와를 도와 용사를 치지 아니함이니라." 집에 가실 때 스스로에게 이 말씀으로 설교하십시오. 오랫동안 생각해보십시오. 그러면 아마도 집에 도착해서 의자에 앉으면서 스스로에게 이렇게 말하게 될 것입니다. "메로스! 하지만 이게 내 모습이구나. 나는 하나님을 대적하여 싸우지도 않았고, 그리스도의 적도 아니며, 그의 백성을 핍박하지도 않았어. 사실 나는 주의 종들을 사랑하기까지 했어. 나는 선포되는 말씀 듣기를 좋아해. 주일에 하나님의 집이 아닌 곳에서 시간을 보낸다면 나는 행복할 수 없을 거야. 그래도 이 말씀은 나에 대해 말하고 있구나. 나는 여호와를 도와 용사를 치러 올라가지 않았구나. 나는 아무것도 하지 않는구나. 나는 열매 없는 나무로구나." 이제 여러분은 저주를 받은 것을 기억하십시오. 그것도 거듭거듭 저주를 받은 것입니다. 여러분이 행하는 일 때문이 아니라, 행하지 않는 일 때문에 말입니다.

바로 여기에 악인들이 받는 슬픈 저주들 중에 하나가 있습니다. 그들은 철을 따라 열매를 맺지 않는다는 것 말입니다. 왜 그럴까요? 여러분 자신을 한번 보십시오. 도대체 여러분이 이 땅에서 잘한 것이 무엇입니까? 가족들에 관해서라면 여러분은 그들의 대들보이자 버팀목입니다. 하나님이 여러분의 일에 복을 주시고, 여러분은 자녀들을 잘 양육할 수 있습니다. 하지만 교회와 관련해서 여러분이 잘한 것이 무엇입니까? 자리를 차지하고 몇 년 동안 출석은 했습니다. 하지만 여러분이 자리를 차지한 의미가 어디에 있습니까? 다른 죄인이 그 자리에 있었다면 회심할 곳이 그 자리일 수 있었는데 말입니다. 분명히 여러분은 앉아서 설교를 듣습니다. 하지만 그 설교가 여러분의 저주를 더하기만 한다면 어떻게 합니까? 여러분이 많은 사람 중에 하나인 것은 사실입니다. 하지만 만약 여러분이 흰 양 떼 가운데 있는 한 마리 검은 양이라면 어떻게 합니까? 여러분은 그리스도를 위해 무엇을 하고 있습니까? 여러분이 무슨 가치가 있습니까? 영적인 성전에 벽돌 하나라도 얹으셨습니까? 여러분은 주님의 머리 위에 옥합을 깨뜨린 가난한 여인만큼 하셨습니까? 여러분은 주님을 위해 아무 일도 하지 않았습니다. 여러분을 기르고 먹인 분이 주님이신데, 여러분은 그 주님을 위해 아무 일도 하지 않은 것입니다. "소는 그 임자를 알고 나귀는 그 주인의 구유를 알건마는"(사 1:3), 여러분은 주인을 알지 못하고 관심도 갖지 않습니다. 보십시오. 주님은 여러분이 행한 것 때문이 아니라, 여러분이 행하지 않은 것 때문에 오늘 여러분과 변론하십니다. 주님이 여러분에게 목회자를 보내셨기 때문에, 여러분은 매 주일 초청을 받아 지속적으로 말씀을 듣고 있습니다. 여러분은 특권을 누리고 있는 것입니다. 하나님이 섭리 가운데 여러분을 먹이시고, 불쌍히 여기셔서 여러분을 따뜻하게 입히십니다. 하지만 여러분은 주님을 위해 아무것도 하지 않고 있습니다. 여러분은 아무 열매도 맺지 않는 훼방꾼일 뿐입니다. 이 자리에서 설교를 듣는 친애하는 여러분, 저는 여러분이 마음속에 잘 새겨서 듣기를 권합니다. 이 말씀은 여러분에게 표적이면서도, 또한 저주이기 때문입니다. 열매를 맺지 못하는 것은 단순히 여러분의 성품이 가진 특징이 아닙니다. 하나님으로부터 내리는 저주입니다. 여러분은 악인입니다. 그래서 열매가 없습니다. 여러분은 하나님을 사랑하지 않습니다. 그렇기 때문에 "철을 따라 열매를 맺는" 나무와 같지 않습니다.

"그 잎사귀 또한 마르지 않을 것입니다. 악인은 그렇지 않습니다. 그럴 수 없지요." 악인의 잎사귀는 반드시 마르게 됩니다. 저는 오늘 이 아침에 하나님의 약속이 그의 백성에게 확증된 많은 증거를 제 앞에서 봅니다. 주위를 둘러보십시오. 얼마나 많은 백발의 노인들이 말씀을 듣기 위해 매 주일 모입니까! 이들 중에는 젊었을 때 그리스도를 사랑한 이들이 많이 있습니다. 그때 이들은 그리스도의 소중한 이름을 고백하는 가운데 "말할 수 없는 영광스러운 즐거움"을 누렸습니다. 이제 이들은 사람들이 인생의 황혼기라 부르는 시기를 맞고 있지만, 스스로는 그렇게 생각하지 않습니다. 노년기에도 열매를 맺고 있기 때문입니다. 이들은 여전히 기름지고 풍성해서 주님이 공평하시다는 것을 잘 보여주고 있습니다. 그 잎사귀가 마르지 않았습니다. 이들은 항상 그랬던 것처럼 그리스도를 위해 여전히 적극적이고, 아마도 열배는 더 행복합니다. 열매를 맺지 못하기는커녕, 이전보다 더 풍성하고 더 달콤한 과실을 맺고 있습니다. 젊은이들 가운데로 거닐 때 세상의 빛처럼 환하게 빛을 발합니다. 오늘 본문의 비유로 말한다면, 이들은 풍성한 열매 때문에 가지가 축 늘어진 나무와 같고, 연수가 많으니 머리도 숙이고 있는 것 같습니다. 사랑하는 형제들이여, 젊었을 때 여러분의 몫으로 예수 그리스도를 소유하는 것은 얼마나 큰 은혜입니까! 그런 사람을 그리스도가 또한 평생 동안 지탱해주실 것입니다. 믿음 좋은 롤런드 힐이 죽음을 목전에 두고, 비틀거리면서도 그리스도의 신실함에 대해 설교하는 것을 보는 것은 얼마나 영광스러운 광경이었던지요! 증거가 바로 거기에 있었습니다! 그의 잎사귀는 마르지 않았습니다. 80세가 되어서도 시들지 않고 여전히 그 신록을 유지하고 있는 이런 나무가 어디 또 있었습니까? 노인들을 젊음으로 넘치게 하고, 비틀거리는 발로 기뻐서 뛰게 하는 이런 신앙이 어디 또 있었습니까? 이것이야말로 그리스도에 대한 신앙입니다. 우리의 잎사귀는 마르지 않습니다.

하지만 "악인은 그렇지 않습니다. 그럴 수 없지요." 여러분의 잎사귀는 시들 것입니다. 적어도 창밖의 시야가 어둡게 될 때, 절구가 닳아서 못 쓰게 될 때, 노년기가 다가와 메뚜기가 짐이 될 때, 곧 여러분의 잎사귀는 시들게 될 것입니다. 예전에는 시들지 않았더라도 말입니다. 잎사귀가 시드는 사람들이 얼마나 많습니까! 하나님이 보내시는 병충해가 다가와 한때 푸르게 보였던 나무가 갈색으로 변해 죽어가고, 결국 꺼멓게 되어 베어내야 할 처지에 놓입니다. 살아오는 동안 우리는 그런 광경을 많이 보았습니다. 겉으로는 이 세상에서 잘 나가는 것 같고, 부유하고 행복하며, 거의 모든 사람으로부터 존경을 받는 것 같았습니다. 하지만 실상 그들은 굳건한 배경이나 딛고 설 반석도 없고, 의지할 하나님도 없습니다. 저는 그들이 신록의 월계수처럼 쭉쭉 뻗어나가는 것을 보고 시편 기자처럼 그들을 부러워하기도 했지만, "내가 찾아도 발견하지 못하였도다"(시 37:36). 저는 지나가다가 그들에게 남겨진 것이 그루터기뿐인 것을 알았습니다. 하나님이 그들의 거주지를 저주하셨습니다. 꿈에서 깨어난 것처럼 그들의 겉모습은 멸시당하고, 불 앞에 놓인 밀랍처럼 녹아 없어졌습니다. 숫양의 기름처럼 불태워졌고, 연기로 사라져버렸습니다. "악인은 그렇지 않습니다. 그럴 수 없지요"라고 본문은 말하고, 우리의 경험도 분명하게 그것을 입증합니다. 악인의 잎사귀는 말라야 하고, 그렇게 될 것입니다. 그러나 의인과 관련해서는 "그가 하는 모든 일이 다 형통하리로다"라고 말씀합니다. 분명히 경건한 사람에게도 고난이 있지만, 악인들보다 더 많지는 않을 것입니다. 누구든지 회심을 하면 신앙의 "길은 즐거운 길이요, 그의 지름길은 다 평강이니라"(잠 3:17)라는 것이 사실임을 알게 될 것입니다. 그리스도인이 되면 세상적인 번영에 대해서도 악인들보다 더 큰 소망이 있다고 저는 생각합니다.

말하자면 그리스도인의 습관은 사업에 가장 도움이 되는 습관입니다. 사람이 자기 사업에 신앙을 결부시키고 삶의 모든 행위가 신앙의 인도를 받게 된다면, 이 세상에서 성공할 가능성이 가장 큰 것입니다. 비록 이런 표현이 세속적이라 죄송하지만 말입니다. 결국 "정직이 최고의 전략"인데, 그리스도인의 신앙이야말로 최고의 정직이기 때문입니다. 이 시대의 가장 날카롭고 예리한 경쟁력은 정직이라고 할 수 있습니다. 여기 이 아래에서 그렇다는 것이지, 저기 저 위에서는 그렇게 말하지 않을 것입니다. 왜냐하면 이 안에는 상당한 기만이 있기 때문입니다. 가장 고귀한 의미로서의 정직, 곧 그리스도인의 정직은 결국 모든 일에 있어서 최고의 전략으로 드러날 것입니다. 세상적으로도 자기의 부르심을 묵묵히 성실하게 수행하는 사람은 보통 성공을 거두기 마련입니다. 어떤 사람이 원하는 성공을 거두지 않아도 여전히 아는 것은, 그런 성공이 그에게 최선이었다면 그가 그것을 이루었을 것이라는 사실입니다. 저는 자주 그리스도인들이 이렇게 말하는 것을 듣습니다. "저는 그냥 아주 조그마한 사업을 하고 있지만 편안하고 행복하게 살 만큼의 충분한 수입은 거둡니다. 한 번도 경쟁에서 이기거나 앞서기 위해 걱정해본 적이 없습니다. 제가 그런 일을 잘 해내리라고 한 번도 생각해본 적이 없거든요. 급박한 세태에 저 스스로를 떠밀지 않고, 이렇게 만족하며 살 수 있다는 것에 대해 종종 하나님께 감사하고 있습니다." 제가 한 가지 깨닫게 된 것, 사실 논박될 수 없을 만큼 분명한 것은 이것입니다. 이렇게 겸손한 분들이야말로 가장 훌륭한 그리스도인들이고, 가장 행복한 삶을 영위하며, 무슨 일을 하든지 성공을 거둔다는 것입니다. 그들은 많이 기대하지 않았더라도 자신들이 기대한 바를 얻고, 원하는 것이 대단한 것은 아닐지라도 분명히 자신들이 원하는 것을 얻기 때문입니다. 그들은 아주 대단해 보이는 일에 섞이지 않기 때문에 빈털터리가 되지도 않습니다. 그저 묵묵히 자신의 길을 고수하며 끊임없이 필요를 채우시는 섭리를 바라볼 때, 필요한 모든 것을 얻습니다. 그리고 무슨 일을 하든 성공을 거둡니다. 만일 가진 것을 모두 잃고 가난뱅이로 전락한다고 해도, 그들은 바로 이 가난이야말로 최고의 성공이라고 생각할 것입니다. 외적인 재산은 적어졌어도, 하나님이 그들의 영혼을 부요하게 하셨을 것이기 때문입니다.

"악인은 그렇지 않습니다. 그럴 수 없지요." 악인이 얻는 것은 무엇이든지, 많든지 적든지 손해입니다. 그는 구멍투성이인 가방에 돈을 넣습니다. 악인이 돈을 모으면 부패하고 녹이 습니다. 악인은 돈을 써도 자기에게 거의 도움이 되지 않습니다. 하나님을 소유하지 않는 사람은 성공도 소유할 수 없습니다. 그가 살이 쪘습니까? 그는 도살당하려고 살찌는 것입니다. 그가 곤경에 빠졌습니까? 운명의 폭풍이 이제 그에게 시작된 것입니다. 악인의 삶에 선한 것은 전혀 없습니다. 그가 맛본 달콤함은 독약의 달콤함입니다. 매춘부가 아름답게 보이는 것은 단지 얼굴에 바른 화장 때문이며, 그 밑에는 불결함과 질병이 있을 뿐입니다. 언덕 위에 신록과 푸른 초목이 있어도, 그 안에는 썩은 시체와 매스꺼운 부패물이 있을 뿐입니다. 믿는 자가 하는 일은 무엇이든 성공하겠지만, "악인은 그렇지 않습니다. 그럴 수 없지요." 분명히 오늘 본문의 이 첫 번째 부분은 충분히 끔찍합니다. 여러분에게 복의 문이 닫히고, 약속이 철회되며, 의인에게 주어진 축복이 없기 때문입니다. 잃어버린 바 된 사람에 대한 이런 형벌은 분명히 우리를 낙담시키기에 충분합니다.

잠시 아주 무서운 비교를 한번 들어보십시오.

"악인들은 겨와 같도다." 그들은 야생의 나무와 같지 않습니다. 생명은 있지만, 죄 가운데 죽었기 때문입니다. 여기서 그들은 심지어 뿌리째 뽑힌 죽은 나무와도 비교되지 않습니다. 죽은 나무도 약간의 도움은 되니 말입니다. 죽은 나무가 강을 통해 흘러 내려가면, 가난한 사람이 강에서 주워다가 불을 지펴 추위를 녹이는 데 사용합니다. 그들은 심지어 사막의 황무지만도 못합니다. 황무지도 약간의 쓸모가 있어서 메마른 땅에 도움이 되기 때문입니다. 그들은 생명을 가진 어떤 것과도 같지 않고, 가치 있는 어떤 것과도 같지 않습니다. 여기서 그들은 바람에 나는 겨와 같다고 언급됩니다. 잠깐만 생각해도 이 모습이 얼마나 끔찍한 것인지 여러분은 금방 알게 될 것입니다. 그들은 겨와 같습니다. 겨는 낟알을 감싸고 있는 것인데, 밀을 추수해서 곳간으로 가져가면 필요한 것은 낟알뿐입니다. 사람들은 곡식만을 바라봅니다. 애초에 잘 살고 있는 밀과 나란히 함께 성장했던 겨는 이제 결국 완전히 쓸모가 없게 되고, 분리되어 바람에 날리는 것입니다. 악인이 이 겨에 비유되는 두세 가지 이유에 대해 잠깐 생각해보겠습니다.

첫째, 그들은 말랐고 열매가 없기 때문입니다. 겨는 그 안에 생명의 원기가 없습니다. 그것은 아무런 쓸모가 없고, 전혀 도움이 되지 않습니다. 사람들은 그것을 없애려는 생각밖에 하지 않습니다. 손에 부채를 들고 바닥을 완전히 정리하는 것이지요. 바람이 겨를 날려버리기 전에 키질을 하여 밀을 들어 올리기 때문에, 밀은 온전히 남습니다. 사람들이 겨에 관심을 갖는 것은 그것을 완전히 제거하기 위해서, 날려버리기 위해서입니다. 겨는 말랐고 열매가 없기 때문입니다. 다른 한편으로 겨는 여러분이 아는 것처럼 가볍고 안정적이지 않습니다. 바람이 밀 사이를 지나갈 때, 밀은 그 자리에 머물러 있지만 겨는 날아가버립니다. 키질을 할 때 밀은 곧 자기 자리를 찾아서 들려졌던 바로 그 자리로 되돌아오지만, 겨는 가볍고 안정성이 없습니다. 모든 바람과 모든 호흡이 그것을 움직이며 날려버립니다. 악인들은 그와 같습니다. 그들은 전혀 안정적이지 않고 가볍습니다. 물 위에 떠 있는 거품에 불과합니다. 부서지는 파도의 거품일 뿐입니다. 오늘 나타났다가 사라지고, 여기 있다가 저기로 가고, 결국 영원히 사라지는 것입니다.

악인이 겨에 비유되는 또 다른 이유는, 겨는 저속하며 무가치하기 때문입니다. 누가 그것을 사려고 합니까? 누가 그것을 돌보기라도 하나요? 최소한 팔레스타인 지방에서는 겨로 만든 것이라면 아무것도 사용하지 않습니다. 그저 그것을 불태워 없애는 것으로 만족합니다. 빨리 없애면 없앨수록 더 기뻐합니다. 악인들도 마찬가지입니다. 그들은 어떤 것에도 쓸모가 없습니다. 이 세상에서 무익할 뿐만 아니라, 다가올 세상에서도 무익합니다. 그들은 모든 창조 가운데 남겨진 찌꺼기이자 불순물일 뿐입니다. 악인이 제아무리 자기 자신을 대단하게 여겨도, 하나님이 보시기에 그는 아무것도 아닙니다. 금목걸이를 목에 걸고, 가슴에 별 장식을 달고, 머리에 면류관을 쓰십시오. 그래 봤자 왕관을 쓴 먼지 덩어리처럼 아무짝에도 쓸모없습니다. 아마도 쓸모없는 것보다도 못할지 모릅니다. 하나님 앞에서 그들은 너무 무가치하기 때문에, 하나님이 발로 그들을 짓밟으실 것입니다. 옹기장이의 그릇도 약간의 도움이 되고, 심지어 깨진 그릇도 쓸모가 있습니다. 욥이 그것을 가지고 몸을 긁지 않았습니까! 하지만 겨를 가지고 무엇을 하겠습니까? 아무짝에도 쓸모가 없으며, 어느 누구도 관심을 갖지 않습니다.

그렇다면 하나님을 두려워하지 않는 여러분의 가치는 어떻습니까? 헤아려보고, 바른 빛에 스스로를 비추어보십시오. 여러분은 스스로 충분히 가치가 있다고 생각할지 모르나, 하나님은 여러분이 전혀 쓸모없다고 말씀합니다. 여러분은 "바람에 나는 겨와 같습니다." 저는 더 이상 이 비유로 시간을 끌지 않고, 이제 세 번째 부분으로 넘어가려고 합니다.

―⁂―

"그들은 바람에 나는 겨와 같도다"라는 구절에는 끔찍한 예언이 포함되어 있습니다.

겨와 곡식은 얼마나 가까이 밀착되어 있는지 모릅니다. 사실 겨는 곡식의 외피이지요. 그들은 함께 성장합니다. 여러분, 이제 저는 매우 솔직하고 날카롭게 말씀드리려고 합니다. 악인과 의인이 얼마나 밀접하게 관련되어 있는지요! 여러분은 지금 악인이지만, 의로운 자녀의 아버지일 수도 있습니다. 여러분과 자녀의 관계는 마치 겨와 곡식의 관계와 같습니다. 여러분은 자녀를 양육했고, 마음속 깊이 소중히 여겼습니다. 마치 겨가 곡식을 감싸는 것처럼, 여러분은 자녀를 안아주었습니다. 하나님의 자녀와 그렇게 밀접한 관계 가운데 있다가, 그 무서운 분리의 날에 그와 떨어진다고 생각하면 정말 끔찍하지 않습니까? 겨는 곡식과 함께 천국에 들어갈 수 없습니다. 또 이렇게 생각해보십시오. 여러분이 의인인 어머니의 아들이라고 생각해보십시오. 여러분은 어머니의 무릎 위에서 자랐습니다. 아주 어렸을 때부터 어머니로부터 기도하는 법을 배웠습니다. "좋으신 예수님, 온유하고 부드러우신 분, 작은 아이를 바라보라"(Gentle Jesus, meek and mild, look upon a little child, 찰스 웨슬리가 작시한 찬송가다―편집자 주)와 같은 짧은 찬송가도 배웠습니다. 어머니가 여러분을 자신의 기쁨이자 위안으로 삼으셨는데, 이제 어머니는 돌아가셨습니다. 하지만 한때 여러분과 어머니의 관계는 마치 겨와 곡식의 관계와 같았던 것입니다. 실제로 여러분은 같은 울타리, 같은 가정에서 성장했습니다. 어머니의 심장이 여러분을 완전히 감싸고 있었습니다. 여러분은 어머니의 기쁨이었고 위안이었습니다. 그렇다고 해서, 여러분이 죽을 때 어머니와 영원히 분리되는 고통을 당하지 말라는 법이 있습니까? 어머니가 계신 곳에 여러분은 결코 갈 수 없습니다.

어쩌면, 여러 아이들을 아기 때 잃은 어머니가 이 가운데 있을지도 모르겠습니다. 그 어머니와 아이들의 관계는 겨와 곡식의 관계와 같습니다. 어머니는 아기들을 가슴에 품어서 잠시 동안 애지중지했습니다. 하나님의 곡식들인 아이들은 창고로 모아져서, 지금은 예수님 안에 있습니다. 지극히 높으신 하나님의 보좌 앞에서 기뻐하는 작은 영혼들이 있습니다. 홀로 남겨진 어머니는 그것에 대해서 생각하지 않겠지만, 그녀가 천사들의 어머니일지라도 자신은 지옥의 자녀일 수 있습니다. 이런 상황에 대해서 여러분은 어떻게 생각하십니까? 아이들과의 이런 분리는 영원한 것입니까? 여러분이 하나님의 무서운 분리의 날에 겨로 판명이 나서 아이들과 떨어지게 된다면, 어떻게 하시겠습니까? 그들이 천국에 있는 것을 보면서 여러분 자신은 영원히 버려지게 된다면, 여러분은 견딜 수 있겠습니까? 여러분 마음이 상한 상태입니까? 여러분의 영혼이 지옥의 굴레보다 더 무겁습니까? 그렇지 않다고 하더라도, 하나님의 백성과 현재 친밀한 관계에 있는데도 그들과 분리될 것을 생각하면, 정말 떨리지 않을 수 없습니다. 이 설교를 듣는 여러분! 여기에는 의인들과 나란히 앉아 있는 분들도 있습니다. 그들이 노래할 때 여러분도 노래하며, 그들이 들을 때 여러분도 듣습니다. 아마도 여러분은 교회의 외형적인 필요들을 채울 수도 있겠지요. 여러분과 교회와의 관계가 마치 겨와 곡식의 관계와 같습니다. 여러분은 교회 내부의 살아있는 핵심을 둘러싸고 있는 외형적인 껍질일지도 모릅니다. 그러면 여러분은 우리와 분리되어야 합니까? 성도들의 노래를 멈춘 다음에, 운이 다한 사람들의 비명에 참여하는 것으로 만족하십니까? 의인들의 모임을 나가서, 멸망하고 저주받는 사람들이 갖는 최후의 집결에 참여하겠습니까? 이런 생각을 하니 말을 이을 수가 없습니다. 이 문제에 대해서 잠시 천천히 말씀드리겠습니다.

사랑하는 형제들이여, 물론 이런 생각이 정말 저를 두렵게 하던 때가 있었습니다. 한번은 제 어머니가 저를 위해 오래 기도하시고, 제게 희망이 없다는 확신에 이르신 후에 말씀했습니다. "아들아, 마지막 심판의 날에 네가 저주를 받는다면, 엄마는 너의 저주에 대해 아멘이라고 말할 것이라는 사실만 기억해라." 이 말이 제 마음 깊은 곳을 찔렀습니다. 나를 낳아주시고 사랑으로 길러주신 어머니가 제가 최후에 저주받는 것에 대해 "아멘"이라고 말씀해야만 합니까? 하지만 그런 일은 일어나고야 말 것입니다. 겨가 꺼지지 않는 불 속에 던져지는 것을 보고 곡식이 아멘이라고 외치지 않을까요? 이 설교를 듣고 있는 여러분, 생각하고 또 생각하십시오. 사랑하는 어머니에게 제가 작별을 고해야 하는 것처럼, 주님을 마음으로 섬겼던 사람들에게 우리가 그렇게 해야 하는 일이 일어날 것입니다. 제가 무덤에 묻히는 어머니의 시신 앞에 서서 마지막으로, 최후의 작별을 고해야만 할까요? 하나님을 두려워하지도 경외하지도 않아서, 주님께 선택된 자들 사이에 있는 몫을 갖지 못했기 때문에 어머니와 영원히 분리되어야 합니까? 친척들과 영원히 헤어졌습니까? 여러분의 경건한 선조들은 "분명하고 확실한 소망"(sure and certain hope) 가운데 묻혔는데, 여러분에게는 그것이 매우 낯선가요? 천국에서 그들과 함께 즐거운 노래를 부르지 않으려고 합니까? 다른 인사를 할 수는 없습니까? 죽음은 여러분에게 건널 수 없는 심연입니까?

가족들을 위에서 만나게 되리라는 것을 아는 것이 우리 중 몇몇에게 기쁨이 되기를 저는 바랍니다. 그들이 차례로 이 세상을 떠날 때, 이것이 우리에게 큰 위로가 되었습니다. 그들은 떠났지만, 우리는 곧 그들을 따라갈 것입니다. 그들은 사라진 것이 아니라, 먼저 떠난 것입니다. 그들의 육신은 땅에 묻혔지만, 그들의 영혼은 낙원에 있습니다. 우리도 곧 그곳으로 갈 것입니다. 주님의 얼굴을 뵙고 그 영광스러운 모습에 기뻐할 때, 우리는 그들도 만날 것입니다. 그래서 우리가 사는 날 동안 누렸던 어떤 교제보다 더 깊고 온전한 교제를 그들과 나누게 될 것입니다. 자, 이제 슬픈 예언이 여기 있습니다. 악인은 "바람에 나는 겨와 같습니다."

오늘 본문의 무서운 진면목이 표면적으로 나타나지는 않는다는 것을 여러분은 잘 알고 계실 것입니다. 그들은 "바람이 **쫓아버리는**(drive away, 한글개역개정은 '바람에 나는'이라고 옮겼다 ― 역자주) 겨와 같습니다." 어디로 쫓아버린다는 말입니까? 어디로요? 그들은 어디로 쫓겨납니까? 몸은 건강하고, 태양은 비추고,

하늘은 청명하며, 세상은 여전히 고요합니다. 그런데 갑자기 사람 손바닥만 한 작은 구름이 보입니다. 아주 작은 신호가 그를 덮칩니다. 허리케인이 불기 시작하지만, 처음에는 단지 가냘픈 호흡에 불과합니다. 악인은 자기에게 불어닥치는 차가운 공기를 느끼면 의사의 도움으로 그것을 막습니다. 그리고 자신은 분명히 무사할 것이라고 생각합니다. 폭풍이 일어납니다. 하나님이 작정하셨기 때문에 사람이 멈출 수 없습니다. 호흡이 바람이 되고, 바람이 폭풍이 되고, 폭풍이 어마어마한 허리케인이 됩니다. 그의 영혼이 쓸려 날아갑니다. 천사의 날개를 타고 천국에 가는 것은 영광스러운 일입니다. 하지만 악인과 함께 이 세상에서 쓸려가는 것은 정말 두려운 일입니다. 그것은 그룹들의 날개가 아니라 독수리의 날개와 같은 바람으로 옮겨지는 것이며, 저 하늘 보좌 위에 있는 시인에 의해서가 아니라 무정한 친구들이 일으킨 사나운 비바람 가운데로 옮겨지는 것입니다. 악인은 바람에 의해 날리는 겨와 같습니다. 이 장면을 어떻게 정확히 묘사할 수 있을지 잘 모르겠습니다. 마치 어마어마한 태풍이 불어 한 사람을 그가 서 있는 곳에서 날려버리는 것과 같겠지요. 악인은 날려집니다. 악인이 어디로 날려가는지 제가 또다시 질문드린다면, 여러분의 생각이 더 진전될 수 있을까요? 대체 어디로 날려갑니까?

그 영혼이 즉시 어떤 상태로 들어가는지에 대해서는 정확하게 말씀드릴 수 없습니다. 다시 말해서, 어떤 식으로든 저의 추측으로 말씀드릴 수 없다는 것입니다. 왜냐하면 그것은 너무 경박한 것이고, 그렇게 하기에는 이 문제가 너무나 엄숙하기 때문입니다. 하지만 한 가지만은 말할 수 있습니다. 예수님이 말씀한 것 말입니다. "그가 쭉정이를 꺼지지 않는 불에 태우시리라." 여러분은 죽지만, 죽지 않습니다. 여러분은 떠나지만, 영원히 꺼지지 않는 불 가운데로 갑니다. 이 주제에 머물러 있지 않고, 다시 질문으로 돌아가겠습니다. "…우리 중에 누가 삼키는 불과 함께 거하겠으며 우리 중에 누가 영영히 타는 것과 함께 거하리요…?"(사 33:14) 여기에 있는 누가 지옥에 침소를 놓도록 준비되었습니까? 누가 불구덩이에 누워 영원히 안식하겠습니까? 여러분이 악인인데도 회개하지 않으면, 바로 여러분 자신이 그렇게 됩니다. 여러분 중에 그리스도 없이, 이 세상에 아무런 희망도 없이 살아가는 사람은 없습니까? 정말 여러분 중에 아무도 없나요? 분명히 그런 분이 있을 것입니다. 여러분의 운명에 대해서, 죽음과 죽음 이후에 있는 심판에 대해서 생각하십시오. 바람이 불고, 회오리 바람이 뒤따르고, 그후에는 불이 오며, 불이 온 후에는 영원 영원히 잃어버린 바 되고, 희망의 빛이 전혀 없는 곳으로 쓸려갑니다. 거기는 긍휼의 눈이 여러분을 볼 수 없는 곳, 은혜의 손이 여러분에게 닿지 않는 곳입니다. 여러분에게 정말 간절히 부탁드립니다. 살아 계신 하나님 앞에서 오늘 두려운 마음으로 회개하십시오. "그의 아들에게 입맞추라 그렇지 아니하면 진노하심으로 너희가 길에서 망하리니 그의 진노가 급하심이라…"(시 2:12). "대저 도벳은 이미 세워졌고 또 왕을 위하여 예비된 것이라 깊고 넓게 하였고 거기에 불과 많은 나무가 있은즉 여호와의 호흡이 유황 개천 같아서 이를 사르시리라"(사 30:33). "…이스라엘 족속아 돌이키고 돌이키라 너희 악한 길에서 떠나라 어찌 죽고자 하느냐…"(겔 33:11). "악인은 그의 길을, 불의한 자는 그의 생각을 버리고 여호와께로 돌아오라 그리하면 그가 긍휼히 여기시리라 우리 하나님께로 돌아오라 그가 너그럽게 용서하시리라"(사 55:7).

성령 하나님이 지금 몇몇 악인의 마음을 어루만지시기를 저는 기도합니다. 사랑하는 여러분, 오늘 아침 여러분의 마음에 그리스도를 향한 한 소망이 있다면, 그것을 소중히 여기십시오. 큰 화염이 될 때까지 작은 불꽃에 계속 부채질을 하십시오. 오늘 아침에 마음이 조금이라도 녹는다면, 그것을 거부하거나 하늘의 감화를 소멸시키지 마십시오. 여러분 자신을 내려놓으십시오. 지난 주일 아침의 은혜로운 본문을 기억하십시오. "…원하는 자는 값없이 생명수를 받으라…"(계 22:17). 오, 여러분은 주님께 나아가야만 합니다. 여러분은 자신을 위하여 어떻게 눈물을 흘릴지 알고 있습니다. 오, 여러분은 영원히 버림받는다는 것이 얼마나 두려운 일인지 잘 알고 있습니다. 왜 죽으려고 하십니까? 파멸 가운데 기뻐할 만한 것이 있던가요? 죄가 너무 달콤해서, 그것 때문에 영원히 지옥 불에서 불타시겠습니까? 그리스도가 여러분이 사랑할 수 없을 정도로 완고한 분입니까? 그의 십자가가 너무 흉해서 그 십자가를 향해 나아가지 않으려고 하십니까? 사랑의 마음을 가지시고 십자가에 달리신 우리 구세주를 의지해서 여러분에게 권합니다. 그분을 바라보고 구원받으십시오. 그분은 잃어버린 바 된 이들을 찾아서 구원하시기 위해 이 세상에 오셨고, 자기에게 오는 자를 결코 거절하지 않으실 것입니다. "…자기를 힘입어 하나님께 나아가는 자들을 온전히 구원하실 수 있으니…"(히 7:25).

오, 성령이여! 오늘 죄인들을 당신 곁으로 이끌어주소서. 죄인인 여러분, 그리스도를 굳게 붙드십시오. 지금 그의 옷깃이라도 잡으십시오. 보십시오, 주님이 여러분 앞에서 십자가에 달리셨습니다. 모세가 광야에서 뱀을 든 것처럼, 예수님도 그렇게 들리셨습니다. 바라보십시오. 바라보고 살아나십시오. 우리 주 예수 그리스도를 믿고 구원받으십시오. 하나님이 저를 통해 여러분에게 강권하시는 것처럼, 저는 그리스도를 대신해서 여러분에게 부탁드립니다. 하나님과 화목하십시오. 성령이 저의 간구를 효력 있게 하시기를 빕니다! 오늘 죄인들이 구원받고 주님을 알게 된 것으로 인해 천사들이 기뻐하게 하옵소서! 아멘.

스펄전의 설교학교

Copyright © 새물결플러스 2013

1쇄 발행 2013년 3월 8일
5쇄 발행 2025년 3월 15일

지은이	찰스 스펄전·헬무트 틸리케
옮긴이	김지혁
펴낸이	김요한
펴낸곳	새물결플러스

편 집	왕희광 정인철 노재현 이형일 나유영 노동래
디자인	황진주 김은경
마케팅	박성민
총 무	김명화 이성순
영 상	최정호
아카데미	차상희

홈페이지	www.holywaveplus.com
이메일	hwpbooks@hwpbooks.com
출판등록	2008년 8월 21일 제2008-24호
주 소	(우) 04114 서울시 마포구 신촌로28가길 29
전 화	02) 2652-3161
팩 스	02) 2652-3191

ISBN 978-89-94752-36-5 03230